捧着一颗心来

不带半根草去

伟人陶行知

刘恩铭 编著

北京交通大学出版社

·北京·

内 容 简 介

　　陶行知是中国近现代伟大的人民教育家和 20 世纪综合性的文化巨人。本书全面、系统地介绍了陶行知的生平、事业与思想：从大时代、小环境、求学经历、关联群体、家庭环境等来考察陶行知成长所受的影响；从政治理念、哲学观点、文化思想、教育学说、人格精神等层面来展示陶行知的思想体系；从办学实践、文艺创作、科学教育等层面来体现陶行知的创造成就。

图书在版编目（CIP）数据

伟人陶行知／刘恩铭编著. — 北京：北京交通大学出版社，2016. 12
ISBN 978-7-5121-3132-3

　　Ⅰ. ① 伟⋯　Ⅱ. ① 刘⋯　Ⅲ. ① 陶行知（1891-1946）-生平事迹
Ⅳ. ① K825. 46

　　中国版本图书馆 CIP 数据核字（2017）第 001033 号

伟人陶行知
WEIREN TAO XINGZHI

责任编辑：曾　华
出版发行：北京交通大学出版社　　　　　电话：010-51686414　http://www.bjtup.com.cn
地　　址：北京市海淀区高粱桥斜街 44 号　邮编：100044
印　刷　者：北京艺堂印刷有限公司
经　　销：全国新华书店
开　　本：170 mm×235 mm　　印张：39.5　　字数：706 千字
版　　次：2016 年 12 月第 1 版　　2016 年 12 月第 1 次印刷
书　　号：ISBN 978-7-5121-3132-3/K · 22
定　　价：98.00 元

本书如有质量问题，请向北京交通大学出版社质监组反映。对您的意见和批评，我们表示欢迎和感谢。
投诉电话：010-51686043，51686008；传真：010-62225406；E-mail：press@bjtu.edu.cn。

自　序

　　儿时的记忆是朦胧的，但有时也是相当清晰的。"陶行知"这一伟大的名字，我最早是在通天街小学（现为泰安市第一实验小学）上四年级的时候，从担任地理课的鲍天氛老师那里听到的。

　　鲍老师当时 40 来岁。他高大而挺拔，谈吐文雅，知识渊博，教学严谨，爱护学生，给我们留下了很好的印象。特别是他经常笑谈"我很有信心活到社会主义来到"的期盼社会主义实现的强烈愿望，以及他那种生机勃发、积极上进的热情，更让我们敬佩。有一次上课，他谈起巍峨雄壮的泰山天下驰名，谈到爱国将领冯玉祥隐居泰山时，请来了伟大的人民教育家陶行知来泰山讲课。他介绍了陶行知的一些生活片段。由此，"陶行知是一个了不起的人物"这一印象深深地铭刻在我的心中。那一年我 12 岁。

　　1960 年春，泰安一中初中毕业前的一次课外活动，我随着几个同学去参加高中毕业班同学组织的"畅谈理想"演讲会。演讲会上，大家纷纷表态："我要做一个东方第一流的音乐家""我要做一个鲁迅那样世界著名的文学家"……其中一个英俊、潇洒的男同学，铿锵有力地说："我要做一个陶行知那样的伟大的人民教育家，以他那'捧着一颗心来，不带半根草去'的高尚情怀作为我的座右铭。"啊，陶行知！我受到了很大的震动。

　　初中毕业，我被学校定为保送生。我毅然填报志愿"山东省泰安师范学校"（简称泰安师范），立志当一名鲍老师那样被学生爱戴、崇敬的人民教师；争做陶行知那样的人民教育家。

　　1963 年，我师范毕业当上了人民教师。我以"捧着一颗心来，不带半根草去"为座右铭，正值全国掀起响应伟大领袖毛主席"向雷锋同志学习"号召的高潮，我真是有干不完的工作、使不完的劲。我的努力得到了老师和领导们的表扬。

　　1972 年秋，我被调回泰安师范工作。1986 年，我在报纸上惊喜地发现了当时担任上海市市长江泽民同志的文章——《中国进步知识分子的典型》（在纪念陶行知先生诞辰 95 周年和逝世 40 周年大会上的讲话）。我认真、反复地阅读。后来，学校号召老师们开展"第二课堂"活动，我组织了"学习陶行知小组"。刚开始我是以开拓学生知识面为目的的。当我为备课而学习《陶行知全集》（十卷本）后，我为那恢宏的理论而感动，我为那高尚的情操而流泪！

尊敬的刘朝宾老师是山东省"陶行知研究会"常务理事，是全国宣传陶行知的先进工作者，退休前曾担任泰安市教育局局长，是我学习陶行知的导师。他借给我各种阅读刊物；为我批改"学陶、师陶"的文章；为我从山东农业大学借来我校所缺的《陶行知全集》（三卷本）；还在我腰椎病突发，难以行走时，主动联系八八医院一周仅半日班的老专家为我诊断。在我爬楼梯时，他赶紧把我架起来扶助我。我倔强而感动地说："不行！你也是 70 多岁的人了。我就是爬，也不让你架！"他大声回答："你不是有病吗，我必须帮你！"就这样，我在前面一步一跛地上，刘老师在后面张着两臂慢慢地跟着。不少人放慢了脚步来观看这场"师生真情"的"演出"。我想，当年的陶行知应该就是这样疼爱他的学生的！

在此，请德高望重、学识渊博的刘朝宾老师接受您学生诚恳的谢意！

在此，向对我"学陶、师陶"启蒙教育的鲍天氛老师，1960 年泰安一中毕业班"畅谈理想"演讲会上说"我要做一个陶行知那样的伟大的人民教育家"的大哥哥，还有支持我的亲朋好友和成千上万的学生们，致以诚恳的谢意！

花甲之年已过，学习、宣传陶行知，任重而道远！

编　者
2016 年 12 月

目　录

> "我是中国人，要为中国做出一些贡献来。"陶行知从小勤奋刻苦，成绩过人，年仅 14 岁就有思国忧民的宏大胸襟！

> "余今生之唯一目的在于经由教育而非经由军事革命创造一民主国家。"陶行知坚定了教育救国、教育建国、教育兴国的信念！

> "要用四通八达的教育，创造一个四通八达的社会。"年轻的陶行知教授注重科学方法在教育上的应用，锐意改革，踌躇满志……

> "所有教育科主任、教育系主任聘书，特行奉还，务乞俯于收回为祷。"陶行知辞职了，金饭碗都不要了，惊世骇俗啊！

> "和马牛羊鸡犬豕做朋友，对稻粱菽麦黍稷下功夫。""从野人生活出发，向极乐世界探寻。"陶行知在广阔的农村深情地耕耘着……

第一章　壮志在胸

陶行知，1891 年 10 月 18 日（农历九月十六日）出生于安徽省歙县西乡黄潭源村，乳名和尚，学名文濬。父亲，陶位朝（1867—1915），号槐卿，字山（笑山），祖籍浙江会稽，原在休宁县万安镇经营祖产酱园，后族人主张将酱园停业卖给他人分款。酱园被卖后，他在万安镇任"册书"（管理田赋契约的），收入可供家用。陶位朝是一位教徒。母亲，曹萃伶，在教堂做女佣，勤劳持家，相夫教子。母亲为陶行知的事业做出了一定的贡献。

1895 年，陶行知 4 岁，开始跟着父亲学习识字。那一年他妹妹出生，取名陶文渼。

1898 年，陶行知 7 岁，入休宁县万安镇中街吴尔宽家经馆伴读。后吴离去，经馆撤销，陶行知辍学在家。

1903 年，陶行知 12 岁，师从歙县名士、贡生王藻，在曹家伴读。

1905 年，陶行知 14 岁，在歙县一所免费的教会学堂——崇一学堂读书。他在一次作文中写着："我是中国人，要为中国做出一些贡献来。"年仅 14 岁，他就有思国虑民的宏大胸襟，真可谓"少年壮志"。他在崇一学堂开始接受西方新的知识、思想，勤奋刻苦，成绩过人。他爱好体育运动，擅长跳高。学堂的堂长是一位英国人，取中国名唐进贤，是当时仅有的西学教员。陶行知聪慧好学，唐堂长非常宠爱、关照他，让他免费搭伙住在通事（翻译）章觉甫家。章擅长医道，陶受到了良好的影响。

1908 年春，陶行知 17 岁。学堂因唐进贤堂长返英而停办，陶行知离开休宁县万安镇到杭州学医。这是陶行知首次远离家乡去外地求学，父亲送他乘船。

"送子求学"的一幕让陶行知永铭心中。1931 年他以"父爱如山"的感受，写诗献给已故 16 年（1915 年父故）的父亲。

我十七岁之春，独自一人，乘船赴杭学医，父亲躬自送到水蓝桥下船，回想初别情景，历历如在目前。今特追摄入诗，送别人竟不及见，思之泪落如雨。

古城岩下，
水蓝桥边，
三竿白日，
一个怀了无穷希望的伤心人，
眼里放出悲壮的光芒，
向船尾直射在他的儿子的面上，
望到水、山、天合成一张大嘴，
隐隐约约地把个帆影儿都吞没了，
才慢慢地转回家去。
我要问芳草上的露水，
何处能寻得当年的泪珠？

陶行知到了杭州，入广济医学堂学习。广济医学堂是个教会学堂，陶行知对学堂那种对非基督教徒学生的明显的歧视行为非常不满，仅仅待了 3 天就怒而退学，返回故土徽州，专心学习英文一年。

1909 年，陶行知 18 岁，经崇一学堂堂长唐进贤推荐，考入南京美以美会所办的汇文书院博习馆（预科）。次年，汇文书院与基督教长老会所办的宏育书院合并，更名为金陵大学。陶行知从汇文书院直接升入金陵大学文科。不久，陶行知担任《金陵光》学报中文版的编辑，从而开始接触、了解民主思想。

《金陵光》是我国最早的大学学报之一，为学生所办，1909 年 12 月创刊，初为英文版。1910 年，陶行知从汇文书院直接升入金陵大学文科后，倡议增设中文版，从第 4 卷第 1 期开始，陶行知任中文版编辑。自第 5 卷第 5 期开始，陶行知任中文版主笔。他两年间在该报发表的文章达 18 篇之多，有英文稿、译稿，用名陶文濬。他的文章论述范围涉及政治、社会、教育、医学诸多方面，章章篇篇切中时弊，令人警醒。

1911 年，陶行知 20 岁。在辛亥革命运动中，陶行知信仰孙中山的三民主义，主张民主、共和，主张"读书要与国家大事结合"，并且积极、热情地动员家乡青年张枝一、姚文采、朱家治等来金陵大学读书，还为他们解决了很多困难。张枝一后来与陶文渼结婚，不幸英年早逝；姚文采后任南京安徽公学校长，长期跟随陶行知从事教育活动。

陶行知勤奋好学，博览群书，一度崇尚中国明代著名哲学家王阳明，服膺"知、行合一"的理论，开始以"知行"为笔名发表文章。他后来认为"行是知之始，知是行之成"，又改名为"行知"。

1913年夏，22岁的陶行知在金陵大学全校考试中，总分名列第一，获江苏省教育司奖励。当年，金陵大学举办文艺会，辩论"中国能否建立民国"，因为陶行知早已信崇孙中山及三民主义，早已主张民主、共和，早已有为中国做贡献的伟大胸怀，所以他有理有据，慷慨陈词，舌战群雄，最后获胜。

1914年6月，23岁的陶行知毕业于金陵大学。他的毕业论文《共和精义》，洋洋洒洒愈8 000字，切中当时种种弊端，并提出了切实可行之措。

多年后，黄炎培闻陶行知噩耗，于哭祭诗中称当年其论文《共和精义》为"绝秀金陵第一声"。

在那个民族危亡、生灵涂炭的年代，年仅14岁的陶行知就立下"我是中国人，要为中国做出一些贡献来"的宏愿，有雄鹰冲天的肝胆、鱼儿击浪的胸襟，怎能不让同胞们感动？！

华夏上下五千载，
自古英雄出少年。
"我是中国人，
要为中国做贡献！"
十四学子吐箴言，
一语震动地和天。
天高雄鹰展翅飞，
海阔鱼儿击浪欢。
黑夜漫漫总有明，
道路坎坷似平川。
心系祖国涉重洋，
身获绝技定凯旋！

第二章　三年留美生涯

　　1914 年夏天，陶行知与汪纯宜女士结婚后，将全家由安徽省歙县迁居南京。

　　8 月，他得到了金陵大学校长及亲友们的帮助，远渡重洋去美国留学。同行的有陈鹤琴。

　　9 月，陶行知入伊利诺伊大学学习市政。

　　1915 年 1 月，坎坷一生、辛劳持家的父亲陶位朝去世。陶行知闻噩耗，悲痛欲绝。他事后回忆：

　　　　悲之极，不得已借事勉强忘之，下课后即到图书馆中看书，不敢回寓，每至深夜始返。但梦中不能自主，悲怀一动，凄凉甚矣。

　　陶行知作诗追忆美国得父殁耗后之生活。

　　　　我欲忙，
　　　　我欲忙，
　　　　忙到忘时避断肠，
　　　　几回心内伤。

　　　　我欲忘，
　　　　我欲忘，
　　　　忘入梦中哭几场，
　　　　醒来倍凄凉。

父亲去世后，远在大洋彼岸的陶行知，深念老母亲受刺激过甚，难耐寂寞之苦，经常致函安慰。下面是 1915 年夏天他写给母亲的信。

母亲膝下：

敬禀者，濬自到基尼法湖，身体又强壮了许多。后日回校进夏季馆。务望母亲每日下午偕纯妻、渼妹到山上游游。山上空气清洁，益肺，通血脉，常游必壮。务请垂听为要。

肃此，敬请

金安！

1915 年《安徽公报》第 40 期载有陶行知《中国运入美国物产大宗之研究》一文。载文之前有安徽巡按使公署对"留美学生陶文濬函送中美货物调查表并照片请送部备选"的批语。批语谓：

《中国运入美国物产大宗之研究》一篇阅悉，该生以平日调查所得，造图制表加以说明，具征留心商务，深堪嘉慰。应即采登本省公报，俾广流传……

陶行知留美攻读市政，又为什么"留心商务"？留美是为了祖国的强大昌盛，不是为了荣宗耀祖和个人的名利地位。这一"留心商务"之举，充分彰显了陶行知的爱国主义情怀。陶行知仅用一年的时间，就取得了伊利诺伊大学市政学的硕士学位。

1915 年 6 月 18 日至 27 日，陶行知参加在威斯康星州日内瓦湖举行的"基督教男青年会"会议。会议期间，他坚定了学习教育专业的信念，希望学成之后，将时为独裁专治的中国"经教育创造一民主国家"。

1915 年秋天，陶行知转入哥伦比亚大学师范学院攻读教育专业，与胡适同学。陶行知受到了当时在该校任教的美国著名哲学家、教育家杜威，教育史专家克伯屈等导师的器重。不久，他得到了中国国民政府给的半费奖学金。

12 月，因博士考试的论文命题涉及中国教育，陶行知致函时任江苏省教育会会长的黄炎培，请黄炎培帮助搜集资料。

1916 年 2 月 11 日，陶行知由孟禄导师介绍，申请到了里宾斯顿奖学金。陶行知于 2 月 16 日致函哥伦比亚大学师范学院院长罗素，报告了《个人学历及终身志愿》。全文抄录如下。

亲爱的罗素院长：

二月十一日手示敬悉，欣喜何以。所嘱就自身曾受训练及终身事业之计划向里宾斯顿奖学金捐助人作一简略报告，自当乐于从命。

余现年二十有二，生于徽州，此乃一鲜与外界交往之地。余之早期汉学教育，受业于家父及其他师长。至十四岁始入一中华耶稣内地会学堂，受教于唐进贤师。彼当时为仅有之西学教员也。两年后，该学堂因唐进贤返回英国而停办，余乃不得不冒险前往杭州意欲习医。旋以医学堂严重歧视非基督教徒，甚至事关学科亦然，余乃撤回注册，而入学仅三日耳。余于失望之余，仍返徽州专习英文复经一年。然后，前往南京金陵大学，校中基督与非基督教徒均受欢迎。此乃余今日仍乐于称道之事也。三年后，乃一次革命爆发，余返徽州，任徽州议事干事甫及半载，回南京复学。蒙学友之助及大学当局之信任，余倡办《金陵光》学报中文版并任主笔。一九一三年，余成为一基督信徒（信奉基督教义而不是教徒），因得包文博士、汉克博士之指导，复因詹克教授讲授"基督教义之社会意义"予余印象至深，有以至之也。一九一四年六月，亦即就学于南京之第五年末，余获学士学位。八月，蒙父母及友人相助，余启程赴伊利诺伊大学攻读一年，除获可贵之诸多教益外，复得余辛劳副产物，即硕士学位是也。于伊利诺伊一年中之下半年期间，余曾任学生俱乐部干事。

三年前，余选就哥伦比亚大学为余在美之最终目标，然因资力不济而未能及时来校就读。余今生之唯一目的在于经由教育而非经由军事革命创造一民主国家。鉴于我中华民国突然诞生所带来种种严重缺陷，余乃深信，如无真正之公众教育，真正之民国即不能存在。余矢志以教育管理为终身事业，始于去夏。是时正值基督教男青年会于日内瓦湖举行夏季大会，余于此受极大启迪。余曾查阅既知之所有学府，再次发现贵院乃其中最佳去处。然而，选定一学府为一事，有无充足资力进入该学府则为另一事。自一九一五年一月，家父逝世以后，家庭全部负担即加于我身，余之经济状况乃陷于极大困境。所幸者，在余决定来师范学院之前不多时，蒙我国政府授予"部分奖学金"，连同其他种种援助，至少已予我以作一起步之足够勇气。然而，纽约生活费用之高，竟超出余所预料。留纽约半载，已觉准备不足以供顺利完成学业之用。因之，蒙孟禄博士介绍，余乃着手申请里宾斯顿奖学金，并已蒙慷慨授予。衷心谢领此项厚礼之余，受业愿向您及里宾斯顿捐助人保证，在斯特雷尔教授及其他科、系之教职员教导下，再经两年之培训，余将回国与其他教育工作者合作，为我国人民组织一高效率之公众教育体系，以使他们能步美国之后尘，发展和保持一真正之民主国家，因此乃一能够实现的正义与自由的理想之国。

如蒙告知居于纽约附近之若干捐助人姓名，俾便设法一一前往拜会，则对余当为一极有意义之事。

谨致最佳祝愿及问候。

陶文濬敬上

一九一六年二月十六日于哥伦比亚大学哈特莱学生宿舍一〇一〇室

信中所述"经由教育而非经由军事革命创造一民主国家"及"与其他教育工作者合作，为我国人民组织一高效率之公众教育体系，以使他们能步美国之后尘，发展和保持一真正之民主国家"这两句话，可谓教育救国、教育建国、教育兴国之精典语录。

1917年7月，哥伦比亚大学师范学院教育长孟禄博士致函该院学位评议会主席布里奇博士，建议为陶行知的博士学位安排一场初试，待他回国搜集有关资料后再完成博士论文。至此，陶行知已经获得哥伦毕亚大学"都市学务总监"资格文凭。

1917年8月，陶行知谢绝了杜威、孟禄、罗素、克伯屈等众多导师及益友之挽留，恋恋不舍地离美回国。

第三章　大海凭鱼跃，长空任鸟飞

1917 年 8 月，陶行知婉言谢绝杜威、孟禄等导师留美工作之情义，怀着"要使全国人民都有受教育的机会"的志向离美回国。

9 月，陶行知应聘为南京高等师范学校（简称南京高师）教授，主讲教育学、教育行政、教育史、教育心理学等课程，并在教学中介绍各学科的新观点、新成就。陶行知真可谓进入了"大海凭鱼跃，长空任鸟飞"的绝代佳境。

10 月初，他参加金陵大学同学会，被推选为会长并兼任介绍部委员。

10 月 10 日，刚刚工作月余的陶行知在南京高师为中华民国成立 6 周年举行的纪念大会上慷慨陈词。

诸位同胞：

我们今天为何聚在此地？聚在此地的缘故，就是要纪念六年前的今天。六年前的今天，是什么日子呢？就是中国百姓最宝贵的一天。自从有历史以来，中国应该是有中国百姓的中国。但是，从实际上看起来，经过几千年，只是一姓一家的中国，不能算是百姓的中国。要知道，从一姓一家的中国变为百姓的中国，是从哪一天起的呢？就是六年前十月十日的日子。拿一姓一家的国家做成百姓的国家，你也有份，他也有份，四万万五千万同胞都有份。这是应当纪念的第一件事情……

近万字的演讲，充分表达了年轻的陶行知人民至上的观念，以及强烈的爱国主义思想。

12 月，陶行知参加金陵大学同学会并演讲，又参加金陵大学"恳亲会"①并演讲，还利用业余时间调查教育状况。

1918 年 1 月 16 日，陶行知以中华职业教育社（该社 1917 年在上海成立，主要负责人为黄炎培）评论员和特约撰述员的身份，在《教育与职业》第 1 卷第 3 期上发表了《生利主义之职业教育》一文。该文，率先提出了生活与教育不能分离的科学论断。

3 月，南京高师原教务主任郭秉文代理校长后，由 27 岁的工作约半年的陶行知代理了教务主任。

4 月，陶行知在《金陵光》上发表了《试验主义之教育方法》一文，文中写道：

> 试验者，发明之利器也。试验虽不必皆有发明，然发明必资手试验。人禽之分，在试验之有无；文野之别，在试验之深浅。试验之法，造端于物理、化学、生物、生理，浸假而浸入人群之诸学，今则哲理亦且受其影响矣……

> 教育为群学（社会学）之一种，介乎形而上学、形而下学之间，故其采用试验之法也，较迟于物理、生物诸学。然近二百年来，教育界之进步，何莫非由试验而来……

> 今之议者，每日教育救国。教育岂尽能救国乎？吾敢断言曰：非试验的教育，不足以达救国之目的也……

7 月，《安徽教育》月刊第 7 期，转载了陶行知的文章《生利主义之职业教育》和《学校设备及卫生》。在《学校设备及卫生》一文中，陶行知首先肯定了学校设备及卫生是学校最重要、最不可或缺的核心部分，接着历述教育史上学校设备及卫生的发展状况：1833 年，法国首次颁布学校卫生法令；1837 年，法国首次设立学校体格检查程序；1867 年，德国首次检查学童视力；1870 年，瑞典首创校医之职；1887 年，英国首设学校保姆之职……陶行知还进一步阐明了学校卫生之重要、学校卫生之范围及学校设备之卫生、教学法之卫生，以及体操、体检等事宜。他最后郑重地提出：

> 今日学校卫生事业之发达，首推美国。吾人苟有决心，极力提倡，则25 年后，为世界学校卫生之表率者，安知非中国乎？前途远大，在乎力行，吾辈勉之。

---

① 恳亲会：旧时学校邀集学生家长以相互沟通情况，展示学生作业，并辅以游艺助兴的一种活动形式。

9月，陶行知为了让学生多了解一些办学方针、办学原则、办学目的的知识，约请学监刘伯明先生讲授德育大纲；自为学生讲授智育大纲；聘请美籍体育系主任麦克乐教授讲解体育大纲。

1918年年底，南京高师的学生成立教育研究会，聘请陶行知为指导员。陶行知欣然接受并多次给以指导。

1919年1月，陶行知参加了由北京大学、南京高师、暨南学校、江苏省教育会、中华职业教育社共同组成的新教育共进社，任该社机关报的南京高师编辑代表。

2月，陶行知在《时报·教育周刊》上发表了《教学合一》的文章，提出了对教学改革的初步思考。

3月，陶行知与蔡元培、胡适等人商定，以北京大学、南京高师、江苏省教育会等5个文教团体的名义，联合邀请正在日本游历讲学的世界著名教育家、哲学家，陶行知、胡适留美时的导师杜威先生来华讲学。为了让中国教育界同仁了解杜威，陶行知特在《时报·教育周刊》上发表了《介绍杜威先生的教育学说》一文。

美国哥伦比亚大学教员杜威先生，是当今的大哲学家，也是当今的大教育家。今年是先生的休息之期，他想要在这一年中，到东亚来游历一番，现在已经到了东京，在帝国大学演讲。大约四月间，他就要到中国来，预备游历上海、南京、北京以及别的地方。杜威先生素来所主张的，是要拿平民主义做教育目的、试验主义做教学方法。这次来到东亚，必定与我们教育的基本改革有密切的关系。既然有这大的关系，就不能不略为晓得杜威先生的历史。

杜威先生于一八五九年生于美国佛蒙特州之柏林顿城。一八七九年，毕业于佛蒙特州立大学。一八八四年在约翰斯·霍普金斯大学获得哲学博士学位。此后历充密执安大学和明尼苏达大学哲学教员。至一八九四年，即应芝加哥大学之请，担任哲学教授。一九〇二年，改任该校教育科主任。一九〇四年之后一直到现在，都在哥伦比亚大学服务。这是杜威先生的一段小史。

但是读这一段小史，只略为明白他一生经过的大概。他一切的学说主张，都不能从这里看出来。所以要知其人，必先读其书。就我所晓得的，杜威先生所出著作，共有十六种，我们且按着出版年份，把它们先来介绍给大家看看。

《心理学》	一八八六年出版
《人生哲学的评论》	一八九四年出版
《人生哲学的研究》	同年出版
《数目的心理学》	同年出版
《我之教育信条》	一八九七年出版
《学校与社会》	一八九九年出版
《学校与儿童》	一九○○年出版
《儿童与课程》	一九○二年出版
《伦理学的研究》	一九○三年出版
《思维术》	一九○九年出版
《教育丛论》	一九一○年出版
《达尔文在哲学上的势力》	同年出版
《德国的哲学与政治》	一九一五年出版
《将来的学校》	同年出版
《平民主义的教育》	一九一六年出版
《试验的伦理学》	同年出版

除了上列书籍之外，还有许多著作散见于各种杂志当中。上列各种书报及他的著作当中，和教育界最有关系的，是《思维术》《将来的学校》《平民主义的教育》《试验的伦理学》。这四部书，是教育界人人都应当购置必备的。

4月21日，陶行知在《时报·教育周刊》上发表了《第一流的教育家》一文。文章指出第一流的教育家应当"敢探未发明的新理""敢入未开化的边疆"，在中国最先提出创造精神的教育思想。此文被专栏主笔蒋梦麟称为"教育界的福音"。4月30日，陶行知同胡适、蒋梦麟等人在上海迎接杜威夫妇来华访问。

5月1日，陶行知陪同杜威夫妇参观《申报》馆，并与史量才经理合影留念。此后又与胡适、凌冰等人陪同杜威到各地讲学，陶行知一路负责口译。杜威的讲学，在中国产生了极大的影响。4日，北京学生反帝爱国运动的消息传到南京。由陶行知、刘伯明组织的南京学界联合会筹备会，立即动员全市学生积极响应，走向街头，散发传单。7日，全市中等以上学校代表会议召开。会议决议决定通电北京政府，要求立即释放被捕的学生。9日，南京各界6 000余人在小营演武厅召开国耻纪念大会，陶行知、刘伯明、仲叔进等人登台演讲，痛斥国民政府的卖国行径，会后又举行示威游行。10日，陶行知与各校代表会见英、美两国的领事，表明中国人民强烈要求归还青岛的严正立场。13 日，南京 20 余所中等以上学校举行南京学界联合会成立大会，与会人员一致推举陶行知为会长。陶行知发表了《论学界联合会组织办公书》。14 日，陶行知参加南京各界万余人召开的国民请愿大会。5 月中旬，在南京高师校务会上，陶行知将全部课程的"教授法"一律改为"教学法"，为改革中国传统教育迈出了突破性的一步。20 日，南京各校学生自行罢课，南京高师代理校务陈容因反对罢课而离校。陶行知暂时代理校务，大力支持学生的爱国运动。

10 月 3 日，陶行知与王伯秋①、刘伯明等人发起成立了南京学术演讲会，陶行知被推为临时主席，报告了该会成立的宗旨。4 日，陶行知担任南京高师教务主任，时年 28 岁。10 月里，他在《新教育》上发表了《学生自治问题研究》一文。文中提到的自动主义，是 20 世纪初盛行于中国的教育新思潮之一。他强调学生体育自强，智育自学，德育自治，以学生自动为主，教师加以指导。发展至今，它就是在教学活动中"学生是主体，教师是主导"的教学原则。

1920 年，南京高师试行选科学习及学分制，提倡学生开展文艺、体育活动。

1920 年 4 月，陶行知接待杜威到南京高师讲授"教育哲学""试验伦理学""哲学史"等课程，南京高师的师生受益匪浅。21 日，陶行知在校务会上报告招生问题，特别强调"不论男女均可录取"的原则。

6 月 2 日，陶行知在校务会上提出并当场通过"招收特别生办法"。24 日，陶行知致函胡适提出要留杜威在华多住一年的计划。南京、上海方面准备合作筹集 4 000 元资金。

1920 年夏天，陶行知倡议南京高师可利用该校教师及学校设备的优越条件举办暑期学校，以求提高全国教育行政人员和中小学教师教学、科研水平及工作能力，并邀请梁启超、胡适、任鸿隽、陈衡哲等人做学术演讲。其结果，各省选送学员 1 300 多人，讲习时间月余，盛极一时。此举开创了全国高校开办暑期学校之先河。陶行知还与王伯秋、胡适等人谈"要用四通八达的教育，创造一个四通八达的社会"。

9 月，南京高师在历史上首次招收女学生入学。

11 月 27 日，陶行知致函郭秉文校长，对挖聘南开大学钟心暄教授一事，诚恳地指出："与其攫取人之所有，不如培植己之所无。"短短一语，道出了兄弟单位之间保持正常关系及培养所需人才的两条原则。

---

① 王伯秋：孙中山女婿，早年留学美国，回国后任国立东南大学政治经济科主任。陶称王为"南京平民教育的总司令"。

12月16日，国立东南大学筹备处成立。

1920年冬天，南京高师部分校舍发生火灾。陶行知写完的、离美回国前未交的《中国教育哲学与新教育》博士论文书稿亦焚于火灾中。这对陶行知来说是一个巨大的损失，其中之痛苦也只有他最清楚。

1921年3月，陶行知发表了《地方教育行政为一种专门的事业》一文，要点是"地方包含都市和乡村两方面，地方教育行政则为都市教育行政和乡村教育行政，要作为一种专门事业看待，要以专门的目光研究它，要以专门的学术办理它"。

7月，陶行知一行欢送杜威夫妇返美。不久，陶行知与范源廉、蔡元培、张伯苓等人在北京组织了"实际教育调查社"，并决定聘请美国教育家——提倡"科学教育"的孟禄博士，来华帮助调查科学教育的实际情况并讲学。

9月5日，陶行知与黄炎培、郭秉文等人，在上海欢迎孟禄博士来华。6日，陶行知等人与孟禄博士座谈中国教育问题，并商量了调查计划，后随同孟禄博士参观沪江大学。孟禄博士在华期间，均由陶行知陪同并做口语翻译。

10月7日，孟禄博士在江苏省教育学会演讲《共和与教育》。22日，孟禄博士在苏州第一师范演讲《旧教育与新教育之差异》。28日，陶行知陪同孟禄博士赴香港又转广州讲学。31日，孟禄博士在中国第七届教育联合会上为代表们演讲《平民主义在教育上的应用》。

11月23日，孟禄博士在杭州召开的浙江省教育会上演讲《科学与教育》。24日，陶行知随孟禄博士到北方。

12月17日，陶行知陪同孟禄博士参观朱其慧[①]主办的香山慈幼院。19日至26日，"实际教育调查社"在调查9省市的教育情况后，邀集各地教育界代表到北京开会，讨论改进教育的方案。陶行知陪同孟禄博士参加了会议。在会上，陶行知与孟禄博士交换了意见。之后，陶行知就师范教育问题发表了意见（节选）。

> 以上为孟禄博士调查各地教育回京后报告讨论之大要。其中博士反复叮咛剀切申说之点有五。一为科学之重要与中国教授法之不良亟应改革。二为教师兼任数校，视同传舍，破坏教师职业之精神；学校训纪，因以堕落；社会道德，亦蒙影响。博士痛下针砭，吾人应以奋起。三为视学制度之不良。视学须匡辅教师之不逮，并非徒作学校之侦探。美国学校辅助员

---

① 朱其慧：1887—1931，女，字淑雅，江苏宝山（今属上海市）人。早年协助丈夫熊希龄创办慈幼院及中华教育改进社。1925年发起组织中国妇女协会，任委员长。

多系专家，分工极细。吾国视学，按教育部颁令，每省四人至六人，每县一人至三人，其视察犹学政之观风，是亦极宜改良。博士并介绍菲律宾制度，正可引为研究之资。四为行政上各种标准，实为行政之要，是应由专家调查制定。五为人民对于私塾之信仰，如何能移之于新学校……

12 月 23 日晚，陶行知在"实际教育调查社"召开的饯别孟禄博士的会上深情地演讲：

余今晚在此讲话有两种感想。第一，蒙大家之推重，得以偕同孟禄博士调查各处学校，增加许多经验，这是应当感谢诸君的。第二，此次随博士同行，关于种种实际困难问题，得以随时质疑问难，得益不浅，这是应当感谢孟禄博士的。此次博士来华，以科学的目光调查教育，以谋教育之改进，实为我国教育开一新纪元。我们当这新纪元开始的时候，要参与教育革新的运动，须具有两种精神：一是开辟的精神，二是试验的精神。但开辟和试验两种精神，都非短时间内所能奏效的。我们要想教育日新日进，就须继续不已地去开辟，继续不已地去试验。深望大家奋起继续开辟继续试验的精神，来做这新纪元的帅领。敝校同仁不敏，也愿随诸君之后领一辅重队。

1922 年 1 月 4 日，陶行知陪同孟禄博士到南京，参加南京高师毕业同学公宴。7 日，陶行知与黄炎培、郭秉文等人送孟禄博士返美。孟禄博士在华仅仅 4 个月，中国的教育事业却受益匪浅。陶行知又一次得到导师耳提面命的谆谆教诲，高兴万分。送走导师，陶行知接着又与胡适、凌冰等人着手编辑《孟禄的中国讨论》。

中华教育改进社是由 1919 年 1 月成立的"新教育共进社""新教育杂志社"和 1921 年 1 月以蔡元培为首在北京成立的"实际教育调查社"三个团体合并组成的。它的宗旨是调查教育实况，研究教育学术，力谋教育改进。它是一个民间团体，一切费用开支靠募捐得来。董事会由蔡元培、范元濂、熊希龄、郭秉文、张伯苓、黄炎培、袁希涛、汪兆铭、李建勋 9 人组成，蔡、范、熊轮任董事长。梁启超、严修、张謇、张一麐、李煜瀛及美国的孟禄博士等人为名誉董事。陶行知任主任干事，负责社内外一切事务。中华教育改进社总社设在北京，下设 32 个专门分会，全国半数以上省市（地区）均设有分会。该社决定一年召开一次年会并先后举办了 4 次。1926 年北伐战争开始后，该社自动解散了。

1922 年 1 月《新教育》主编蒋梦麟赴美，从第 4 卷第 2 期开始，主编由陶行知接任。陶行知接任后，将《新教育》定为中华教育改进社的机关刊物，聘请中外知名教育家共 42 人担任编辑，还特约各国教育界代表报告最新教育信息。在《新教育》第 4 卷第 2 期的"学制研究"专号上，陶行知发表了《我们对于新学制草案应持之态度》《评学制草案标准》《中国建设新学制的历史》三篇文章。不久，陶行知又在江苏省新学制系统草案讨论会委员会的会议上演讲《新学制与师范教育》。

3 月，陶行知发表了《女子教育在学制上占领地位之十五周年纪念》《对于参与国际教育的意见》等文章。3 月下旬，陶行知到山东与教育界人士接洽有关中华教育改进社第一次年会会址事宜，并协助、发动、成立山东教育调查会。年会会址定在济南，会议定于 1922 年 7 月 3 日至 8 日召开。这一件事在陶行知的《普及教育之山东之行》一文中有详细记述。

4 月 14 日，陶行知与胡适、陈肖庄共同拟定《中华教育改进社年会规则》。

5 月 14 日，陶行知与胡适、蔡元培、李大钊等 16 人联名发表《我们的政治主张》。月内又与胡适、凌冰合译《中华教育改进社简章》为英文版，以资向国外宣传。

8 月 10 日，陶行知被推举为中华教育改进社委员会委员。

9 月 6 日，陶行知代表中华教育改进社，向教育部提供有关学制问题的八条议案。10 日，陶行知在南京邀集东南大学、南京高师的教授多人与美国教育心理学家麦柯尔共同讨论智力与教育测验计划的进行情况。18 日，他们商定测验地点，拟以南京、北京为两大中心，由陶行知主持。22 日，中华教育改进社接受了美国学术团体的捐款，同时开会讨论了美国科学家推士先生的关于调查和改良中国理科教育的计划。在会上，陶行知介绍了推士的学业、履历。推士演讲，陈裕光做翻译。25 日，陶行知参加了筹划全国教育经费委员会会议，并被推举为总书记。9 月底：陶行知被邀参加国民政府教育部召开的学制会议；在中华教育改进社总事务所讲读《办公原则》（唯事的、科学的、效率的、教育的、美术的、卫生的、兴趣的、互助的八条原则）；被杭州大学聘为董事。

10 月 29 日，陶行知应邀由南京赴天津，参加南开大学主办的"科学教授法"讨论会。

12 月 6 日，南京高师并入东南大学。陶行知被聘任为东南大学教授、教育科主任、教育系主任，时年 31 岁，事业辉煌，如日中天。17 日，陶行知出席并代表梁启超参加中华教育改进社在上海召开的第七次董事会，依决议负责筹备教育陈列所。22 日，陶行知参加在北京总事务所召开的京津董事会。23 日下午，陶行知在中华教育改进社周年纪念会上报告一年事务。23日晚上，他又参加中等教育委员会北京部委员的会议，提出应该抽人修订会章和拟订经费计划及补充代表加入中等教育协会的建议。27日，陶行知参加中华教育改进社女子教育委员会北京部委员会议，反对教育当局停止派女生留学的决定（12月2日和18日曾两次参加这一会议）。12月底，陶行知着手主持制订中华教育改进社下一年度的工作计划。是年，陶行知被聘为《教育大辞书》特约编辑。陶行知通过调查南京教育状况，撰写了《南京教育谈》《市乡教育分治与南京教育》，发表在《新南京》上。

1923年1月，陶行知在北京大学教育研究会上演讲《教育与科学方法》。

> 今天我所要讲的不是教育研究法，是"教育与科学方法"，就是科学方法在教育上的应用……

> 什么是科学方法呢？科学方法是有步骤的，是有线索的。

> 第一步要觉得有困难……第二步得晓得困难的所在，就是要找出困难之点来。如一个人坐在那里发脾汗是觉得有困难了，用什么方法来解决这个困难，这就跳到第三步，从此想出种种办法来解决。有的画符放在辫子里，有的请巫婆，有的到庙里烧香祷告，有的请医生，有的吃金鸡纳霜。有了这些方法然后再去选择，这就到了第四步。如果以为老太婆的方法好就去试一试，不能解决之后，再用其他法子，最后唯有吃金鸡纳霜渐渐地好了，但此刻还不能骤下"金鸡纳霜能治脾汗"的断语，因为焉知吃饭时吃了别的东西吃好的呢？所以必须试验一番，这就到了第五步了。如在同一情形之下，无论中外、男女、老幼吃了都是灵的，那么，金鸡纳霜能治脾汗就不会错的。

> 经过这五步工夫，然后才可解决一个问题。这五步方法是科学的方法。无论是化学，是物理，是生物学，都用这个方法以解决困难……

> "差不多"，还有什么"大约么""我寻思""将七将八""奏付着"等说法是中国人的大毛病，所以孟禄博士调查教育时说："中国人对于数目不准确，如要改良中国的教育，非从数目入手不可。"……

> 总之，每人都有用科学方法去办教育的决心，每人都去研究或解决一个小的问题，我敢说，不出三十年，中国教育准有好的成效。

在这个月，陶行知还亲自组织、领导中华教育改进社举办国民音乐会。以此，陶行知成为我国以提倡国民音乐来陶冶国民精神的开路先锋。

2月，陶行知着手筹备参加万国教育会议的资料，撰写英文本《中华教育改进社之历史、组织及事业》一书。

3 月 4 日，在中华教育改进社召开的沪津董事会上，陶行知与蔡元培等 8 人被推举为出席 6 月 28 日至 7 月 6 日，在美国旧金山举行的万国教育会议的代表。陶行知的《中国之教育行政》一书，被列为会议分送的材料。后来，陶行知因准备中华教育改进社的第二届年会，美国之行未成。

4 月，陶行知主持并与薛鸿志等人共同整理全国调查材料，合撰《中国之教育统计》（英文本）。

5 月，陶行知与朱其慧、黄炎培、晏阳初等人发起、筹备中华平民教育促进会。陶行知因工作繁忙，不得已辞去《新教育》主编、总干事职务。陶行知自 1921 年 1 月接任《新教育》主编两年多以来，成绩卓越，世人皆知。

6 月，陶行知与朱经农合编《平民千字课》，又与王伯秋等人组织南京平民教育促进会，由此进一步推动了南京的平民教育运动。

7 月 21 日，陶行知与朱其慧到嘉兴参加平民学校的毕业典礼，为毕业学生颁发毕业文凭。

陶行知自 1917 年 8 月回国、9 月应聘为南京高师教授以来，至今已近 6 年。6 年中：他工作半年许，代理南京高师教务主任；接着任教务主任；中华教育改进社成立，他被推举为负责社内外一切事务的主任干事；曾接任《新教育》主编工作，接任后工作很快有了突出进展；南京高师并入国立东南大学后，他又被聘任为教授、教育科主任、教育系主任。

陶行知此时可谓事业辉煌，前途远大。

第四章　一石激起千层浪

陶行知勤奋刻苦，业绩突出，然而在工作得顺风顺水的时候，却突然辞职了。陶行知 1923 年 7 月 28 日致东南大学校长的信，述说了他辞职的原因。

伯明代理校长鉴：

　　本校教育科及中华教育改进社合聘知行担任两处职务，已经有一年半。虽职务性质颇有相成之处，但两地距离太远，每月来往一次，渐觉精疲力倦，难于支持，且教育科与中华教育改进社现已发展到不可兼任的地步。要想这两处事业继续充分发展，必须有人专心主持，若再兼筹并顾，譬如一个人站在两只船上，不到船翻人亡不止。静夜思量，不胜畏惧。故为事业计，为学生计，为个人精力计，万万不能再事兼任。但中华教育改进社约订三年，现在绝无舍去之可能。本校正在改约时期，复请准予辞去教育科主任、教育系主任之职，但以教授名义，给予无俸之长假。俟中华教育改进社约满及有继任之人时，再行回校担任教授职务。知行定于八月初进京，下年进行事宜，即须有人负责。务请即就本科教授中，另聘贤能担任科、系主任职务，以便尽本月底交代，最为感荷。所有教育科主任、教育系主任聘书，特行奉还，务乞俯于收回为祷。专此。敬请

　　诲安！

陶知行　启

此信写得明明白白，理由清清楚楚。陶行知辞掉国立东南大学教育科主任、教育系主任职务，去专门从事靠社会募捐作为经费开支的中华教育改进社主任

干事的工作，此举可谓"一石激起千层浪"。在当时，陶行知拥有舒适的大学工作环境、优厚的生活待遇，特别是他6年多的奋斗取得了辉煌的业绩，前途远大，同龄人垂涎三尺！辞去东南大学的工作，就是在无任何权力、无任何经济来源的状况下，去搞宏大的毫无底数的普及教育。陶行知的选择谁能理解？惊世骇俗啊！为什么？到底为什么？"为事业计"，答案很明白：陶行知为了"我是中国人，要为中国做贡献"而做出了这一难能可贵的选择。

请辞报告呈上，陶行知等待准其辞职的同时，工作仍在继续。

8月中旬，陶行知通电各教育厅、教育会和办理平民教育的机关团体，拟在北京举行中华平民教育促进会成立大会。中华平民教育促进会（后简称促进会）之组织，是为消除中华民国不识字之运动，以使全国男女老少人人识字为目的。8月底，东南大学批准陶行知辞职。至此，陶行知离开曾经战斗6年的南京，长驻北京开始新的战斗了。

9月12日，陶行知致信安徽第四女子师范学校校长程仲沂。信中说见到一位安徽老乡刘君，拿着一块刻有明朝永乐年间"中部"字样的长城古砖。老乡说有一老外花大价钱要买，老乡未允，知道陶行知也是安徽人，送予了陶行知。陶行知送了他一元钱回礼。现在将含有爱国意识的长城砖送去。第四女子师范学校的校舍不久总要建筑，用此砖为该校奠基，也是千载难逢之盛事。

10月3日，陶行知致函朱其慧，建议聘请晏阳初为促进会总会的主任干事。4日，陶行知与南京教育行政当局及教育界人士议定：每一区立学校应担任开办一个班以上平民学校的任务。5日下午2时，召开干事会，陶行知演讲《活的平民教育要有活的干事》；4时，召开董事会，会议决定向省署呈请经费补助费；7时，陶行知在江苏省第一女子师范演讲，组织罗汉会，推广平民教育。6日，陶行知在公共演讲厅演讲《平民教育》。7日，陶行知召开平民教育会议，商讨改良教学问题，后又被邀请参加金陵大学孔子纪念会并演讲《孔子纪念与平民教育》。8日，陶行知致函桃红、小桃。陶行知从哥哥教弟弟读《平民千字课》，悟出了"连环教育法"，乘兴致函朱其慧，报告"连环教育法"的发现及南京平民教育运动情况，并趁热打铁，召开平民学校教育促进会董事会，报告新发现的"连环教育法"。10日，陶行知给栖霞山乡乡民张大哥写信并附寄《平民千字课》一本，建议他让和尚教读，并鼓励他学会了再教人。陶行知建议张大哥读四本后，亲自写信告诉他。15日，陶行知与安徽旅沪的各界领袖开会商议推行平民教育的办法，建议将部分收入捐出，用于推广家乡平民教育事业。17日，陶行知写家信，劝母亲跟着孙子学《平民千字课》。19日，陶行知由南京去安庆，参加安徽省平民教育促进会成立大会，被推举为董事。20日，陶行知在安徽第一女子师范学校演讲《女子领袖对平民教育之使命》，当日还对全城的学校演讲《社会服务精神》。21日，陶行知对圣公会学生和全城的牧师布道团讲《平民教育》。23日，陶行知对全城小学教员和省立小学全体教师职工演讲《平民教育》。24日，陶行知在徽州平乡演讲《促进公民教育的方法》，还对全城商行的董事们演讲《商界对于平民教育之使命》。25日，陶行知出席安徽省第一次平民教育促进会董事会。26日，陶行知对全城各机关学校代表演讲《笑嘻嘻的平民教育运动》。27日上午，陶行知出席安徽省第二次平民教育促进会董事会。27日下午，陶行知去孤儿院对学生演讲《平民教育》；向全城的警察演讲《警察与平民教育的关系》；对私塾先生们演讲《私塾与平民教育》。28日，陶行知在安徽各界一万七千余人促进平民教育的集会上演讲《平民教育》，并于会后参加游行，影响极大。

　　11月初，陶行知由安庆赴南昌，会见江西省省督并向省长建议：让其署内不识字的人限期读书，平民教育机构可称为"平民读书处"。8日，陶行知参加南昌城庆贺平民教育集会，对南昌监狱里的400多名犯人演讲《平民教育》。11日，陶行知由南昌赴武昌。13日至27日，陶行知与湖北省署及教育行政当局商谈开展平民教育，同朱其慧一起，在武汉三镇的各学校、机关、团体等单位演讲《平民教育》，参加武汉三镇统一举行的集会并演讲《平民教育》，协助湖北省成立平民教育会，到襄阳、沙市、宜昌等地去推行平民教育运动，还致函湖北省省长，请允准全省平民教育经费每年不少于两万元。28日，陶行知由武汉赴芜湖，与徽州旅芜同乡共同拟定《徽州推行平民教育八条》，发表了《平民读书处之试验》。

　　12月上旬，陶行知回京后组织了十几个平民读书处，并在家里设立了"笑山平民读书处"，鼓励儿子教祖母识字，还应邀去北京师范大学平民教育社演讲《长江流域平民教育运动之性质、组织及方法》。23日，陶行知参加中华教育改进社两周年纪念大会并报告社务。到12月底，北京平民读书处迅速发展到100多个。陶行知编辑出版了《平民教育纪念刊》。是年，《平民千字课》交商务印书馆出版。陶行知继续负责全国教育的统计工作。

　　1924年1月3日陶行知致函朱经农："要想普及平民教育，第一件事就是要便民。"5日，陶行知写信给安徽屯溪隆阜推广平民教育的积极分子——13岁的吴立邦小先生，鼓励他要有"钢头碰铁钉"的准备。7日，陶行知由北京赴张家口。8日，陶行知在张家口召开平民教育筹备会。9日，陶行知与张家口政学各界领袖开会商讨推广平民教育会问题。10日，陶行知在蒙古学生代表大会上演讲《平民教育》，出席察哈尔全区平民教育促进会成立大会。11日，陶行知向教育厅长提出执行平民教育办法的 14 条建议，均蒙采纳。11 日晚，陶行知乘车返京。16 日，陶行知特设平民读书处两处并以祝贺友人温佩珊夫妇结婚 25 周年纪念为由，希望友人夫妇开办平民教育读书处。20 日，陶行知致函家乡歙县知事汪镜人，赞美其《歙民五训》。30 日，陶行知参加安徽促进会总会举行的平民学校试验班毕业式，为学生颁发毕业文凭并报告平民学校组织之经过。

2 月 8 日，陶行知致函安徽教育厅厅长卢绍刘先生。

> 绍刘先生：
>
> 　　我们听说先生已就安徽教育厅厅长职，心中非常快乐。当这安徽教育存亡绝续之交，得公出而主持一切，我们可以放心了……
>
> 　　我希望，先生不但要做数万学生之教育厅长，简直要做一位三千万人民之教育厅长。换一句话说，我希望先生做一位平凡教育厅长……
>
> 　　我很希望先生为做一件大事而来，做了一件大事而去。这件大事就是变形的茅亭讲学，就是平民教育，就是三千万人的家家读书、人人明理。到这件事做了的时候，我想顶少也要两三年，我们一定要在无法报答当中，造个铜像作为卢公万年不朽的纪念。

3 月 2 日，陶行知在北京举行专题演讲会，演讲《平民读书处的办法与经验》。3 月上旬，中华教育改进社拟定第 3 届年会在南京召开期间，与东南大学教育科合办全国教育展览，陶行知任筹备会副主任。24 日，陶行知致函南洋各华侨学校，为展览征集展品。25 日，陶行知去河南推广平民教育运动。27 日，陶行知在开封对河南省 90 余县教育局长演讲《平民教育》，还对各界领袖演讲《平民教育》。28 日，陶行知代表平民教育促进会总会参加河南全省平民教育促进会会议。29 日，开封全城平民教育演讲会召开，到会者 3 000 多人。30 日，陶行知由豫赴沪。

4 月 12 日，陶行知致函全国各省教育局、特约应征机关，为全国教育展览征集展品。15 日，陶行知在南京召集有关学校领导开会，讨论编制学校模范报告的计划。20 日，为了开展工作的需要，陶行知以中华教育改进社的名义，致函东南大学，商量在该校设立改进社分事务所。21 日，陶行知发表文章《论平民读书处之得失》。14 日，陶行知写信给西村平民学校学生胡映莲，鼓励她不仅自己要好好学，还要抓机会教会别人。

> 映莲：
>
> 　　我昨天收到你三月二十九日所发的信，非常欢喜。
>
> 　　你读了两个月书，就能写这样好的信，真是难得。西村平民学校现在既有三十多位学生，我希望他们个个都能写这样的信。写信如同谈话一样，

写的时候，必须要觉得有一个人坐在那里，你和他对谈，谈一句，写一句，一面谈，一面写。写好，再一句一句地读出来，请你自己的耳朵做先生。若是耳朵听不懂，就要改；听得不好听，也要改。总之，你的耳朵要怎样就怎样，要耳朵都喜欢听了，才算是好信。我有一首教人写信的诗，也是这个道理：

> 写信原来要自然，
> 对谈如人在面前。
> 若问写得好不好，
> 请双耳朵做教员。

我想，你们三十几个人还有一件事可以做：最好每天回家，每个人都教家里人读书。若是一个人教两个人，三十个人就可以教六十个人，要不了两三年，全村全家都会读书了，岂不好吗？……

我不久要写信给你们全体同学，哪一个家里完全会读《平民千字课》了，我们要送他一副对联或是四个字的匾额。请你先告诉大家听听。

5月3日，陶行知与朱经农筹划发行《平民周刊》事宜。24日，陶行知约请文学界、教育界人士钱玄同、郁达夫、陈鹤琴等组织平民文学委员会，编辑出版平民文学书刊并与北京《晨报》商定出版《平民教育特刊》。

6月29日，《平民周刊》创刊，为《申报》副刊。

7月3日至9日，中华教育改进社第3届年会在南京东南大学举行，陶行知做事务报告。

今年为改进社第三届年会，依中国年龄言之为三岁。若依实在年会言之，只两岁余。在此两年余中……

全社职员以全副精神，力谋全社之发展……

本社进行之方针，在集合全国教育界，群策群力，力谋教育同志之结合……

本社又与世界教育界联络，去年中国代表至世界教育会议，备受欢迎。郭秉文先生被举为副会长。一方带来名誉，即一方负有重大责任。其责任在于用何种教育方法，使世界免于战争，而推进人类幸福……

中华教育改进社第3届年会完成预期计划，圆满结束。

中华教育改进社第3届年会闭幕后召开董事会，陶行知又被公推连任主任干事一职，还同蔡元培、郭秉文、张伯苓一起被推荐出席下一届世界教育会议。在这次会议上，范静生、马寅初、章太炎、陶行知等做了学术演讲。会后，陶行知又同东南大学乡村教育教授赵叔愚一起参观南京燕子矶北固乡区立第一国民学校。时任校长丁超，调来半年许，将学校搞得生气勃发、成绩卓然。参观后，陶行知得出结论：这是一个用钱最少的活学校，校长是一个学校的灵魂。

8月9日，陶行知以韵秋为笔名，在《申报》副刊《平民周刊》上撰文，呼吁："真正的农民合作或联合，要立在教育的农业和农业的教育上。"

9月上旬，陶行知前往清华学校考察科学教员暑期研究会的情况并征求各方面意见，后以中华教育改进社名义致函东南大学，协商合办下一年科学教员暑期研究会有关事宜。12日，陶行知致函朱经农，建议改良《平民周刊》。14日，陶行知致函姚文采副校长，强调安徽公学要师生"共甘苦，共生活，共造良好校风"。

安徽公学用最少的钱办到这样最好的成绩，可算是近年来中等教育很精彩的一个试验，可喜之至……

仲明拟于招考时，亲行口试，观察其言行举止，以作去取根据之一种，我很赞成……

现在是要拿一百多人来同化一百多人，确是一件最困难的事……

我希望凡住校的教职员，一定要和学生共甘苦，共生活，共造良好校风，共守校规，断不能有一个例外……

我或者可以帮助你们打头一个礼拜的战，开学期定了之后，请即告诉我。

敬祝康乐！

陶行知，工作千头万绪，夜以继日地奔走四方，作为校长，对于开学面临的种种问题，考虑得如此周到，实在难得！

10月，陶行知发表《平民教育概论》一文。

12月，陶行知主持制订中华教育改进社下一年度工作计划，提出了"适合本国国情，满足生活需要"的方针。本月陶行知应冯玉祥之请，与仵士骐编写《军人千字课》，推行士兵识字教育。为准备参加世界教育会议，陶行知与程其保合编《民国十三年中国教育状况》（英文本），作为中华教育改进社丛书之一出版。陶行知还发表新诗24首。

1925年2月8日，陶行知应邀参加北京京兆尹公署举行的附设平民补习学校开学仪式,演讲《平民教育》。

3月1日,平民教育促进总会为了鼓励农村平民自学,出版《农民》小报。

5月上旬,上海日商纱厂工人再次罢工,日本资本家惧怕罢工扩大,于15日借口存纱不多,强行关闭第七厂,停发工人工资。第七厂工人当天要求发工资,资本家不仅不允,还枪杀工人领袖顾正红,打伤工人十余人。顾正红惨案激起了上海人民反帝斗争的怒潮。30日,上海学生二千余人在英租界内声援工人,被英帝国主义军队拘捕一百余人。此举更引起上海学生和市民的反帝义愤,有近万革命群众聚集在巡捕房门口,要求释放被捕学生。英巡捕竟向群众开枪射击,群众退避不及,当场死伤达数十人。这就是震惊中外的"五卅"惨案。

6月,平民教育总会参加北京各界"五卅"惨案后援会,陶行知通电各地的平民教育会,要求平民学校均参加反帝爱国运动。

陶行知在第二期科学教员暑期研究会上,被推举为书记。

7月28日,中华教育文化基金董事会召开,陶行知被聘为干部执行秘书。该会是为保管和处置美国退还的庚子赔款而设立的机构。

8月17日至22日,中华教育改进社第四届年会在山西大学举行。到会的社员及来宾有两千余人,汉、满、蒙、回、藏五族齐全。美国著名女教育家、"道尔顿制"教育创始人柏克赫司特女士莅临,更为大会增辉不少。

陶行知在开幕式上发了言。

今天为本社第四届年会开幕日,回顾一年来之经过,这一年来是中国最不幸的时期,也是中国教育最不幸的时期。全国人民简直是在天灾人祸、内乱外患里翻筋斗,大家累得个朝不保夕,本社也是东倒西歪地随着大家翻筋斗,累了许多朋友为我们担忧。但纵然翻来翻去,我们还是抱着我们的目标,得步进步地往前走。现在居然还是平平安安地开我们的第四届年会,可算是不幸中的大幸了⋯⋯

自上海惨案①发生,中国教育之优点、弱点都一起被发现⋯⋯

中国要想得到国际上之平等地位,非办教育不可⋯⋯

谈到本届年会的特点,我们第一个要指出的就是五族的代表都到会了⋯⋯

第二,这次议案和讨论当中,有几件是关于国家百年大计的,我们断不能轻松放过⋯⋯

①上海惨案:指"五卅"惨案。

第三，前几届年会的议决案，依赖政府或其他方面实行者居多数，但最重要的还是我们同仁的本身……

第四，我们今年开会的地点是山西。山西是中国义务教育的策源地。这次山西同志赞助本社年会的将近二百人……

我们从山西应当带回去的礼物很多，但是最重要的就是山西厉行义务教育的精神。我们能得到这种精神，才无负山西之行。

本次年会有 4 个提案：一，陶行知提"请组织国家教育政策委员会案"；二，朱其慧、王伯秋、陶行知同提"请发起并筹备中华女子教育促进会案"；三，薛鸿志、陶行知同提"统一学校统计报告时期案"；四，薛鸿志、陶行知同提"请本社函请山西省行政官于山西省内指定一相当之县诚办教育统计案"。

在年会学术会议上，陶行知提出诸多中国教育政策求得商榷。这诸多政策，即使放在今天，也有一定的现实意义。

国家运用教育以达立国之目的时，在天然与社会环境中必遇到种种助力与障碍，因助力与障碍而发生进行之种种问题。解决此种问题，必须预拟种种合乎实际情况之公式，俾能运用助力排除障碍以谋目的之贯彻。此种公式谓之教育政策。中国教育政策因教育当局而变。教育当局或以无政策进无政策退，或有政策而偏于主观。将全国之教育供一人之武断，流弊何堪设想！是宜集思广益，审查国情，确定全国公认之教育政策，以达国家建设之目的。今兹所提，实为个人之意见，志在引起教育同志之讨论批评，俾现代教育政策可以符合公意，早观厥成。此本讲所以出于商榷之意也。

政策一，正式学校教育为国家之公器，应超然于宗教、党纲之上。

政策二，培养国家观念、爱国实力及大国民之气概。

政策三，运用科学征服自然，其道在选择有科学天才之儿童加以特别训练。对于有科学天才之专家，予以研究机会，并以极尊荣之名誉，鼓励有关国计民生之发明。

政策四，训练人民，为本身及国家作最有效力及随机应变之组织。

政策五，灌输经济学识，俾人民明了经济学之基本原理，以应付现代之劳资问题。

政策六，对于已在职业界服务之人民，教以改良旧职业之学识技能。

政策七，厉行身教，以谋学风之整顿。

政策八，发展国民性及各省区人民之优点，以尽其特别贡献。

政策九，下级行政机关，应有自动进行之自由，并负切实办理之责任。高级行政机关，应建立最低限度之标准，并负督促指导、补助提倡、联络纠正之责。

政策十，用人以贤者在位、能者在职为标准。

政策十一，办理学务，必须有计划预算以为进行之指导。

政策十二，应兴应革事宜，必须根据客观的调查及分析的研究。

政策十三，增进并运用各种力量，以适应及改良之各种需要。

政策十四，确定并保护渐进敷用之教育税，以应进化国家之需要。

政策十五，保护教育机会均等。

政策十六，各省、区、蒙、藏，应逐渐设立大学，至少一所。吸收硕学通才，以为产生文化、整理文化及主张正谊之中心。先着手设立文化院以植大学之基。

政策十七，培植蒙贤治蒙、藏贤治藏，并培植五族共和之公民资格，以谋国内民族之合作。

政策十八，提倡以乡村学校为改造乡村生活之中心，乡村教员为改造乡村生活之灵魂。其具体办法，应设试验乡村师范学校以试验之。

政策十九，本国大学毕业后，始准留学。留学时至少必须有一年游历各国，以减少未来领袖思想上不必要之冲突。

政策二十，用批评的态度介绍外国文化、整理本国文化。

政策二十一，扶助交通，以利教育之推行。

政策二十二，鼓励专家研究试验符合本国国情、适应生活需要之各种学校教育，以作学校化学校之根据。

12月6日，陶行知参加由北京师范大学教育系发起成立的"乡村教育研究会"成立大会，在演讲中主张"先试办小学，再试办乡村师范学校，以为改良乡村生活之中心"。

1925年年底，陶行知应聘为金陵大学校董，并组织中华教育改进社特约乡村小学之南京燕子矶小学、明陵小学等学校相互参观，取长补短，以提高教育质量。

1926年1月8日，陶行知撰写《师范教育下乡运动》，介绍了江苏省立师范在乡间设分校之举，认为"乡村师范学校有训练乡村教师、改造乡村生活的使命"。

3月17日，陶行知与马叙伦等致函有关单位，阐述了中华教育改进社对英国处置庚子赔款法案的立场，并致函庚子赔款咨询委员会的中国委员，劝勿就职，以维护主权。

4月初，陶行知被推举为中华教育改进社国家教育改革委员会委员及促成宪法制定教育专章委员会委员。

5月，陶行知主持中华教育改进社与在京单位合办北京暑期学校事宜。

7月9日至8月7日，中华教育改进社与清华大学合办第二届科学教员研究会，陶行知被推举为书记。

9月，陶行知以中华教育改进社的名义聘请南京北固乡区立第一国立学校校长丁超，考察沪宁一带的乡村教育，作为改进乡村教育的根据。

11月21日，陶行知发起并参加在南京明陵小学召开的中华教育改进社乡村小学教师第一次研究会，宣读了《我们的信条》，与会者一致通过。

12月12日，陶行知邀集中华教育改进社在沪成员，召开乡村教育讨论会，报告了《乡村教育系改进社所认为最重要之事业》，演讲《中国乡村教育根本改造》，最后拟订乡村教育计划。25日，陶行知在南京尧化门小学召开中华教育改进社乡村小学教师第二次研究会，举行了立志乡村教育的宣誓典礼。31日，江苏省教育厅赞助中华教育改进社设立试验乡村师范学校。

1926年年底，中华教育改进社乡村教师同志会筹办《乡村丛讯》会刊，陶行知任主编。

1927年1月10日，中华教育改进社设立试验乡村师范学校的招生广告在报刊上广为刊出。15日，中华教育改进社特约乡村教师第三次会议在无锡河埒口开原小学召开，会议讨论了乡村教师的实际问题。

1926年7月，国民革命军8个军约10万人从广东出师北伐。北伐战争开始了。这特约乡村教师第三次会议，竟成了中华教育改进社历史性结束的标志。

中华教育改进社自1921年9月底成立，至此5年有余。在中国天灾人祸、内乱外患的特殊时期，中华教育改进社的同志们同心同德、艰苦卓绝地拼搏，取得的辉煌成绩，将永载中国教育史乃至中国发展史长卷。

陶行知辞去东南大学的工作，专心于中华教育改进社主任干事岗位，当之无愧为一等功臣！

第五章 晓庄学校——
教育革命的策源地

当今国人提起教育，总是津津乐道于改革开放以来的飞速发展。乐道之后，又往往叹息："中国的教育与当今世界教育相比，特别是与西方发达国家相比，还是很落后的。"殊不知，在 20 世纪上半叶，伟大的人民教育家陶行知创办的"晓庄学校"，早已作为"世界教育未来的一道曙光"，闪耀在世界教育史上。

陶行知谙熟中国教育史。中国传统教育之最大弱点，就是把广大平民老百姓排斥在学校大门之外，老百姓与教育脱离。他从这一关键问题入手，大力宣传、组织、发动老百姓，推广平民教育运动，立志要将中国的教育为中国人民大众服务。

陶行知脱去博士、教授之西装革履，穿上农夫的布衫草鞋，深入农村进行艰苦的调查。他深刻地认识到：四万万五千万人口的中国，是一个以农立国的穷国家，其中三万万四千万人口在农村。不解决农村及农民问题，中国就没有出路；不普及农民教育，也就谈不上中国的普及教育。陶行知更深刻地认识到：要普及农民教育，首要的问题是建设一支热爱农村、心甘情愿献身农村教育事业的乡村教师队伍，而办好乡村师范学校，是解决农村师资问题的一条捷径。陶行知拿出仅存的一千元钱，与金陵大学农科毕业、留美攻读乡村教育硕士学位回国后就任东南大学教授的赵叔愚，共订"筹集一千万元基金，征集一千万位同志，提倡一千万所学校，改造一千万个乡村"的宏伟计划。

1926 年 12 月 17 日，陶行知发表了《试验乡村师范学校第一院简章草案》

（简称《简章草案》），筹建试验乡村师范学校。

《简章草案》中规定了相关的办学要求。

> 办学目的：培养有乡村领袖能力的教师，要养成农夫的身手、科学的头脑、改造社会的精神。
>
> 校训：教学做合一。
>
> 学校特点：一无校舍，二无教室。
>
> 学校人员的座右铭：会做的教人，不会做的跟人学。
>
> 学校人员的人生观：为一大事①来，为一大事去。

1926年12月28日，陶行知撰写《试验乡村师范学校答客问》。

1927年1月1日，试验乡村师范学校筹备会召开，议决筹募经费及开学计划等事宜。中旬，学校被决定建在南京神策门（现为中央门）外老山（后改为劳山）脚下的小庄（后改为晓庄）。20日，陶行知致函吕镜楼、杨效春，欢迎他们来试验乡村师范学校任指导。21日，陶行知发表《试验乡村师范筹备处启事》，欢迎各地区选送学生来校学习。28日，《新教育评论》刊出《试验乡村师范学校招生》的广告。广告上特别声明："小名士、书呆子、文凭迷，最好不来。"

2月4日，陶行知下乡安排试验乡村师范学校立础礼，当晚住农民陆健祥家的牛棚里。他觉得稻草地铺比钢丝床还有趣，还夸老牛脾气很好，也很干净。5日，"小庄"改为"晓庄"，取日出而作之美意。10日，上海召开试验乡村师范学校董事会，陶行知被推举为董事会秘书兼学校校长。下旬，陶行知委派钱向志在晓庄附近的余儿岗筹办晓庄小学，贯彻办理师范以小学为中心的主张。月底，陶行知发布《告来本院应试的同志》广告，说明应考事项，并告知："本校誓与村民共休戚。"

3月5日，晓庄小学开学。3月11日至12日两天，在燕子矶招考，有13人冒着战火前来赴考。这13位勇士姓名应载入教育史册。

他们是：

操震球，安徽安庆人，1988年（时年86岁）当选安徽省第六届政协副主席；

戴伯韬，江苏丹阳人，原名戴邦杰、白桃，退休前，任全国教育学研究会会长；

王洞若，江苏丹徒人，原名义田，曾任育才学校研究部主任；

---

① 大事：指促进文明。

李楚材，江苏常熟人，有著作《破晓》，写晓庄生活，陶行知为之作序；

葛尚德，江苏宝山人；

徐企周，江苏宝山人，有著作《小朋友养鸡》；

季雪云，江苏常熟人；

程本海，安徽绩溪人，他是最先与陶行知商议加入乡村教育战线的人，有著作《在晓庄》，陶行知为之作序；

李相维，安徽桐城人；

谢纬棨，湖北武昌人，原名宗晖；

王琳，浙江兰溪人；

陈昌嵩，江西赣县人，又名陈志忠，1939 年 12 月 11 日，为生活教育社捐款国币 20 元；

裴志发，江西人。

当时，学校没有围墙，方圆二三十里的山川河流都属于学校范围。学校里看不出老师、学生、农民的区别。大家都穿着短裤、短褂、草鞋；吃着自己种的五谷、蔬菜。他们只是分工不同：有的在田间耕耘；有的在菜园里浇水、施肥；有的在担水、烧菜、做饭；有的在办公室里办公；有的在会议室里讨论问题；还有的在小学、幼稚园里给学生上课，跟学生一起做游戏……真是学校与社会打成一片，师生与农民打成一片。学校处处张贴着对联为大家开阔视野、鼓舞斗志，鼓励大家奋力拼搏，去创造更美的世界。

对联有：

捧着一颗心来，不带半根草去。

和马牛羊鸡犬豕做朋友，对稻粱菽麦黍稷下功夫。

以宇宙为教室，奉自然作宗师。

从野人生活出发，向极乐世界探寻。

陶行知后来回忆当时的情景：

无锡开原小学校长潘一尘来帮助我们创办第三中心小学，和我们同住了六天。临去那一晚，我问他对于试验乡村师范的生活有什么感想。他说："你们这里简直是原始生活，不是农民生活。"我说："原始生活虽说不上，但是一部分确实是野人生活。我们这里的教育是从野人生活出发，向极乐世界探寻。"

乡村教育虽是为农民谋幸福，但从农民生活出发，能否达到目的是很可怀疑的，所以我们鼓足勇气把乡村教育的摊子，使劲地摆到野人生活上去。野人生活是最富于问题的。生活上的实际问题一个一个地来到我们面前，命令我们思想，要求我们解决。这些问题来势急于星火，不容我们苟且偷安。倘使我们不振作精神，当机立断，必定有不堪言状的痛苦，甚而至于只有死路一条。山上出狼，我们必得学习打猎。地上有蛇，我们必得学习治毒。聚蚊成雷，我们必得学习根本铲除蚊子的方法。衣、食、住、行各种问题，我们在尝试野人生活的时候得到了极亲切的了解。没有到晓庄以前，没有住到晓庄以前，我们对于这些生活需要，简直是一知半解，嘴里虽能说得头头是道，其实心中哪里觉得到啊！我们从野人生活里感觉到人的身体是不足以应付环境的。我们觉得人类要想征服自然势力，必须发明、制造、运用身体以外的工具。我们自从尝了野人生活，对于工具觉得万分重要。没有生活工具，简直不必空谈生活教育。可是朋友们不要误会，我们不是要做羲皇上人①，我们的黄金时代是在未来。我们从野人出发，不是没有出息、开倒车，不是想长长久久地做野人。出发的号令已下，我们要向极乐世界去探寻了。

1927 年 3 月 15 日，一所新型的乡村师范学校在长江岸边荒草野滩上诞生了。自 1926 年 12 月 17 日开始筹备，至开学，仅仅 3 个月的时间，陶行知他们就办起了中国教育史上第一所普及大众教育的新型学校。奇迹！中国的奇迹！世界的奇迹！

陶行知校长在开学典礼上声情并茂地演讲：

> 本校不同于平常学校，一无校舍，二无教员。说什么"我们上面盖的是青天，下面踏的是大地，我们的精神要充溢于天地之间"……

乡村教育师范学校的诞生，以一种旧教育完全没有的新鲜感觉，给南京广大农村带来了勃勃生机。陶行知作诗颂之：

> 老山劳，
> 小庄晓，
> 新时代，
> 推动了。

1927 年 8 月 14 日，陶行知在晓庄试验乡村师范学校做主题为"创校旨趣"的演讲：

---

① 羲皇上人：古人想象中的无忧无虑、生活闲适的人。

　　我们中国现在正是国民革命的势力高涨之秋，唯既有国民政治上的革命，同时还须有教育上的革命。政治与教育是不能分离的，二者能同时并进，同时革新，国民政府才有基础和成功的希望。

　　本校是于本年三月开学，当时宁地战事风云正急，三路①交通，俱已断绝，而各同学冒着危险，自上海、镇江、安徽、浙江、江西相继前来，本校遂得于枪林弹雨中如期开学……

　　本校的办法，是主张在劳力上劳心。本校全部生活，是"教学做"。教的法子根据学的法子，学的法子根据做的法子。我们的实际生活，就是我们的全部课程；我们的课程，就是我们的实际生活。

　　我们每天早晨五时有一个十分钟至十五分钟的寅②会，寅会毕，即武术③。上午大部分时间阅书。所阅之书，一为学校规定者，一为随各个人自己性之所好者。下午工作有农事及简单仪器制造、到民间去等。晚上有平民夜校及做笔记、日记等。这是本校全部大概的生活。

　　现在有一点我们应当注意的，就是以前的教育，都是像拉东洋车一样。自各国回来的留学生，都把他们在外国学来的教育制度拉到中国来，不问适合国情与否，只以为这是文明国里的时髦物品，都装在东洋车里拉过来，再硬灌在天真烂漫的儿童的心坎里，这样儿童们都给他弄得不死不活了，中国也就给他做得奄奄一息了！我从前也是把外国教育制度拉到中国来的东洋车夫之一，不过我现在觉得这是害国害民的事，是万万做不得的。我们现在要在中国实际生活上面找问题，在此问题上，一面实行工作，一面极力谋求改进和解决。本校全体指导员及同学，都是抱有这样的一个目标，所以毅然决然地跑到这个荒僻的乡下来。我们认定必须这样，将来中国的新教育才能产生呢！

这篇报告，阐明了这所学校的办校宗旨。

1928 年元旦，陶行知为新年作诗。

新年

　　听啊，

　　鸡儿已啼。

---

① 三路：指北伐革命军分三路向盘踞南京之军阀进行总攻击。

② 寅：以古代记时十二支计算的，取一日之计在于寅之吉语。

③ 武术：传统体育项目。

看啊，

烛影纸谜。

一年之计始于一月一日。

同学起，

同志起，

快快起来行个礼：

愿把灵魂共身体，

献给中华民国，

誓从今年今日起。

一个人的全部就是身躯、灵魂两部分。陶行知誓把"灵魂共身体，献给中华民国"，这就是他"捧着一颗心来，不带半根草去"愿望的具体而又完整的诠释。

1928 年 3 月 15 日，陶行知在晓庄试验乡村师范建校一周年纪念会上演讲：

"南洋有个财主，带了五十万银子来，要在晓庄开洋学堂咧。""学生也肯打赤脚种田，这倒奇怪！""他们自己扫地、抹桌、烧饭、洗碗，还不是和我们一样地苦吃苦做。""晓庄的先生们就要到我们那里去办学堂了，呱呱叫，我们要用锣鼓炮仗去欢迎他们咧。"这些话是我在这一年当中亲耳听来的。（这些话说明了）晓庄学校在农民心目中曾经过这几度的变化……

我们这个学校是师生共创共有的学校，不是一个人所创所有的学校。因为有了这个条件，所以军阀压不坏，炮火轰不散，土豪劣绅推不倒，没有校长、院长也可以度过存亡关头。倘若不是同志的结合，那么不毁于枪炮也要毁于陷害，早已夭折了……

共同生活在安徽公学①已经实行了几年，再经晓庄这一年的试验，我们对于这个原则的信念便益加坚固了。本校不但是师生共生活，连校工也是和大家共生活的……

与学生共生活，日久便成为学生的朋友；与校工共生活，日久便成为校工的朋友。大家由相亲而达到相知、相爱，自然可以造成和乐的境界……

教学做合一是我们的根本主张。经过这一年的试验，我们知道它是一个最有效的方法……

中心小学也是我们的一种主张。真正的中心小学是师范学校训练小学教师的中心，同时以实际生活为它自己的中心……

---

① 安徽公学：1923 年秋创办。

乡村幼稚园在这一年中已由理想而成为事实。燕子矶幼稚园由十数人加至三十余人。晓庄幼稚园虽在散村之中开办，亦既有十余人。可见乡村对于幼稚园有一种自然的需要。我们所最引为憾事的就是：幼稚师范院校招考而应着寥寥。我现在要奉告从事妇女运动的太太、小姐说，乡村妇女占全国妇女百分之八十五。世界上最需要你们帮助的便是这些人。你们最能帮助她们的方法，便是做幼稚教师，代她们教小孩子。代她们教小孩子便可进一步去做她们的朋友和导师。二千六百万乡村幼儿在那儿呼喊，可听见了没有？八千五百万乡村妇女在那儿用手相招，可看见了没有？我们这里并不像你们心里想的那样苦，为何不来试它一试？

我们虽是注重儿童教育，但从来没有忘记了成年人。我们开始就应了一个信念：要想化农民，须受农民化。我们大家都抱着一个跟农民学的态度。起初有一种功课，叫作"到民间去"。后来大家觉悟到这个名词不妥当，便改为"会朋友去"……

乡村教育之能否改造，最要紧的是要问我们肯不肯把整个的心献给乡村儿童。《毛毛雨》歌词依我们听来，不是情人的要求，乃是乡村儿童对着小学教师的呼喊。倘使我们肯把整个的心捧出来献给乡村儿童，那么，无论如何困难，必有达到目的之一日。否则，天天背诵教学做合一，也是空的。我今天要代表乡村儿童，向全国乡村小学教师及师范生上一个总请愿：

不要你的金，

不要你的银，

只要你的心。

1928 年 3 月 26 日，陶行知在神策门中心小学演讲：

我们预定在这一个月内开办五个小学，现在居然能够一个个实现了：一个是吉祥庵小学，一个是万寿庵小学，一个是三元庵小学，第四个就是此地神策门小学，再等四五个钟头，老五也要产生了，就是黑墨营小学……

1928 年 4 月 23 日，陶行知在江苏省宝山县县立师范学校管校长带领学生40 多人到晓庄试验乡村师范学校参观学习多日后举行的欢送会上演讲：

我们这里开会是时常举行的，但是没有这一次格外快乐，因为宝山师范诸位同志给我们很好的印象。虽然只能在短时间和我们过共同生活，但是我知道他们早在那里实行这种主张了……

我记得两年前，这个学校还没有开办时，我曾到宝山师范去演讲过，就把教学做合一的理论，早在他们那里播下种子了，如今也在发芽抽枝的时期。

　　我很希望我们两校像兄弟一般，携着手共同为中国乡村教育立一基础起来……

1928 年 6 月 27 日，陶行知介绍操震球、程本海、王琳赴杭州，筹办浙江乡村师范学校。

1928 年夏天，晓庄试验乡村师范学校招收第 4 期学生 60 多人。

1928 年 8 月 1 日，试验乡村师范学校正式改名为晓庄学校。

1928 年 10 月 10 日，陶行知在晓庄学校纪念中华民国成立 17 周年"双十"节大会上演讲：

　　我们站在教育的立场上，我们应当用教育的力量来建设新中国，我们的使命是要唤醒民众，使民众团结起来！

　　教育的力量与别种力量不同之点，就是教育的力量是能够达到各个民众的内心里头去的，它能够使民众自己从"心里"发出一种力量来自己团结的……

　　我们可以说，现在国民革命还没有成功，因为中华民国的民众还不能自己团结起来。现在我们只有努力教育，用教育的力量建设新中华！

　　我们晓庄学校的理想，是要用教育的力量来叫日本人自己回到日本去！是要用教育的力量来建设新中华民国！……

这又是一条教育救国、教育治国、教育兴国的经典语录——用教育的力量来建设新中国。

1928 年 11 月 24 日，陶行知为学生李楚材的著作《破晓》写序。陶行知写道：

　　《破晓》是楚材和他的伙伴在晓庄生活之写真——说确切些，《破晓》不是写真而是传神。我读的时候，感觉到楚材的心灵和晓庄的精神在纸上活跃着。《破晓》虽有三十多篇小品文字，但在这里面你可以看出一个一贯的人生观。这个人生观是什么？不是别的，是诗。充满晓庄的只是诗——诗的神，诗的人，诗的事，诗的物。晓庄是一部永远不会完稿的诗集……

当时学校无校舍，在战火中的师生散居在农夫们家中，李楚材住在农友陆健祥家。一天晚上下雨，李楚材在《破晓》中写道：

晚上，冰冷的水点，从茅草的破坏处滴到脸上，往往被惊醒。喔！有趣！

一次学校里将要绝粮，全校只剩一元钱，大家无所惊恐而处之泰然，李楚材在《破晓》中写道：

> 不！我们倘然饿死，也是为乡村教育而死。我们预备着牺牲，即使这时不饿死，别的时候也会饿死，时时会使我们饿死，处处会使我们饿死。以前从事乡村教育的死者很多了，我们虽然死，我们的事业和精神是不会死的，将永久地遗留在世上！

陶行知在《破晓》序言中还写道：

> 同学们这次所受的困苦，比我十八岁那年流落在苏州的时候，我和我的表兄把衣服当得三百文钱过一天还要难些。但他们是会拿一个不朽论去自慰之人，立时便把"饿死"这件事彻骨地诗化了。他们甚至于深信他们饿死了之后，不是变为饿鬼，必定是无疑地变成饿神。

李楚材为养的母羊生小羊一事在《破晓》中写道：

> 在一个冬天，小羊从母羊肚子里诞生，一共两只，软绵绵的非常可爱，引动了同学们的好奇，聚着围观。但是这个可喜的消息，却造成了悲哀的结局：不知怎的引动了豺狼的胃口。在另一个晚上，只听得惨痛的嚎叫，两只白嫩的小羊被劫了去。第二个晚上，连母羊也被夺了去，只剩下那只可怜的公羊，在夕阳西坠的时候，嚎着鼓盆之歌，动那西河之痛，非常凄惨的。

这是人对物的同情，也只有诗意可以说明。

1928 年 12 月 17 日，陶行知与黄公弼、朱泽甫的谈话及 18 日在宴会上的演讲，说的是同一个问题，就是让那不管是旧式婚姻还是新式婚姻，不管是已婚的还是未婚的，"勇敢地把你们的夫人带来，一同向乡村教育瞄准。勇敢，不要怀疑，中国的乡村社会欢迎你们！"

1929 年年初，南国社剧团首次到晓庄学校演出，晓庄学校的师生和农友们举行欢迎会。陶行知在会上致欢迎词：

> 今天我是以"田汉"的资格欢迎田汉的。晓庄是为农民而办的学校，农民是晓庄师生的好朋友。我们的教育是为种田汉而办的教育。我们大

礼堂前的一副对联，说明了我们办学的态度："和马牛羊鸡犬豕做朋友，对稻粱菽麦黍稷下功夫。"所以，我是以一个"种田汉代表的资格在这欢迎田汉……"

田汉致答词：

> 陶先生说，他是以"田汉"的资格欢迎田汉，实不敢当！我是一个假"田汉"，陶先生是个真"田汉"。我这个假"田汉"能够受到陶先生这个真"田汉"以及在座许多真"田汉"的欢迎，实在感到荣幸！我们一定要向真"田汉"学习……"

锣鼓未响，戏还未演，陶、田二人来了一个"真假田汉"的对手戏，精彩！真是精彩！

之后，晓庄剧社成立，陶行知自任社长，亲自创作剧本，并与学生同台演出。

1929 年 1 月 15 日，《乡教丛讯》第 3 卷第 1 期载朱瑞琰先生撰《与陶行知先生论"教学做合一"》一文，文章的第一段，朱先生写了对陶行知的印象。

行知先生：

> 前到晓庄参观，多蒙指教，拜读大作，得益尤多，感甚！感甚！先生的精神，真令人佩服，不愧为中国的杜威。如果有十个如先生的人，中国的教育，就有希望了……

杜威是陶行知留美学习的首席导师。从陶行知恢宏的生活教育理论体系及其人格魅力，尤其是他在中国所起的作用来看，陶行知可谓"青出于蓝而胜于蓝"！

1929 年 2 月，陶行知委派方与严、董纯才、李楚材 3 人去湘湖师范任职，并带领艺友数人一同前往。不久陶行知又派吴庭荣、蓝久盛、李友梅 3 人去创办新安小学。

1929 年 4 月 28 日，陶行知在西湖为程本海著作《在晓庄》写序：

> 晓庄以十三位同学开学，本海是最先来和我商议加入乡村教育战线的。他的家人，他的经济压迫，朋友的冷淡态度，都阻止他的前进；但他深信乡村教育为救亡大计，所以毅然决然排除一切困难，加入我们的战线。他在晓庄头一年的精神完全献与这件事。他唤醒了不少的青年，增加了不少的生力

军。他为人和蔼，不但同志爱他，农人也爱他。最爱他的是小朋友……

他是一位勇于任事的人，在出发①前，他有一首自勉的诗：

> 战鼓响了！
> 血钟鸣了！
> 振作你的精神，
> 准备你的身手，
> 充实你的子弹，
> 奋勇地，
> 忠实地，
> 出发前方去干！
> 干！干！！干！！！

他拼命地干，现在病了，还是要干。我很希望他恢复康健之后要把一生的事，均在三十年里从容地干，不要把一生的事，挤在三年当中急急地干。有时不干的干，比干的干还要重要得多！

1929 年夏天，陶行知创办劳山中学。

1929 年 10 月 15 日，陶行知在晓庄学校欢迎克伯屈先生的欢迎会上演讲：

克伯屈先生是设计法的发明者。设计法在教育史上占有很重要的地位，现在发明者来了，我们应该怎样地欢迎？杜威先生的教育哲学是世界上公认的，而根据这个理论找出具体的方法，去实现这个理论，予教育界伟大的贡献的，就是克伯屈先生发明的设计法。

克先生到中国来，已经是第二次了。在初次来华时，晓庄学校正在筹备期间……

我们深信，现在世界上能够给我们最有价值指导的怕只有克先生。这不是平常的开会，倒是一个四代同堂的家庭会：因为先生是我留美时的老师，今天我与师范同学、小朋友都聚集一堂，这不是四代吗？一家团聚是人生最有意思的生活！

克伯屈先生也做了演讲：

---

① 出发：指去杭州办浙江乡村师范学校。

这学校，是我这几年天天所思而想要看到的一个学校。今天来到这里是非常快乐的事情！……

我对于任何地方的教育，有试验性质的学校，都是非常关心的，到一个地方总要留心考察，详细调查，看哪一个学校有试验精神。对于教育的试验，我曾在书本上研究过、实地上考察过，如墨西哥、印度、欧洲、苏俄各国。这次到中国来看这学校对于教育上有什么贡献。

现在的世界已到了新时代，一切思想潮流多是很激烈地在那里变动，各种现象也多在那里继续不断地变化，这是很值得我们关心的。我们生在这不断变化的时代，我们都是参加这不断变化时代的分子。我们要特别注重农业，因为农民最受压迫，是我们教育界要特别关心的……

现在的时代不同了，各种事情都在那里变动得很快，所以学校不能沿用以前书本上的知识，要以生活来引导，来实现生活，依照实际生活的方法来实现生活的教育。

从中国而论，最多数的是农民，世界上最受变化影响的也是农民，所以教育的力量要教农民思想变化，以产生更好的社会、更好的家庭，以实现理想的生活，领导他们有更好的普遍的变化。我看这个学校负有特殊的使命……

这个学校，不是一个人或少数人所能创造出来的。在这里的指导员、同学、小朋友，都要做运动的一分子。如大家肯努力，恐一百年以后，大家要回过头来纪念晓庄，欣赏晓庄！这就是教育革命的策源地……

这个学校的发起人，与我有特殊关系，因为在我班上做过学生。这种发明，我觉得很有价值。所以看着这一种运动，我是特别快乐的。我曾到各处找这一种运动的地方，找一种试验的学校，找有科学根据的试验，现在却给我找到了一个。它的实施的方针和办法，以及发动的理想，进步的过程，都合乎我的标准。这也可以代表整个民族的精神，我所以特别快乐！我希望诸位足迹所到的地方，都要宣传这一种理想的学校，提高农民的地位及生活，使其更丰富、更高尚。我们无论到什么地方，都应当尽力宣传，使他们起了伟大的信仰，生出伟大的力量来！我希望能够多活几岁，能够亲眼看见这种学校的精神充分传播到中国。到了那时，我回想今天相聚一堂的情形，实有无限的快乐！

我现在无论到什么地方，都要宣传在中国的晓庄有一个试验学校，把这里的理想和设施宣传出去，使全世界人知道。这里的小朋友和师范同学，如愿意把这种生活的照片和说明，订成一本书，给我带去，告诉我们美国的小孩子，我也很愿意找一个美国的学校，把生活的照片或说明送给你们，使那里的小孩子与这里的同学，常能通信交换知识。这种国际上小孩子间的通信交际，是很有意义的……

今天承诸位开了一个盛大的欢迎会，给我相当的机会发表一点意见，这是很感谢的。

谢谢诸位！

"恐一百年以后，大家要回过头来纪念晓庄，欣赏晓庄！这就是教育革命的策源地。"克伯屈先生一语震动大洋两岸，彻底改变了世人对"中国没有教育""中国的教育是落后的"的旧印象。

1929年年底，上海圣约翰大学授予陶行知"荣誉科学博士学位"。

1930年1月26日至27日，陶行知在晓庄学校主持召开全国乡村教师讨论会，邀请各地乡村教师和地方教育行政人员130多人参加，研讨乡村教育问题。会上，他系统地阐述了生活即教育、社会即学校，教学做合一的"生活教育理论"。

1930年3月15日，陶行知主持召开晓庄学校成立3周年纪念大会，发表《晓庄三岁敬告同志书》，指出"晓庄是从爱里产生出来的，没有爱便没有晓庄"，提出了自勉之方针。

4月3日，南京英商和纪洋行工人被殴打，史称"四三"惨案，晓庄学校组织惨案后援会并抗议日舰停留事件。5日，中共南京地下党委刘季平（晓庄学校学生，时任中共晓庄学校支部书记）联络南京各校游行示威，晓庄学校师生为前导。7日，蒋介石密令停办晓庄学校。8日，教育部派人接管晓庄学校。9日，陶行知发出《护校宣言》，号令晓庄的同志、朋友一致起来爱护晓庄，进行爱护教人做主人的革命教育。11日，晓庄学校派代表赴教育部质问学校被封原因，沿途散发《护校宣言》。12日，国民党武装军警强行解散晓庄学校，当时及以后共逮捕30人。蒋介石以国民政府的名义，强加以"勾结叛逆，阴谋不轨"的罪名对陶行知下了通缉令（"勾结叛逆"，指"勾结"冯玉祥将军）。4月底，陶行知召集在上海的晓庄学校的同志们开会，讨论未来的前途、去向等问题，最后决定到北京视察情势。

10月中旬，陶行知被迫东渡日本，处境十分困难。

1931年年初，陶行知有段时间病倒在床。他刚刚病愈，便作诗留念。

久病忽愈

多年不生病，
一病便病倒。

自己做医生，
自己把药熬。
自己做看护，
性命保不保？

拖了个把月，
形容渐枯槁。
忽从屋梁上，
跳下一只猫。
若信儿时话，
便有些不妙。

猫来非偶然，
阎王把人找。
阎王未见过，
见见也很好。
为何不留我，
放我阳间跑？

想是阴山下，
怕听"小庄晓"。
从此生死簿，
勾了我名号。
不用闹地府，
师徒都不老。

病后痛快事，
洗个热水澡。
穿上学生装，
脱下病时袍。
今日是何日？
三月十五了。

1931 年 3 月 15 日是晓庄学校开学 4 周年的日子。陶行知不顾身体久病初愈的虚弱，不惧通缉令的淫威，毅然回国，秘返上海。

陶行知，革命热情未减，革命行动未止。尽管通缉令未撤，他仍先后以"时雨""何日平""不除庭草斋夫"等笔名发表政论文章讽刺当局。

"山重水复疑无路，柳暗花明又一村"。陶行知忠实的朋友冯玉祥将军，于1932年1月5日由上海函电南京国民政府行政院副院长孙科（字哲生）。

急

南京孙院长哲生先生勋鉴：

　　弟十七年①来京时曾赴晓庄学校数次，并曾与介石先生一度同往。嗣因时局转变，该校校长陶知行先生被诬为与弟有关，即下令通缉，该校亦被查封。无故受此重大损失，每一念及，深感不安。务请我兄查明取消陶知行先生通缉，并令将学校全部发还，以明是非而复自由，无论企荷。

弟冯玉祥叩冬

自1930年4月7日始，停办晓庄学校—接管晓庄学校—逮捕30多人—通缉陶行知，仅仅5天时间，陶行知与同仁付出巨大代价苦心经营的这一国人为之骄傲、举世瞩目的"教育革命策源地"遭到灭顶之灾！

晓庄的精神是什么？一字以蔽之，干！晓庄的干法是认清责任，担负责任，实践责任。晓庄的出发点为爱，爱人类，爱民族，爱三万万四千万村农。城市并不是不需要教育，唯城市的人民不如村农之多，故应先为多数者求出路。

1932年6月20日《消息》刊文：

　　晓庄停办已三年了，在这停办的时期中，我们仍然不辍地研究，满望这活的教育在中国得以实现……

晓庄学校的创办，为陶行知的"生活教育理论"丰富了实践经验，标志着陶行知的教育思想已走向成熟。同时，晓庄学校为中国革命和新中国的建立培养了一批革命人才、建国人才。它是中国近、现代教育史上的伟大创举。晓庄作为"教育革命策源地"将铭刻在世界教育史上。

1938年12月，陶行知撰文《桂林山洞教育》。桂林山清水秀、洞穴多，无论平时、战时，都可以读书识字，真可谓普及教育的福地。陶行知根据生活教育的三大宗旨（提高生活水准、启发警觉性、培养创造力）想在桂林成立晓庄研究所。12月15日，在广西各界及当局的提倡下，生活教育社成立大会在省

---

① 十七年：指民国十七年，即1928年。

政府大院召开了。与广西同胞分别两年多的陶行知,在会上对 12 年来的生活教育做了简明的总结报告。他最后讲道:

现在是全面抗战,武人要文装,文人要武装。我刚才做了一首小诗:

文人武化,
武人文化,
不文不武的文武化。
文武不再相骂,
联合起来创造新天下!

生活教育社成立,晓庄研究所亦相继成立。这象征着晓庄的再生!象征着教育的黎明!象征着民族的复兴!

卢作孚,致力于交通运输的实业家,与办重工业的张之洞、搞化学工业的范旭东和搞纺织工业的张謇一起,被毛泽东誉为中国不可忘记的四大实业家。卢作孚的弟弟卢子英也是一位著名的实业家,时为四川合川北碚区区长、三峡兵役实验区区长,他大力支持陶行知创办了育才学校。

1934 年,卢家兄弟二人专程去山海工学团访晤陶行知,从而使北碚成为全国小先生普及教育在四川的主持单位,卢作孚为主持人。

1939 年陶行知定居北碚,育才学校、生活教育社、晓庄研究所以北碚为基地,得以持续、健康地发展。

陶行知为晓庄学校的创立所写的《朝阳歌》表达了他的宏愿:

叮铃叮铃当!
天上放红光。
放红光,
放红光!
放自东方,
照到晓庄!
叮铃叮铃当!
晓庄放红光。
放红光,
放红光!
照到四方!

第六章　新安旅行团
——划分新时代

　　要说新安旅行团，必先说新安小学，其次说新安儿童旅行团，最后再说新安旅行团。

　　新安小学，是 1929 年 6 月 6 日，陶行知委派晓庄学校的学生汪达之（三期毕业）、孙铭勋（一期毕业）、李友梅（大学部学生）、蓝九盛（一期毕业）、台和中（大学部学生）、方与严（二期学生）到江苏淮安创办的，汪达之任校长。

　　当时的创业很艰难。

　　1930 年 4 月 24 日，当陶行知接到李友梅等人的信，知道他们"用两件大衣跑了 30 里路，当不得两元钱，又饿着肚子跑回学校"的事情，非常感动，在回信中赞扬他们"抱着'捧着一颗心来，不带半根草去'的精神去教导小朋友，总是不会错的"。

　　1931 年 7 月 19 日，陶行知在给新安小学汪达之等 4 人的信中写道：

　　　　从农业文明度到工业文明，必须特别注重科学，以培养创造、建设、生产之力量。现代之教师，每人必须终身探讨一门自然科学……

　　　　无论在何种形式之下，我必尽心力而为之。我已下决心，愿为新安小学托钵化缘……

　　　　务必尽我的力量，与诸弟共同实现一个光荣的新安学校……

1932 年 5 月 30 日，陶行知致信台和中，主题是"以大自然为生物园"。

和中：

你的信收到了，我在这里看出无限的前途。每人抱着学问终身研究，不会间断，总不致没有贡献。不过你的研究方法要有一些修正。你必须以大自然为你的生物园，才有丰富的收获。比如研究昆虫，最好是预备一块地方，让它长些野草，昆虫自然要来游玩。世界最著名的昆虫学家法国的法布尔便是这样研究的。比如养鸟，与其把它们关在笼里，不如多栽树木，引鸟飞来做客。冬天设巢供食、夏天设盆洗澡，都是招待鸟客的好办法。威钦笙（威尔金森）研究上海鸟，便是运用这些秘诀的。蛙的研究最好是在塘里、田里举行。你可以从蛙籽看到它变成蝌蚪，蝌蚪变成虾蟆。若捉在瓶里，（蝌蚪）百分之九十九不成虾蟆就要死光了。鱼也是要在塘里养、河里养、海里养。兔子养大给人剥皮吃肉，它又不害人，如何这样残忍地待它？至少，学校不该提倡……

生物园的问题多着咧，我们都得考虑又考虑。你至少要把生物园的栅栏大开而特开。你至少要把三五里半径以内之池塘、田园、草场、树林、河流、山洞、天空都包括在你的范围里。如此，你便能取之不尽，用之无穷……

你说学校里工作忙，不能常出去，不能常到大自然里。我有些不懂。真教育是在大自然与大社会里办，不能常到大自然里去，还能算是生活教育吗？

祝你们领导小朋友冲锋到大自然里去追求真知识。

1933 年 8 月 11 日，陶行知回复国英、庆娥、容仪 3 位同学，在信中写道：

在我的世界里，小孩和青年最伟大，比什么伟人还大。

1933 年 9 月 13 日，新安小学校长汪达之在给陶行知的信中写道：

民众夜校，是必得要办，现已着手。名义是和本镇公所合立，负专责的，是新安小学一位校友、现正在县中初三读书的高昭明君和现在新安小学负责小班生活领导的两个年事较长的小朋友……

我的奢望，能在最近的将来，得着一部简便的电影设备，附近的民众，才可算得着他们的需要了。工作给他们累倒了，安得娱乐而又休闲的机会呢？但迟早我都为他们找机会……

4 天之后的 9 月 17 日，陶行知复信写道：

> 活动影戏机①是乡村教育为要的工具，我害单思病已有七年之久，到如今还没有到手。你如今也要做这个梦，那是再好没有。从同病相怜到有钱买药，这期间我希望半年之久。总之，我若得到这东西，它一定会到淮安游历……

1933 年 10 月 22 日，新安小学的 7 个小朋友自动组织了一个新安儿童旅行团，经镇江到达上海。组团的目的是走遍全国，宣传抗日救国。陶行知根据新安小学汪达之校长的介绍，作诗祝贺：

> 一群小光棍，
> 点点有七根。
> 小的才十二，
> 大的未结婚。
> 没有父母带，
> 先生也不在。
> 谁说小孩小，
> 划分新时代。

7 个小朋友是左义华、程昌林、靖秉铨、杨永鑫、靖秉择、刘昭朗及张俊卿，年龄在十二岁到十六七岁之间（当地婚俗十六七岁结婚）。陶行知非常关心他们，10 月 25 日，为他们制订了参观、学习 10 项计划。计划如下：

一、帝国主义侵略之路线与证据
1. 黄浦江
2. 海关
3. 工部局
4. 领事馆
5. 外国银行：汇丰
6. 外国工厂：英国烟工厂、日本纱厂、电力公司、自来水公司
7. 殖民地中的外国儿童教育：日本小学、美国小学、法国小学
8. 殖民地中的中国儿童教育：新闻路小学
9. 洋泾浜潼程的租界

---

① 活动影戏机：指电影放映机，电影设备中最简便的一种。

10. 租界的扩大：超界筑路

二、帝国主义残暴的痕迹
1. "五卅"惨案的南京路
2. "一·二八"残暴的北四川路、天通庵
3. 闸北、江湾、吴淞

三、中国资本主义的发展
1. 金融机关：中国银行、上海银行
2. 工厂：康源制罐厂、天原电化厂、大华无线电公司

四、社会教育学术机关
1. 中华职业学校
2. 傅兰雅盲哑学校
3. 闸北平民教养院
4. 中央农业实验所
5. 中央医学院
6. 中央研究院
7. 各大学
8. 商务印书馆
9. 世界书局
10. 《申报》馆
11. 《时事新报》馆
12. 儿童科学通讯学校
13. 晨更工学团
14. 山海工学团

五、娱乐场所
1. 电影院：选看中外好影片
2. 天蟾舞台
3. 先施乐园
4. 大世界
5. 中华口琴会

6. 听音乐

六、消闲场所
1. 跑马厅
2. 跑狗场
3. 公园：法国公园、外滩公园、兆丰公园、虹口公园

七、海京伯马戏场
1. 看马戏：动物教育
2. 参观兽苑

八、中国的上海
1. 市政府
2. 文庙路
3. 小东门路
4. 中山大马路
5. 乡镇：西湾镇、北新泾

九、中外宗教场所
1. 城隍庙
2. 文庙
3. 天主堂
4. 慕尔堂
5. 基督教青年会
6. 佛教会

十、下层民众生活场所
1. 码头工人
2. 火车站工人
3. 工厂工人
4. 工人住宅
5. 小菜场
6. 苏州河船家

7. 马路上的乞丐
8. 四马路夜里的野鸡
9. 建筑工人

　　陶行知为新安儿童旅行团拟订的内容丰富、周到、翔实的参观、学习、旅行计划，充分体现了陶行知对儿童无微不至的关心，并寄托了他无限的希望。

　　10月26日，陶行知对小朋友们又进行了面对面的指导。他对这划分新时代的7个小朋友讲：

　　　　你们去沪参观，不是随便看看，人家这里好、那里好，末了就说它是一个呱呱叫的学校、工厂。我们不能这样，我们要把它的根本、不同的内容找出来，就可以看出它的真面目了。就拿某个小学来说，要看出它的真形，不然就要被它的外象迷住。

　　　　现在我正在替你们介绍到外面的机关、学校、工厂去演讲，每次可以得五元或十元的代价。十一月一日就有地方请你们去演讲。到那里演讲时，先唱一首《锄头歌》，然后再着人上去讲。讲完，再唱一首《镰头歌》就行了。

　　拟订计划、面对面地指导谈话，陶行知仍然感觉放心不下，10月27日还亲自陪同他们前往闸北教养院参观学习。陶行知在教养院演讲：

　　　　旧的平民教养院，是一班伪慈善家干的把戏。所谓"平"是我有钱你没有钱，你就是平民；"教"是我教你这样，你不敢那样；"养"是我有钱有饭吃，你没钱没饭吃，我养你。新的平民教养院，"平"是路不平应当把它铲平；"教"是自己教自己；"养"是自己做工，自己养自己……

　　后来，陶行知又陪同他们前往基督教女青年会参观学习。陶行知在女青年会演讲：

　　　　女青年会现今谈到建造新社会以及农工教育对于社会的重要。因为什么重要呢？第一，因为农工占据了人民一大部分，农民占百分之八十五，工人占百分之十。第二，因为农工最受痛苦，最需要改造。现在贡献几首歌谣，以见农工生活的一斑。

　　### 人与煤炭

　　　　机器正开工，

炉火通红。
人与煤炭忒相同，
胖子进来瘦子出，
俱入烟囱。
多干点把钟，
加几个铜，
工人不是主人翁，
如此人间即地狱，
翻造天宫。

农夫歌

穿的树皮衣，
吃的草根饭，
背上背着没卖掉的孩儿饿煞喊爹爹。
牵着牛大哥，
去耕别人田。
太阳晒着赤膊，
心里如滚油煎。
九折三分，
驮利纳粮钱。
良民便成匪，
问在何处申冤？
人面蝗虫飞满天，
飞满天！
无有农夫谁能活天地间？
…………

1933 年 11 月 26 日晚上，陶行知的母亲因脑出血在上海国立医院逝世。27 日，新安儿童旅行团、山海工学团、儿童科学通讯学校等送去花圈寄托哀思。28 日，陶行知特地到新安儿童旅行团住所讲了下边这番话（节选）。

我的母亲去世，本不想告诉你们，可是瞒不了的。至于你们送花圈，实在是浪费。死了我的母亲，我不想叫许多人倒霉，而想要救活许多人……

假使我有五千元的来源，你们新安一定要得一千或一千五。那么这样一分散，成就了多少大事，救活了若干人，救活了多少没饭吃的小孩子。我是这般打量着的……

事后，陶行知将为母亲购买的养老保险全部捐出。

1934 年 11 月 23 日，新安儿童旅行团的团员们，把他们旅行的所见、所闻、所感，写成了一个小册子《我们的旅行记》。陶行知欣然写了序，序中写道：

《我们的旅行记》是淮安县新安小学儿童旅行团七位小朋友心头摘下来的文字。这个旅行团是一个破天荒的尝试。他们没有父母照应，没有教师教导，从淮河北岸游到上海，以卖讲演取得他们的旅费。到了上海，这个中国经济首都便成了他们的大学，上海各层社会的大众便成了他们的先生，形形色色的生活便成了他们的教科书。这本小册子是他们的旅行生活的小影，亦即是他们在这伟大的社会大学里上课的笔记。许恪士①先生说得好："从你们光棍生活上，我方懂得社会即学校的真意。"谁要知道社会即学校的理论，看了这本书就明白了。这的确是一本奇书。它是一本生活教育学，是一本儿童游记，是一本儿童文学，是一本创造儿童世界的宣言。

1934 年 12 月 24 日，陶行知在安徽大学演讲时提到了新安儿童旅行团：

第三个例子，我想到去年江苏淮安新安小学有七个孩子，自动出来，一漂漂到镇江，再漂漂到上海。来的时候，身边只有十块钱，他们靠卖书卖讲演过活；告别上海时，却有六十块钱了。当他们来看我的时候，他们说听说我卖讲演，所以他们也卖讲演。我叫他们先讲给我听，一听果然不错，于是我介绍几处去讲演，别人也介绍了几处，后来就有人自动请他们讲演了。他们讲了三分钟，准可使听众大鼓其掌。今天我讲了很多时间，还没有博得掌声。我讲了二十几分钟，才博得掌声，可见我还不如他们讲得好。他们从小学讲到中学，讲到大学，大夏、光华、沪江等大学，统统去过。后来我问大夏教授邵爽秋先生（他们）讲得如何，他说几乎把我们教授的饭碗打破了……

1935 年 10 月，陶行知帮助汪达之校长重新筹建新安儿童旅行团，从 7 人扩充为 15 人，后来在旅行途中又发展了 16 人，计 31 人。新安儿童旅行团更名

---

① 许恪士：1896—1967，著名教育家，著作有《中国教育思想史》等。

为新安旅行团。新团是用旅行的形式来实践生活教育理论的团体，是在中共中央上海市委指导下创立的，新安小学校长、中共党员汪达之为顾问。陶行知、汪达之设法筹资购买了电影放映机、小型汽油发动机、扩音机等并向上海影片公司募得旧影片数部，师生一梦终成现实。

1935 年 10 月 10 日，新安旅行团从江苏淮安出征。

1937 年，陶行知按张曙的谱曲填词，做《新安旅行团之歌》：

> 同学们别忘了，
> 我们的口号：
> 生活即教育，
> 社会即学校。
> 拼命地团结拼命地探讨，
> 一边儿用手，
> 一边儿用脑。
> 别笑我们年纪小，
> 我们要把世界来改造，
> 来改造！
>
> 同学们别忘了，
> 我们的口号：
> 生活即教育，
> 社会即学校。
> 弱小民族不得了，
> 劳苦大众吃不饱。
> 看吧！
> 到处是敌人的枷锁镣铐。
> 兄弟们别睡觉，
> 把一切人类敌人都打倒，
> 都打倒！
>
> 同学们别忘了，
> 我们的口号：
> 生活即教育，
> 社会即学校。

不怕他飞机，
不怕他枪炮。
为人类奔跑，
使人类和好，
我们是人类的小宝宝，
小宝宝！

1938 年 10 月 10 日，陶行知与邓颖超、田汉参加新安旅行团 3 周年庆祝会。会上，陶行知鼓励孩子们"骑到真理的背上去"并朗诵《小孩进行曲——贺新安旅行团三周岁并赠全国小朋友》。此作后改名为《三万里歌》。

看

我们是一群穷光蛋，
要把眼睛打开来看。
在山上看看，
在水上看看，
在沙漠上看看。
看看中国有多少宝藏，
看看几个人没衣穿，
几个人吃不饱饭。
你不信吧，
三万里路跑回来，
有这一本账，
越看越要干！

玩

我们是一群穷光蛋，
要把光阴腾出来玩。
打个球儿玩玩，
唱个歌儿玩玩，
做个游戏玩玩。
要叫没有玩的都来玩，
玩玩免掉老古板，

玩玩消掉闷和烦。
你不信吧，
三万里路跑回来，
个个是好汉，
越玩越要干！

谈

我们是一群穷光蛋，
要把心事拿出来谈。
把国事谈谈，
把世事谈谈，
把小孩的事谈谈。
谈谈怎样可以共患难，
虽然只有一张嘴，
也要吃饭也要谈。
你不信吧，
三万里路跑回来，
老老实实谈，
越谈越想干！

想

我们是一群穷光蛋，
要把脑袋拿出来想。
对中国想想，
对日本想想，
对全世界想想。
想想怎样可以打胜仗，
想想谁是真爱国，
谁是混账王八蛋。
你不信吧，
三万里路跑回来，
剖开脑袋看，
越想越要干！

干

　　我们是一群穷光蛋，
　　要把双手拿出来干。
　　在城里干干，
　　在乡下干干，
　　在战场上干干，
　　在全中国干干。
　　我们要在炮火里生长，
　　和衷共济要真干。
　　你不信吧，
　　三万里路跑回来，
　　老少一起干，
　　打到小东洋！

　　新安旅行团 3 周年庆祝会之后，陶行知又参加第 2 团成立大会，作诗《一群小好汉》以表庆贺：

　　人从武汉散，
　　他在武汉干。
　　一群小好汉，
　　保卫大武汉。

　　1939 年，日本帝国主义疯狂侵华，尸山血海，血案频传。新安旅行团的孩子们毅然组织了"新安旅行团伤兵之友"队，亲临战场，救护伤兵，服务伤兵。他们 9 月 27 日致陶行知的信，可见他们真实生活之一斑。

　　亲爱的陶先生：
　　我们二十个小朋友在大墟的工作，已于九月八日结束了。或许你会问，为什么做了四个月就结束了呢？因为你关心我们，所以现在我们就告诉你吧！
　　我们离开大墟有两个原因。
　　一，我们这个组织，"新（安）旅（行团）伤兵之友"队的目的，是在探求伤兵工作怎样做，找出适当方法来帮助解决伤兵问题，所以我们觉得只了解大墟两个医院伤兵的情形是不够的，必须到各处去参观一下工作，才能得到较多的经验。

二，我们在那儿的工作，已告结束了，在院内我们办了识字班，也在这时毕业了。还有座谈会、小组会，也算立下一个基础了。我们想离开这儿也没有什么关系了……

七日的晚上，我们做临别公演。在这个会场上，两院的负责同志代表，打着锣鼓，放着鞭炮，向我们献旗，一共是三面。他们又向我们讲话，会场上庄严得很。八日早上，我们要走了，负责同志及小学生都排好队，放着鞭炮，送我们一直出了大墟。还有几个负伤的同志送我们到好几里路外才回去……

就这样，我们拿了三面旗子回到团部，你想我们多么高兴啊！……
敬致！

这是我们一个简单的报告。其他一切以后再报告你吧！
抗战胜利的敬礼！

"伤兵之友"队启

一九三九年九月二十七日

1939 年 11 月上旬，陶行知在致汪达之的信中，为"新安旅行团伤兵之友"队开了 10 条原则。

达之同志：

关于"新旅"的伤兵工作，我是异样地兴奋。具体计划要就你们所在地的情况产生出来，现在决定特约你在桂主持伤兵教育之研究。小朋友是你现成的艺友，现在开上几件原则，做你们进行的参考。

一，伤兵教育根据伤兵生活进行研究；

二，伤兵教育要配合重伤、轻伤、残废兵士的需要；

三，伤兵教育方案，以在途、在院、愈合分别拟定；

四，伤兵教育方案，要从试验中产生；

五，伤兵教育方案，以伤兵救护队、救护站、伤兵医院、休养医院、残废医院、荣誉队、在乡军人组织为中心；

六，××××××（缺失）；

七，参观优良中心，以资比较；

八，随时试验医愈伤兵在前方、后方教导士兵及民众的办法；

九，记录优秀伤兵、伤官之抗战故事；

十，记录优秀伤兵、伤官之详细地址及其家属地址。

我写这几点，只是供你参考，具体计划办法，要从工作中产生。

祝你们工作顺利！

陶行知

1940 年 7 月 27 日，陶行知接到新安旅行团第一工作队的信，阅毕异常兴奋，提笔复信（节选）：

> 看到你们的来信，我感到兴奋。正像你们所说，我一向相信孩子是有力量的，这回从你们十九个流亡的大小孩子所做的工作上，这个信念又增加了新的佐证……

孩子是有力量的！新安旅行团的孩子们是有力量的！晓庄学校的孩子们是有力量的！山海工学团的孩子们是有力量的！育才学校的孩子们有力量的！全国的孩子们是有力量的！

他们是中国普及教育的生力军，他们是抗日救国的后备军，他们是中华民族的希望，他们是四万万五千万中国人的骄傲！

经周恩来同志精心安排，新安旅行团的骨干团员先后转移到了苏北解放区。

抗日战争胜利后，解放战争时期，以及新中国成立后，新安旅行团在中国共产党的领导下，干劲十足，积极宣传党的各项政策，积极为中国劳苦大众服务。

1952 年，新安旅行团与上海市其他文艺团体合并。

新安旅行团，存在 17 年，历经全国 22 个省市（包含香港地区），行程 5 万里！新安旅行团已载入中国革命史册！

第七章　山海工学团创办纪实

陶行知在《普及教育运动小史》一文中，开头就说：

这十几年来，我有时提倡平民教育，有时提倡乡村教育，有时提倡劳苦大众的教育。不知道的人以为我见异思迁，喜欢翻新花样；其实我心中只有一个中心问题，这问题便是如何使教育普及，如何使没有机会受教育的人可以得到他们所需要的教育。

在《普及什么教育》一文中，他更加明确、具体地阐述了普及教育的中心问题（节选）。

我们所要普及的是自动工学团。

什么叫作自动？自动是大众自己干、教小孩自己干，不是替代大众、小孩干。

什么叫作工学团？工是工作，学是科学，团是团体。说得清楚些是，工以养生，学以明生，团以保生。说得更清楚些是，以大众的工作，养活大众的生命；以大众的科学，明了大众的生命；以大众团体的力量，保护大众的生命。工学团是一个小工场，一个小学校，一个小社会。在这里面是包含着生产的意义，长进的意义，平等互助、自卫卫人的意义。它是将工场、学校、社会打成一片，产生一个富有生活力的新细胞。

工学团可大可小，从几个人的家庭、店铺，几十个人的学校、庙宇，几百个人的村庄、监狱，几千个人的工厂，几万个人的军队，都可造成一个富有意义的工学团。

　　团不是一个机关，不是一个工学的机关。假如它只是一个工学的机关，那便成了一个半工半读的改良学校，而不是工学团。团是团体，是力的凝结，力的组织，力的集中，力的共同发挥……

1932 年夏天，陶行知撰写了《乡村工学团试验初步计划说明书》，开始筹备、创立将"工场、学校、社会打成一片"的工学团。

7 月，陶行知委派戴自俺、马侣贤、王作舟等分头物色创办工学团的适宜校址。

9 月 15 日，陶行知一行到上海市与宝山县交界处的余庆桥一带进行考察，最后决定在此地建一工学团，并定名为山海工学团。

为什么定名为山海工学团？一是校址之因，余庆桥（孟家桥）位于江苏宝山县与上海市之间，各取一字山、海；二是时局之因，"九一八"事变后，我国东四省（后合为三省）失陷，定名山海，寓意唤醒中国同胞不可忘记打回山海关去消灭日本帝国主义收复东北失地。

工学团，是陶行知为了更好地普及教育而首创的一种组织形式。

1932 年 10 月 1 日，山海工学团召开成立大会。陶行知委任时年 25 岁的晓庄学校大学部毕业、后任晓庄学校校长的马侣贤为团长。不久，他们又创办了夏家宅工学团、萧场工学团、红庙工学团、沈家楼工学团、赵泾港工学团，合为五团。

1932 年 11 月，陶行知、陈立廷、沈嗣庄、丁柱中以创办人的名义，上报了《山海工学团创立文件》。文件中写道：

　　呈为设立试验乡村学校，遵照部颁规程订定校董会章，仰祈鉴核备案事：窃以乡村教育为建国要图之一，非试验无以确定进行之路线，立廷等历年研究所得，深信工学团为一最有效力之乡村改造方法。所谓工学团，即同时是一个工场，一个学校，一个团体。在这里面是包含着生产的意义，长进的意义，平等互助、自卫卫人的意义。本校试验即以工学团为中心，并参用下列七种主张：

　　一、社会即学校；

　　二、生活即教育；

　　三、相学相师，会者教人，不会者跟人学；

　　四、先生在做上教，学生在做上学，教与学都以做为中心；

　　五、在劳力上劳心；

　　六、行是知之始；

七、与大众共甘苦、同休戚，以取得整个中华之出路。

拟以余庆桥二华里内之村庄为初步试验区域。

12月间，陶行知带领山海工学团的部分师生，参观著名微生物学家高士其的"自然学园"。陶行知还刊登《卖艺广告》，为工学团筹集资金。

1933年1月1日，陶行知参加山海工学团成立3个月纪念活动，借以庆祝元旦。陶行知作诗《瞄准乡村向前冲》：

> 弄东一弄东，
>
> 乾坤属儿童。
>
> 我们是真理的传布者，
>
> 瞄准乡村向前冲。

1933年1月21日，陶行知4人呈报的《山海工学团创立案》获准。宝山县政府的批文中写道：

> 呈暨附件均悉，该创办人等热心兴学，改进乡村，殊堪嘉尚。核查所呈校董会用表及校董会章程，均与部颁私立学校规程之规定，尚无不合，应准设立。仰即转饬遵照。此令！
>
> 一九三三年一月二十一日
>
> 县长　金庆（章）

6月30日，陶行知指导原晓庄学校毕业生、后曾任山海工学团团长的张世德（张劲夫）、严钝等，组织沈家楼棉花工学团，推广良种棉籽和机械条播技术，陶行知亲自示范。陶行知还多次参加各工学团的修路劳动。

9月16日，陶行知与山海少年工学团成员一起畅谈为农人服务的方针和做学问的办法：

> 诸位到乡下来，要定一个方针。方针是什么？方针是指导我们的方向。工学团为什么办在乡村里？工学团是为农人服务，帮助农人解除痛苦，帮助农人增进幸福的。这是从晓庄到这里一贯的方针……
>
> 到乡村里来，完全为农人服务，每天每人自问：为农人服务没有？自己做学问，和农人发生直接或间接的关系没有？……
>
> 做学问最要紧的是定目标，没有目标，自己觉得无聊。工学团为农人活，为农人死，和农人共甘苦、同休戚。什么是真农人？靠自己动手种田

吃饭的人是农人，是真农人！

怎样做学问？

一、做学问要有先生指导。谁是我的先生？农人教我种田，农妇教我养蚕，木匠司务教我做桌凳，裁缝司务教我做衣服，字典教我认字，七十二行都能教我，都是我的先生……

二、自己求得学问，要告诉别人。……我们要五分钟前认识的字，五分钟后就传给别人。先生多，自己学问广；学生多，社会可进步。这里是农村社会，学问来自世界，学问还给农人。

三、求学问的技术，第一，要听熟、背熟、写熟；第二，不间断；第三，自己会了教不会的人，教别人自己也会长进，这叫作"以教人者教己"。

从前我推广平民教育时，有一首歌："你教我，我教他，他又教他。"这样继续地做下去，进步一定很快……

10月1日，陶行知参加山海工学团一周年纪念活动，有演出、演讲、展览等。英国马莱爵士率领世界人民反战大同盟代表团到会助兴。

1933年秋，陶行知积极支持山海工学团赤色儿童团的工作，请兽医为农村清灭、防治牛瘟、猪瘟。附近乡村的农人们对他大加赞扬。

当年，陶行知为了普及教育，进一步推广小先生制，在江、浙各地有条件的学校里，大力协助创办儿童工学团并主编了丛书《山海工学团》。

1934年1月12日，陶行知参加山海工学团的计划讨论会。28日，陶行知参加在山海工学团举行的"一·二八"事变两周年纪念会。这天也是各村的儿童自动工学团第一次总集会，举行了儿童自动工学团"小先生普及教育队"的授旗仪式和宣誓典礼。至此，小先生制正式诞生。

1934年春天，继山海工学团成立后紧接着成立的晨更工学团被当局封闭，多人被逮捕。反动当局还以"左翼文化联盟负责人"之"莫须有"的罪名，逮捕了山海工学团团长马侣贤。陶行知想方设法营救马侣贤。

4月1日，山海工学团开始利用电影、收音机等设备，试施电化教育。4日上午，陶行知参加山海工学团庆祝儿童节大会，在会上演讲《世界属于儿童》。

从前世界属大人，现在世界属儿童。现在世界既然属于我们儿童，我们就得把这个担儿挑起，创造一个美满的快乐的世界，大家共同享受。我们要从这儿童节的大会当中，立一个大的志愿来纪念它！

我们要做一个开创新世界的儿童！

我们要做一个即知即传的儿童！
我们要做一个平等互助的儿童！

1934 年 5 月 6 日，陶行知在山海工学团全体工师及艺友的讨论会上，先后有 3 次发言，依次为：一，怎样看工以养生；二，知识分子与生产分子的合作；三，对戴自俺先生三点意见的解答。后来记录者戴自俺、吴锦璋将这 3 次发言，整理为文章《如何达到工以养生》。

1934 年 5 月里的一天晚上，山海工学团为农友们放映电影，陶行知亲自改写电影说明书，要求农友们认识说明书后方可入场。陶行知为了普及教育真到了千方百计、绞尽脑汁、见缝插针、无孔不入的地步！

夏天，山海工学团附近乡村遭逢严重旱灾，工学团竭力捐款购买抽水机帮助农人们抗旱救灾，又一次受到农人们的极大赞扬。

自 1934 年 9 月 1 日起，工学团规定每月举行一次总集合大会，以交流经验，互相激励。下边是陶行知在第一次总集合大会上的演讲。

今天是九月一日，我们山海工学团开总集合大会。总集合怎么讲法呢？就是大团圆。回去告诉爸爸妈妈，今天我们开会，开一个总集合大会，我们山海工学团的全体大、小朋友大团圆。

今天，我要对大家讲几件事情。

第一，我觉得今天有一件事情，我们做得很好，很有意思，就是小朋友放炮。放炮，是叫我们练习胆子大。有些小朋友放炮的时候，用两手把两个耳朵掩起来，这样我们要和东洋人打起仗来，如何得了呢？我们新时代的小朋友，是要什么都不怕的，不怕鬼、不怕放炮、不怕打雷、不怕飞机大炮、不怕日本人！一天，日本人来了，我们个个小朋友都能和他开仗！

第二，刚才我看几位小先生讲话，有几点要改的：有的一边讲话一边挖鼻子；有的一边讲话一边摸屁股；还有的左左右右地乱摇乱摆；还有的话只讲在喉咙里，叫别人听不清楚。这都是要改的。现在离十月一日还有一个月，在下次总集合的时候，我们不能再看到今天的这几种毛病。

第三，从前，一个工学团有一面旗子，今天没带来，哪去了？如缺少的，要想法补起来。还有，每一个小先生有一个绿布条子，那是我们小先生教人的徽章，哪去了？为什么不戴起来？十月一日，这两样东西都不能再少了。

第四，我们的小先生教人，已经是几个月了。每一个小先生要教两个人。我们的小先生教人的成绩在哪里呢？十月一日，我们要把小先生教人的成绩陈列出来，开一个成绩展览会。

第五，这里是一个联合办事处，是五团的一个总机关，是大家公有公用的。大家应该共同出力来把这个地方弄得格外有条有理些。然后，每一个人到此来了之后，才能叫他带着一种力量回去！

陶行知趁大集合讲了 5 件事：放炮练习胆子大、纠正小朋友讲话不雅的毛病、整顿队伍、教人的成绩要展览及公共场所大家共同爱护。这是陶行知在"儿童的良好习惯要从小培养"理论指导下布置的具体工作。

18 日，工学团举行"九一八"事变 3 周年纪念大会。

10 月 1 日，山海工学团召开两周年纪念大会。陶行知在会上领读他自己创作的诗篇《十月一》。

> 十月一！
> 十月一！
> 但愿大家有饭吃，
> 吃饭要把汗儿滴。
>
> 十月一！
> 十月一！
> 但愿人人有知识，
> 不求个人考第一。
>
> 十月一！
> 十月一！
> 私仇勾销来一笔，
> 联合起来打公敌。
>
> 十月一！
> 十月一！
> 请问公敌是什么？
> 帝国主义！
> 帝国主义！

1934 年 11 月 11 日，陶行知在山海工学团星期总集合会上讨论时发言，讲传统教育与生活教育有什么区别。

前星期日来晚了，听说大家在此地讨论一个很有趣的问题，叫"吃人教育与生活教育有什么区别？"……

吃人教育与生活教育有什么区别？我的意思不如说"传统教育与生活教育有什么区别？"所谓吃人教育，是指传统教育而言的。现在我们可以这样说：传统教育是吃人的教育；生活教育是打倒吃人的教育。

传统教育怎样是吃人的教育呢？它有两种吃法。

一、教学生自己吃自己。它教学生读死书，死读书；它消灭学生的生活力，创造力；它不教学生动手、用脑。在课堂里，只许听教师讲，不许问。好一点的，在课堂里允许问了，但不许他到大社会里去、到大自然里去活动。从小学到大学，十六年的教育接受下来，便等于一个吸了鸦片烟的烟虫，肩不能挑，手不能提，面黄肌瘦，弱不禁风。再加以要经过那些月考、学期考、毕业考、会考、升学考等考试，到了大学毕业出来，足也瘫了，手也瘫了，脑子也用坏了，身体的健康也没有了，大学毕业就进棺材。这叫作读书死。这就是教学生自己吃自己。

二、教学生吃别人。传统教育，它教人劳心而不劳力，不教劳力者劳心。它说："劳心者治人，劳力者治于人。"说得更明白一点，它就是教人升官发财。发谁的财呢？就是发农人、工人的财，因为只有农人、工人才是最大多数的生产者。它吃农人、工人血汗，生产品使农人、工人自己不够吃，就叫作吃人的教育。

生活教育与传统教育则刚刚相反。

一、它不教学生自己吃自己。它要教人做人，它要教人生活。健康是生活的出发点，它第一就注重健康。它反对杀人的各种考试，它只要创造的考试，也就是它不教人赶考赶人死。简单地说来，它是教人读活书，活读书，读书活。

二、它也不教学生吃别人。它不教人升官发财，它只教中国的民众起来做主人，做自己的主人，做政府的主人，做机器的主人。它教人要在劳力上劳心。即使有人出来做官，他是要来服侍农人和工人，看看有吃农人或工人的人，他要帮助农人、工人把他干掉。做官并不坏，但只要能够服侍农人、工人就是好的……

陶行知相信儿童有儿童的力量，并且以为儿童的力量很大。为了要知道儿童的力量真正有多大，就有了儿童社会的发起。

　　1934 年 11 月 1 日是萧场工学团的一周年纪念日，该团指导员黄志成要趁这个机会开一个联合运动会，邀请陶行知为工学团写几首歌助兴。这是陶行知顶喜欢干的事，他欣然接受，提笔写出《萧场工学团一周年纪念联合运动会歌》。

　　　　一二三，
　　　　三二一，
　　　　但愿个个身体好，
　　　　不愿拼命争第一。
　　　　运动会，
　　　　大家来运动，
　　　　大家来运动。
　　　　放下你的重担，
　　　　别说你没有空。

　　　　没有选手，
　　　　三不像的运动会，
　　　　找不到一个选手。
　　　　你说得很对，
　　　　我们不像跑狗，
　　　　不做蟋蟀，
　　　　不做斗牛！
　　　　我们都是选手，
　　　　都不是选手。

　　　　有人送礼来，
　　　　也愿拍拍球。
　　　　踢的是毽子，
　　　　打的是拳头。
　　　　放的是风筝，
　　　　砍的是斧头。
　　　　挑的是粪桶，

舞的是锄头。
玩的是石担,
攀的是山头。

锻炼好身手,
要叫被压迫的一齐来出头。
一齐来出头,
人的脚底下不再有人头。

夏家宅!
夏家宅!
看你这副神气,
定能收复东北!

红庙!
红庙!
胜了哈哈地笑,
输了不可上吊!

萧场!
萧场!
努力向前干啊,
听我为你鼓掌!

沈家楼!
沈家楼!
别轻看棉花拳,
论本领大拇指头!

赵泾巷!
赵泾巷!
一群真的好汉,
个个当仁不让!

1935 年 1 月 21 日，陶行知将自著的童话寓言《乌鸦》一书并题字，赠给日本东京池袋儿童之村，向日本介绍了生活教育、山海工学团及小先生制。

1935 年 1 月 24 日下午，陶行知和小先生们开了一个谈话会，说："现在的山海工学团，名义上是小先生干，实际上还是大先生代替你们干，这样下去，你们儿童的力量发展得很慢。我现在想了一个办法，就是把山海工学团的儿童事业，交给你们自己管理、自己干。"立时，小先生们都高兴地举手赞成。小先生们接着推举张健为主席，开始讨论进行办法。25 日，陶行知列席儿童社会第一次筹备会，建议小先生们起草儿童社会组织大纲和宣言。30 日，陶行知在儿童社会第二次会议上被推举为辅助团主任。

2 月 4 日上午 11 时，山海工学团开同乐会，放炮仗，吃糖果，由陆德森演讲，报告儿童社会的创办过程。

4 月 1 日，《生活教育》第 2 卷第 1 期载《山海儿童社会组织大纲》。

1936 年 3 月，陶行知接待了参观山海工学团的美国进步作家、著名记者史沫特莱。史沫特莱对陶行知先生的教育思想和实践活动表示钦佩。

4 月 17 日，陶行知应邀到广西民团干部学校讲学。23 日，他离开上海去广州，从此离开了他艰苦奋斗并卓有成效的山海工学团。

1946 年 4 月 23 日，整整 10 年之后，陶行知与原山海工学团及各分团所在地村庄的 15 位农友见面。谈起山海工学团，陶行知异常激动，悲喜交加。那可真是一段波澜壮阔、难以忘怀的经历！

第八章　1931 年的呐喊
——少生孩子

　　当今，一提到计划生育，家喻户晓。它是建设有中国特色社会主义的基本国策之一。实行计划生育半个世纪以来，虽然经历了坎坷之路，但是今天所取得的辉煌成绩，是世人皆知的。

　　不少人也知道，最早提出计划生育建议的是马寅初老先生。马寅初，生于1882 年，浙江嵊州人，早年留学美国，获经济学博士学位。马寅初 1915 年回国，先后在北京大学、中山大学、交通大学、重庆大学、浙江大学任教，曾任北京大学经济系主任、教务长，重庆大学商学院院长。新中国成立后，马寅初先后任中央人民政府委员，政务院财政经济委员会副主任，华东军政委员会副主席，浙江大学校长，北京大学校长，全国人民代表大会第一、第二、第五届常务委员会委员。他 1955 年在国民经济恢复时期深入农村实地调查，通过大量的事实进行多次科学论证，切实地感觉到中国人口的增长速度远远超过经济发展速度。他认为这是一个极大的问题，如不赶快解决，会给国民经济发展带来很大困难，新中国就会背上大包袱。于是，他提出了中国必须控制人口增长速度并以提高人口质量为中心的"新人口论"。他建议国家采取措施干涉不节制的生育问题。这是一个具有远见卓识的科学建议。

　　但是，很少有人知道，马寅初不是中国提出控制人口增长的第一人。早在1931 年，伟大的人民教育家陶行知先生，为了中华民族之出路，为了中国教育之出路，就已经向国人发出呐喊——少生孩子。

1931 年 7 月，陶行知以何日平为笔名在《中华教育界》第 19 卷第 3 期，发表了《中华民族之出路与中国教育之出路》：

"中国教育之出路"这个问题，给了我一个多月的不安。我起初以为花费两三天工夫便可以交卷，哪知道拿起笔来，竟一个字也不能写，好比是进了兴安岭的森林找不着路线。我二十年来的研究经验，好像都不能给我一点光明。想不通，如何写得出？可是，这块鱼骨头我是已经下决心要从喉咙口吐出来的。我要就一个字不写，如果写的话，必是我思想里产生出来的和谐的系统。这个和谐的系统，我要建造在活的事实上。因此我一方面镇压自己的成见，另一方面排除别人的断语。我所要追求的是充分的事实，等到事实汇齐之后，我便让它们引导我去下断语。如果我有错误，只是因为事实有错误。这个我随时愿意领教并重新考虑订正。事实是我唯一的指针，我只愿听它的启示。最近的两个星期以来，我是想通了，我手边的事实是如此地告诉我。我现在愿意把我所探出的几条路线，献给我所敬爱的为中华民族与世界人类谋出路之朋友们，还请大家指教。

五年前的春天，我在南京。有一天下午，我出南门办事，回到城门口，已是五时光景。我挤不进去，待要转身，也退不出。我是挤在人山人海之中，寸步难移。仔细观察，知道是下乡的城里人要从这里进城，进城的乡下人也要从这里出城，两不相让，实在也无从让起，就在这里挤住了。从城门洞的这边钻进城门洞的那边，我费了一小时，挤得满头大汗！

这不是一幅中国教育的缩影吗？……

所以一提到出路，必是指大众的出路，而不是指少数人的出路。印度人已亡国，而土王们依然安富尊荣。朝鲜青年殉国的不下四五万，而李王（国王李熙）眷属在日本还是樱花会、菊花宴，乐而忘愁。少数人的出路不必我们费神。我们所要找的是民族与人类整个的出路。

现代的中华民族，是从农业文明走向工业文明。我们先拿一个农家生活来做我们讨论的出发点吧。

在我们家乡的自耕农，六口之家，耕种了三十亩田，一年可收谷六十五石。一夫一妻和四个孩子，大的不过十二岁，一年自用谷二十四石，余下四十一石，以时价每石五元，可卖二百零五元。他要用三十元付下田本，四十元付粮钱[①]，六十元付短工口食，三十五元买油盐杂货，四十元买柴火。这个人家田租不必交纳，但是已经无钱换新衣，茅房不能修理，害病不能

---

① 粮钱：指税钱。

看医生了。如果这个人家要想有衣服穿，他必得少生一个孩子，把那三石谷的钱省下来买布做衣服。否则冬天一到，难免受冻。

五口之家耕三十亩田还没有教育费。如果要孩子们个个受教育，还要少生一个孩子，拿他省下三石谷的钱送两个孩子上学。这样也只能培养他们到高级小学毕业为止。中学没有他们的份，大学更谈不上……

假使这个人家本来是六口，耕种三十亩田，只够吃、不够穿，凭空又糊里糊涂生下一个孩子，那么不但不够穿，连吃也不够了。不够吃，不够穿，如果无法送出去或是借钱买米，只好无饭大家饿，弄到后来，必有因饿而病、因病而死的。

没有死人之前，这个人家兄弟姐妹争吃是天天必有的现象，有时父母也不得不参战，而且大家脸上都难免皮黄骨瘦，像饿牢里走出来的一般。这个人家虽想找食物来维持七个人的生命，但是食物老子一定要他减少到六个人或五个人的地位。

照上面说来，这享有三十亩田的自耕农的命运是跟着他的孩子跑。他还说是听天由命。什么叫听天由命？他只是受他的生殖器官的指挥罢了。如果是天命，天命只在他自己的手里。

我们现在再进一步去看这个自耕农之将来，看他如何变成半自耕农，看他如何变成佃农、变成佣工，看他如何自然而然地完全破产……

这是自然的趋势。不必外来的力量，中国的农村便是这样地崩溃。倘若加以水旱、蝗蝗、疾病、刀兵、盗匪、土豪劣绅、帝国资本主义压迫，那这种崩溃便如江河日下，格外进行得快……

农民！农民！你仔细想想，还能闭起眼睛，做多生主义的信徒吗？

中国农人是拜了两种矛盾的神，一是送子观音，二是土地菩萨。他一方面生许多儿子，一方面又要保存他的田地。虽然送子观音一来，土地菩萨的领土便要破碎，可是农人要替二神调解。农人是在这矛盾里面挣扎着。不到万不得已，他必不肯分家将他的三十亩田分出去。他是怎样对付他的剩余孩子的呢？……

我们现在要审查这位老农心里打算的那些出路，看有几条走得通，看看哪个地方让他放一放他三十亩田上所不能容的孩子。

一、副业是农人经济的第二来源……。不过，副业就是好的年成也只能帮补一点儿衣着，或是帮补一点儿菜，绝不能做多子主义的后盾。如果拿它来做生儿子的靠背山，那便要靠一场空。

二、手艺人也是像农人一样地会生。把手艺教给自己的孩子已不能糊口，还能教别人来夺自己的饭碗吗？……

三、从前和尚庙收小和尚多多益善，现在他们必得先看庙产，后收徒弟……就是迫不得已时，也不容易行了。

四、中国移民……。山东与河北人向山海关外移，广东、福建人向南洋移，都是自然的趋势……。但现在各处华侨都受压迫，这条路怕是要愈弄愈狭了。

五、开荒是比较有希望的出路。……努力开垦使地尽其力是我们必走的路。……总之，开荒是救穷救死的一个方法，不是多生的后盾。

六、军队是中国剩余人口之收容所。什么地方收不了的人都可以投到这里来。……人民投军固然暂时衣食有靠，实不啻饮鸩止渴。一旦被野心家所用，兄弟、父子对垒而击。这好比是火药原可制为益人的肥料，等到装入枪管，却立刻变作残杀同胞的工具。与其为战场上制造死尸，何如少生几个？

七、拉黄包车是农人不得已而为之的勾当，和当兵一样可以做农村人口过剩而新兴工业来不及收之标记。……可见它必归淘汰。

八、工业是农人剩余人口最自然、最有效之出路。……在外国资本主义高压力未消之前，必不见得像别国那么宏大。

九、科学农业也是帮助农人的好朋友。选种、防害虫、通沟渠、改良肥料、用机器耕种收获，的确可以减少耗费而增进收成。……而科学教育之普及，又须在人民可以免于冻饿之后。……只有靠近农科大学的农村可以得这点很好的帮助，但是要靠它来解决农村剩余人口，便是奢望。

综观上述事实，那收容农村剩余人口最大的出路而又能培育这剩余人口发生更大之力量的，一是东三省之移民，二是新工业之振兴。但这两种出路之收容量，每年平均只在一百万人左右……生死相抵，每年要增长八百多万人……。拿这个人口增加数和一百万人的出路比较，简直是如同兔子和乌龟赛跑，除非是兔子在半路偷睡，乌龟哪能赶得上它？乌龟赶不上兔子，出路赶不上人口，结果不外乎三种。

一、借债度日。我们现在不够吃、不够穿，甚至于吃的米、穿的棉、所用的肥料，也有一部分是从外国来的。……没有外国粮食便要饿死。

二、自杀。国家借债虽多，而人浮于事，不能充分分润外来的粮食、衣着，为冻饿所驱，无路可走，意志薄弱的乃走入自杀一途。上海每年自杀者达二千人。我所观察的分析，直接、间接因经济压迫而寻死的必在半数以上。北平全家自杀的，时有所闻，冬天尤甚……

三、相杀。没有饭吃而不愿自杀的人，必夺人之食而救己之命。夺而遇着抵抗，必至相杀。或杀人，或为人所杀，或两败俱伤。小而言之，则为盗为匪；大而言之，则酿成国内、国际战争。

　　…………

照此看来，我们所说的那位老农，用心虽然很苦，到了后来，毕竟是无法保持他的三十亩田，只好拿来分给儿子们。结果是土地菩萨所管的地愈分愈小，而送子观音所送来的儿子，或是一个个弄得皮黄骨瘦，或是贩烟窝赌、男盗女娼，弄得家破人亡，这哪里是他初料所及的啊？

这位老农如果是一个人，或是少数人，那么也用不着我们操心太过。可是他是一个具有代表性的中国人。他的命运，是中国人的命运；他的错误，是中国人的错误；他有出路，也就是中国人有出路。如果他弄得家破人亡，那么他的集合体的中国人，也就要弄得种弱国灭了。这位老农的出路在哪儿？中国人的出路又在哪儿？这等于说，如果大家人人都是像这位老农的模样，中国人还有什么出路？……

我们对于中华民族最根本之出路，是看得明白了。中华民族最根本之出路是什么？

少生孩子。

中华民族最根本之出路，即中国教育之最根本之出路。故中国现代教育者之最大责任是：教人少生孩子。

　　…………

我们如何能退到教育线及创造线？

一夫一妻，在提高生产技术未著成效之前，只能生两个孩子。死了一个还可以再生一个，死了一个而不能再生，也有一个孩子传代……教育在这人口总是退却之进行中，有如下之任务。

一、大声疾呼，唤起全民族，发一人口总退却之紧急命令，教男子满二十五岁，女子满二十岁始行结婚。结婚后服务五年，可生第一子。俟第一子入小学，可生第二子。以二子为限。子为男子、女子之通称。一胎生二子或三子者，以一胎为限。

二、中央研究院在开创时期内之第一重要工作是设避妊研究所。要发明一个铜子的避妊法，使全民族都能够实行。

三、避妊之普遍的宣传，应成为民众教育最大之职责。医院及注册的医生，对于国民避妊之询问，应免费指导。

四、宣传结婚前配偶之科学的选择，以为改良人种之准备。

五、女子常以多生为苦，必赞成这种合理主张。那最大之阻碍，便是男子之兽性。故一方面由教育劝导，另一方面用法律限制。生孩子多于二人，宣处男子以危害国民之罪。

六、宣传科学上男女有同等遗传力，故有女即有后。

七、大声疾呼，唤起全民族组织——永久人口升降委员会，随时调查耕种土地面积之消失、生产技术之进退、生活程度之高下、容纳人口出入之多少，以改定人口升降之比例，公布全国共同遵守。

…………

陶行知的的确确花费了大功夫，以翔实、无懈可击的实例，得出了中华民族与中国教育之千真万确的出路。他向国人大声疾呼，也就是向当时国民政府提交了一份治国大纲。

陶行知与劳苦大众同呼吸、共患难，劳苦大众是他心中的上帝。他为他们的悲痛呐喊！

去年①有一天下午，我带着饿肚到新爱伦影院看影戏，趁着休息的十分钟，走到门口，下了一碗面吃。这碗面费了十四个铜板，连煮带吃只用了五分钟，可算是经济极了。看看还有五分钟，便趁机问问面摊营业的情形。摊贩姓沈，整套器具值十八元，材料成本计二元，月纳巡捕房照会捐二元，每月可赚三十元。我说你的进款比乡村教师还要好一点。他说，苦来些，每天深夜四点钟回家，早上七点就要出来买材料准备一天的面饺。如果不是这样，一家人便不能活。我看沈君脸色黄瘦，确是辛苦太过的结果。十四个铜板一碗的面，虽是一个平民的午餐，但它是另一个平民的康健换来的。今年想起此事，发生无限感慨，便写了一首诗想送老沈，但老沈已是不知去向了。

摊贩老沈

新爱伦门前面一碗，
花了十四个小铜板。
摊贩名字叫老沈，
自做伙计与老板。
每月可赚三十元，

---

① 指 1930 年。

教师不如摆面摊。
哪知他说苦来些，
一夜只睡三点钟。
若要多睡一刻儿，
儿女冻饿谁做东？
将他从头望到底，
一株枯树立秋风。
面儿代价我知了，
不是紫铜是血红。

下面这首诗，仅仅 17 个字，陶行知淋漓尽致地把农村破产后的悲痛勾勒得活灵活现，入木三分。"可怜天下父母心"，为了让孩子有口饭吃，能活下去，父母只好卖儿卖女！

农村破产

农村破！
农村破！
谁要买孩子？
一升米换一个。

1931 年 10 月 13 日，陶行知在《申报·自由谈》发表《车夫老王》。

今年春天，我在昆山花园旁边散步的时候，听见一个洪亮的声音："两毛！"

我走近一看，知道是一个外国水手坐车，明明说的是两毛钱，水手只给一毛。车夫不服，所以喊他补给。水手要走，车夫拉着他不放。水手回过头来就给车夫一个耳光。别的车夫和走路的人都愤愤不平，同声喊"打！"那车夫说："许多人打一个，不算好汉，让我一个人和他干！"话才说了，一拳打去，水手倒在地下，爬起来回打车夫，没有打着，被车夫一腿，又踢倒在地。水手知力不敌，坐在地上。车夫说："两毛！"水手不得已，给了他一个双角子，把单角子拿回，没精打采地不知走到哪里去了。我问车夫姓名，他说叫"老王"。我把个大拇指指向他致敬说："您不愧为车夫大王！"

中国车夫的一拳一腿打出了威风！四万万五千万同胞都像"车夫大王"

一样，还怕谁呢？

1931 年 10 月 24 日，陶行知在《申报·自由谈》载文《农夫之声》。

　　四年前，听仲香①唱保定《农夫歌》，声调悲壮，令人奋发，可惜原著之词不能宣达歌中精神。我早想依调另置一词为现代农人一鸣不平。

　　去年适有友人从中原与西北考察回来，对该地农人生活和我说得很详细。据这位朋友说，山东、河南、陕西、甘肃等省自耕农不愿自己有田地，何以呢？因为在天灾人祸中，有田不易耕种，还须纳粮。钱粮不但是一个钱不能少，而且是寅年要交纳卯年（提前一年）粮，不到寅年要交纳午年（提前四年）粮。有的地方拿田契送人也没有人要。没有人要，（他们）只好驮重利、卖儿女去纳粮。虽然自己有田，（他们）还是代较富的地主耕种。这又是什么道理？因为代人耕种，每日尚可得工钱糊口。若是自耕，则必等到秋收始有米吃，（到那时）人早已化为白骨了，所以不得不弄掉自己的田去耕别人的田。

　　这是一种什么现象啊！我听了这番话，便以保定《农夫歌》调，为我们的不幸的同胞写了一幅小影。

1931 年 4 月 14 日，陶行知作《农夫歌》。

　　　　穿的破布衣，
　　　　吃的窝窝头。
　　　　来势汹汹好一个恶债主，
　　　　是来牵老牛。
　　　　一天吃两顿，
　　　　有盐没有油。
　　　　丝茶卖不出去，
　　　　乡下难以停留。
　　　　投奔工厂，
　　　　倒闭不能收。
　　　　只好拉洋车，
　　　　一面拉一面愁。
　　　　走投无路谁是愁？

---

① 仲香：邵德馨，字仲香，农业教育家，金陵大学教授，曾兼任晓庄学校农艺指导员。

谁是愁?
联合奋斗才能得真自由!

穿的破布衣,
吃的糙米饭。
田里堆着新割的黄金谷,
债主拿斗量。
有人来圈地,
说是办学堂。
好好一块稻田,
填成了网球场。
小孩守牛,
也得把学上。
听见督学来,
先生拉夫一样。
丢掉老牛怎么办?
怎么办?
饭不够吃还要供先生饭!

穿的树皮衣,
吃的草根饭。
背上背着没卖掉的孩儿,
饿煞喊爹爹。
五谷不许种,
逼我种大烟。
牛大哥抵掉债,
不能再想耕田。
九折三分,
驮利纳粮钱。
良民便成匪,
问在何处申冤?
人面蝗虫飞满天,
飞满天!

联合奋斗才能活天地间！

1931 年 11 月 9 日，陶行知在《申报·自由谈》发表《中国的人命》。

我在太平洋会议的许多废话中听到了一句警话。劳耳[1]说："中国没有废掉的东西，如果有，只是人的生命！"

人的生命！你在中国是耗费得太多了。垃圾堆里的破布烂棉花有老太婆们去追求，路边饿得半死的孩子没有人过问。（雇主）花十来个铜板坐上人力车人家拼命跑，跑得吐血倒地，（他）望也怕望，便换了一部车儿走了。太太生孩子，得雇一个奶妈。自己的孩子白而胖，奶妈的孩子瘦且死。童养媳偷了一块糖吃，要被婆婆逼得上吊。做徒弟好比是做奴隶，连夜壶也要给师傅倒，倒得不干净，一烟袋打得脑袋开花。煤矿里是五个人当中要残废一个。日本人来了，一杀是几百。大水一冲是几万。一年之中死的人要装满二十多个南京[2]。当我写这篇短文的时候，每个字出世都有三个人进棺材。

"中国没有废掉的东西，如果有，只是人的生命！"您却不可做片面观察。一个孩子出天花，他的妈妈抱他在怀里七天七夜，毕竟因为卓绝的坚忍与慈爱，她是救了他的小生命。在这无废物而有废命的社会里，这伟大的母爱是同时存在着。如果有一线的希望，她是愿意为她的小孩子的生命而奋斗，甚至于牺牲自己的生命，也是心甘情愿的。

这伟大的母爱与冷酷的无情如何可以并立共存？这矛盾的社会有什么解释？他是我养的，我便爱他如同爱我，或者爱他甚于爱我自己。若不是我养的，虽死他几千万，与我何干？这个态度解释了这个奇怪的矛盾。

中国要到什么时候才能翻身？要等到人命贵于财富，人命贵于机器，人命贵于安乐，人命贵于名誉，人命贵于权位，人命贵于一切，只有等到那时，中国才站得起来。

1931 年 11 月 28 日，陶行知在《申报·自由谈》载文《从饿到死的过程》。

今年大水灾，被害人数据水灾委员会报告有五千万之多，饿死的以百万计。《皖灾周刊》创刊号，有何一鸣写的一篇《从饿到死的过程》，令人不忍卒读。我不忍卒读，却又不得不介绍予国人一读，目的在希望国难中

---

[1] 劳耳：劳合·乔治，英国自由党领袖、首相，早年为律师。
[2] 指每年死的人数等于南京人口 20 多倍。

有饭吃的人，不要忘了水灾区域内没饭吃的同胞。何君的报告是：

从"饿"到"死"这个过程很简单。先是身体发软，还能微声地说话。再进一步便不能说话了，但是两脚还能够动。到了这个程度，如果是安然睡着不动，还可延长相当时日之残喘。假使有个不懂事的儿子或女儿在旁边哭着要饭吃，或是不忍看儿女们同样地挨饿，而意图爬往别处要点东西给儿女吃，那么，他一劳动，嘴里便有一股黄水流将出来，身体也就随着这股黄水落在地上，永远不动弹了。每个饿死的人都免不了要冒这股黄水，每个因饿而冒黄水的人都不免立刻倒毙。黄水啊，它永远印在我的脑筋中！
············

陶行知忧国忧民，心系百姓，为了中华民族之出路与中国教育之出路，在80多年前向国人大声疾呼——少生孩子！他是中国进入文明时代提出少生孩子的首倡者！

第九章　1937 年呼吁：改革婚姻、殡葬之恶俗

陶行知向世界呼吁：中国要改革婚姻、殡葬之恶俗。

人民教育家陶行知以"普及教育""教育为公"为己任，深入社会，洞察人民的疾苦，痛感婚姻、殡葬领域的陈规旧俗，给人民带来极大的悲痛，因而，于 20 世纪 30 年代疾呼"改革婚姻，改革殡葬"，并以"母亲逝后基金义捐"及个人"二次婚姻从简"来身体力行，以作示范。

陶行知的《谈结婚》一文原载 1935 年 10 月 16 日的《生活教育》第 2 卷第 16 期。

大家都说，结婚是终身大事。最有趣的是，高唱终身大事的人却把结婚当作戏儿做。老法子结婚是做戏，新法子结婚还是做戏。新郎新娘都装作是戏子模样，认真地做一做戏给人看。老戏中最好看的一幕，恐怕要算"新娘哭"。在皆大欢喜的时候哭，懂了事的孩子们是不懂，他要看个明白，是真哭还是假哭。新戏中耐人寻味的一幕是证婚。一次，有个顽皮的青年对证婚人问了一个问题："你能证明他们是到了今天才结婚的吗？"谁能答复这个问题啊！但是，我们也不必过于认真。结婚既是做戏，证婚就是戏中之一幕，证婚人也只是许多配角中之一个角色。他不是来会考，似乎没有答复这问题之义务。

有钱有闲的人尽管去做戏给人家看好了，用不着我们烦心。我所担忧

第九章　1937 年呼吁：改革婚姻、殡葬之恶俗

79

的是穷光蛋拼命跟着富人学。农村破产到这个地步，农人为了这件所谓终身大事，还是在那里借恶债做戏给人看咧。

> 结婚给人看，
> 无钱怎么办？
> 借钱办喜事，
> 办了喝稀饭。

倘使能够齐眉偕老，就是一辈子喝稀饭也情愿。可是事实不许如此乐观。这齐眉偕老的幸福是有些拿不稳。

> 穷人讨老婆，
> 高利把债驮。
> 利钱付不起，
> 赔牛卖老婆。

讨老婆的时候，没有好好地打算，说不定是要闹出卖老婆的乱子。

都市里的情形也是同样地令人担忧。有一位女工，头脑还是比较清楚的，在婚期还没有决定好久好久以前，已经是在那儿忙着预备出嫁的衣服——做旦角的行头。这位女士显然是在学小姐——从小姐学到少奶奶。有趣的新发现！我从来没有想到新时代的女工会跟着没落的小姐学。我当时就拿起笔来把这个深刻的印象写下——

> 女工学小姐，
> 越学越倒霉。
> 既已上高山，
> 为何跳下水？

但仔细考察一下，这个做戏关，的确有些难过。男子要过这一关还比较容易；女子呢，那是千难万难。人人都做戏，不容你不做；亲戚朋友要看戏，不容你不做；父母在你身上花了许多钱，想要借做戏来收回一些成本，不容你不做。正是：

大家都做戏，
不做大家奇。
爸爸拍桌子，
妈妈哭啼啼。

在这种又硬又软的夹攻之下，青年的穷女孩靠个人的力量实在是难以抵抗，多数只好半推半就、扭扭捏捏地上起台来。

台上人不得不做，台下人不得不看，而且要买票才能看！票是不得不买，一元、二元、四元、十元，比梅兰芳的戏券还要贵。没有钱又怎样办呢？和做戏的人一样：借债、当衣服……

看戏钱何在？
不看有人怪。
两斤面包里，
火腿夹一块。

这种左右做人难的关口，也不是个人的力量所能打得破的。我们必须有一个团体来帮助贫穷的青年男女来和旧式结婚与摩登结婚作战。

这团体可以称为"婚姻改革会"。会里的公约要包含下面几点：

一、事业与爱情为结婚之双层基础；

二、仪式简单，采取茶会办法；

三、行礼费用不得超过五元；

四、节省之钱，一部分须捐作社会公益之用。

当初，我们的公约只有前面三条。后来新事实发现了：结婚省了钱，新夫妇乃大度其蜜月，充分地去享个人的幸福。这是缺欠正确的意义。为了要使个人与社会同得到简易结婚的好处，我们规定每对新夫妇，要在所节省的款子里，拨一部分，数目不拘，做一件推进社会之公益，以为他们结合之永久纪念。试行以来，大家都觉得是更有意义了。

这三年来，我对于演戏式的婚礼是一概没有参加，这种婚姻改革会是给了我很大的勇气去拒绝至亲密友之邀请。同时也有好些青年得了团体的力量，居然克服了一切困难，达到了他们结合的目的。

这种茶会式的结婚，有些人还嫌它不彻底。我不能反对这个批评。但是这种组织好比是种牛痘、打伤寒针。它的作用是让人害一点小天花来抵

第九章 1937年呼吁：改革婚姻、殡葬之恶俗

81

抗真天花，害一点小伤寒以抵抗大伤寒。简易省钱的茶会式的结婚，是有力量掩盖贫穷青年男女去抵抗那虚荣而靡费的演戏式结婚的。有了这种团体出现，贫穷的青年仍能联合起来，战胜自己，战胜亲友，战胜数千年传下来的妨害进步的婚姻恶俗。

《谈结婚》一文的核心在于建立"婚姻改革会"，使贫穷的青年男女联合起来，战胜自己，战胜亲友，战胜数千年传下来的妨害进步的婚姻恶俗。

1933 年 1 月 14 日，陶行知致信弟媳文澄。

> 文澄弟媳：
> 　　接奉来书，敬悉婶母灵柩将于三七后安葬。蒙嘱开其外间男丁八字，具兄慎重之意。当将来信禀告老母，慈谕只求坟地干爽，有黄土，死者安则生者自安，八字可毋庸开来。现在热河、榆关（山海关）告急，战事旦夕发，人民将益不聊生。来意要将祖母、叔父一同安葬，立意甚善，奈款不易筹措，只得先葬新丧，老丧缓至以后进行。吾家寒甚，有丧愿以穷人之理治之。三年前吾妹亡于晓庄盛时，余亲为治丧，蔽以素衣，葬以松棺，祭以清水，哭以热泪，一切虚礼均废，亦甚悲哀。吾国婚丧喜庆，大率是做戏给人看，往往弄得破产。故婶母之丧，亦宜以穷人之礼奉治，虚礼可省即省。三日内当再汇四十元来，以应急需。尚望节哀珍重。
>
> 大伯手书
一九三三年一月四日

1933 年 11 月 26 日晚，陶行知的母亲曹翠仂因脑出血在上海国立医院逝世。27 日，新安儿童旅行团、山海工学团、儿童科学通讯学校等单位，均送去花圈寄托哀思。28 日，陶行知特地去新安旅行团住所讲了"丧事不要浪费"这番话：

> 　　至于你们送花圈，实在是浪费。死了我的母亲，我不想许多人倒霉，而想要救活许多人。我不愿人送些浪费的礼给我……

1934 年 5 月 1 日，陶行知撰文《三块大洋的结婚》贺汪秋平、汪曼雯结婚合办夫妻工学团。

> 　　我近年对于贵族式的结婚，一概拒绝参加，就是好朋友，也毫不通融。我觉得当这民穷财尽的时候，在结婚的喜事上，还要摆出排场，彼此争风，

简直是一个罪恶。穷光蛋结婚自不量力，甚至于借恶债和富人比富，不但是可笑，而且是可怜，这种婚礼不能使我高兴。但我是最近参加了一场富有意义的婚礼。

秋平是与曼雯为着要到潘家桥共同服务便利起见，就提前于废历新年结婚。婚礼庄严而简易。刘世厚司仪，马侣贤证婚。节目中有敬鸣晓钟十八响（晓庄学生成婚，鸣钟十八响，以示新婚夫妇在十八信条之下结合起来，为农民服务之意），唱《村魂歌》，新人相对行礼，新人向来宾行礼，婚书用印，新人报告，来宾致祝词，唱《锄头歌》，礼成，摄影。新人只备茶点敬客，不设酒席，费了三块大洋，夫妻各出一半。他们也没有钱做新衣，各人只穿了旧的便服行礼，以致特来观礼的乡下姑娘（昵称香姑），认不清谁是新人谁是客人。这事初看很小，仔细想来，实在是一件破天荒的大事。秋平与曼雯两位青年是抱着绝大信念，下着绝大决心，鼓着绝大勇气，忍受着数千年传下来的狠毒讥诮，突出重围，来创造他们的幸福的世界。他们所开的路线，在不知不觉之中，引导着许多穷青年解除烦恼，避免破产，追取简单的幸福。这是多么可贺的一件事啊！

三块大洋钱，
结婚过新年。
每人出一半，
开创新纪元。

香姑斗新装，
搽的喷喷香。
赶来看新郎，
赶来看新娘。

新郎在哪里？
哪里是新娘？
怎么寻不着？
一定房里藏。

也是茅草屋，
不大像新房。

一桌两板凳，
还有床一张。

新娘却不在，
也不见新郎。
眼皮挤一挤，
香姑心里慌。

不要慌！不要忙！
听我说端详：
新娘住这里，
那就是新郎！

好一个新郎，
依旧学生装。
纽扣缺一个，
对客献茶汤。

新娘没凤冠，
也没新衣裳。
她不坐花轿，
不哭心不伤。

不点红蜡烛，
也没有拜堂。
晓钟十八下，
新人即成双。

人人拍巴掌，
个个耳朵痒。
新人请上台，
恋爱讲一讲。

叮铃叮铃当，
走到讲台上。
疑是挂环佩，
钥匙一串响。

我非嫁老公，
他非讨老婆。
平等结夫妻，
意思好得多。

本想迟结婚，
于今不得已。
同去造新村，
心中正可喜。

没有过三朝，
去到潘家桥。
看见先生到，
小手群相招。

庙小活佛多①，
事忙吃不消。
幸是双双到，
担子两人挑。

农人讨老婆，
高利把债驮。
利钱付不起，
赔牛卖老婆。

我写这首歌，

---

① 庙指学校，活佛指上学儿童。

脸上起笑窝。
但愿穷男女,
不再唤奈何。

1934年6月16日,陶行知写下《五块大洋的棺材歌》。

农村破产无日:破于帝国主义,破于贪官污吏,破于苛捐杂税,破于鸦片烟,破于婚丧不易。秋平、曼雯二人花三块大洋结婚,曾给农友以有力的感动。我曾作歌数首,宣扬这空前的美事。

日前小先生沈从文叔父去世,驮债治丧,几致倾家荡产。山海工学团团长沈禹生与我谈及此事,乃知治丧新法之提倡,不容再缓,特托王振乾君为我创造五块大洋的寿材一具,陈列在山海工学团,志在唤起农友们之觉悟。我写这首歌的宗旨,也只是要宣扬养生重于送死的要义。

来也赤裸裸,
去也赤裸裸。
自由复自在,
不想求什么。

棺材是囚笼,
寿衣是镣锁。
犯了什么法,
虽死也难躲。

寂寂兮肉葬,
熊熊兮火化。
顺受兮自然,
如归兮不怕。

我虽不怕死,
只怕出孝子。
孝子厚葬我,
全家要饿死。

出丧给人看，
无钱怎么办？
驮债办丧事，
办了去讨饭。

我今心已决，
难免有妥协。
未死先筹备，
遗嘱不可缺。

几块薄皮板，
凑个薄皮材。
省钱而轻便，
亲友可自抬。

穿我旧时衣，
放进新棺材。
当时葬下去，
十元够哀哉！

寿材已做成，
不管好和歹。
谁比我早死，
可以先来买。

中华四万万，
年死一千万。
每人省百元，
便省十万万。

要想活得好，
便须死得对。
如果死要脸，
难免活受罪。

1939 年 12 月 31 日，陶行知与吴树琴结婚，是以重庆北碚的一个略加修理的旧碉堡做新房的。他们不请客人，婚礼极其简朴。陶、吴夫妇演唱了《结婚歌》。

> 男先生，
>
> 女先生，
>
> 结了婚，
>
> 打日本。
>
> 怎样打日本？
>
> 团结去斗争！
>
> 结婚革了命，
>
> 不再为自身。
>
> 为民族，
>
> 求生存，
>
> 联合起来誓不分！

当时，《新华日报》报道了香港工人对汪精卫叛逆行为所进行的英勇斗争，并号召国人给以援助。陶行知、吴树琴新婚夫妇积极响应《新华日报》的号召，于 1940 年 1 月 14 日，撰文声援香港印刷厂反汪工友；又本着《婚姻改革会公约》第 4 条的"节省之钱，一部分须捐作推进社会公益之用"的精神，将结婚节省的 20 元钱奉上。书信如下。

《新华日报》转香港反汪印刷工友公鉴：

读报知道你们同汪逆精卫作英勇斗争，我们不但钦佩而且要跟你们学习，拿你们的精神和行动来做我们的指南针。我们在去年除夕结了婚，商量着把请酒的钱，省下来做几件有意义的事。在我们列举的事情当中第一件就是要对你们表示一点敬意。现在从节约的款项中奉上二十元，不能算是请你们喝喜酒，只能算请你们饮喜茶。我们的朋友听我们讲得有理，不但原谅我们这样做，而且有好几位将来也愿意这样做，所以这种喜茶，以后大概还有得喝咧！我们的婚礼是简单而庄严的。证婚人赵老太太说我们有点像"游击结婚"，于今和你们的光荣的斗争发生一点小小关系，也就可以算为"反日结婚"了。

敬祝反汪胜利并致民族解放敬礼！

陶行知、吴树琴拜启

陶行知为青年人自由恋爱、简朴结婚、联合起来共同战斗而获得幸福所感
动，又作诗《结婚歌》。

月亮圆，
蜜糖甜，
手拉手，
脸亲脸。
一对新夫妇，
双双走向前。

女工人，
男学生，
结了婚，
来斗争。
哪儿去斗争？
都市或乡村。
要劳苦的蜜甜，
要离散的团圆。

要反帝，
反封建，
革命恋爱打一片。
结婚革了命，
不再为儿孙，
为大众，
求生存，
联合起来誓不分！

这位中国改革婚姻、殡葬恶俗的先驱者将彪炳千古！

第十章 在自由平等的两广 看到了光明的太阳

1936 年 4 月 17 日，陶行知接到了广西民团干部学校的聘书。

上海文化界救国会委派陶行知参加 1936 年 8 月在英国召开的世界新教育第 7 届年会。4 月 20 日，陶行知致函冯玉祥将军：

> 不日赴桂演讲普及教育，顺道赴伦敦……

陶行知自 4 月 23 日离上海赴广州至 6 月 6 日离广州抵香港，在两广巡回演讲 43 天。

4 月 30 日，陶行知应广州中山大学校长邹鲁之邀，演讲《怎样才能粉碎日本的大陆政策》：

> 前些时候，行知在上海听见好多朋友讲到以及在报纸上也看到关于广东方面的英勇的救国运动，觉得非常钦佩。这回行知代表上海文化界救国会到广东来，第一个任务就要对诸位表示慰劳的意思。今天承邹校长命来演讲，兄弟觉得是很大胆的。可是大家心目中有一个共同的问题，这个问题需要我们讨论出一个办法来。今天，兄弟就想把这个问题提出来和诸位讨论。兄弟现在采用日本的大陆政策这个题目，就是《怎样才能粉碎日本的大陆政策》。
>
> 所谓大陆政策，我们可在伪满洲国的教科书中找到说明。他们是这样

说的："满洲定而华北定，华北定而支那①定，支那定而东亚定，东亚定而世界大同。"……

从近年的事实来看，我们已一目了然地知道他们的大陆政策就是要把中国一口吞下去。他们拿去了我们辽宁的铁，拿去了我们吉林的森林，现在又想拿去我们山西的煤炭、华北的棉、福建的根据地……

我们不要以为他们只是想拿了我们中国的富源，做一个富家翁，安享现成福就算了，他们还要我们四万万同胞当他们的奴隶，还要我们进一步做他们侵略的炮灰。所谓"支那定而东亚定，东亚定而世界大同"，是他们想做世界的霸王。所以大陆政策就是要灭亡中国的一个政策！凡是不愿做亡国奴的，凡是不愿做日本炮灰的，现在就要联合起来，把他们这一大陆政策粉碎！……

要粉碎日本的大陆政策，第一件事就是要大众起来抗日！有些人在那里做梦，以为只要靠了少数的当国者，就能够抗拒敌人，把中国复兴起来，这是不可能的事。又有许多学者，也在那儿做梦，以为写两篇《告日本国民书》，就可以把国难去掉，也是不可能的事。还有一两位先生，我知道他们这几天准备到日本去游说他们的朝野。我看他们将来终归要失望。他们都是书呆子，都是在做梦。

要抗日救国，第一步就要把全国大众联合起来。这种联合是没有区域性的，要农人、工人、学生、文化界以至兵士一齐大联合才行！我们要认定，这种民族解放革命斗争是我们神圣的天职，我们不可以逃避，逃避就是汉奸！

又有人说，我们诚然要对日抗战，可是我们要准备一下才能实行抗战，你们不能责备我不抗战。我们要问，讲这种话的是什么人？如果他手里有枪杆子，有飞机、大炮，他的责任是保卫国土，敌人来了就要和敌人开火！而敌人来了，他还说要准备一下，这不是骗人吗？我们老百姓纳了那么多税，请你"老人家"带那么多兵保卫国土。我国失了东四省，他说要准备一下；冀察失了一大块，他还说要准备一下。究竟要准备到什么时候？上海有我们的同胞替这种准备论调辩护说，我们被割掉了鼻子不要紧，再被割掉了耳朵也不要紧，只要我们的脑勺子还在就行。我们能够准备一下，将来有人要割我们脑勺子的时候，我们就能立刻把他们打倒。这不是很可笑吗？不消说，我们的东四省的失掉和华北的沦亡，就是牺牲在这种准备

---

① 支那：日本对旧中国之蔑称。

论之下。我们再也不能相信这种准备论调了……

民族解放斗争，绝不是空口说准备，或是做点花样就行的，要实实在在地去干。日本军队到了哪个地方，哪个地方就和他们开火，全国就立刻响应，这才是真正的抗战。这是我们神圣不可侵犯的天职。如果我们不把这些责任担负起来，就什么都完了。……武力抵抗是我国唯一的出路！只有和日本帝国主义拼命抵抗！这是粉碎日本大陆政策的第一颗炸弹。

第二颗炸弹是什么？我们要知道日本的老百姓是和我们一样受苦的。日本军阀对老百姓压迫很凶，日本六千多万老百姓为了供给侵略的费用而要负担一百万万的公债。我们中国人要卖孩子，他们日本的老百姓也要卖孩子。……我们试看现在意大利侵略埃塞俄比亚，几个月就花了五万万多的里拉，只占了埃国六分之一的土地。意大利的人民已经起来讲话了。……试看淞沪之役，十九路军抵抗了几个月，日本军队中已经有不肯打仗的。如果中国和他们打上一年半年，日本的军人就要罢战，日本老百姓就要起来罢工，来反对日本的侵略者。日本的大陆政策就要被粉碎！所以我们的第二颗炸弹，就是太平洋各国民众来一个反抗侵略战争的运动……

第三颗炸弹，就是太平洋的集体安全制。大家都知道，现在欧洲就有集体安全的运动，这是一种反抗侵略者的运动。捷克斯洛伐克、罗马尼亚和南斯拉夫一九三三年二月在法国支持下，为防范德国侵略而签订的《小协约国互助条约》《法苏互助公约》，就是这种集体安全制的表现。其用意，就是共同防止侵略者之压迫。如当事国受侵略者压迫时，其他国家起来帮忙，合力打退侵略者，这是由政府方面发动的。我们太平洋沿岸的国家，也可以实行这种集体安全制，以抵抗日本的大陆政策。在这一方面我们当然不能有什么奢望，但也不能一笔勾销、完全不理，所以不妨把它当作第三颗炸弹。

以上这三颗炸弹是互相联系的，可是现在还有一种歪曲的理论，是从日本来的，是所谓"自力更生"的论调。日本侵略者说：你们中国人要靠自己的力量才能恢复国势，靠外国人是不行的，靠国联也是不行。如果靠外国人，也只有靠日本人才行。如果你们不靠日本人，那么只有靠自己。这便是日本侵略者为骗我们所提出的自力更生的论调。而有些日本留学生受了骗，回国大倡其论调，自欺欺人。不错的，要救中国，非我们自己拼命不可，这个谁不承认？我是首先承认的。但是，只靠自己才能救国家，也是很难令人相信的。打个比喻：有一班人走进山林里，碰上了老虎。其中有一位不幸被老虎扑倒，眼看鼻子被老虎一口咬掉了，接着耳朵也被一口咬掉了，其他的人想过去拯救，而伤者却说不必拯救，我可以"自力更生"。这不是笑话吗？我们不能忘记中山先生临终遗言：必须唤起民众，及联合世界上以平等待我之民族，共同奋斗。

以上便是我刚才所说的三颗炸弹，即粉碎日本大陆政策的三颗炸弹。

1936 年 5 月 1 日，应中山大学法学院邀请，陶行知在中大礼堂演讲《大众教育问题》。

一、为什么需要大众教育？

简单来说，因为大众失了教育，所以需要大众教育。中国当下的教育只有少数人，有钱的人、有闲的人、有面子的人，才得以受教育。这少数人的教育，可以称之为小众教育。而掌握国家大权的人，也就是这些小众。掌握国家大权，按理说要保护国家，而事实是东北丢了，冀东丢了，华北丢了，土地一块一块地丢了，丢了二十二个江苏省那么大了，而福建也动摇了。看来把国家大事依靠这种接受小众教育的人，只有"靠不住"三个字。那么只有大众才能救国。

我们要大众起来救国，但是大众里识字的只有十分之二。他们不知道国家的危险。自己吃了苦，不知道苦从哪里来；自己受了灾难，也不知道为什么有这么多的灾难。他们只晓得吃苦受灾是命运不好，老命不行，是我们祖宗的风水弄错了，所以大众需要教育。

二、什么是大众教育？

大众受了痛苦，不会去追求痛苦的原因；大众遭受灾难，也不去追究灾难是谁给的。他们更不知道国家动乱、民族危亡之根本原因，是日本帝国主义的侵略。我们需要大众救国，大众也有力量救国，而没有人去启发、领导、教育他们是不行的。那么，我们要教大众知道他们所受层出不穷的痛苦，不在于他们的命运不好，也不是我们祖宗的风水弄错了，而在于日本帝国主义的侵略。我们要教大众学会运用他们的力量，我们要教大众怎样去推翻日本帝国主义，这就是大众教育。简言之，大众教育是大众的教育，大众自己办的教育，为大众谋幸福的教育……

三、怎样进行大众教育？

（一）社会即学校。办教育第一关就是房子。办大众教育不可能希望有考究的房子。店铺、家庭、茶馆、篷户、庙宇、晒台、茅厕坑、监牢、坟墓等都是教育场所。上海的日本工厂资本家压迫工人可谓无微不至，工人谈话也在禁止之列。但是工人关于反日救国的交谈不因禁令而终止，他们便装作解手、大便到厕所里去谈，你能说厕所不当作学校吗？如果因爱国而犯罪，被宪兵警察抓进监牢，在牢中学会了很多与敌斗争的本领，难道监牢不是学校吗？如果你到黄花岗七十二烈士墓去，你的见识，你的回思，你的感慨，犹如上了一课。我到上海无名英雄墓去，也是上了一课。坟墓不是我们最好的课堂吗？……

我们办大众教育，只要明白社会即学校的道理，处处都走得通。

（二）即知即传。有了学校，没有先生还是不行。先生不是没有，月薪三百块钱，穷人哪里负担得起来？三十块钱不行，二毛钱还是不行。然则先生哪里来呢？我的办法是"即知即传"。知道一条真理，负责传遍天下；知道两条真理，负责传遍天下。我传你，你传他，他传他，传到码头、工厂、农村去。一人教十人、二十人、三十人。一村之中，总有一两个人合农人的胃口吧。一人教十人、二十人、三十人，做个传道者。从前办小学，只知道教学生，其实小孩也可以做先生的。所以现在办小学，要教小孩子做学生，也要教小孩子做小先生。

小孩子做小先生，确是一个很有效果的办法。中国有九千万个小孩子，如果大众教育起了作用，我们就有不领薪水、不自私自利的小先生九千万人。这样一来先生教书也进步了，因为要教孩子去做先生，做先生不能不知得多，不能不知得透，也不能不知得新。不多、不透、不新，学生就不高兴，也不能传人。现在我们有一千一百万小学生，训练起来也即有一千一百万小先生，现在只差八千万。小先生教大众，先进的大众也做先生，如此继续不断由学生而先生，先生的问题就解决了。

（三）新文字。有学校，有先生，没有工具还是不行。我们办大众教育要利用新文字做工具……

（四）救国的实际行动。我们认定教大众的知识，做出救国的实际行动就达到目的了。

上面四项主张，就是大众教育的主要内容。我们有了理论，有了计划，有了组织，做出救国的实际行动……

要彻底干，达到中华民族解放，中国的自由、平等才肯向我们招手，这才有意思。

陶行知到广州后，作为全国各界救国联合会代表，他先后与国民党的元老、反蒋抗日并积极支持陶行知普及教育的革命志士胡汉民及时任国民政府第5战区总司令的李宗仁见面，畅谈团结救国问题。

5月5日，李宗仁陪同陶行知到广西。6日晚上，陶行知在梧州广西大学演讲《抗日救国问题》。8日，陶行知到南宁，白崇禧、马君武、黄旭初等人出面迎接他。陶行知答记者问，着重指出：教育与抗日救国运动不可分割，而应打成一片。10日上午，陶行知到广西普及国民基础教育研究所及邕宁国民中学演讲普及教育问题。10日下午，陶行知到平南村幼师班和学员们谈话。11日上午，陶行知应广西军官学校校长白崇禧之邀请，到军官学校演讲《中国民族的解放运动》。白校长对陶行知甚为赞扬。11日下午，陶行知又为各县负责党务的人员及省党部工作人员演讲《中国的出路》。14日，陶行知到南宁维新镇中心小学演讲《小先生制的历史》。15日，应广西武鸣县县政府邀请，陶行知到省立武鸣中学（时为大规模省立中学）演讲《和民族解放运动配合的中等教育》。演讲之前，陶行知与武鸣中学的校长一问一答进行了交谈。

校长问：我现在所办的是一所二千学生的中等学校，应该怎样办才能对抗日救亡运动有所贡献？

陶行知答：第一个问题，就是要有时事讨论会。

问：我们早已注意到时事的重要，现在每礼拜都请专家来校演讲，还不够吗？

答：灌注的演讲作用不大。最重要的是使学生对于时事有一种自由讨论的组织，而且这个组织是要做成学生自己的，而不是御用的或学校指派的。学生一发觉御用或是指派的性质，他们就不会兴高采烈地去参加了，结果是弄得有等于无。如果让时事讨论会发挥更大作用，还要有进步的杂志和书籍作参考。否则凭空讨论，大家都得不着充分的益处。有时再请几位专家来演讲指导，当然更好了。但对专家的意见，须允许学生辩驳，真理是愈辩驳而愈明白……

问：时事讨论会的重要性我明白了。请问这样的高谈阔论，究竟于国事何补？

答：关起门来讨论时事政治是不够的，因此，下边要谈第二个问题，就是要教育大众的问题。学生对国事讨论透彻了，就得拿自己所得到的再传给大众知道，这就是大众教育。进行大众教育，是中学生当前的重要任务，也应当看作是当前的重要功课。

问：哪有这些时间呢？

答：我们首先要考虑这个工作重要不重要。如果重要，那可以把次要的功课减少钟点，腾出时间来，让位于这更重要的工作。所以我们首先把它的重要性讨论一下。中国现在已经到了生死关头，只靠小众救国是靠不住了。我们垂危的祖国是必得教育大众，组织大众，武装大众，才能得救。中学生自己得到救国的真理，应该把它立刻广播出去，这不是天经地义的吗？若说等到毕业后再去教育大众，我们能担保日本帝国主义能忍耐到我们毕业吗？

问：教育大众果然是一桩大事，并且要立刻行动。但是时间从哪里腾出来，这倒是一个问题。

答：这就要讨论第三个问题了——中学生课程之根本改造。一切课程都应以抗日救国为中心。凡与抗日救国无关的，都不教或是缓教……

问：敝校是官办的，全部课程之改造当然是有待教育当局之采纳。但照先生所说的几点，也未尝不可以活用。请问，除此之外还有什么事应该去做？

答：我想到的第四个问题，便是真的军事教育。

问：我们学校非常重视军事训练，不但举行军事训练，而且整个学校都是军事化管理。学校生活军事化，让每个学生一天到晚都过着兵士的生活，你看怎样？

答：我对于整个学校的军事管理有些怀疑，这对学生太过紧张。我们的生活一张一弛才算合理。……我不赞成整个学校的军事管理，而赞成每个中学生都要学习真的军事教育。

问：那真的军事教育又是怎样的？

答：所谓真的军事教育是和假的军事训练不同。一，要有鲜明的抗日救国目的，不是含含糊糊地学、隐藏地学、学了去打同胞的悲观主义。二，要请懂得教育工作的军官来指导，不可以自行蛮干。三，要用真家伙学习，老是用假刀假枪做猴子戏，是造就不出真的反帝斗士来的。四，要学生培养战斗的人生观，揭开战斗即人生的道理，使大家知道要在战斗中取得生命的意义与力量。

1936 年 5 月 16 日上午，陶行知出席了由广西大学校长马君武主持的各学术团体宴会。会上经商量决定成立广西文化界救国会。16 日下午，陶行知到南宁市中学演讲《中国的出路》。

行知这一次到广西来，自己觉得到了真正自由平等的中国来了。我们在上海、平津一带甚至于连"抗日救国"这四个字都不好说，要说就要秘密地说，不然就要给日本人或汉奸的政府逮捕暗杀——压迫到十八层地狱中去。到了广西，才算是爬出地面来了。看见了光明的太阳，呼吸些新鲜空气，您想想看我是多么的愉快呢！

不过，被压迫在地底下也不是永远没有希望的——抗日救国的情绪犹如一颗种子，深深地被压迫在地底下，它总可以慢慢地吸收营养水分，到了相当时期，它自然破壳而出，发芽高长。诸位看看每一棵树，从前不是被压迫在地下的一些种子吗？我们现在就是被压迫在地下的一些抗日救国的种子，总有一天会冲土而出，完成我们的任务！诸君都是中华民族革命的战士，所以今天特别提出《中国的出路》这一总目和诸位谈谈。下分四部分。

一、揭开日本大陆政策之内幕

日本的大陆政策，很明显地可以在伪"满洲国"教科书上看出："满洲定而华北定，华北定而支那定，支那定而东亚定，东亚定而世界大同。"这几句话很明显地表现出日本一颗贪得无厌的野心，不但夺取了东四省，还要夺取华北，吞并全中国，覆灭全世界。近来我们提倡一种与帝国主义算账的算术，这种算术是教育部所审定的教科书里没有的。各位试算算看，自一九三一年"九一八"之后，我们被日本帝国主义侵占了或已经划为势力范围的土地有多大？据上海的小学生所得的结果，是等于二十二个江苏省。请各位同学也来算一算，究竟等于几个广西？

最近日本已经改变了他们侵略的方法，这方法叫作"以华制华"的政策，即利用军阀、政客、地痞、流氓以宰制中国的大众，所以也可以说是汉奸的亡国运动。前一段时间发生的华北自治事件，就是日本侵略者花两毛钱收买一个流氓，每个流氓还发一件马褂，写上"要求自治"四个字穿在身上。这群流氓一直走到天津市政府，大吵大闹"我们要自治"。同时日本侵略者还看破了军阀们各自"保存实力"的心理，便各方游说不要与日作战方可保存实力，并设法煽动内乱，以收到各个击破之效果。这是日本人最巧妙、最毒辣的伎俩。

其次，我要报告东四省及华北一带暴力压迫下的同胞流离颠沛的惨状。农民最重要的依靠是土地，日本侵略者用最低的价格强迫买去，最终（农民）是白白地饿死。有一个农民富于抵抗精神不肯出卖，日本侵略者将其缚在马腿上，让马奔跑。这个农民身体强壮，马拖了二十里后停下来，他还能站起来，但仍然不出卖土地。几个蛮横无理的日本侵略者跳过来把他打倒在地，有一个一脚踹在他头上，把（他的）眼珠子踹了出来。这是多么悲惨的事情呀！这个农民的照相，我们保存下来了……

凡是在日本势力统治下的工人、农民、学生及一切中国人，完全不许学习、谈论中国历史。甲午战争、"九一八""一·二八"的历史事件更不用说了。在天津等地的一些爱国志士，若他高谈抗日，不久这个人就失踪了。人们发现，不几天就有一袋一袋的麻包抬上汽车，运上海轮，由海轮运到海里，一个一个地投进海水里（据海员们说）。在天津，日本侵略者在街上行走时，一旦有中国人一不小心碰了一下，接着就是一刺刀刺去。还听说，在福州也有如此事件发生。他们不但欺压中国普通老百姓，还欺压中国军队。在于学忠任天津主席的时候，日本兵竟然在省政府门前卫士的刺刀上擦火柴吸烟。其辱国欺民之惨状如此！这是什么生活？这就是日本大陆政策的势力所到之地，中国人民所过的亡国奴的生活呀！

二、撕毁汉奸政府的假面具

南京政府不抵抗，把美好的国土一片一片地丧失，一面还厚颜无耻地与敌人杯酒言欢，高谈亲善，真乃无耻之极！（南京政府）对国人始终说假话，不承认不抵抗，而美其名曰"准备抵抗"！最初说准备二十年，十年生聚，十年教训。记得"九一八"之后，各地方、各城市许多学生到南京质问军事领袖（指蒋介石），而领袖说："你们不要急，看我三年内把东四省拿回来，如拿不回来砍我的头！"学生们被他哄了一下就回去了。现在已经四年了，东四省还在日本侵略者手里，这位领袖的头仍然还在他的肩上。前年的国民政府五中全会行将开幕时，南京政府黉夜进兵，拉夫挑担，好像立刻抵抗的样子，于是把各方面的代表哄来了……。当时有位小先生写信给我，说他村里那个守庙的和尚都被拉去挑担了，闻说是抗日。我回信说："你且不要急，等和尚回来再说。"果然，五中全会开完了，和尚也回来了，抵抗在哪里？！这是南京政府抗日的把戏。可是，你南京政府不抵抗也罢了，不要压迫老百姓，不许他们抵抗！更不要把抗日救国的人当作罪犯来枪杀！

三、各地民众抗日救国运动的悲壮热烈的情形

首先说"一二·九"运动，就是一九三五年十二月九日，在北平发生的一场空前的民族解放运动。参加运动的青年学生们，明知头上有飞机，

前面有刺刀、机关枪，凶多吉少，十分危险是不待说的，可是他们竟赤手空拳准备以自己的血肉之躯来争取中华民国的生命，这是一个何等伟大而悲壮的运动！汉奸政府的责任就是阻止这种救国运动，所以布置了四道防线：第一道是拿木头棍子的警察；第二道是水龙；第三道是刺刀；第四道是机关枪。学生们四个为一排，女生先冲，遇上警察就高呼"中国人不打中国人，请武装同志加入！"警察们听了，手里的木头棍子失去了作用。这第一道防线，就这么容易地冲了过去。第二道防线是水龙，离学生太近，学生们的呼声听不见，自来水只管冲过来。在那天寒地冻的北方，每滴水都很快地变成冰，地上又冷又滑，大家仍然英勇地前进。走不动滑倒了，便爬着前进，直至爬到第三道防线。第三道刺刀防线的兵士都恐慌起来，一恐慌就刺刀乱下，昧着良心替帝国主义杀害自己的同胞。有一个十三岁的女孩被踢倒在地上，刺刀正要对着女孩刺下去，正巧给一个外国女记者看见了，大为不忍，于是扑倒在这女孩身上，对着警察厉声呼喊："你们的刺刀应该向日本人刺去！这个女孩是中国最英勇的抵抗者！"端刺刀的警察很惭愧地走开了。学生们奋不顾身，以血肉之躯拼命夺取中华民族的自由平等的英雄壮举，唤起全国民众共同走上了民族革命的战线！

　　十二月十六日，……波及全国。

　　十二月十八日，天津也轰动了。当时的天津，是日本军队的势力范围，抗日救国运动是不易举行的。日本兵尚且可以在省府卫兵的刺刀上擦火柴点烟，其凶恶横暴之状可想而知！但是，抗日救国运动究竟是不能遏止的。事先，有一学生向大家提议："凡是愿意牺牲血肉生命冲入日本租界去的同学们，请签字！"不期然而签字者竟百人。这百人抱定只有出去没有回来的决心向学校大门走去！刚出校门，就听到一个学生高声喊道："你们就忍心看着这一百人为抗日救国而牺牲么？"顷刻间齐集了数百人。数百人走到其他学校，很快地聚集了四千人。大家向着日本租界前进，去和日本侵略者拼命！日本侵略者得知这一消息，怕得不得了，立刻关上铁门，布满铁丝网，装上电流。学生队伍冲不进去，便站在门外高呼："打倒日本帝国主义！"声如雷动！日本军队躲在铁门里，潜伏得如同乌龟藏在壳里，一动不敢动。那天准备为抗日救国牺牲的四千条生命，条条凯旋，而目的达到了：自此，日本兵再也不敢在街市上横行无忌。可见，要想抗日救国，只有民众起来。

　　接着便是上海的文化界、工人、农民、妇女、小先生们都纷纷起来参加抗日救国运动。下边我提两件事来向大家报告。

一是上海的学生抗日救国运动。上海复旦大学的学生准备组织学生到南京去质问当局要准备多少日子才敢抵抗，南京政府听到这一消息便慌张起来，立刻拍电报叫校长劝阻。校长说得嘴都干了也毫无效果。学生说："校长叫我们爱国可以，叫我们不搞抗日救国运动不行！"于是聪明的南京政府又想出第二个办法，预备了许多棍棒，打算来一个打一个，来一双打两个，来一千打一千，来一万打一万！叫保安队拿着棍棒等在火车站。但是，那些保安队的人都是东北沦亡的爱国同胞，他们说："我们要打回老家去！学生，我们不能打！"棍棒没有人拿，第二个办法又失败了。学生仍然要去，南京政府自觉心有妙招：来就来，把火车开出几十里路就停车，看你怎么来！汉奸政府是聪明的，爱国学生也不愚笨，（他们）派了两个学机械工程的学生坐在车头上看司机开车。果然，不一会儿火车停了下来，司机一溜烟跑了，汉奸们高兴得很。谁知不一会儿火车竟然继续开动了。汉奸们惊呆了，那还了得，学生也会开车！（他们）立刻给前站打电话把铁轨拆去。这一招，学生们事前也曾想到。于是（学生们）将后面的铁轨拆下来接到前面去，火车又继续前进了。南京得到这一消息不得了（怕学生甚过怕日本侵略者），立刻派国民政府首任宪兵司令谷正伦领兵三千前来抵抗。抵抗谁？抵抗救国的学生！手无寸铁的学生当然难敌荷枪实弹的三千大兵。上海学生抵南京质问当局"要准备多少日子才敢抵抗"的目的已经达到了。学生们的领袖说："南京政府的兵是用来抵抗我们爱国学生的，我们回去罢！"

二是报告上海日本纱厂的工人们为梅世钧报仇的故事。梅世钧所在的日本纱厂的工人，也是被压迫着过着牛马不如的生活。厂方不允许两个工人在一起说话，一旦发现就打；不准读书，甚至连《三民主义》《平民千字课》《老少通千字课》的书都不准有，一旦搜了出来，就打屁股，然后开除；若是搜出了《大众生活》，那不得了，便说是共产党，即刻送到捕房坐牢。工人们做工时间特别长，每天十三个小时，星期日是十八个小时。多干的五个小时是无工钱的。梅世钧在十九路军当过兵，他衣袋里带着一张军服纪念小照片，有一天被厂方发现，厉声吼道："你是当过兵的吗？"梅世钧也厉声回答："是的！当过兵！"厂方又吼道："当过兵，还来做工？妈的！"一拳向梅世钧打了过来。梅世钧是学过拳术的，接着一拳打倒这一日本人，另一个日本人跑过来，又被梅世钧一脚踢倒在地。于是（被打的日本人）吹起警笛，召集来五六个日本人一起将梅世钧毒打起来，直至梅世钧吐血昏死，（日本人把他）扔出工厂门外，由他家里人抬了回去，（梅世钧）不几天便死去了。

　　工人们想为梅世钧报仇，但没有商议的地方。幸而纱厂里还有一块净土。净土在哪里？就在厕所里。于是，有五个工人装作大便聚在厕所里商量。"梅世钧死了，我们应不应该为他报仇？""应该！""如何报仇？""罢工！""好的！"五个人走出厕所，来到了各自的工作场，喊一声："罢工！"于是，全厂四千多工人一齐罢工，并把日本人全都赶出工厂去！这就是我们英雄的民族精神。我们更清楚了，抗日救国不是没有办法、没有力量的，只怪汉奸政府不善处置，一味地把大事化小、小事化无，还把抗日救国诬指为共产党所唆为，以致将其英勇的民族解放运动压制下去。过了两天，连梅世钧的家人都被政府藏了起来，梅世钧之死一事就马马虎虎地过去了。总之，梅世钧之死不是他一个人的死，是为中华民族、为了抗日救国解放运动而死。这一思想将来普及到全国之后，我想总有一天会爆发出伟大的民族解放运动的。当前，这一运动就好像被压在地下的一粒种子，南京、上海等地的救国运动还是在地下活动，只有广西可以在地上活动。我们要把全国的抗日救国民族解放战线连接起来，共同努力奋斗！……

　　四、中国唯一真正的出路就是用武力抗战
　　第一，从科学方面说，自卫抗战是宇宙间的天经地义……
　　第二，一个地方有事，就要全国急起解决之，不能诿之地方交涉！
　　第三，我们要联合起抗日的阵线，把所有要抵抗的人都联合起来。有兵权的联合起来，中国人不打中国人。如果有人不愿抵抗的，就是汉奸，就应该打倒！打汉奸不是打中国人，是打日本帝国主义的走狗！
　　第四，近来有人提倡自力更生，这语调是日本帝国主义欺骗、愚惑我们的，竟然也有许多大人、先生盲从地喊起来，这是不对的。中国人民拼命抗战是天经地义的，若有人愿意帮助我们那是更好的事情。为什么拒绝呢？那不是很傻吗？所以，我们应该"联合世界上以平等待我之民族，共同奋斗"。这是孙中山先生留给我们的遗训……
　　这次到广西来，所得益不少。贵省历来有太平天国民族革命的精神、刘永福黑旗军抗敌争生存的精神、（李宗仁、白崇禧领导的）第四集团军北伐扫除封建余孽的精神。广西同胞努力建设，处处充满着这种精神！我希望我们本着这种精神以收复领土，复兴民族，务使我中华民族能达到自由平等之地位！……

《中国的出路》是陶行知演讲的,《民国日报》记者莫邪整理时,文后注有下边一段话。

陶先生这次南来所负的使命是联络抗日救国的战线,所以他在很多地方的演讲,都不出这个题目。我因为奉命陪伴他,所以听的也不止是一次,因此就记忆之所及,将记录略加订正,错误的地方想不可避免的。这个责任当然由我负,不关陶先生的事。此外,我还要多一句嘴,就是我听陶先生讲这个题目,虽然有好几次,可是当我看到记录时,仍然是大大地感动。真诚的人讲真诚的事,未有不动人的!

1936年5月17日上午,陶行知对广西妇女救国会、广西学生救国会的全体委员、职员们进行了题为《今天需要有统一联合的抗日救国阵线》的演讲。中午,在南宁市省党部大礼堂,陶行知对该市小先生团600多小先生演讲《改进的五点》。晚上,陶行知又出席了南京高师、东南大学、金陵大学、晓庄学校4校同学计23人参加的"乐群社欢迎陶行知先生茶谈会"。南京高师毕业生、生活教育社理事、时任广西桂林师范学校校长的唐现之主持会议并首先致欢迎词:

陶先生有所不为,所以现在能够有所为。我们欢迎陶先生的有所不为及现在有所为的精神,也要平时能够有所不为,然后临大事才有可为。

陶行知致答词:

现之的话很对。但是在有所为的时候,仍要有所不为,才能够把有所为的看得更清楚、更透彻,更能够为得更有力量!

5月30日,陶行知就有关"国难教育问题",答香港《工商日报》记者问。

记者问:先生此来,有何任务?是否负有深入大众下层教育的工作?
陶行知答:到英国去出席世界新教育会议第七次大会,顺道到两广讲学,并拜访抗日救国同志。
问:先生对现在的教育制度,观感若何?
答:现在的教育制度,与中国救亡运动不适合。我们要施用一种教育方法,唤起大众自动地组织起来,把一个半殖民地的中国,变成一个真正独立、平等、自由的中国。
问:先生对现阶段的学生救国运动,认为怎样才能达到普遍斗争的最高峰？完成民族救亡运动，应取怎样的途径？

　　答：学生救亡运动，应当有一个单纯的目标，这目标就是抗日救国。在抗日救国的总目标下做教育大众的工作，使大众一致起来，共负救国的责任。

　　问：上海复旦大学学生被军警如临大敌地围捕，先生对之有何意见？

　　答：复旦大学事件说明当局不要学生救国。七个学生释放出来，有三个是救国会的会员，定了半年有期徒刑，缓刑二年。这证明"救国有罪"。

　　问："一二·九"学生的抗日救亡运动遭受压迫后，从此就沉寂下去吗？

　　答：学生抗日救亡运动，已转变为大众救亡运动，是愈遭压力而愈有力量，绝不会沉寂下去的。

　　上文在被上海文化界救国会、上海妇女界救国会、上海职业界救国会、上海各大学教授救国会、上海国难教育社五个单位编辑、发行的《救亡情报》上转载时，加了一段导语：

　　　　陶行知先生积极推进国难教育，已为一切爱国青年所崇仰。最近陶先生为出席世界新教育会第七届大会，特赴粤桂一行，同时唤醒当地的救亡工作。香港《工商日报》记者特往访陶先生。对于国难教育问题、学生救亡问题，陶先生均有极敏锐前进的意见发表。

　　5月31日，沈钧儒、邹韬奋、宋庆龄、何香凝等以及全国各地救亡团体代表，在上海成立全国各地救国联合会，陶行知被选为常务委员和执行委员。

　　1936年6月1日，国民党元老李济深及广东的陈济棠，广西的李宗仁、白崇禧等人，对当时以蒋介石为首的国民党最高权力机关发出通电，要求保障爱国言论、解放人民团体，另组政府，实行抗日救国政策。这一事件史称"两广"事变，亦称"六一"事变。陶行知撰文《一件大事》，后载入《生活日报》。

　　　　这是一件空前的大事，是一件比出兵还要大上几十倍的大事……
　　　　现在日本的大队人马已经占据了华北的要塞，日本的军队已经对华北官吏发号施令去解散救国体团，日本的武装奸商已经粉碎华北的海关而大批地走私，日本的大陆政策已经大步阔步地猛进……快要把整个中国吞了下去。我们再也不能梦想依靠少数人去抵抗敌人了……
　　　　怎样才算是把通电真正地实行起来呢？就我所想到的，有几件事要做。
　　　　一、释放抗日的救国同胞……
　　　　二、开放抗日救国的组织……

三、取消机械的指导……

四、获得全国的联络……

中华民族的命运，决定于民众运动。何以见得呢？民心即军心，得到民心，即得到军心。民心的传布，比寄信还要快。得到全国的民心，即得到全国的军心。失掉全国的民心，即失掉全国的军心。全国的民心、军心打成一片，发挥起来，才可以粉碎敌人的大陆政策和汉奸的卖国毒计。

《一件大事》一文，似一篇战斗檄文，更加鼓舞了两广各界民众的抗日救亡斗志，又如一把尖锐锋利的匕首，直刺那镇压民众抗日救国、卖国求荣的南京独裁政府的心脏。

6月3日，广西各界抗日救国会在南宁成立。

6月5日，陶行知在广州警察局办理了出国护照。

的确，陶行知在这自由平等的两广，看到了光明的太阳，特别是广西桂林，更让他魂牵梦绕。他写下了《广西山水进行曲》以抒发胸臆。

> 压在地下几多年？
> 大众一怒冲上天！
> 出头如山，
> 流汗成川。
> 千军万马渡黄沙，
> 直下长江边。
> 捣幽燕，
> 平大连，
> 倭寇民贼逃上船。
> 从此饿者都有饱饭吃，
> 冻者都有暖衣穿。
> 太平百姓昼中眠，
> 醒来梦也甜。

事后，当回忆起1936年5月里在广西南宁乐群社和孩子们开座谈会的情景时，陶行知很兴奋，作诗《广西小孩》。

> 六位小同志，
> 不做读书呆。

头戴军帽束皮带，
自命革命的小孩。
有将军、有主席，
大家坐下谈将来。

有的要开小孩救国会，
邀请全国小孩一齐来。
有的要和世界小孩通通信，
好叫人类知道日本万不该。

有的主张造飞机，
炸得日本脑壳开。
有的主张造兵舰，
百万水师收东海。

有的要做李秀成，
有的要做石达开。
有的要做刘永福，
有的要做冯子材。

桂林山水甲天下，
山灵水秀出奇才。
我们大胆冲出去，
后面已有小孩顶上来！

1936年6月6日，陶行知离广州赴香港。

陶行知自1936年4月23日离上海来广州，至6月6日离广州抵香港，在自由平等的两广土地上，看到了光明的太阳。他付出了艰辛的劳动，收获了丰硕的精神食粮。

第十一章　再会吧，香港！

世界新教育第 7 届年会将于 1936 年 8 月在英国伦敦召开。

全国各界救国联合会决定委托陶行知趁出席世界新教育年会之便，前往欧、美、亚、非各国宣传抗日救国，发动侨胞共赴国难。陶行知此行可谓"一人兼双职，任重而道远"。

全国各界救国联合会，是指 1936 年 5 月 31 日，由沈钧儒、宋庆龄、何香凝、邹韬奋、陶行知等及全国各地救亡代表在上海成立的组织，陶行知任该组织的常务委员和执行委员。

1936 年 6 月 4 日，陶行知在致学生吴树琴的信中写道：

> 我今日赴美，考察两个月再回欧洲。

陶行知于 6 月 5 日取得广州警察局签发的出国护照，7 日由广州到香港。

陶行知的每次演讲都深受民众欢迎。陶行知在香港的一次演讲之后，根据一位听演讲者的描述而写的《听众心中的我》，用生动幽默的语言塑造了一个栩栩如生的陶行知形象。

> 个子不小不大，
> 穿的白布长卦。
> 芭蕉扇儿一把，
> 黑框眼镜一副。

调子有高有低，
满口南京官话。
听着心里难过，
脸上嘻嘻哈哈。

1936 年 6 月 7 日，在潘汉年、胡愈之的积极帮助下，由邹韬奋主编的《生活日报》在香港创刊。陶行知作诗《新大学》表示祝贺，载于 6 月 10 日的《生活日报》第 7 版。

大学之道，
在明大德，
在新大众，
在止于大众之幸福。
知止而后能动，
动而后能虑，
虑而后能得。

诗中的"大德"指大众的德，有 3 层含义：一为觉悟；二为联合；三为争取解放。《生活日报》创刊，陶行知像一位饥渴难耐的沙漠旅客觅见了清泉，像一位勇敢的斗士来到了战场，他夜以继日地忙碌着，发表一篇篇诗作，抒发其革命情怀。

6 月 10 日，《生活日报》刊载陶行知的诗《送〈生活日报〉》。

大报不像大报，
小报不像小报。
问有什么好处？
玩的不是老套。

大报不像大报，
小报不像小报。
笔杆一齐对外，
不肯胡说八道。

6 月 10 日的《生活日报》还刊载了陶行知的诗《香港的印刷工人生活》。陶行知在诗中描绘了每天做 16 个小时工的印刷工人的生活小影。

第十一章　再会吧，香港！

做了八点钟，
又做八点钟，
还有八点钟。
吃饭，睡觉，
撒尿，出恭。

一家肚子饿痛，
没有夹衣过冬，
破屋呼呼西北风。
妈妈病得要死，
不能送终。

机器咚咚咚，
耳朵嗡嗡嗡，
脑壳轰轰轰。
再拿稿子来，
操他祖宗！

骂地地不痛，
怨天也无用，
也不要做梦。
拳头联起来，
碰！碰！碰！

1936 年 6 月 1 日，中华民国革命同盟会的李济深、陈明枢、蔡廷锴及两广实力派陈济棠、李宗仁、白崇禧等人联合发动了"六一"事变，准备挥军北上，反蒋抗日。广东军阀为了伪装抗日，6 月 13 日强迫和收买广州部分民众集合，举行抗日救国示威游行大会。陶行知闻讯后作诗《广州"六一四"①的民众运动》。

假干，
每人二毫②。

---

① 六一四：应改为"六一三"。
② 毫：当时的货币。

真干，

捉进监牢。

短短 12 个字，简单明了，一针见血地揭露了广东军阀的反革命伎俩。

1936 年 6 月 15 日《生活日报》刊载陶行知的诗《写给青年斗士们》。

莫说你爱我，

莫说我爱你。

碰到一块来，

大家欢欢喜喜的。

为民族大众的解放，

出一点儿主意，

努一点儿力。

就是这样吧，

已够甜蜜！

6 月 20 日，《生活日报》刊载陶行知的文章《还是不多》。

香港民众歌咏团①在今年六月二十日夜公开演唱……

我和几个朋友进到会场，会场挤满了人，连四周人家楼上看热闹的人一起算在内，是有三千光景。唱歌的人本来只有四百，但是他们有一个很好的办法，就是希望到会的人都跟着唱。这晚所唱的，除了少数外，都是前进的歌曲。三千人的吼声，实在是令人发奋。我在香港住了一个月零四天，最快乐的一晚，是在失去九十五年的孤岛上听见民族解放的歌声。自然我是很高兴听着他们唱我写的《锄头歌》。我觉得唯一的缺陷，还是人数太少。我心里想，倘使有一万人唱十万人和，那是会叫我更加满意了。我是这样的不知足，当时我并具体向青年会的朋友建议，下次还要推广到下层民众的队伍里去。他们说过一礼拜在九龙演唱时，可以采取这建议。我又是多么高兴啊！但是九龙演唱是千呼万唤不见影子，原因是香港演唱后第二天，侦探长就把青年会的朋友找去，吩咐他们不许再干，罪名是歌词里面打倒的呼声太多。他们就说把打倒的词句改掉好了。侦探长说："我们不反对唱歌，所反对的是那个'众'字。"好一个"众"字！这是殖民地三

① 歌咏团：青年会组织的一个进步歌咏团体，演唱进步歌曲，号召民众联合抗日。

109

第十一章　再会吧，香港！

大忌讳之一，也是我们民族解放的主力军。人家所害怕的正是我们要拥护的。"众"之所以被人反对，还是不够"众"。如不相信，请听我唱吧!

　　四百人唱，
　　三千人和。
　　别人听了，
　　心里难过。

　　四百人唱，
　　三千人和。
　　唱歌可以，
　　打倒太多。

　　四百人唱，
　　三千人和。
　　唱歌可以，
　　民众太多。

　　四百人唱，
　　三千人和。
　　太多太多，
　　下回不可。

　　不可不可，
　　谁说不可?
　　所以不可，
　　还是太多。

　　百万人唱，
　　万万人和。
　　这样的多，
　　不可而可。

6月21日,《生活日报》连载陶行知的诗作3篇。

苍梧扇

清风爱吹桃花面,
吹不到生存线。
生存线上彩云飞,
千里行人正想念。
花了五个铜子,
送来苍梧扇。

清风爱吹桃花面,
吹不到生存线。
生存线上汗如珠,
春夏秋冬扇不厌。
待得汗流时,
但愿长相眷。

清风爱吹桃花面,
吹不到生存线。
如果东风可以借,
不必再借鹅毛扇。
随时借几阵,
吹到生存线。

清风爱吹桃花面,
吹不到生存线。
除非是黑云起,
天大变,
太阳不见。
生存线上发大风,
大风吹倒安乐店。
原来是大众大扇而特扇地扇起苍梧扇。

诗中的"生存线"陶行知解释为：人类生活的地方是个生存圈，生存圈的中心是少数有钱人，如老爷、太太、小姐、少爷，他们不劳而获，享尽人间之福；广大工农劳苦民众在生存圈的四周辛勤劳动，不得温饱。诗中的"安乐店"指有钱人居住享福的地方。

枪杆向北

是谁失掉了东北？
是谁要丢华北？
也别说，
谁是假抗日，
谁是真救国。
也别管，
谁的心儿红，
谁的心儿黑。
只需看那枪杆儿，
还是向南，
还是向北，
便自然明白。

枪杆向外

是谁要丢失掉关内？
是谁丢了关外？
也别说，
谁是真抗日，
谁要把国卖。
也别管，
谁的心儿好。
谁的心儿坏。
只需看那枪杆儿，
还是向内，
还是向外，
便自然了解。

6月23日，《生活日报》刊载陶行知的诗《答奉然小姐》。

　　你问我你在我心中留了一个什么印象，
　　这叫我如何可写？
　　让我想一想吧，
　　你是一个可以做小姐，
　　而不愿做小姐的矛盾小姐。

　　这是亲近大众的前夜，
　　你已经上了时代的列车。
　　向前进吧！
　　只要你百折不回，
　　一忽儿会赶上革命的战垒。

　　奉然是一位非劳动人民家庭的姑娘，思想进步，向往革命。此诗的发表，意义深远，影响很大。诗中的"矛盾"即"摩登"的趣味解释。
　　6月24日，《生活日报》刊载陶行知的诗《一块煤炭》。

　　你们说我热烈，
　　我是一块烧得通红的煤，
　　要把吊儿郎当的少爷烧毁，
　　再烧毁贪图享福的小姐。
　　把小姐少爷的灰，
　　堆得一堆又一堆，
　　拌一些儿水，
　　塑成千军万马，
　　用嘴一吹，
　　都变成活龙活虎，
　　冒着敌人的炮火向前追，
　　要把他们赶出华北东北才肯回。

　　到那时，我这块煤炭，
　　是早已烧成灰。
　　但是打开眼睛来看啊！

那靠近我摆着的煤，
都一块块儿地红起来了，
要把人间的围墙烧毁，
把奴隶的锁链烧毁，
把世上的不平烧毁，
重新造出一个地球来，
上面没有吃人鬼，
没有人饿得太瘦，
没有人长得太肥。

陶行知甘愿做一块煤炭，做一块烧得通红的甚至于烧成灰的煤炭，并愿周围的人也成为煤炭烧得红起来，冒着敌人的炮火前进，把万恶的旧中国烧毁，把万恶的旧世界烧毁，烧出一个"上面没有吃人鬼，没有人饿得太瘦，没有人长得太肥"的民主、自由、平等的新中国、新世界。

1936 年 6 月 25 日，《生活日报》刊载陶行知的诗《九龙仓的小孩》。九龙仓即九龙半岛，位于广东南部、珠江口东侧，与香港一海之隔。1842 年英帝国主义侵占香港，1898 年，又侵占了九龙仓。陶行知的诗中道出了九龙仓苦孩子心中的悲苦和愤懑。

看你们漂洋过海，
看你们风凉爽快。
看你们到银河里去，
看你们从银河里来。
看你们好像牛郎织女，
一双一对摇摇摆摆。
我是一个苦孩子，
你知道，
我只能看看，
有时看呆。

6 月 25 日，《生活日报》同时刊载了陶行知的诗《诗人？》。

有人说我是诗人，
这可不敢。

破布烂棉花，
纸上堆得满满，
岂不糟蹋了诗坛？

有人说我是诗人，
谁肯承认？
亲爱的妹妹，
站在门口老等，
岂不得罪了诗神？

有人说我是诗人，
我可不懂。
唱破了喉咙，
无非是打仗的号筒，
只叫斗士向前冲！

1936 年 6 月 28 日，陶行知在香港的大街上闻到了大烟味，甚为悲凉。每一个有良知的中国人，别说闻到气味，就连听到"大烟"二字，也会悲痛欲绝的。中国是怎样由一个独立富庶的封建制的国家变为一个丧权辱国、贫穷落后的半封建半殖民地国家的？陶行知作诗《大烟香》表达他心中的愤懑。

为了鸦片烟，
三代不长进。
失掉九五年，
仍旧吃乌烟。

1924 年 7 月 26 日，陶行知曾在《申报·平民周刊》上载文《万众一心地拒毒》。

毒是什么？就是鸦片烟、吗啡一类的毒药。这种毒药害人最深。今年十一月，各国要在日内瓦开万国拒毒大会，想法子去抵制这些毒药。我们中国受毒最深，因此伤身破产的人，无计其数。全国二十二行省，不种鸦片的只有山西一省。顶坏的省，甚至强迫人民种烟。此外还有从外国运来的吗啡和吗啡做成的药。我们要不赶快抵制，真要亡国亡种，所以中华教育改进社、青年会、基督教会等团体，要联合全国同胞合力抵制。抵制的方法：一是禁止种烟；二是限制毒药进口；三是禁止人民吸食毒药。我们必定要万众一心地和这些毒药打一仗。

1936 年 6 月 30 日，《生活日报》刊载陶行知的诗《再到广州》。

> 天上星光欲泻，
> 海上波光一片片，
> 岛上灯光千万点，
> 这是南国的大门！
> 一百年前的事有谁念？
> 我带得一船的愁来，
> 问在何处可卸？
> 当斗士们还在梦里作战的时候，
> 我已与广州再见。

在半封建半殖民地的国土上，本来勤劳善良的人，因破产、失业而穷困潦倒，失去了生活的方向，醉生梦死，灵魂扭曲。6 月 30 日《生活日报》刊载陶行知的诗《孙宅的邻居》。陶行知笔下描写了这一畸形的社会现象。

> 一屋的女人，
> 听说都是老婆。
> 奇怪吧，
> 男人只有一个。
>
> 名义虽叫老婆，
> 实际都是做工。
> 做工没有工钱，
> 睡觉难得老公。

小孩子本应在父母膝下撒娇玩耍，或是进幼儿园唱歌、跳舞、做游戏，而陶行知却看到了 6 个小孩子，围着一双脚抢着擦皮鞋。7 月 7 日的《生活日报》刊载的陶行知诗，描述了这一情景。

小孩小孩，
小孩来。
几文钱，
擦一双皮鞋？

喊一个小孩，
六个小孩来。
把一双脚围住，
抢着擦皮鞋。

1936 年 7 月 10 日，《生活日报》刊载了陶行知的诗《想一想！》。

几个人掌舵，
几个人摇桨。
有祸别人当，
有福自己享。
这个骂得毒，
那个骂得响。
拿把秤来称一称，
一个是半斤，
一个是八两。
朋友们，
想一想，
船儿快要散板。

几个人掌舵，
几个人摇桨。
有祸别人当，
有福自己享。
你踢他一腿，
他给你一掌。
拿把秤来称一称，
一个是半斤，
一个是八两。

朋友们，

想一想，

船儿快要散板。

《生活日报》当天还刊载了陶行知的另一首诗《联合战线》。

四万万人的公意掌舵，

八万万只手儿摇桨。

有祸同当，

有福大家享。

看啊，

前面来了一只怪船，

这分明是海盗来抢劫！

朋友们，

不要胡思乱想，

只对准那怪船冲去，

肃清了海盗再讲！

陶行知在香港走访了尽可能多的地方，接触到了尽可能多的亲朋故旧，了解了上上下下、方方面面尽可能多的事情，于 1936 年 7 月 10 日离开香港。

再会吧

再会吧香港！

我不便说谎：

你是穷人的地狱，

富人的天堂。

陶行知 1936 年 7 月 10 日离开香港后，奔波的脚步并未停止。他继续为他的贫民教育事业而远赴欧、美、亚、非各国。

第十二章　奔波的脚步

　　1936 年 7 月初，陶行知受全国各界救国联合会的委托，趁出席世界新教育第 7 届年会之便，前往欧、美、亚、非各国宣传抗日救国，发动侨胞共赴国难。

　　陶行知因讲学在香港停留期间，接触了社会各个阶层，了解了各种人群，感慨万千，写下了许多诗作。

　　陶行知在港期间，还修改了由胡愈之等人起草的《团结御侮的几个基本条件与最低要求》，并与邹韬奋先行签名，将文件带回上海，由在上海的沈钧儒、章乃器等联合发表。为此事陶行知特意作诗《团结御侮文件》以作纪念。

　　　大祸已临头，
　　　萁豆忍相煎？
　　　摩登万言书，
　　　我名最先签。

《团结御侮的几个基本条件与最低要求》全文摘录如下。

　　自去年十二月九日学生救亡运动开始以来，这七个月中，国内一般政治形势，显然有重大的进步和转变。在以前，我们是陷在互相残杀、互相排挤、互相猜疑的泥沟里。现在我们已经逐渐明了，只有调转枪头一致对外，才是我们唯一的出路。在以前，安内和攘外的先后问题起了很大的争辩，现在政府和民众，却已逐渐在抗日的旗帜下面团结起来。这七个月中间，全国学生救亡运动再接再厉，全国及各地救国会相继成立，一般民众对于联合抗日已有了深刻的认识和热烈的要求，这是不消说的。此外，政府对日外交，最近也比较的采取强硬态度。塘沽协定的正式披露，浪人走私的严重抗议，至少这两件事，表示政府不甘心屈辱到底。各地军事当局近来也开始有了觉悟。西南领袖最近公然宣布出兵北上抗日，宋明轩将军虽然在数月前曾向日本屈服退让，但是对于日本军部屡次强迫要挟成立伪组织，却始终加以拒绝，这是值得赞许的。至于向来和国民政府对立的中国共产党和红军，最近也改变政治主张，以抗日救国为目前主要任务。就报纸所载消息，"工农苏维埃政府"已改为"人民苏维埃政府"，"工农红军"已改为"人民抗日红军"。这些事实，说明了现在全国人民，不论在朝在野，不论中央或地方，不论左派或右派，都已一致认识中华民族的当前大敌只有一个。而在这民族大敌之前，政府和人民，中央和地方，友党和敌党，已开始企图建立全民的大团结。这全民的大团结一旦建立起来，不但可以挽救国家于危亡，而且还可以奠定民族复兴的基础。这是我们所馨香祷祝的。

可是在另一方面，我们却不能隐讳目前的一个十分严重的问题，就是大部分人民对于团结救亡的认识还不够彻底，对于全民阵线的信念还不够坚决。因此，虽然大家都集合在抗日救国的大旗下面，大家依然是互相倾轧、互相猜忌、互相斗争。甚至有些人以为"抗日救国"只是一种时髦的装饰品。有些人以为"联合战线"不过是相互利用，至多也不过是一时苟合，所以今天是同志，明天可以成为仇敌。这种错误的观念，要不立即纠正过来，广大的民族救亡联合战线，断乎不能建立起来；即使建立起来，也一定马上就会分裂。但谁都知道，救亡联合战线要是不能建立起来，或是建立起来以后立即四分五裂，抗日救国是绝不会得到胜利的。抗日救国不能得到胜利，那么我们的前面自然只有死路一条。

打开天窗说亮话，现在大家虽然都叫喊抗日救国，大家都在高谈联合战线，但是政府怀疑民众，民众也怀疑政府；中央不信任地方，地方也不信任中央；国民党怕被共产党利用，共产党也怕被国民党利用。这是谁也不能否认的事实。不仅如此，甚至本来是一家人，现在为了联合救亡的缘故，也纷纷互相猜疑起来。例如：同是政府中人，对于国家根本大计，却不容许公开坦白讨论；同是热心救国的人士，却互相怀疑被某派某党利用。这些事实说明了什么？说明了在抗日救国的口号中，人们仍然是同床异梦、各怀鬼胎。大家难道已经把印度、朝鲜亡国的惨痛教训，忘记得干干净净了吗？

就我个人数月来抗日救国运动的经验来说，我们因为完全站在人民救亡战线立场的缘故，竟引起了各方面的怀疑猜忌。政府因为我们主张各党各派合作抗日，承认了共产党势力的存在，就怀疑我们被共产党利用。有些思想幼稚的青年，因为我们主张各党各派合作抗日，就等于主张和国民党合作，便猜想我们被政府收买。另外，中央因为我们同情西南抗日主张，就认定我们反对中央；西南当局又因为我们求全责备，认为是替中央说话。这事实又说明了什么？说明了我们的当局、我们的一部分青年民众，对于联合救亡的原则，是不够了解、不够忠实、不够热诚、不够信仰啊！照这种情形发展下去，大家拿抗日救国做幌子，拿联合战线当作一件把戏玩弄，我们会达到民族解放的目的吗？

　　对于一切外来的怀疑猜忌，甚至造谣中伤，我们打算辩护自己吗？不，我们没有这个打算。我们已经决定为了国家和民族，牺牲我们的身家性命都愿意，个人的毁誉又算得了什么？我们发现了各种不同方面对于我们的误会，我们不仅毫不介意，而且更增强了我们的自信力。因为我们相信我们受到各方面的误会和怀疑，这事实证明了我们过去忠实于救亡联合战线的立场，正证明了我们一面不放弃一点一滴的抗日力量，一面又不放弃一丝一毫的联合战线立场；正证明我们一面愿意和任何抗日势力诚意合作，同时一面又绝不迁就任何方面。我们敢宣誓：我们今后仍坚决地站在救亡战线的立场，不躲避，不退却，不放弃立场，不动摇意志，一直到中华民族解放运动达到完全胜利的那一天。现在我们担心的一件事，是不论政府当局，不论人民大众，有一部分人对于这纯洁无私的救亡联合战线，太不够理解，更不够忠实、不够热诚，缺乏信仰。因此，他们至今还是互相残杀、互相攻击，即使表面上联合起来，暗下里还是在互相怀疑、互相猜忌。这样，纵使主观上是救国救民，而客观上却破坏了联合战线，妨碍了抗日工作。这一切的一切，都是因为对救亡联合战线立场不太理解的缘故。因此我们认为，对于救亡联合战线的立场，有必要向政府当局和人民大众做一番详细的解释。这不是为了表白我们自己，而是为了抗日救国，为了中华民族解放运动的前途。

　　什么是抗日救亡联合战线的正确立场呢？

　　我们认为：

　　第一，抗日救国是关系整个民族生死存亡的大问题，所以只有集合一切人力、财力、智力、物力，实行全国总动员，才能得到最后的胜利。换句话说，抗日救国这一件大事业，绝不是任何党派、任何个人所能包办的。

脱离了民众，单是政府，抗日必然失败；但是没有一个政府的领导，单靠民众自动地作战，也绝不会有胜利的前途。中央政府要是没有各地方当局的合作，固然谈不到抗日；但是地方当局和中央政府在对立的状态之下，即使出兵抗日，也未必有胜利的把握。固然，抗日救国是火烧眉毛的急事，我们遇到敌军入境，就要立即抵抗，断不能等到全国总动员成功以后方才发动。所以我们赞成东北义勇军的英勇抗敌，赞成十九路军及第五军在上海的奋发抗战，我们也赞成西北军在喜峰口、察哈尔的抗日战争。我们赞成这种局部的抗日军事行动，目的依然在能够推动全国大规模的军事行动。否则，如果我们相信单靠局部抗日，或者一党一派包办抗日，就可以得到最后胜利，不免要犯重大的错误。抗日救国要达到最后的大胜利，必须依靠全民族的一致参加；我们所以要结成救亡联合战线，原因也在这里。如果我们相信国民党可以包办救国，我们只要加入国民党就是了，就不必谈什么联合战线；如果我们相信共产党可以包办救国，我们只要加入共产党就是了，就不必谈什么联合战线。我们主张联合战线，就是因为相信抗日救国的大事业，绝不是任何党派、任何方面单独所能完成的。

第二，我们主张各党各派各方面共同联合起来抗日救国，这并不是说把各党各派都消灭了，更不是利用联合战线把某党某派消灭了。在联合战线上的各党各派尽可以有不同主张，政府和民众，中央和地方，也尽可以有不同的意见，只要在抗日救国这一点上求得共同一致，大家互相宽容而不互相倾轧、互相攻击，联合战线就建立起来了。对于抗日救国，政府也还可以有政府的主张，民众可以有民众的主张，这并不妨害联合战线的建立。只有政府压迫民众不许自由提出抗日主张，而民众又笼统地反对政府的一切主张，这样联合战线才不免于破裂。所以相互宽容是联合战线的第一要义。为什么我们要求言论自由？要求开会结社自由？也就是因为大家是中国人，在共同抗日的立场上，必须相互宽容、相互允许自由发表意见、自由结合团体。要是没有这种宽容的精神，联合战线根本就无法建立，更谈不到抗日救国。

第三，在联合战线中间，不仅要大家相互宽容，而且要公开、要坦白。凡是利用联合战线、利用抗日名义做个别企图的，就是破坏联合战线，也就是破坏抗日运动。联合战线应该结合各党各派的力量以达到抗日救国的目的，但不能为任何党、任何派所利用。固然，在一个广大的斗争中，一部分不良分子利用联合战线假公济私的事情是不可避免的，但只要我们一切行动都能坦白、公开，这些假公济私的不良分子，立刻就会暴露出来，立刻会被人民群众所唾弃的。

第四，联合战线的主要目的，是在扩大抗日救国的队伍，这队伍自然越大越好。既然是中华民族革命联合战线，那么四万万五千万中国人中，除汉奸之外，没有一个人是应该排除在外的。即使是汉奸，一旦觉悟参加抗日救国运动，也未尝不可以放下屠刀，立地成佛。那时，我们也断没有排除他们的理由。我们相信，中华民族要不是生成奴隶根性，活该亡国灭种，绝不会有人真正甘心做汉奸。许多汉奸都是因为环境压迫，缺乏民族自信心，才不知不觉造成的。只有建立广大的民族救亡联合战线，恢复民族自信力，才能克服一切汉奸意识，消灭一切汉奸活动。

第五，许多人对于联合战线的前途，缺乏坚定的信仰，以为联合战线不过是一时的苟合，过不久就会分裂的。这种见解也完全错误。大家如果对联合战线没有信仰，那么联合战线自然会破裂，而抗日救国胜利的目的断然不能达到。过去的国共合作就是一个前例。如果大家真正能够诚意合作，对联合战线的前途，真正有坚定的信仰，联合战线的基础就会一天天巩固、扩大起来，直到抗日救国完全胜利之后，这中华民族的大团结也不会分裂。因为各党各派既然在这一条战线上共同奋斗，终于得到了共同的胜利，大家就成为患难朋友，许多本来不能谅解的事情，就可以谅解，许多本来不一致的意见，也就可以一致起来。那时中国才真正能够统一起来。因为历史告诉我们，许多国家都是因为对外战争的胜利而促成内部统一的。这样看来，民族联合战线绝不是一种短命的过渡性质的结合，问题只在于我们对于参加联合战线的态度够不够热诚，对于抗日救国必然胜利的信仰够不够坚定就是了。

这是我们对于联合救亡所采取的立场，我们希望这个立场成为全国人民所采取的共同立场。此外，我们为了抗日救国，对于中央及地方当局，对于各党各派，对于一般民众，谨以十二万分的诚意，提出我们的一些希望。我们不敢说这是代表了大多数人民的意见，而至少是以国民的一分子的资格，向我国当局和民众进言。纵使我们的主张过分坦白了些，我们想，同是中国人，当局和民众是一定都会谅解我们的。

一、我们对于国民党领袖蒋介石先生的希望

五年来，蒋介石历次表示埋头苦干、忍辱负重、准备抗日，这是天下所共闻的。我们也承认抗日要尽可能地做迅速而有效的准备，我们所不能同意的只是准备抗日的方式。蒋先生屡次主张以先安内后攘外的方式准备抗日。不管这主张对不对，但是五年来的经验告诉我们，这一主张是失败了。五年来安内的结果，"围剿共军"没有片刻停止，到最近中央和西南又发生了裂痕。可见安内政策并不能促成真正的内部统一。而唯一得到"安内"利益的，却是我们的共同敌人。照这情形下去，恐怕"内"不及"安"，而全部中国早已成为日本的殖民地了。蒋先生细心想一想，先安内后攘外是何等失算啊！过去的事不必再说了。目前，敌人正企图吞灭华北和福建，民族危机已严重到万分。蒋先生处于全国最高统治地位，应该赶快设法做抗日救亡的真正准备。真正地准备抗日，绝不是"先安内后攘外"，而是联合各党各派、开放民族运动以共纾国难。因此我们希望蒋先生马上做到下面几件事：

第一，停止对西南的军事行动；

第二，和红军停战议和，共同抗日；

第三，开放抗日言论自由和救国运动自由。

这三件事做到之后，"内"不必"安"而自"安"。随后，我们更希望蒋先生亲率国民政府统辖下的二百余万常备军，动员全国一切人力、财力、智力、物力，发动神圣民族解放战争。这民族解放战争完全胜利之后，蒋先生不仅是中华民国的最高领袖，而且将成为中国历史上最伟大的民族英雄。这是我们十二万分诚意盼望的。要不然，蒋先生置亡国灭种的危祸于不顾，依然继续剿共，继续安战，如果这样，蒋先生纵使一生埋头苦干，也不能见谅于天下后世。我们相信蒋先生绝不会出此下策。蒋先生在二中全会报告救亡御侮步骤与限度，自然可以代表蒋先生的最近意见。我们读了几个报告之后，我们觉得对和平绝望与牺牲最后关头的解释，是比较具体了。报告说："假如敌人强迫承认伪满的时候，或者从去年十一月以后，敌人再侵害中国的领土主权，而政治外交方法不能排除这个侵害的时候，这便是和平绝望的时候，也是牺牲的最后关头。"对外在这个限度里，尽可能地准备，我们是可以同意的。但是我们还要提出，除了这对外的限度之外，对内的停止内战和开放人民大众的抗日言论自由和救国运动自由，也是极其必需的。否则，一面准备而又一面自相消耗，结果恐怕会所得不偿所失。政府倡言准备，而限制人民大众自动起来准备，也不足以见谅于人民大众。此外，蒋先生在报告中把中国和阿比西尼亚①等量齐观，我们是不敢同意的。

---

① 阿比西尼亚：一般指埃塞俄比亚帝国，是 1270 年到 1974 年间，非洲东部的一个国家。

二、我们对西南当局的希望

我们同情陈伯南(陈铭枢)将军、李德邻(李宗仁)将军和白建生(白崇禧)将军出兵北上抗日的宣言,我们认为这至少表明西南当局对于联合救亡已有了深切的认识。但是我们却希望西南当局对于联合战线的立场,有更进一步的了解。我们认为西南当局应该推动中央政府出兵抗日,避免和中央采取对立的态度,我们还认为抗日救国应该尽量容许人民大众自动起来干。换句话说,就是必须使人民大众有抗日言论自由和抗日行动的绝对自由。其实这是西南当局向中央公开提出的要求。我们希望西南当局在直接统治的区域内,首先兑现。不然,西南当局既脱离了中央又脱离了民众,孤军抗日绝不会达到胜利的目的。我们还要指出:最近广东内部意见分歧,就是因为广东的抗日势力没有民众的基础。如果在民众的挟持和鼓舞之下,我们相信谁都不敢别有企图。我们相信西南当局对于我们的意见,一定会虚心接受的。

三、我们对于宋明轩将军和华北其他将领的希望

宋明轩将军和华北其他将领,在日本帝国主义武力的直接威胁下,都有拼死抗日的决心是毫无疑问的。这一年来,敌军步步进迫河北、察哈尔、绥远,却不见华北军队有什么动静,这也是可以原谅的。我们所希望的不一定是让华北将领以士兵血肉之躯作孤注一掷,而在于宋明轩将领等不再压迫学生爱国运动,不再逮捕殴打抗日民众。不然即使有了喜峰口抗战的光荣,也无法教人们相信宋明轩将军是有抗日决心的。

四、我们对于中国国民党的希望

中国国民党,我们始终认为是中华民族革命历史上的一个主角。推翻满清政府的是国民党;推翻袁世凯独裁统治的是国民党;由广东出师北伐,推翻北洋军阀统治的是国民党。所可惜的,自国民党掌握中央政权以来,在历史的光辉上面,起了一层暗影。所最痛心的,是在国民党党治下的中华民国竟遭逢了从来未有的严重国难:我们的地图,已缺了一角。但是谁也不能把东北四省失陷的责任全部卸在中国国民党的肩上,在野的党、派,也要付相当的责任。我们所希望的:有着民族革命历史的国民党,握有中国统治权的国民党,应该赶快起来促成救亡联合战线的建立,应该赶快消灭过去的成见,联合各党各派,为抗日救国共同奋斗。

这里所指的各党各派，主要是指中国共产党。这国共两党，在九年前不是手携着手为打倒北洋军阀、打倒帝国主义而共同战斗吗？我们不明白，目前在共同的民族敌人威胁之下，这已经分裂的两党，为什么不能破镜重圆？是因为这两党中央有了深仇宿怨不能消释吗？我们希望国民党反省一下，共产党员也是中国人。我们更希望每个国民党员都明白，对共产党的仇恨，不管大到怎样大，总不会比日本帝国主义的仇恨更大吧？是怕联共之后的国民党会被共产党操纵利用吗？那么全在国民党自身。国民党要是真正能够联合各党各派坚决抗日，共产党即使利用国民党，也必然会被人民大众唾弃的。现在共产党已经提出了联合抗日的主张，而国民党竟没有表示。这结果会使民众相信共产党能够顾全大局、破除成见，这对于国民党是十分不利的。

反之，国民党一旦和共产党携手同行，共同抗日，国民党在民众间的信仰将要大大地提高。国民党如果打算一党包办抗日，这是国民党的自杀政策，结果是为共产党造成发展机会。我们想每一个贤明的国民党员，每个忠实的三民主义信徒，都会明白这一点的。我们还要指出，在国民党阵营里，已经侵袭进来少数的官僚政客。这少数的官僚政客，在过去曾经不断地破坏国民党的革命功业，在最近几年，更是进一步进行亡国的亲日政策。在这亲日的官僚政客集团里，殷汝耕已经公然变成汉奸了。那些还没有变成汉奸的，他们一面在国民党里占着相当重要的地位，一面背地里诅咒国民党主义和政策，甚至借助别人的力量压迫国民党。他们在国民党里发挥着汉奸的作用，他们对整个中华民族同样发挥着汉奸的作用。一切政治上的秘密，都是经过他们泄露给敌人的。他们变成殷汝耕，只不过是时间问题罢了。这一班官僚政客的存在，不光是中华民族的危机，而且也是国民党的耻辱。国民党如果不肃清这一班汉奸化的官僚政客，是不可能取得人民的信赖的。

五、我们对于中国共产党及中国红军的希望

中国共产党于去年八月一日发表宣言，主张停止内战，联合各党各派，共同抗日救国。中国红军领袖也迭次发出通电，吁请各方面停战议和一致对外。我们赞成中国共产党和中国红军这一政策，而且相信这一政策会引起今后中国政治上重大的影响。因为我们知道中国共产党向来对国民政府及统治阶级，采取绝对敌视态度，现在却能破除成见，主张和各党各派停战合作，那么，其他人民大众自然会更容易消除成见，互相结合起来了。

我们所希望的，是中国共产党要在具体行动上表现出主张联合各党各派抗日救国的一片真诚。红军方面应该立即停止袭击中央军，以谋和议的便利，在红军占领区域内，对地主、富农、商人采取宽容态度。在各大城市内要竭力避免足以削弱抗日力量的劳资冲突。这样，救亡联合战线的展开，才不致受到阻碍。就我个人参加抗日救亡运动的经验来说，救国会和其他群众团体中，往往发现有些思想幼稚的青年，在抗日救国的集会和游行中故意提出阶级对立的口号，及反对国民党和国民政府的口号，以破坏联合战线。还有少数青年，在抗日运动中，仍然存有宗派主义的包办方式。这种行动，我们相信绝不是出于共产党的指示，因为这是违反中国共产党最近主张的，这多半恐怕是出于中国共产党里"左倾"幼稚青年的个别行动。我们认为中国共产党应该赶快纠正他们。

此外，在某些地方还有自称共产党游击队的，任意杀戮人民。这种不守纪律的部队，如果真的隶属共产党，共产党应该严厉处分他们，或者共产党应该赶快声明，这种不守纪律的部队和共产党无关。

六、我们对于一般大众的希望

说到最后，抗日救国的基本队伍，当然是人民大众。不管中央当局也好，地方当局也好，国民党也好，共产党也好，都离不开人民大众。要是没有大众的参加，断然谈不到抗日救国。在救亡联合战线中，也只有民众是最热诚的，最坚决的，最坦白无私的。但是，缺乏政治经验的民众，容易产生一个倾向，就是只顾及目前的利益，而忘却那远大的目标。老实说，现在中国民众所受的压迫，并不只是日本帝国主义，因为国内政治不良而受的痛苦，也是十分深刻的。有些贫苦的同胞，为了维持生活，被迫去当汉奸，就是这缘故。所以在抗日救国运动中，我们一定要顾虑到一般群众的切身利益。例如，进行救灾，救济失业，改良劳工待遇，取消苛捐杂税，都应切实施行，以增强抗日救国的力量。而我们所希望于一般民众的，就是目前我们民族的大敌只有一个，我们只有把这个共同的敌人打败以后，才能彻底解决一般民众的生活问题。所以，在目前我们只有暂时忍耐些、迁就些，避免为了内部的纷争，削弱抗日救亡的力量。至于目前民众对于政府的态度，我们认为应该竭力督促政府抗日，并且尽可能地与政府合作抗日。只有在政府不顾民众、一味亲敌，甚至承认亡国条约的时候，民众方可起来一致反对政府。

此外，我们民众文化的落后是不能否认的。抗日救国运动的一个主要任务，是在教育最落后的广大群众，使他们踊跃参加抗日救亡联合战线，而不仅在于推动少数前进的群众，作抗日的直接斗争。这一点我们尤其希望群众的领袖们加以注意。

以上是我们从实际经验所得来的一些意见，我们仅以十二万分的诚意，贡献给我们的当局和民众。常言道："良药苦口，忠言逆耳。"我们这些意见不免开罪各方面，为了国家民族的利益，我们已不顾一切了。我们相信，只要这些意见，能够引起各方面的注意、研究、考察，抗日救亡运动的胜利前途，是不会没有把握的。

最后，我们特地向贤明的当局，贤明的政党领袖，以及一切爱国同胞，背诵曹子建诗：

> 煮豆燃豆萁，
> 豆在釜中泣。
> 本是同根生，
> 相煎何太急！

1936 年 7 月 12 日，陶行知在前往新加坡的海轮上写下《大孩子游记——我要看世界》。

世界是一个大学校，我要钻进去上课。我要在世界大学里去做学生。

每一个小孩子都喜欢到外面去看看。一个人无论他是多大年纪，只要他还想到外面去看看，他还算是有小孩子的精神，便可算为一个大孩子。这样说来，我是十足的一个大孩子。我要去看看世界。我之所以要看看世界，为的是要认识世界。我之所以要认识世界，为的是觉得这世界出了毛病，要大家来改造一下。

我这次是到伦敦去参加世界新教育第七届年会。到会的人有五十多个国家的代表，听说有两千多位。我将有这许多的先生同学指教，我是多么地高兴啊！这是我要在世界大学里去上的第一课。以后我要在英国考察一下，再到法国、苏联、德国、土耳其、意大利、美国、印度各地方去看看。

> 我是一个大孩，
> 我要看看世界。
> 我要认识世界，

要和大家一同来改造世界。

中国是世界上的一块，
如果世界好，
中国不会坏。
要想中国好，
世界不会坏。

我们要认识中国，
同时要认识世界。
我们要为世界改造中国，
同时要为中国改造世界。

花费许多人的血汗钱，
说是要看看世界。
我不问你别的，
只问你有什么东西带回来？
带来给中国大众，
带来给中国小孩。

花费许多人的血汗钱，
说是要看看世界。
我不问你别的，
只问你有什么带去给世界？
带去给世界的大众，
带去给世界的小孩。

我写这游记的动机便是这样问出来的。我觉得现在至少有一件事是有把握的，就是每到一个地方，把见到的、听到的、有关系的事情扼要地写出来，报告给中国的大众和小孩知道……

陶行知乘坐英轮考尔夫号经过新加坡时，轮船停在丹戎白葛 18 号货仓前。陶行知在轮船会客厅里接受了《星洲日报》记者的采访。

记者问：西南此次出兵北上，名为抗日，先生对此有何感想？

陶行知答：西南之抗日主张及其在二中全会之五项提案，凡我民众，皆应接受之……

问：据说桂军聘有日军顾问，此中真相先生知之乎？

答：桂军过去确有日军顾问，自发起抗日运动后，即已辞去。现据本人所知，广西实已无日军顾问之存在，甚至广西仅留之一日本药商，亦于三星期前自动离去矣。

问：两粤此次一面出兵北上，一面号召抗日，此种行动，先生以为然否？

答：关于此点，本人不须批评。

1936 年 7 月 15 日晨，陶行知乘坐的轮船抵达新加坡。在轮船上，陶行知对前来欢迎的新加坡三江会馆总理陈来昌、上海书局经理陈悦书，以及中西各报记者谈"联合始可救中国"。

中国现已在生死关头，不抗日绝无出路。但要抵抗，必须我们的力量较敌人强大方足应付，故亟应建立联合战线。我们有三大力量，亦可称有四大力量：第一为国民政府二百余万之军队；第二为西南（指两广）之武力；第三为散处各地之红军；第四为民众。而民众为四大力量中之最坚强者。不幸现在此四大力量，反互相倾轧，互相抵视，互相吞灭，结果四大力量竟等于零。联合此力量，只需各方消除仇恨，将内战力量移以对外，中华民族方可从灭亡的危机中得救。否则，不久的将来必趋灭亡。所以现在大家唯有竭力督促实力派，使内战不再发生。

陶行知抵达新加坡后，于当日下午访晤华侨领袖陈嘉庚，说："国内民众向来都重视华侨心意，希望此间华侨运用方法，极力电阻双方发生内战。"陈嘉庚答应拟电警告双方，切勿掀起内战。

陶行知当晚诗兴大发，作诗二首。

新加坡看天

北辰已无踪，
北斗合不拢，
天上众星无所拱。
一年三百六十五日，

没有秋冬。

新加坡海港

谁是主人翁？
谁是喉咙？
天下第一海陆空。
一把锁匙谁捏住？
南北西东。

7月16日，陶行知应邀去新加坡星洲青年励志社演讲《新中国与新教育》。陶行知有理有据地深刻剖析了当前的敌人是日本帝国主义；日本帝国主义的大陆政策就是占领全中国；中国的民族解放运动是从1931年9月18日开始的；中国的出路在于全国人民联合起来抗日救国；新中国的新教育指的是启发中华民族四万万五千万同胞抵抗力量的教育，即促成联合战线并且推动它英勇顽强地抵抗日本帝国主义。

16日晚，陶行知求学时的同窗好友张清和宴请陶行知。陶行知作诗《三江宴——留别新加坡张清和先生》

白雪①一杯饼一片，
三十年前曾相见。
你问吾妹安否，
你问吾母康健，
你问吾妻无恙，
我听了说不出话来，
眼泪要从心头泻。
待我再上坟时，
当诉说你的挂念。
他们去了也好，
我率性将家庭眷恋，
化作民族解放宏愿，
将大地走遍，
要被压迫民族，

---

① 白雪：指冰淇淋。

把握存亡关键，
结成联合战线。
但看那台湾、朝鲜，
安南①、缅甸，
便知道诲人不倦，
学而不厌，
都只在这一点。

1936 年 7 月 17 日，陶行知离别新加坡，乘船驶向印度。21 日，船行于印度洋上，陶行知看着此起彼伏翻滚的浪花，听到几个小孩唱《不列颠歌》：

统治啊！不列颠。
不列颠把波浪统治，
不列颠人永远不做奴隶。

一位英国下级军官问陶行知："不列颠能永远统治波浪吗？"陶行知欣然作答："自己不做奴隶而叫别人做奴隶的人，不能永远统治波浪。"陶行知将这段简短对话，后改作诗《统治波浪》。

小孩唱：
统治啊！不列颠。
不列颠把波浪统治，
不列颠人永远不做奴隶。
英军官问：
小孩们唱得好听吗？
你觉得有什么意义了？
不列颠统治波浪，
能统治到哪一日？
我回答：
你问得十分客气，
请让我想想仔细。
贵国人不做奴隶，
我向你表示敬意。

---

① 安南：越南旧名。

可怕美中有毛病，
为何大批造奴隶？
留心奴隶变波浪，
一怒掀天莫能敌。

22 日，船到达印度。陶行知历经多日的调查访问，了解到印度人民与中国人民一样过着地位低下、穷困痛苦的生活。

24 日，陶行知作诗《阿里煞的农人》。

天将黑，
一生辛苦何所得？
老农牵着老牛来：
皮包骨。

阿里煞，通常译作奥里萨，是指印度东部沿海的一个邦（相当于我国的一个省）。那里的农民生活得穷困潦倒。

25 日，陶行知作诗《不可亲近的人》。

你看这把扫帚，
四面八方扫干净。
自己受了牺牲，
人说不可亲近。

你看扫地的人，
和扫帚同一命运。
干净人受了恩惠，
还说不可亲近。

千年恶名谁定？
有些失掉自信。
人说不可亲近，
就算不可亲近。

多谢甘地①提醒，

---

① 甘地：印度民族主义领袖。

前途稍放光明。
要想洗去恶名，
还得联合拼命。

25 日当天，陶行知还作有一首反封建礼教的诗《印度三姐妹》。

出嫁爸爸陪不了，
不嫁一世被人笑。
东方礼教爱吃人，
只好一齐都上吊。

26 日，陶行知作诗《印度高利贷》。

没得吃，
要借债。
没得穿，
要借债。
嫁女儿，
要借债。
印度农人，
一身都是债。
自己不识字，
借据随人派。
指印印上去，
永远不可赖。

年成好，
便宜谷子抵重债。
年成坏，
利上加利债加债。
生个儿子，
一出世就背债。
到期不能还，
屋子让他卖，

田地让他卖，
牛羊让他卖，
老婆女儿让他卖。
骨头烧成灰，
尽归高利贷。

陶行知的诗歌反映了印度农人的悲惨生活。债务真是驴打滚，利滚利，父子相传，导致农人卖房、卖地、卖牛羊、卖老婆、卖儿女，家破人亡。

红海位于欧亚大陆之间，南接亚丁湾，北经苏伊士运河连接地中海，因水中生有许多红色藻类使海水呈红色而得"红海"之名。1936 年 8 月 3 日，陶行知抵达红海。此时无线电报传来消息：

意大利法西斯进攻爱西阿皮亚①，爱西阿皮亚人民从三路反攻意大利法西斯。

陶行知得到消息，特地写下诗作《爱西阿皮亚的战士》致以敬礼。

我已经到了红海
靠近吉布底②。
要向英勇的爱西阿皮亚，
致民族解放的敬礼。

你看墨索里尼，
欺骗了意大利。
留守的兵吓得要死，
回去的兵没有工做、没有饭吃。
大家问：占了爱西阿皮亚，
于我究竟有何益？

你们的领袖动摇，
你们的皇帝逃避。
保镖的人靠不住，
国际联盟没出息。

许多人因此灰心，

① 通称埃塞俄比亚。
② 吉布底：指吉布提，东非一大港口。

但是大众别着急。
只要意志统一，
分出队伍游击。
最后胜利本来靠：
千千万万汗儿滴、血儿滴，
不靠眼泪和鼻涕。

大家不愿做奴隶，
必有一天打倒帝国主义。
被压迫民族要联合努力奋斗到底，
你们的拼命抗战，
是推动了新世界的出世。

　　8月4日，陶行知乘船来到埃及的塞特①。他被看到的一幕情景深深地打动了，作诗《塞特的水上乞丐》。

人说塞特人心坏，
我说塞特人心好。
一家大小要吃饭，
靠他一人汆水泡②。
船上丢下一铜板，
汆进水里一把捞。
眼睛一瞧手一飘：
这是墨索里尼的钱，
我不要！

　　陶行知于1936年8月7日抵达伦敦。在世界新教育年会上，陶行知做了《中国大众教育运动》的发言，被称为震惊世界新教育的"一声惊雷"。
　　8月10日，毛泽东就《团结御侮的几个基本条件与最低要求》的宣言，致信陶行知4人及全国各界联合会全体会员，表示："我们同意你们的宣言纲领和要求，诚恳地愿意与你们合作，以便如你们的纲领和要求上所提出的一样，来

---

　　① 赛特：指埃及的塞得港。
　　② 汆水泡：指从沸水里捞富人丢进去的钱。

共同进行抗日救国的斗争。"

22日，陶行知参加巴黎中国学生会及妇女救国会的欢迎会。24日，陶行知与陈铭枢、胡秋原等人发表告海外同胞书，提议举行全欧华侨抗日救国会。

8月底至9月2日，陶行知与钱俊瑞、陆璀在日内瓦参加世界青年大会。

9月3日至7日，陶行知在布鲁塞尔参加世界和平大会第一次会议，被推举为中国代表团主席。陶行知为了在会上表达团结抗日的意志，起草了《告和平与中国之友书》。该书在《救国时报》刊出时的前言中说，《告和平与中国之友书》发出后，数日间签名赞咏者即达50余人。会议结束时，陶行知又被推举为世界和平理事会中国执行委员。期间，陶行知又与陈铭枢、王礼锡、钱俊瑞、胡秋原、黄清源等人致书国际和平会议主席，请求国际和平大会常务委员会尽速派遣代表到中国去，以资常务委员会有所联系。

9月10日，陶行知会见了旅德抗日联合会负责人及中国留学生。12日晚上，巴黎中国学生会、书报社、华侨抗日救国会联合集会，欢迎出席布鲁塞尔世界和平大会和日内瓦青年大会的中国代表陶行知、钱俊瑞等人士。陶行知在会上演讲《联合奋起，抗日救国》（节选）。

> 我要把世界当作一个学校，我是来上课的，诸位都是先生，要请教诸位之处甚多。我只同诸位谈谈救亡运动的一部分，不敢云为演讲。
>
> 我要讲的是怎样才可以救中国。我们首先要问谁是危害中国的敌人？这是不难答复的，是日本帝国主义。中国五年来的失地以及实际被日帝侵略的土地，有二十二个江苏省这么大。中国许多富源都失掉了，像煤矿、铁、棉花这些富源多半失去了。如果把这些富源失掉，中国的工业就没法发展的。我把失地和富源说过了，现在来说说失去土地的人民的生活。
>
> 第一是工人的生活……
>
> 现在来说说农民的生活……
>
> 现在要救中国没有其他办法，只有抵抗……
>
> 所以要抗日才能救中国，要抗日才不会做亡国奴。但是要怎样抗日呢？抗日的办法有三种：第一是经济抵抗；第二是文化抵抗；第三是武力抵抗。三者要并行……
>
> 一切的党派要联合起来，一齐抗日……

15日，陶行知会见旅德华侨代表。18日，陶行知参加巴黎中国学生会召开的纪念"九一八"5周年大会，演讲《国共合作逐渐成熟》。演讲的要点包括以下两点。

第一，国共合作，过去只有动机，而现在则逐渐成熟。

第二，全国各界救国联合会已踏上国际政治舞台，在布鲁塞尔世界和平大会和日内瓦世界青年大会上，中国代表团曾提议组织太平洋集体安全制度，以保障东亚的和平。

9月20日，巴黎全欧华侨抗日救国联合会举行成立大会，到会的有英、法、德、瑞士、荷兰等国家的侨胞代表及各地来宾计400多人。陶行知在会上进行了演讲（全文抄录）。

本人这次代表全国各界救国联合会到外国来的目的，是求国内国外的抗日救国运动能够发生联系。今天参加全欧华侨抗日救国联合大会，这个目的已算是达到，本人非常高兴，更为全欧华侨抗联庆贺。

对于抗日救国运动，在国内自沈钧儒、邹韬奋、章乃器三先生和本人提出《团结御侮的几个基本条件与最低要求》后，得到全国的很多批评和很多的好感，特别重要的有郁文和何伟诸先生们的批评。现在将最低要求及批评的要点提出来向大家报告，并请指教。

第一，是要"停止内战"。连年的国共战争，到了现在国家民族存亡的关头，是应该停止了。我们知道军队的责任是保护国家领土，并不是残杀自己。

九一八，
九一八，
手执钢刀八十八，
刀刀只把自己杀。

我们要立刻停止这自己杀自己的内战。

假军队，
忍看山河碎。
他自有本事，
会杀亲姊妹。

我们要立刻停止姊妹相残杀的内战。

第二，我们是"反对包办"。人人都要救国，救国绝不可以包办。

人人都说要救国，
最是包办要不得。
包办包成大光棍，
光棍如何能救国？

因为有人要包办，或是包而不办，所以不许大众起来。没有大众作后盾，所以国土一块块地失掉。

包办救国是小众，
小众不许大众动。
大好河山不足重，
一块一块向外送。

第三，我们要求"大众起来"。国民党的党员是中国人，共产党的党员也是中国人。各党派以及无党无派的都是中国人。同是中国人就要联合，国共要联合，各党各派要联合，全国人民应一致大联合，组织成一个如铁一样坚固的抗日救国联合战线。我们要组织大众、武装大众才能够抗日，才能够建设一个新中国。

人人都说要救国，
只有大众能救国。
大众一齐联起来，
才能创造新中国。

第四，我们要有真的准备，不靠假的准备。

小众借口要准备，
我问方法对不对。
第一准备是什么？
大家救国不为罪！

第五，我们要救国，就必须"抵抗"。

救国第一是抵抗，
抵抗就须大家干。
有人只靠嘴巴讲，
有人只把眼睛看。
有人背着小包袱，
打开包袱要包办。
有人要等五十年，
等到亡国谁上当？

第六，我们要"宽容"。抗日是我们当前最大的任务，所有新仇旧恨和一切党派的成见，都应抛开，互相宽恕。

人人都说团结好，
只有怨恨忘不了。
你杀我来我杀你，
亡国滋味要尝了。

第七，我们要"防挑拨"。敌人从前挑拨国共分家，现在是以华制华。他们对于我们的大团结一定要离间，我们不可不防备。

人人都说团结好，
东洋火把两头烧。
兄弟姊妹自相杀，
只见洋人笑哈哈。

第八，我们要有"好意的批评"。我们讲宽容，应该宽容到能容纳善意的互相批评。

人人都说团结好，
只有批评受不了。
马马虎虎相敷衍，
结果只是一团糟。

第九，我们要坦白，把疑心病根治掉，不要怕人利用。老实说，谁要利用我抗日，我死也情愿。若彼此怕人利用，结果必是一盘散沙，要被敌人各个击破。

人人都说团结好，
只有猜疑忘不了。
大家都怕人利用，
一盘散沙造成了。

第十，我们要在战斗上取得联合。为什么联合？为作战而联合。不对敌人作战是联不起来的。

人人都说团结好，
若不打仗团不了。
局部抵抗总动员，
一处起火处处烧。

第十一，作战要有中心，团结要有中心。我们作战和团结的中心是打倒日本帝国主义。

人人都说团结好，
没有中心干不了。
请问中心是什么？
东洋强盗该打倒。

第十二，我们要给战士吃饱。在今天的会场上看到许多参战工人，我就联想到上海各地的百千万的工人，他们都是抗日救国的主力军，但是穷、病、冻、饿，如何作战？我们要为抗日救国而改善大众的生活。我们为了抗日救国要解除大众的枷锁镣铐。

人人都说团结好，
竹杠只对大众敲。
如果想要救中国，
大众肚子得吃饱。

总而言之：团结御侮就是中华民族当前神圣的任务。中华民族假如要生存，必须把以上所说的这几点做到。日本帝国主义是我们的共同敌人，各党各派必须团结起来共同抵抗，才不至于做亡国奴。

方才陈铭枢、王海镜二位先生都说有人对广西放谣言。我五月里到过广西，有资格替广西做证人。广西这次抗日，是真的抗日。真抗日是要民众起来，假抗日是不许民众起来。广西的民主运动早就开放了，广西省内的工、农、兵、学、商，无论老幼男女都起来了。广西抵制日货，辞退日顾问，都是事实，我们不能抹杀。他们的"中国人不打中国人"的口号，是证明他们不要内战而要抗日。广西女子都组织了抗日军，连小孩子都起来了。七月初，广西小孩要到南京去请愿，有人说他们是被省政府利用，到南京去捣乱。我在邕港亲眼看见一队请愿的学生，都是十三四岁的小孩，怎样能捣乱？而且他们这次到南京去请愿是自动的，并不是受任何方面收买利用。他们去南京的路费是亲戚朋友及救国会捐助的，而且预订计划回来时卖稿子筹路费。这是千真万确。但是当他们快要上船的时候，上海来电制止他们北上，这些小学生以为他们这次的爱国行动是没有理由可以阻止。他们曾因此去南京质问。他们的电文我现在还能记得几句，大意是，南京是中国的南京，我们是中国的小孩，为什么不能来？也许有人说我们想来捣乱，但是我们这些小孩，小则十二岁，大则十四岁，手无寸铁，有心救国，无意捣乱，为什么不能来？

我为广西说了许多话，并不是偏袒广西，不过是不愿意真正抗日的被诬，有诗作证：

广西好！
广西好！
广西不问老和小，
人人要打东洋佬。

新近广西有电说是中央容纳了他们的抗日主张。那是再好不过了。我希望从此大家破除成见，把全国的物力、财力、智力，一致联合起来。

现在我再要说到我的老本行了。我的老本行是大众教育。大众也有"大学"，实在说，大学应该是大众的学府，但大众的大学并不是从前所谓之"大学"。从前的大学是：大学之道，在明明德，在新民，在止于至善。大众的大学也有大学之道。大学之道，在明大德，新大众，在止于大众之幸福。

什么是大德? 大德就是大众的道德。大众的道德有三: 第一是觉悟;第二是联合;第三是争取解放——争取民族大众的解放。凡是麻醉大众、拆散大众、转化大众的教育便是世界上最不道德的教育。

　　现在国内所办的抗日救国的教育是叫作国难教育。国难教育的目的是要解决国难。要解决国难就需要教大众联合,教大众组织,教大众争取民族大众之解放。他们所用的方法有三: 一是社会即学校,把社会的一切设备力量一起运用来教育大众;二是即知即传人,得到抗日救国知识的人就负有教导别人的义务;三是采用新文字做传布抗日救国思想的工具,使小众能很快地觉悟联合,针对着日本帝国主义战斗起来。

演讲完毕,陶行知还即席朗诵起了组诗《中华民族大团结》。

打倒包办救国

人人都说要救国,
最是包办要不得。
包办包成大光棍,
光棍如何能救国?

要怎样的准备

小众借口要准备,
我问方法对不对。
第一准备是什么?
大家救国不为罪!

一齐联起来

人人都说要救国,
只有大众能救国。
大众一齐联起来,
才能创造新中国。

联合的条件

一要坦白

人人都说团结好,

只有猜疑忘不了。
大家都怕人利用，
一盘散沙造成了。

二要诚恳
人人都说团结好，
只有怨恨忘不了。
你杀我来我杀你，
亡国滋味要尝了。

三要批评
人人都说团结好，
只有批评受不了。
马马虎虎相敷衍，
结果只是一团糟。

四避离间
人人都说团结好，
东洋火把两头烧。
兄弟姊妹自相杀，
只有洋人笑哈哈。

五要改善大众生活
人人都说团结好，
竹杠只对大众敲。
如果要想救中国，
大众肚子得吃饱。

六要有中心
人人都说团结好，
没有中心团不了。
请问中心是什么？
东洋强盗该打倒！

七在战上联

人人都说团结好，
若不打仗团不了。
局部抵抗总动员，
一处起火处处烧。

《救国时报》于 1935 年 5 月创刊，1938 年 2 月停刊，负责人为李琨。该报是中国共产党驻共产国际代表吴玉章在巴黎创办的。1936 年 9 月 21 日，在《救国时报》招待出席全欧华侨抗日救国大会各国代表 100 多人的晚会上，陶行知作总结演讲，作诗赞救国时报。

大报不像大报，
小报不像小报。
主张联合战线，
不是做好圈套。

大报不像大报，
小报不像小报。
诚心要停内战，
不敢胡说八道。

大报不像大报，
小报不像小报。
广播大众呼声，
不爱歌唱小调。

大报不像大报，
小报不像小报。
主张国共合作，
乃是救国之道。

大报不像大报，
小报不像小报。

还要收复失地，
一定必须做到。

大家要想救国，
人人须看好报。
什么好报可看？
请看《救国时报》。

大家若想救国，
人人必须投稿。
请问投到哪里？
自然《救国时报》。

如果你抗日，
杀我都可以。
如果不抗日，
反对你到底！

　　1936 年 10 月 2 日，陶行知抵达巴黎。10 月 3 日至 10 日，陶行知访问了有 6 000 个穷苦孩子参加的暑期教育学校，还调查了华工的生活状况和他们旅法的历史。自 1916 年至 1935 年，近 20 年来，来法华工有 15 万人之多，参战的尚有 600 人。10 月 5 日那天，陶行知作诗《跟青年学》。

世界将起变化，
火把要换人拿。
但愿天翻地覆，
青年领着老大。

　　10 月 6 日，陶行知白天参观巴卡德研究所，晚上访问中国学生会。8 日，陶行知参观巴黎罗浮宫。9 日，陶行知准备双十节演讲。
　　10 月 10 日，陶行知在巴黎万花楼与中法友人共庆双十节，朗诵了准备好的诗作。

自从盘古开天地，

只有中国可算老前辈。

说到法西兰呀，

她是一个年纪轻轻的小姐。

但用自由神的眼光来看啊，

越看越想越有味。

小姑娘变成大姐姐，

老太婆变成小妹妹。

现在是欢欢喜喜的一双一对，

在妹妹做寿的时候来相会。

她们手拉着手要打倒和平的公敌，

这联合是比宴会还宝贵。

大家喝一杯吧！

三呼法兰西万岁！

再喝一杯吧！

三呼中华民国万岁！

在这次聚会上，陶行知还献一诗《两位姊妹——献给参加双十节二十五周年巴黎庆祝会的中法友人》。

两位好姊妹，

生辰有意义：

一是七一四，

一为十月十。

姊名大中华，

妹名法兰西。

拿起笔与剑，

保卫德谟克拉西①。

10月11日，陶行知离开巴黎，抵达凡尔赛。

1936年10月18日，陶行知与陆璀乘飞机飞往伦敦。那天是陶行知45岁生日。想起往年与慈母、爱妻、文渼小妹和4个桃子在一起的欢乐时光，陶行知陷入了哀思。19日至29日，陶行知访问各界人士，参观莎士比亚故居。30

---

① 德谟克拉西：英文 Democracy（民主）译音。

日上午 10 时，陶行知同陆璀拜谒马克思墓。陶行知曾 3 次拜谒马克思墓，这是第一次，他特地作诗赞之。

> 光明照万世，
> 宏论醒天下。
> 二四七四八[①]，
> 小坟葬伟大。

10 月 30 日巴黎《救国时报》转载从英国转来的毛泽东于 8 月 10 日发表的《致章乃器、陶行知、邹韬奋、沈钧儒及救国会全体会员函》的英译稿（节选）。

乃器、行知、韬奋、钧儒诸先生及救国会全体会员们：

不久以前，我们在报纸上读到了章、沈、陶、邹四先生所发表的《团结御侮的几个基本条件与最低要求》和全国救国会的宣言和纲领。这些文件引起了我们极大的同情和满意。我们认为这是代表全国大多数不愿意做亡国奴的人们的意见与要求。我代表我们的党、苏维埃政府与红军，表示诚恳的敬意，并向你们和全国人民声明：我们同意你们的宣言纲领和要求，诚恳地愿意与你们合作，与一切愿意参加这一斗争的政治派的组织或个人合作，以便与你们的纲领与要求上提出的一样，来共同进行抗日救国的斗争……

上海抗战和长城抗战失败的原因，是因为当时领导者的动摇不坚定，没有运用紧张的运动战，没有充分广泛地与民众合作。然而，中国红军是没有这些弱点的。所以，我们认为红军能够单独抗日，并不怕经受挫折而能持久抵抗……

我们不反对真正的准备，而是反对借准备之名，行不抵抗之实。任何抵抗斗争，都不会阻碍准备工作及总动员的工作。任何抵抗的本身就是极大的动员，上海与长城抗战的经验便是最好的证明……

当然，我们的党员应当参加各地方的救国组织和各种形式的救国运动。我们愿意牺牲一切力量来拥护这些组织和运动，以便与一切党派和不愿做亡国奴的人民斗争，挽救中华民族的危亡。我们的党员，要无条件地服从这些组织大多数所通过的规则、纲领和决议。同样，在实际工作上，甚至在原则上不同意的时候，也要无条件地服从大多数意见。我们的党员，

---

① 二四七四八：马克思的墓号。

不会与这些组织中的其他派别对立和竞争来争夺群众和领导权。相反地，我们愿意拥护任何派别的彻底抗日的领袖，使他们毫无阻碍地在群众中发挥能力。我们的党员，愿意在他们领导之下工作。为了达到战胜强大敌人的目的，不仅需要我们自己的发展和胜利，而且需要一切联合力量的胜利与发展。我们统一战线的口号是："各政党各阶级，在抗日救国的旗帜下团结起来。"……

你们说，过去的争论是在于抗日斗争的方法，和"安内""攘外"的先后，而我们觉得这只是表面上的，实际上是在民族叛徒与民族英雄之间的动摇；是在抵抗与投降之间的道路选择。我们不相信那些主张"攘外必先安内"的人，没有看见他们"安内"政策所造成怎样的结果！那么，为什么还这样坚决地主张"攘外必先安内"呢？我们不反对统一，我们反对的是国内战争与民族叛徒。我们认为今天的中国，只有一个出路，就是一切党派在平等的基础上团结起来实行抗日，并服从全国人民的民主政治……

但是，我们应当声明，南京政府在今年五月五日所公布的宪法草案和国民会议的组织条例、选举条例，我们认为完全是反民主的。我们不承认根据这些法律所选举的国民会议有代表全国人民意志的权利。我们不能参加这样的国民会议的选举，我们与全国人民都不应该服从这样的国民会议的决议。我们认为这一"国民会议"的存在是有害的……

最后，我们希望你们和各地一切救国组织派遣代表来参加苏维埃政府；我们希望你们介绍其他政党派别的代表来与我们进行合作的谈判。一切愿意与我们谈判的代表，都请直来苏区，保证不会有任何的危险。如果在苏区外任何区域也保证我们的代表没有危险的话，我们愿意派代表到其他区域去进行谈判。

我们诚恳地愿意在全国救国联合会的纲领上签名。

此致

民族革命的敬礼！

毛泽东

一九三六年八月十日

1936 年 11 月 1 日，陶行知在伦敦基督教道德会演讲《中国问题》。3 日，陶行知出席华侨留学生举办的欢送会。4 日，陶行知坐船去美国。9 日，陶行知抵达纽约。11 日至 19 日，陶行知会见了克伯屈、杜威等导师；访问了市政厅、中国留学生抗日会、洗衣工人联合会，在华侨学校与美国之友会谈，参加了华侨公宴。20日，陶行知与纽约华侨的19个团体代表集会座谈。与会代表一致响应，坚决支持抗日救国运动。21日，陶行知访问哥伦比亚大学师范学院，下午进行演讲。演讲的内容有：何种义务教育可以救国、学校教师怎样指导学生运动、什么是民众救亡力量等7个专题。22日，听到全国各界救国联合会领导人沈钧儒、章乃器、邹韬奋、王造时、史良、沙千里、李公朴七人在上海被捕入狱（史称"七君子事件"）的消息后，陶行知勃然大怒，千方百计地实施救援。23日，陶行知会见孟禄博士，参加致公党晚宴。24日，陶行知上午会见林语堂先生，下午参加中国华侨联合会成立大会。25日，陶行知上午参加东南大学同学宴会，下午访问各团体组织。26日，陶行知参加盲人联合会公宴。28日，陶行知拜访国际厅。29日，陶行知在哥伦比亚怀特楼进行演讲。

12月1日至11日，陶行知先后又会见孟禄、杜威、克伯屈等教授及留学生李信慧、吴跃宗等人。陶行知到女青年会、华侨学校等团体演讲，宣传抗日，动员侨胞共赴国难。12日，陶行知去波士顿访问当地华侨组织，在华侨欢迎大会上演讲。

1936年12月12日，国内发生了"西安事变"，中国共产党派周恩来去调停，终于使蒋介石口头上答应释放七君子和一切政治犯。17日，陶行知会见谢觉哉。26日，陶行知抵达芝加哥。

1937年1月1日，陶行知会见波兰、罗马尼亚、朝鲜、日本的友好人士。4日至8日，陶行知应邀到红十字会男职员俱乐部、女青年会、国际研究所、中央护士俱乐部等处演讲《远东问题》《中国现状》并且会见了世界电讯社记者。31日，陶行知出席纽约华侨学校"一·二八"5周年纪念会，作诗16首。为救七君子，陶行知与旅美华侨领袖冀朝鼎等33人，发起了救援七君子和马相伯的运动。旅美华侨有300多人积极签名响应并发表了《旅美华侨告海外同胞书》。

海外各界父老兄弟姐妹鉴：

据中外报纸消息，民国二十五年十一月二十三日，全国各界救国联合会领袖沈钧儒、章乃器、王造时、邹韬奋、史良、李公朴、沙千里七先生在上海公共租界被捕，即引渡上海市政府。据沪市政府二十五日发出正式谈话，谓沈、章诸先生被捕原因，系"肆意造谣，勾结'赤匪'妄倡人民战线，煽动阶级斗争，密谋总罢工，倾覆政府"云云。旋九十八岁（虚岁）老人马相伯先生亦被迫入京。

全国救国联合会，系全国各界爱国团体之联合会组织。沈、章诸先生奔走呼号，目的纯在抗日救国，不仅得全国人民之敬佩，且得全世界之同情。抗日救国不仅我全国同胞之公意，亦我全国人民之天职。若谓沈、章诸先生有罪，是我四万万同胞均有罪也……

上海市政府必以莫须有之罪状，逮捕爱国领袖入狱，实使吾人大惑不解。

自此不幸事件发生后，海内外同胞无不惶恐，世界舆论及我中国之伟大友人，如美国杜威、英国罗素诸先生，亦发起营救。同仁不忍爱国之士竟在铁窗之中，尤不忍政府与人民长此隔阂，特发起援救爱国七领袖及马相伯先生运动，一致向我政府要求：

一、请政府立即释放沈、章、王、邹、史、李、沙七君子并立即允许马相伯先生返沪；

二、请政府确认日本为全国之公敌，救国为国民之权利义务；

三、请政府立刻对日抗战，切实保障人民救国运动。

凡我侨胞赞成上述者，即请签名于后，共本良心之主张，促进团结抗日之实现，祖国前途实利赖之。

发起人（以姓名笔画为序）

王德崇　李信慧　胡秋原　陶行知……（发起人三十三人，姓名从略）

（要求释放救国领袖签名者三百余人，姓名从略）

上文提到的马相伯先生，生于 1840 年，原名建常，改名良，字相伯，江苏镇江人，清末多次任外交使节。马相伯支持戊戌变法，变法失败后，移居上海，先后创办震旦学院、复旦公学。中华民国成立后，马相伯一度代理北京大学校长。马相伯反对袁世凯称帝。"九一八"事变后，马相伯积极参加救国会工作，被誉为爱国老人，是上海文化界救国会和全国各界救国联合会的主要负责人之一。七君子事件发生时，马相伯 96 岁（虚岁 98 岁）。1939 年 11 月 4 日马相伯病逝于越南谅山。

陶行知与马相伯志同道合，是忘年至交。

中日甲午战争之前，中国海军力量强于日本。然而中国军队纪律涣散，士气消沉，"平远舰大炮上晒被子"成为笑谈，让马、陶二人深为气愤。华北伪治发动以后，华北教育界几位领袖人物纷纷准备南迁，遭马、陶二人质疑、反对，称之为"教育逃走"。陶行知在《新中国与新教育》中写道：

上海九七老人马相伯，每天写信做文章，勉励爱国青年，鼓吹爱国。

有人说他给我包围了，其实是我给他包围了。因为他做了文章就打电话叫我去看，看了自然觉得非常好，好就要拿到报上发表。实在是他包围我，不是我包围他。

为救七君子，陶行知发表《旅美华侨告海外同胞书》后，接着发表了《世界和平会理事营救中国七领袖》的文章。

　　世界和平会，全世界努力和平运动最有力之组织，理事会系该会最高权力（机构）。该会于去年九月三日至七日在比利时开第一次大会，到会四千九百人。中国理事为孙科、陈铭枢，执行委员为陶行知。中国分会在欧洲设有驻欧办事处，主任为王礼锡，秘书为杜咸让。全国各界救国联合会承世界和平之约，特派代表参加大会。会毕对于远东和平运动努力奋斗，策划周详。章乃器、沈钧儒、邹韬奋、王造时、史良、沙千里、李公朴等先生俱为世界和平会中国分会会员，今无辜被捕，全会为之愤慨。闻十二月二十一日理事会议决拍电向南京中央政府抗议，由英国国会议员贝克先生领衔，电文如下：我们对于世界和平会中国分会委员章乃器、王造时、邹韬奋、沈钧儒、李公朴及其他和平运动者之被逮捕，深感痛心！我们出于保障世界和平之诚意，希望释放他们。

1937 年 2 月初，陶行知联络杜威、爱因斯坦、孟禄等世界知名学者、教授、科学家 16 人致电蒋介石，以示对"七君子事件"的严重关切。2 月 10 日，陶行知访问哥伦比亚大学师范学院并演讲《今日之欧洲》。16 日，陶行知会见司徒美堂。26 日，陶行知去女子协进会演讲。

3 月 2 日，陶行知去外国教士会演讲。在出席美国洗衣工会的联合会议时，陶行知建议印刷"请不要买日本货"的卡片，放在洗好的衣袋里，借以宣传抗日。

4 月 23 日，陶行知等人看到了上海《大公报》的《陶行知等被通缉》一文。

　　（本市消息）沈钧儒、章乃器、李公朴、邹韬奋、王造时、沙千里、史良等七人，于去岁十一月二十三日在沪被捕，史良保出回籍疗病，沈等六人则移送苏州高等法院羁押侦查，嗣史良病愈，亦自动前往投案，经高院一并收押，迄今已逾五月（曾延长羁押期限）。兹悉苏高院检查处，业已将侦查手续办理完毕，前日正式提起公诉，是项起诉书已于前晚送达各被告，并在侦查期中，查得陶行知、罗青、顾留馨、任仲高、张仲勉、陈道弘、陈卓等七人，亦有同样罪嫌，故除沈等七人外，陶行知等七人亦被一并提起公诉。其起诉书称:"各被告共同以危害民国为目的而组织团体,并宣传与三民主义不相容之主义,依刑法第十一条、第二十八条,系共犯危害民国紧急治罪法第六条之罪,除陶行知、张仲勉、陈道弘、陈卓等所在不明,已予通缉外,合依刑事诉讼法第二百三十条、第二百四十三条提起公诉,按危害民国紧急治罪法第六条规定,被告应判处五年以上十五年以下之徒刑。"另悉任仲高、顾留馨、罗青等本系该案证人,前次亦由高院谕知交保,顾、任业已保出,罗青则因无保被押。闻沈等拿到起诉书后,均不承认有罪,已分别草拟诉状,准备呈请刑庭审判长宣告无罪。沈等家属闻讯,亦已延请律师(张以蕃、陈以皋等)研究法律救济方法。苏高院刑庭审判长接到该院检察官对于沈等十四人起诉后,有定于本周内开庭审判之说。至被通缉陶行知,现在美国哥伦比亚大学讲学云。

陶行知面对第二次通缉泰然处之,仍然忙于访问群众团体、赴会演讲、为抗日救国呼吁、为四万万五千万中国人不做亡国奴呐喊!

5月15日,陶行知出席国际扶轮社①午宴并演讲《政治形势》。19日,陶行知作诗一首《四万万的代表》。

> 这个代表四万万,
> 那个代表四万万,
> 四万万哪里知道这笔账?
> 他们要吃饭,
> 不上你们当。
> 你们不倒霉,
> 何曾知道四万万?
> 他们瘦得不像样,
> 你们吃得白而胖。
> 算了吧,
> 救国要包而不办。
> 你们打起内战,
> 就忘了四万万。
> 飞机摔炸弹,
> 大炮对着百姓放。

---

① 扶轮社:一个拉车开船的工人团体。

谁个打胜仗，
谁便是好汉。
只有四万万依旧，
扶着锄头把气叹。

谁能代表四万万？不是"这个"也不是"那个"，是被通缉的人，是被逮捕入狱的人，是为联蒋抗日呐喊的人，是为抗日救国流血牺牲的人，是不愿做亡国奴的人，是中国四万万穷苦人。

5月22日，陶行知与留学美国的宗教界进步人士吴耀宗先生会谈。23日，陶行知参加纽约新文学第一班（13人）成立大会。30日，他在妇女洗衣联合会参加"五卅"惨案纪念会并演讲。

6月初，为庆祝全国学联成立两周年，陶行知写下《对于中国学生运动之认识与希望》一文。

> 世界学生大同盟总干事克鲁门先生说："中国学生运动在世界学生运动中是处于领导之地位。"中国学生拿着火把照着全世界学生前进……
> 学生运动是中国整个民族解放运动之先锋。我希望这个先锋部队要严密它的组织，锻炼它的精神，使它可以胜任百折不回的奋斗……
> 中国学生不但是先锋，而且是先觉。每个学生都要推行大众的国难教育，引导大众自己教自己，使大众都觉悟起来，拼命去争取中国之自由平等。能够这样，中国的前途一定是远大光明的……

6月9日，陶行知访问美国作家协会的作家们。28日，他会见了世界黑人协会领袖马库西·狭西。

7月5日，陶行知到里德大学演讲。7日，日本侵略军进攻中国宛平卢沟桥，"七七"事变爆发。至此，陶行知将"国难教育"改称为"战时教育"。自7月8日起，陶行知为反对日本全面侵华的罪恶行径准备演讲稿。15日，陶行知抵达西雅图。16日至19日，陶行知在华盛顿大学、人民教堂等处演讲，并会见留学生及海外人士。20日，陶行知抵达加拿大温哥华，向华人团体演讲，并调查旅加华侨情况，组织救国会。22日，陶行知回西雅图。24日，陶行知抵达洛杉矶。27日至29日，陶行知在教师协会、好莱坞妇女俱乐部、电影艺术协会等团体演讲，大力呼吁团结起来共同揭露日本帝国主义全面侵略中国的罪行。30日上午，陶行知会见西安事变领导人之一杨虎城将军。晚上，在洛杉矶医疗局举行的欢迎西班牙人民之友的宴会上，陶行知第一次见到了诺尔曼·白求恩大夫。宴会主人向大家介绍了二人的情况，紧接着二人进行了真挚热烈的交谈。

1937 年 8 月 1 日，陶行知抵达新港。4 日，陶行知抵达旧金山。直至 26 日，在这 23 天的时间里，陶行知先后去伯特利加州大学暑期学校、大中华剧院、孔教学院、国际工人联合会等团体去演讲；同工人谈话；出席中华会馆、中华总商会、抗日会执委会、中国学生大会、抗日联合会等会议；参加旅美华侨统一义捐总会成立大会及反法西斯大会；组织华侨唱歌会；举行记者招待会；会见各团体负责人及外国友人；又一次会见杨虎城将军及其夫人谢葆贞女士。27 日，陶行知抵达墨西哥。

8 月 30 日至 9 月 24 日，陶行知在墨西哥调查华工的生活状况；接受记者访问；向南美国家代表介绍中国政治形势和教育情况；会见墨西哥教育家、侨胞领袖及各华侨组织；访问妇女人民阵线、中华小学、工人群众组织；会见墨西哥总统……

9 月 29 日，《抗战》3 月刊第 13 号载文《取消对陶行知的通缉》。

大众教育家陶行知先生于去年十一月与沈钧儒先生等同案被通缉，当时他正在美国讲学。最近我们得到沈先生由南京来电，据说陶先生的通缉已取消，这是共赴国难的一个好消息。陶先生在海外为中国做国际宣传，非常努力，九月底可由墨西哥回纽约，大约十月底可由纽约到欧洲，先到英国，再经法国、苏联，今冬可以回国。上海已有朋友打电报去请他早点回来。

陶行知乃"通缉不惧，取消不喜"，为发动侨胞抗日救国共赴国难而日夜辛劳。

10 月 2 日，陶行知去新奥尔良演讲。5 日，陶行知抵达墨西哥城，书写呼吁书："你买一块钱的日本货，就是帮日本人杀中国人。"陶行知号召人们签字，借以抵抗日货。6 日，陶行知去布鲁明顿。10 日，陶行知对美国工人演讲，认为过去的工人制造汽船、铁路、机器，今日的工人制造工会民主，甚至永久的和平。11 日，陶行知接见记者，参加美国青年大会，访问劳工代表。16 日，陶行知访问美印第安纳大学并演讲。16 日当天，陶行知还致函胡适，反对其主张以承认伪满洲国来换取和平的意见。

适之吾兄：

这次在华盛顿相见，很为高兴，只因时间不足，不能畅谈，最为遗憾。第二天朋友来谈，说及吾兄在卢沟桥事变之后，曾提出和平方案，问到具体内容，彼也不知。我当时很想抽空亲来请教，可惜时间不许。昨天接到国内来信，说老兄在国防参议会①里，曾提出"满洲伪国"的主张，是否谣传，尚希赐示。如果老兄真有这主张和方案，对美国当局交换意见时是否也拟提出？有人说你预备以三千万人之自由来换"和平"，我不相信（但也不大放心），所以特来请教。敬祝

  康健！

行知

一九三七年十月十六日

  10月22日，陶行知在美国反法西斯联盟大会上演讲《中国与西班牙》。当天，陶行知第2次会见了白求恩大夫。25日，陶行知第3次登门拜访白求恩大夫，再次诉说当前中国抗日救国的艰辛及四万万中国人浴血奋战的顽强精神。10月31日，陶行知演讲《中国必胜》，并用算盘计算中日的胜败状况。

  1937年11月1日至10日，陶行知被邀请参加美国石油工业研究会第8届年会；会见美国青年大会芝加哥代表团主席；到纽约大学等处演讲；访问中华学校，教学生唱歌、看木星和土星……

  12日晚，陶行知抵达华盛顿。15日至17日，陶行知出席驻美大使馆纪念周大会；会见了《华盛顿邮报》记者；与胡敦元、甘林霖等人发起、组织、成立了《中华经济研究会》。18日，陶行知离美抵达加拿大多伦多，对抗日会进行抗日救国的宣传，受到热烈欢迎。19日至21日，陶行知赴多伦多大学、华人大会等团体演讲《中国的战争》；出席加拿大国会及维多利亚剧院聚会并演讲《中国的和平与民主》……

  陶行知为了祖国的民族独立、抗日战争的胜利，向海外侨胞呼吁、向全世界同情中国人民的爱好和平的人奋力呐喊：

  我们要和平，而战争却被迫加在我们身上。我们要什么样的和平？我们需要自由的和平！正义的和平！平等的和平！……

  我们怎样取得和平？和平不是从天上掉下来的！也不是像吹灰那样容易吐出来的！和平是以代价换来的！是以生与死的斗争、自由与奴役的斗争换来的！……

  11月23日，陶行知抵达渥太华，先后会见了中国领事、中国青年会长、中国基督教会主席，并调查旅加华侨的生活、工作等情况。24日，陶行知在蒙

---

① 国防参议会：时为国民党政府最高咨询机关。

特利尔大学、中华会馆演讲。26日，陶行知返回美国纽约，在美国的中国人民之友的集会上演讲《中美友谊》，著文《一个教师眼中的中国文化》。29日，陶行知在寓所里写作、著文。

12月4日至6日，陶行知访杜威博士，为杜威博士草拟《杜威声明》（全文抄录）：

印度中央省瓦尔达
圣雄甘地先生：

希望您与我们共同作如下声明。同一请求已送交罗曼·罗兰、阿尔伯特·爱因斯坦、伯特兰·罗素。如有建议，请电纽约第七十二号大街东三二〇号。如五月内未闻相反意见，即视为同意。

鉴于东方文明正遭恣意摧毁，为着人类、和平与民主，我们提议各国人民组织自愿的抵制日货活动，拒绝将战争物资出售和租借给日本，在有助于其侵略政策之各方面停止与日本合作。同时尽可能给予中国各种援助以进行救济和自卫，直至日本自中国撤退其一切武装力量，并放弃其侵略政策为止。

约翰·杜威
一九三七年十二月六日

下面对《杜威声明》中提到的几位人士加以说明。

罗曼·罗兰（1866—1944），法国著名作家、音乐学家、社会活动家，1915年诺贝尔文学奖获得者，受苏维埃十月革命鼓舞，同高尔基建立友谊，热烈支持无产阶级革命。

阿尔伯特·爱因斯坦（1879—1955），物理学家，生于德国，1933年因受纳粹政权迫害，迁居美国，因创立广义相对论以及在理论物理学方面的卓越贡献，于1921年获诺贝尔物理学奖。

伯特兰·罗素（1872—1970），英国哲学家、数学家、逻辑学家，1921年曾来华讲学，在政治态度上反对侵略战争，主张和平主义。

1937年12月23日《时事通讯》第30期刊登《印度国民大会党复杜威函》（节选）：

来电悉。国民大会党对日本侵略已予谴责，完全同情中国，号召抵制日货，同意声明之总方针、总目的，并正加以宣传。国民大会党极愿为人类、和平与民主普遍进行合作，认为达到此等目标之真正基础乃消灭法西斯及帝国主义。

在向报界发布此等消息时，我应再度提请公众注意不买日货之迫切必要性。在中国，恐怖层出不穷，武力、空袭、毒气杀死了几十万中国儿童，恰恰是在摧毁它的精髓。对于在中国这个事件发生出现的暴行和不人道，我们感到憎恶。但仅仅同情是不够的，我们必须尽可能给予帮助。这项援助可以有两类：一是拒绝购买日货，二是经济上支援其医药救济。我相信国民大会党委员会及其他团体，将会对此抵制日货运动进行宣传。全印国民大会党委员会办公室将会收到医药救济的捐赠并转交适当处所。我们已经收到对医药用品的紧急要求。我真诚相信，印度人民将会尽其所能救济遭受苦难、备受折磨的生活在中国的人类。

丁·尼赫鲁（签名）

尼赫鲁（1889—1964），1929 年任印度国大党全国委员会总书记，1936 年当选为该党主席。1947 年 8 月印度独立后，尼赫鲁任内阁总理，直至逝世。

当时，世界各地谴责日本侵略中国、坚决支持中国抗日斗争的呼声风起云涌。

1937 年 12 月 25 日，闻东北游击队李红光将军顽强抗日，陶行知作诗《敬赠东北游击将军李红光》。

> 长白山前闪红光，
> 将军名字像女郎。
> 霹雳一声天上来，
> 惊破旗上红太阳！

1938 年 1 月 5 日，陶行知致函白桃、季平及《战时教育》的诸位同志，希望他们"把学堂变成战场，把战场变成学堂"。1 月 6 日，陶行知为美国华侨教唱《国际歌》。9 日，陶行知出席离美送别会。10 日，陶行知第 3 次抵达加拿大。

1938 年 1 月 11 日至 30 日，陶行知在民政大会、教堂、技术学校、华人俱乐部、加拿大国际问题学会等团体演讲，并会见了当地宗教人士、侨胞领袖、和平民主同盟代表、加拿大中国之友委员会主席、《克莱奥日报》记者等，参观、调查了当地侨胞工人的情况。

陶行知于 1 月 16 日作诗《和平之威力——献予加拿大的朋友》。

> 默无一言我面对着尼嘎拉①，

---

① 尼嘎拉：指世界著名瀑布——尼亚加拉瀑布。

洋洋乎大哉这水之交响曲。
在动人心灵的美乐中，
我接到了加拿大之智慧的忠告。

让我们想象这小小的水点，
何等的渺小而微细！
在高岩上一经联合奔向前，
便成为打破距离层的威力。

爱护和平与民主的朋友，
高高地依在象牙塔之上。
要对准着一个目标团结前进，
只有这时情感才变成力量。

这力量大于尼嘎拉水力，
能阻止侵略战争之加于中华。
等到无奴隶的和平降临在大地，
自然而然地也会繁荣加拿大。

　　1938年1月31日，陶行知离开加拿大抵达美国芝加哥，后转至纽约。
　　2月3日，陶行知离美。9日，陶行知抵达英国。10日，陶行知在伦敦与中国共产党代表吴玉章等人一起出席反侵略大会。反侵略大会到会代表有700多人。12日，在技术委员会上，陶行知提出对日禁运。15日，陶行知与吴玉章再次拜谒马克思墓并参观了英国大使馆及孙中山蒙难纪念室。2月17日至18日，陶行知去都柏林调查爱尔兰自由邦与日本的贸易及该地工人的情况，并向爱尔兰介绍了中国的小先生运动。20日，陶行知去利物浦，访问当地华侨抗日救国后援会。23日至28日，陶行知先抵达荷兰，在鹿特丹、海牙访问华侨会馆、救国后援会并演讲，在首都阿姆斯特丹演讲；后去比利时的布鲁塞尔访问华侨抗战后援会；再去法国的巴黎为救济留学生一事访问中国学生会，还访问了李石曾、朱伯奇等人。陶行知在这几天还深入了解了法、意、英、荷、德、比等15个团体组成的抗联。多天繁忙的工作，使陶行知收获颇大。他诗兴大发，作《游击歌》。

狂风起，
黑云飞，
杀人放火誓不依。
民军到，
魔道低，
除暴安良太阳西。
穿的是便衣，
谁个也不知。
战术是游击，
谁个也不识。
枪口瞄准，
我们有目的：
中华自由，
万国平等，
大家有饭吃。

陶行知东抵西达、南游北击，日夜兼程、废寝忘食，为的是中华民族的自由解放、世界各国平等共处、全人类过上丰衣足食的幸福生活。

3月2日，陶行知作诗《敬赠西班牙之中国战士》。

东战场，
西战场，
原来是一体，
哪怕它万里隔重洋。

咱们所拼命的，
同是反侵略的抵抗。
咱们要贯彻的，
同是民主的主张。

你们为西班牙伟大民主而受伤，
你们流的血是自由神下凡的红光！
你们的英勇消息，

充满了我们的心腔，
好比是冬天的太阳。

你们打胜仗，
便是我们打胜仗。
请你们放心，
祖国的责任有我们担当。

向前创造吧！
直等到法西斯消灭，
民为王，
有四万万同胞，
欢迎你们回故乡！

啊！何必急急回故乡？
看青天为顶，
大地为底，
二十八宿为围墙。
人类是兄弟姊妹，
全世界是咱们的家乡。

　　1936 年 2 月，西班牙共和国选举，人民阵线获胜，组成联合政府。7 月，弗朗哥反动势力发动内战，世界各国民主进步势力组织国际纵队与西班牙人民并肩作战，取得最后胜利。参与作战的有很多旅居欧洲及西班牙的中国侨民，陶行知称之"西班牙之中国战士"。

　　陶行知 1938 年 3 月 7 日又回到纽约。他 3 月 13 日写作《中国乡村社会与乡村教育》。3 月 14 日陶行知第 4 次抵达加拿大，他这次在加拿大停留时间最长，共 38 天。在 3 月 18 日至 4 月 22 日的 33 天时间里，陶行知在加拿大各大城市的哲学俱乐部、中国青年会、高等学术机构、市政大厅、民众大会、铁路公司、中华会馆等处演讲，并在电台广播，还会见了加拿大友人、记者、华侨等各方人士，了解抗日救国会情况，成立了温哥华华侨歌咏团，还举办了募捐活动。其间，在 4 月 14 日那天，陶行知在加拿大医疗援华会举行的演讲会上，听说白求恩大夫正率领医疗队奔赴中国延安，顿时激动得热泪盈眶。他紧接着进行了铿锵有力的演讲《中国的抗战是不自由就受奴役的斗争》。

　　中国为之奋斗的理想和加拿大的理想是共同的，这种理想就是和平、自由、正义和民主。平等的和平、足够的食品、自由和正义，这正是中国人民所需要的……

　　你们现在听我演讲时，在中国每分钟有五个人死伤。然而，按这个速度，日本要消灭中国得花四百年。中国人民已下定决心，要制止日本的进军……

　　中国的抗战不仅是生死存亡的斗争，它是不自由就受奴役的斗争。对我们来说，自由比生命更可贵……

陶行知 1938 年 4 月 24 日来到美国的西雅图。25 日，他在西雅图推动募集公债及捐款活动，并赞赏华侨以演戏来筹款的活动方式。26 日，陶行知到波兰特访问工业组合大会、一般福利研究会及经济研究所。28 日，陶行知抵达旧金山，会见了加州华工合作社代表及洗衣工会的临时主席并访问旧金山联合抵制日货委员会及青年会，作诗《再到金山》。

　　　去的时候桂花香，
　　　来的时候桃花开。
　　　也曾翻山穿岭，
　　　也曾漂洋过海。
　　　日子算是八个月，
　　　十万里路跑回来。

　　　跑来做什么？
　　　恭喜大家发大财。
　　　一万一万又一万，
　　　千千万万买公债。
　　　多多地买，
　　　左手捐出去，
　　　右手赚回来。

　　　金元宝最好，

银元宝不坏。

千只万只滚进来，

欢送日本进棺材。

1938年5月2日，陶行知在旧金山亲见一艘名为"广源"号的日船，插着中国旗，驶进旧金山港口运碎铁。时任中国驻美国旧金山总领事黄朝琴上船检查。黄与日本船长用日语交谈，日船长误以为黄是日本领事，将一切私密泄露。黄领事没收了船，辞退日本船主，委任华人黄子明为新船主。陶行知见此趣事，心中大快，笔下生辉，作诗《黄朝琴总领事空手扣敌船》。

不流血，

打胜仗。

没收日本广源船，

扣在太平洋上美国港。

外交官，

树立新榜样。

论功行赏，

应升任海军大将。

陶行知5月3日离旧金山抵洛杉矶；5日，在洛杉矶参加华侨会议，教华侨唱《义勇军进行曲》；9日，会见洛杉矶美国援华负责人；14日，由洛杉矶再回芝加哥；23日，到华盛顿；25日，又回纽约；30日，了解纽约抵制日货的情况，向社会团体演讲，会见日本进步友人鹿地亘、池田辛子等。

陶行知6月1日至14日在纽约了解各社会团体、各个地方的禁运和抵制日货运动的发展情况；谴责日本帝国主义轰炸平民的罪行；会见美国著名记者安娜·路易斯·斯特朗。在美期间，陶行知积极推动《鲁迅全集》的征订工作。15日，陶行知离美赴英。在英国期间，陶行知与李信慧第3次拜谒马克思墓。21日，陶行知去伦敦以言论自由而闻名遐迩的海德公园游览，作诗《海德公园》。

四次我曾到伦敦，

一个印象很深刻。

天下公园为乐游，

唯独海德最奇特。

午后每逢星期六，
议论纷纷如鼎沸。
讲员自上讲台来，
也有临时搭台临时拆。

有的崇拜斯大林，
有的拥护希特勒。
有的宣扬天主教义，
有的盛赞穆罕默德。

有的主张援助西班牙，
有的痛骂日本不够格。
有的不说公道话，
只有喽啰代他把手拍。

有的说话合民心，
听众人山人海万千百。
你若觉得不中听，
诸子百家随你去选择。

台上台下可辩驳，
只有拳头动不得。
有时飞来一鸡蛋，
满面胡涂鸡蛋白。

揩揩脸孔讲下去，
自由女神岂能退位因威吓？
警察于今也巡逻，
防止听众当中出暴客。

言论自由不干涉，
让人指名首相骂老贼。
雾重不见夕阳斜，

国旗飘扬：红、黄、蓝、白、黑。

绅士已经发牢骚，
咖啡一杯靠在沙发喝。
我见加罗五百饥民队，
回家面包牛奶仍吃没。

海德多么深，海德多么大！
深浅大小如何测？
可爱的海德啊！
我怕大战一来你会枯干失颜色。

加拿大在西，
爱尔兰在北，
香港、印度、新加坡：
殖民地里看不见小海德。

可爱的海德啊！
你的命运我晓得：
央格鲁撒克逊的家，
没有护照到中国。

24 日，陶行知离开伦敦抵达巴黎。26 日，陶行知离开法国抵达意大利。28 日，陶行知在罗马访问抗日会。6 月 30 日至 7 月 10 日，陶行知离意大利，途经奥地利、捷克至德国的柏林。陶行知在柏林访问驻德大使馆、柏林华侨学生会，会见了屈武、江梁等人，了解德国的经济情况；在大使馆同旅德留学生一起开会纪念"七七"事变一周年。

1938 年 7 月 11 日，陶行知离德赴法。13 日至 16 日，陶行知在巴黎访问参战华工联合会、亚西华工总会、旅法华工联合会及工会的抵制日货会议；讨论营救因努力救国而被驱逐的王庆远、陈曙光。18 日至 20 日，陶行知又经奥地利、匈牙利、南斯拉夫抵达希腊。21 日，陶行知前往希腊首都雅典，拜谒苏格拉底坐过的石牢。苏格拉底（公元前约 469—公元前 399），世界著名教育家、哲学家，位居古希腊三大学者之首。他出生于雅典城，在 70 岁高龄时，被雅典的一家法庭以"蛊惑青年"及"不信仰雅典神灵"两宗罪状判处死刑。当法庭要求他放弃自己的工作、承认自己言行的错误时,他以强烈的使命感、责任感而铿锵有力地回绝:"不管你们是不是释放我,我都绝不会改变我的言行,虽万死而不改!"

陶行知在苏格拉底坐过的石牢里静坐5分钟,追昔抚今,思绪万千,欣然作诗《坐苏格拉底石牢》,颂扬苏格拉底为真理而斗争的不屈不挠的精神。

> 这位老人家,
> 为何也坐牢?
> 欢喜说真话,
> 假人都烦恼。

陶行知由希腊抵达埃及后,7月24日至26日,在首都开罗参观了有1 000年历史的埃及最高学府爱兹哈尔大学,会见了当时的校长麦拉额先生和30个中国留学生,其中有一名还是陶行知在东南大学任教时的学生。晚上,陶行知出席了欢迎大会,教留学生唱《义勇军进行曲》;还参观了埃及古代历史博物馆。后来,陶行知作诗回忆当时唱歌的情景。

> 巍巍金字塔,
> 浩浩尼罗河。
> 法老如犹在,
> 惊醒问谁歌?

陶行知后来谈及此事,异常兴奋地说:"我在尼罗河畔,也听到了祖国的救亡歌曲,这太使我感动了!"

7月27日,陶行知寓居埃及苏伊士米斯尔旅馆,为出访印度做准备。

8月10日,陶行知抵达印度,访问了印度议长及中国领事。11日,陶行知拜访了印度著名作家、诗人、社会活动家,20年前就结识的好朋友泰戈尔。12日,陶行知出席了全印度大会领袖举行的学生、工人、农民代表茶话会,陶行知即席演讲;后去孟买。14日,陶行知拜访甘地,应允撰写了《中国大众教育运动》一文,将小先生制介绍给印度。18日,陶行知到斯里兰卡首都科伦坡,出席华侨工会组织的400多人的欢迎会。

8月27日,陶行知抵达越南的西贡,访问了侨胞团体,调查了越南的教育及社会各方面的情况。30日,陶行知抵达香港,受到渔人协会、平民学校师生等的热烈欢迎。陶行知接见友人、记者,畅谈国际形势,兴高采烈!陶行知终于回到祖国的怀抱！

陶行知自 1936 年 7 月 7 日离开香港，至 1938 年 8 月 30 日胜利返回，再次抵达香港，历时两年多。陶行知受全国各界救国联合会委托，以中华文化使节的身份参加世界新教育年会，顺道前往欧、美、亚、非宣传抗日救国，发动侨胞共赴国难！

陶行知在 774 天的时间里，周游世界 26 个国家，7 进美国，6 达法国，5 次进出英国，4 次往返加拿大，日夜兼程近 24 万里。

回国后，陶行知将演讲、歌唱所得及外国朋友、海外侨胞捐赠的物资，通过宋庆龄转交给了八路军。

他逝世后，毛泽东称之为"伟大的人民教育家"；宋庆龄送挽联——"万世师表"；江泽民在纪念文章中赞其为中国近代教育史上的"一代巨人"！

第十三章　震撼世界新教育的
"一声惊雷"

　　人民教育家陶行知，以中国文化使节的身份，于 1936 年 8 月，出席了在英国伦敦召开的世界新教育第 7 届年会，同行的还有南开大学的张彭春教授。该会是一个世界性的教育学术团体，成立于 1915 年。1936 年有 50 多个国家、代表 2 000 多人参加。陶行知在大会上做了《中国大众教育运动》的发言，引起了强烈的轰动，当时被称为震惊世界新教育的"一声惊雷"。

　　早在 1923 年 7 月，陶行知为了更好地实现他"教育为公""教育救国"的理想，从东南大学辞职，专职中华教育改进社工作。

　　1923 年 8 月，陶行知与曾任过北京大学教育系教授、先后留日、留美的硕士朱经农等人合编了《平民千字课》。《平民千字课》的情况介绍如下。

一、宗旨
1. 培养人生与中华民国公民必不可少的精神态度；
2. 训练处理家常信札、账目和个别的应用文件的能力；
3. 培养继续读书看报、领受优良教育之志愿和基本能力。

二、内容
一千多个常用字。

三、学习对象
十二岁以上不识字人群。

四、编辑规则

（略）

五、教学法

连环教学法。

六、学习进度

本套书共四册，每册二十四课，共计九十六课。每天学习一课，十六个星期结束学习。

什么是"连环教学法"？"连环教学法"是陶行知最早提出的教学方法。他在 1923 年 10 月 8 日的家书中肯定了这个方法。

桃红、小桃：

你两个人很有功劳。我看见你们两个人，哥哥教弟弟读《平民千字课》，就发现了一个好法子，叫连环教学法。这个法子是用家里识字的人教不识字的人；我教你，你教他，他又教他。一家之中，先生教师母，师母教小姐，小姐教老妈子，每人花不了多少功夫就可以使全家读书明理。我在南京试验了这个法子很有效验，特为写这封信来感谢你两人……

这就是"即知即传"的"连环教学法"，是我国最早的新教育教学法。

事隔两天，1923 年 10 月 10 日陶行知又给栖霞乡的张大哥写信。

老哥虽不识字，却是比那些识字的人好得多。临别的时候，你说愿意读《平民千字课》，并愿意读会之后还教一个别的人。这个意见很好。我现在寄上《平民千字课》一本。老哥读会了再教一个别的人。

事隔 7 天后，陶行知又写家书，劝慈母读《平民千字课》。

1923 年 12 月 12 日夜里，陶行知给王伯秋的电报复信。王伯秋，早年留学美国，时任江苏省公立法政专门学校教务长，正与陶行知等人一起筹备成立中华平民教育促进会。陶行知在复信中写道：

唯恐吾兄不记得我说过的那个罗汉故事。我们的入手办法就是征集五百尊活罗汉，分道扬镳地去干。这几天已经征集了三十多个活罗汉，他们一面干一面介绍新罗汉，我想等不多时，就可以征集齐全。如果每尊罗汉每天开一个平民读书处，当有惊人的成就……

梦麟[①]兄近日忙得很。我昨晚到他家里去劝设平民读书处的时候，他颇

[①] 梦麟：指蒋梦麟，时任北京大学校长。

露难色。我问他："中国最高学府、北京大学代理校长家里，可以容不识字的人吗？"他笑笑说："错是不错。"我接着说："既是不错就要干。你如无暇，我来替你训练助教，只需老兄下一命令，从今天起，家里不识字的人都要读书，识字的人都要教书，我就有办法。"他先后找了他世兄蒋仁裕和门房李白华进来，我就一五一十地教了他们一会。他们即刻去教老妈子和车夫，高兴得很。蒋大哥摸摸胡子说："你很有传教的精神。"这是三径读书处成立的一段趣史。舍下也设了一个笑山平民读书处，这是纪念先父的……

同年的 12 月上旬，陶行知在北京先后组织设立了十几处"平民读书处"，小先生制萌芽了。为了进一步启发孩子们读书的热情，进一步提高他们做小先生的信心，陶行知作诗多首。

小先生歌

我是小学生，
变作小先生。
粉碎那私有知识，
要把时代儿划分。

我是小先生，
教书不害耕。
你没工夫来学，
我教你在牛背上哼。

我是小先生，
看见鸟笼子头就昏。
爱把小鸟放出，
向着森林飞奔。

我是小先生，
这样指导学生：
学会赶快去教人，
教了再来做学生。

我是小先生，
烈焰好比火上喷。
肃清苍蝇与疟蚊，
好叫人间不发瘟。

我是小先生，
填平害人坑。
把帝国主义推倒，
活捉妖怪一口吞。

我是小先生，
要为众人谋生。
上天无路造条路，
入地无门开扇门。

小孩不小歌

人人都说小孩小，
谁知人小心不小。
你若小看小孩子，
便比小孩还要小！

1932年9月4日，由晓庄小学学生胡同炳任校长，成立了南京余儿岗儿童自动学校。陶行知寄去一首诗《自动学校小影》表示祝贺。

有个学校真奇怪，
大孩自动教小孩。
七十二行皆先生，
先生不在学如在。

自动学校的孩子们吟诗后写信问陶行知："小孩就不能教小孩吗？"陶行知非常高兴地接受意见，便将"大孩自动教小孩"改为"小孩自动教小孩"。由此，人们更加看到了中国普及教育的希望和小先生的伟大力量。

1933年1月，在山海工学团的侯家宅农民夜校里，小学生张健帮助严竞成老师辅导农民上课，农民称他为"小先生"。还有一个叫吕朋的小学生，能给一个 40 多个儿童的班讲课，还讲得有声有色。陶行知将两个典型加以表彰、扶植。

1933 年 12 月 10 日，陶行知去上海火车站，为 7 个小孩子组成的新安儿童旅行团送行并进行演讲给他们以鼓励，还为其作诗《新安儿童自动旅行团小影》赞扬他们。

由此，江浙各地很多学校创办了儿童工学团的组织，更有力地推动了"小先生制"的工作。

1934 年 1 月 28 日，陶行知参加了在山海工学团举行的"一·二八"两周年纪念大会。这次大会也是各村儿童自动工学团第一次总集合。会上举行了儿童自动工学团小先生普及教育队授旗宣誓典礼，标志着"小先生制"的正式诞生。立时，"小先生制"如星星之火，蔓延之势可谓壮观。大江南北有志之士纷纷投身于大众教育之洪流中。

2 月 16 日，《生活教育》半月刊创刊，陶行知发表了《生活教育》《普及什么教育》《小先生》三篇文章。

3 月 16 日，陶行知请赵元任为《小先生歌》谱曲。

4 月 4 日下午，陶行知参加了山海工学团儿童节庆祝会，做了热情洋溢的演讲。

从前世界属大人，现在世界属儿童。现在世界既然属于我们儿童，我们就得把这个担儿挑起来，创造一个美满的快乐的世界，大家共同享受。我们要从这儿童节的大会当中，立一个大的志愿来纪念它！

我们要做一个"开创新世界"的儿童！

我们要做一个"即知即传人"的儿童！

我们要做一个"平等互助"的儿童！

4 月底，陶行知去浙江湘湖师范、杭州翁家山小学等地推广"小先生制"。

5 月 16 日，陶行知应幼儿教育家陈鹤琴教授之邀，为"儿童教育社"作社歌《教师歌》。

1934 年的下半年，陶行知先后到甘肃、安徽等省的多座城市推广"小先生制"，并编辑出版了《小先生丛书》。

1935 年 3 月上旬，陶行知先后去南京、九江、汉口等地宣传普及教育，推广"小先生制"。3 月 8 日，陶行知在汉口市立第三小学演讲《怎样做小先生》。

诸位小朋友：

我到武汉的第一个快乐，就是前天在报纸上看到了汉口市立三小试行小先生制先锋团的新闻。当时我在吃饭，就把这个新闻当饭吃了。今天有机会来看看你们，真是高兴极了。

小先生的贡献是非常大的。要创造新的中华民国，就非要重用小先生不可。我们全国有一千一百万小学生，每人教三个，就有三千三百万学生了。蒙童馆的学生每人教三个，就又有三千万学生，一共就有了六千三百万学生了。这六千三百万学生，要请大先生请不起，所以干普及教育运动，只有靠小先生。而且不识字的人女子最多，你们这里虽有这么多女先生，可是不识字的女子还是多极了。教女子识字，也只有小先生最方便。

中国有两大妖怪，一个是守财奴，他顶喜欢的是白的银圆，一块一块地装进去，肚子装大了，把它埋到庭院的地下去，死了，还想把它带到棺材里去。街上的乞丐饿得要死，要他一个钱也要不到。他只恨银钱带不到棺材里去。

守财奴的弟弟是守知奴，他把知识一个字一个字地装进去，头是越装越大了，可是他不肯拿出来教人。你要他教你，他要你的薪水。我在一个朋友家里，看到一个老妈子不识字，我的朋友都不教给他。第二天，我又去了，我问那个老妈子："你们的先生呢？"她说："昨天上南京去了，中央大学聘他做教员，三百块一个月。"啊！我才明白，谁有三百块钱他才教谁，他是把知识当作私有财产的。我唱一个歌给你们听：

自私先生，
自利太太，
生下一对妖怪：
大肚的守财奴可鄙，
大头的守知奴更坏。
传下一代一代又一代，
造成了中华民族的大失败。
开刀打针要赶快，
放出一个个脑袋里的毒汁，
取出一个个肚子里的痞块。
如果再马虎，
天然淘汰！

说到这里，我要问问你们，你们有没有愿做守财奴或守知奴的？有的请举手。好极了，没有一个愿意做。我再问你们，若愿意做小先生的请举手。真好极了，你们都愿意做小先生，那么汉口的教育一定容易普及。湖北、全中国，也就容易普及了。

不过有人还不敢相信小先生，觉得一定要高年级的学生才可以当，初级的学生是不能当的。这也不对。六岁的小孩子就可以教几十岁的老人。怎见得？譬如六岁的小学生，早上在学校里学了"青菜、豆腐、青菜汤、豆腐汤、青菜豆腐汤"，晚上回家去，爸爸坐在左边，妈妈坐在右边，就可以告诉爸爸妈妈认字，这有什么害处？

我的妈妈五十六岁，我的儿子只有六岁，我的儿子就教了我的妈妈，所以你们的胆子要放大些，不要怕。

但是，你们还要记着：

一、小先生不是今天当，明天就不当了的。不要只有五分钟的热度，要有恒心，要能继续不断地做，要一年干到头，一生干到老。

二、要不怕碰钉子。我们乡下有些流氓骂小先生："乌龟教鳖，越教越拙。"我说，他们再骂的时候你就说："乌龟教鳖，教的不歇，鳖变乌龟，乌龟变鳖。"比方说，我读书，他种菜，我教他读书，他教我种菜，我们都会读书、种菜了。

一天到晚做小先生，你爸爸也许会叫你不做。他要你读《百家姓》，他要你读《三字经》，他要你种田。好的，你都做。你可以说："爸爸要我做的我都做，我要做的爸爸可不许我不做。"我有一首不怕碰钉子的歌，念给你们听一听：

你是小先生，
烈焰好比火山喷。
生来不怕碰钉子，
碰了一根化一根。

最后，我很希望你们每人都做小先生。我恭贺大家胜利！成功！

随着雷鸣般的掌声，大家都站了起来，目送陶行知走下了讲台。

1935 年 5 月 20 日，汉口市三小小先生普及教育先锋团给陶行知的信中写道：

行知先生：

　　在整个中国都是患穷病的情况下，我们认为先生所倡导的小先生制，确是一个最经济、最有效的办法，才毅然决然地于三月一日决定实行的步骤，开始进行。三月八日承先生亲临指导，给了我们许多新的启示，这是我们非常感激的。

　　本团自从三月十八日总动员以后，经各导师的热心指导，进展很顺利，并且都感觉到"做小先生"是很有趣的工作……

　　还有许多小先生的家长对我们说："这个小先生普及教育的办法，真是想得不错，实在有益无损，不但对小先生的功课没有妨碍，并且因为要教学生，所以他们比以前越发用功了。"这样看来，可见小先生们的家长对小先生制都很热心赞助呢……

　　社会上的一般人，大部分对于"小先生"都有了相当的认识，虽然不能十分坚定他们的信念。当一件事初办的时候，总难免有许多人怀疑的，但是只要有实际的成绩给人们看，就是再会唱反调，或是说风凉话，也不成功。"做小先生"是我们应有的责任，今后自当站在普及教育旗帜之下，与全国小先生共同努力……

　　最后还希望先生时赐教言，指示一切。再关于小先生的书报，亦请多多地介绍，无任盼祷！

　　敬祝康健！

汉口市三小小先生普及教育先锋团谨启
五月二十日

1935 年 3 月 31 日，陶行知致信西湖翁家山小学校长白动生。陶行知的信中说的是该小学 8 个小学生如何做小先生、将其经过记录下来并经陶行知推荐，由上海儿童书局出版成册而获得稿费一事（每 1 000 字 3 元钱，共收入 144 元整）。他们将全部稿费收入捐出，做了公益事业。从这件事中可以看到，小先生年龄虽小，心是高的，精神是伟大的。

1935 年上半年，陶行知编写、出版了《老少通千字课》。

自 1935 年 8 月 4 日至 29 日计 16 天，西桥工学团的小先生们陆续给经常出门在外的陶行知写信汇报工作。从这些信件的节选内容中可以了解小先生们的工作状况。

杭金洪的信：

　　陶行知先生，西桥的人虽小而心不小，人虽穷而志不穷。虽然被环境压迫，而觉悟反更大。陶先生，放心些吧！西桥要想追到上海的山海工学团、南京的自动小学校和淮安的新安小学，一样向前进！进！进！不能掉在后面的……

承国平的信：

我们现在是七个小先生。有六个村庄的小朋友来读书，我们便分配着每人负责一个村庄，同时比赛哪个负责的村庄成绩好。还多出一位小先生，是总指挥，评判各村的成绩，调查各村是不是实在教……

承国新的信：

现在各村的小先生很是起劲地教人。每天早会上，各村小先生做工作汇报……

阮茂祥的信：

我们每人负责一个工学团，好比每天工学团有问题发生，就由负责的这个小先生去解决……

王桂林的信：

我负责总指挥，要调查各村的小先生教不教人。星期二去查这一天，下了雨，路上很不好走，调查的结果很好……

杭良溪的信：

西桥现在是真正自动了，小朋友没有一个不教人的，都做小先生，都做小农人，都有革命的精神。我们西桥小先生要超过山海、超过南京晓庄、超过江北的新安，这是我们的希望……

10月25日，陶行知致函西桥的小先生们。陶行知在信中热情洋溢、万分激动地鼓励他们：

你们给我的信，我都已经把它们编好了。如果卖出去，你们准有棉袄过冬！这是你们努力的结果，应该归你们自己享用……

我们姑且做个好梦吧！

祝你们努力创造！

1935 年 9 月 4 日是南京佘儿岗儿童自动学校成立 3 周年纪念日，陶行知作诗祝贺，希望他们立大志，求大智，做大事。

11 月，生活书店出版了《怎样做小先生——小先生指导法》一书，当时在社会上引起了强烈的反响。此书的目录如下。

一、为什么要做小先生

二、找学生

三、课本要不要

四、识字呢，读文呢

五、活动材料

六、留声机与无线电

七、图画书之功用

八、知道什么教什么

九、教人的时间

十、不要摆架子

十一、虚心求学

十二、教你的学生也做小先生

十三、小先生团

十四、一变二

十五、盯住你的学生，也让你的学生盯住你

方与严，晓庄学校第 2 期学生，曾先后担任晓庄学校代理校长、育才学校校务主任、社会大学副校长等职。新中国成立后，1950 年 11 月 6 日，在担任教育部初等教育司副司长时，他在重版 16 年前《怎样做小先生》一书的《校后记》中写道："小先生能够帮助普及教育，是陶行知先生在 17 年前，在上海、宝山两县交界处的山海工学团发现的新路线，在贫穷的中国能够帮助普及教育的新路线。这一条新路线，在当时推行不久，即推行到全国 24 省、市，在解放区，也大量推行而有效。"

1936 年 5 月 14 日，陶行知在南宁维新镇中心小学演讲《小先生制的历史》。当然，历史之路是曲折的、千辛万苦的。创造小先生制的陶行知及与他同甘共苦的同仁，如果没有"教育救国""教育为公"的宏图大志和"捧着一颗心来，不带半根草去"的高风亮节，不可能成功。

1936 年 8 月 7 日至 14 日，在英国伦敦召开的世界新教育第 7 届年会上，陶行知作为中国大众普及教育运动的组织者和领导人做了《中国大众教育运动》

的发言。

与会的女士们！先生们！

中国主要是农业国，而且是一个穷国，因此没有钱按照西方的方式教育全国人民。中国要在几年内使全国人民能读会写，就必须研制出它自己的方法来。目前中国通过大众教育运动正在做这件事。中国大众教育运动开始于十二年前，但在最近两年中已经进入一个新的阶段。这个运动已下定决心要解决现实中国面临的三个最迫切的问题。

首先是建立新学校的经费问题。运动的组织者们不把钱投入建筑校舍，而把整个社会看作一个学校。庙宇、戏院、休息室、私人住房的顶楼以至住房旁边的附属小屋，都已经用作大众的学校，从而把别的计划极为需要的钱节省下来了。

第二个问题也已经用一种新的方法解决了。中国的农民和工人没有钱买知识，没有钱付教师的薪金，因此运动的组织者们规定，凡是拥有知识的人都有责任与他人分享知识。参加夜校学习班的或者收割庄稼前后较为空闲时前来学习的三四十个农民，不仅是学生，而且也是先生。他们即使只学了第一课，也被鼓励回家去把他们刚才学到的内容教给他们的妻子和儿女。儿童们也成功地当了先生，六岁的孙儿教五十六岁的祖母读书写字。小学、中学的教师们因而受到鼓舞和帮助去训练他们的孩子们当"小先生"。"小先生"这个词听起来似乎很奇特，但是在中国，这些小先生却获得了很高的荣誉。他们已经能够比成年人更有效地处理中国的一个特殊问题：中国妇女多数是文盲，女教师非常少，可是男教师教十六七岁的女孩子不方便，所以儿童白天在学校读书，晚上当先生教邻近的妇女和女孩。小先生制非常成功。凡是采用了小先生制的地方，男人和妇女的文化几乎相等。当然还必须防止若干危险。小先生制必须自愿。但儿童们是热情的，他们一听到小先生制，多数就想当先生为祖国效劳。另一个危险是他们可能在教学上操劳过度，有损他们的健康。必须注意防止这样的事情发生。可能有人猜想，他们传递的知识是非常错误的。然而，实际上，人们发现他们是非常认真的，把自己学到的东西教给别人，也使自己对学习的内容更清楚。

大众教育运动还解决了另一个问题，即简单的中文拼写字母问题。中文方块字，一字一图像，很难学习。中国话的一套拉丁化字母制定出来了，这套拉丁化字母已经在广州、上海和北方各省试行。它能为全国人民的四分之三所读懂。一个农民凭借这套拉丁化字母一个月之内就能学会读书写字。

随着这三个问题的解决，使大众不必等到中国工业化就能够用自己教育自己的一种工具铸造出来了。如果中国要等待这么久，那就太晚了。没有大众教育，中国就要遭殃，丧失它的完整和自由。因为，坦率地说，现在中国教育只有一个目的：民族解放。如果教育不能帮助中国成为一个自由、独立的国家，那么教育就没有意义了。

可是，强调民族解放，并不意味着狭隘的民族主义。一个自由、独立的中国将有助于世界和平，因为中国丝毫没有采取帝国主义政策的意思。中国力图达到的是在中国青年身上培植中国的民族解放精神和整个世界的国际谅解的精神。

陶行知的发言深受大会代表的欢迎。同中国一样贫穷落后的殖民地、半殖民地国家更是受到了极大的震动。他们认为中国的大众运动也是他们发展教育的极好的办法。大会将陶行知的发言称为震撼世界新教育的"一声惊雷"！

是的，惊雷！这一惊雷是陶行知及同仁调动千军万马，闯过道道难关险滩，用10多年的心血凝成的！世界新教育年会自1915年成立以来，每逢年会，疆土辽阔、人口众多的中国均接到邀请函，有时无人参加，有时也派代表赴会，但代表只不过是听听会，会议结束游山玩水回国而已。在世人眼里，"中国没有教育""中国的教育是极其落后的"。而今，在第7届年会上，陶行知代表四万万五千万中国同胞，用纯正流利的英语，声情并茂地发言，确实让代表们震惊！

第十四章　云天情思

　　1936 年 10 月 18 日是陶行知 45 岁生日。这一天，陶行知接受"全国各界救国联合会"的派遣，以"国民外交文化使节"的身份，出访欧、美、亚、非 26 个国家和地区，去宣传中国的抗日战争；介绍中国大众教育运动；促进华侨团结；开展人民外交活动；推动对日物资禁运……

　　此时，正在途中的陶行知眺望机外。机外云海茫茫。他低头沉思，心潮澎湃：我的家呀，我的亲人哪！你在哪里？谁知道今天我在哪里？谁还记得今天是我 45 岁生日……他热泪不禁暗暗地流了下来。

　　往日里，如果在家中过生日，陶行知总要为含辛茹苦、操劳一生的老母亲买上几样她爱吃的菜肴、点心带回家。如果出门在外，他也总要写封家书答谢母亲的养育之恩。爱妻汪纯宜，总要为丈夫缝制一件可身的新衣、做上几样可口的饭菜表示祝贺。胞妹文渼，也舞文弄墨、变着招数让胞兄感到快乐。还有 4 个小桃子，欢蹦乱跳可亲可爱。他们每年总是盼望着这一天，因为这一天爸爸会回家来，还会为他们买喜欢的礼物……

　　可是，今天的这个 45 岁生日，却与往年有天壤之别。

　　7 年前的 1929 年 6 月 6 日，年仅 34 岁的胞妹陶文渼去世。陶知行闻讯，悲痛欲绝。两天后，他为胞妹写下《文渼指导之遗忘》一文。

　　　　文渼是我的亲妹，我的益友，我的导师。她与我不是平常的兄妹可比，她知我最深，我知她最切。我现时不忍回顾她的生平。……但我一念到她的生平，心都要碎了。……自从她的丈夫去世后，她的唯一志愿是帮助我做个有益于人类的人。……我十年来的事业，她没有一件不曾给我最大的影响和帮助。我成功，她为我欢呼；我失败，她给我安慰；我走错了路，她拉我回头；我走向生活，她勉我前进。没有她便没有我。从此，我的生命已经残废了一部分……

这字里行间充溢着"不是平常的兄妹可比"深情厚谊。

母亲曹翠仍，1933年10月26日病逝，终年66岁，葬于南京晓庄。陶行知想起了自父亲病逝之后，20来年母子相依为命的岁月。陶行知深知中年丧夫的母亲的悲恸之情。听到父亲病逝的消息时，陶行知远隔重洋，难以回家，只好在1915年夏，给母亲致函。

母亲膝下：

敬禀者，溶自到基尼法湖，身体又强壮了许多，后日回校进夏季馆。务望母亲每日下午偕纯妻、渼妹到山上游游。山上空气清洁，益肺，通血脉，常游必壮。务请垂听为要……

母亲去世后，陶行知深情地书写了《追悼慈母歌》。

慈母啊！慈母啊！
流啊流啊大家流。
慈母啊！慈母啊！
流你爱流的热汗，
一滴一滴滴成糙米饭，
一吃一吃吃饱穷光蛋！

爱妈呀爱妈！
爱妈呀爱妈！
背起你留下的重担。
慈母啊！慈母啊！
爱啊爱啊大家爱。
慈母啊！慈母啊！
爱你所爱的小孩，
人人都成自动小工人。
联合起来创造大世界！

爱妈呀爱妈！

爱妈呀爱妈!
消灭那吃人的妖怪。
慈母哟!
慈母哟!

陶行知回忆起母亲勤俭持家、养儿育女和大力支持他所从事的普及教育的事业,甚为感慨,写下了许多诗作。

吾母所遗剃刀

吾母治家,最为勤俭,连剃头都是她一手包办。这把剃头刀,现是成了我们最可纪念的传家宝了。它剃过父亲的头,剃过我的头,剃过桃红、小桃、三桃、蜜桃的胎头。

这把刀,
曾剃三代头。
细算省下钱,
换得两担油。

我的袜

吾袜真奇怪,
半年穿两双。
人笑我蹩脚,
谁知我心欢。
这袜母所补,
这袜儿所穿。
儿穿母补袜,
快乐如神仙。

慈母读书图

吾母五十六,
发奋读书籍。
十年到于今,
工学无虚日。

小桃方六岁，
略识的和之。
不曾进师范，
已会为人师。

祖母做学生，
孙儿做先生。
天翻地覆了，
不复辨师生。

三桃凑热闹，
两眼呆望着。
望得很高兴，
祖孙竟同学。

上课十六天，
儿子来一信。
老母看得懂，
欢乐宁有尽。

匆匆六个月，
毕业无文凭。
日新又日新，
苦口做新民。

病发前一夜，
母对高妈说：
你比我年轻，
求学要决心。

子孙须牢记，
即知即传人！
若做守知奴，
不是中国人！

陶行知在母亲逝世两天后，10月28日特地到新安儿童旅行团住所讲了下边一番话：

> 我的母亲是个劳动者，她一时一刻都在劳动的。我的几个孩子可算都是她带大的，她也可算是我的几个孩子的母亲……

爱妻汪纯宜，1936年4月23日，在患有"不治之症"7年后逝世。爱妻重病期间及逝世后的一切丧葬事宜，均由朋友帮忙处置。为了民族的兴旺，为了国家教育的发展，陶行知在爱妻最需要他的时候却不在身边，没有看上她一眼，没有表达一句他生养4个可爱的桃子情谊的感谢话，留下终生遗憾。而今，为了安全，同志们把4个桃子分别隐藏起来。桃子呀，你们在哪里？你们知道今天是爸爸的生日吗？你们兄弟4个过得好吗？你们有联系吗？爸爸想你们呀！……

风急云飞。为了中国人民反法西斯斗争的胜利，为了中国教育大业，陶行知满怀着对家人的眷恋去迎接新的战斗！

陶行知长子陶宏的《我和我的父亲》一文，能使我们更深刻地了解、理解陶行知的家人和陶行知的伟大事业的密切关系。

陶宏回忆：

> 父亲之所以能够致力于各种创造性的艰苦工作，本身有一个最有利的条件，就是他无家庭后顾之忧。在这一点上，我们的姑母和祖母实在给了他不少的帮助，分担了他不少的重负。
>
> 在这儿，我愿意重申一句：在歌颂我父亲伟大的造就时，在哀悼他那种为大众谋幸福、真正鞠躬尽瘁死而后已的精神时，千万别忘了三个无名英雄：第一个就是我的姑母，第二个就是我的祖母，第三个就是我的母亲。在七年之内，他们为了父亲的事业而相继牺牲倒下。父亲是为了事业拖死的，她们都是为父亲的事业拖死的。她们的精神同样是伟大的、不朽的。通过她们的牺牲，父亲才能放开手勇往直前地去做……
>
> 一个对人类有那样诚挚丰富爱的人，岂能冷落自己的亲人？只是中国还有太多太多比我们更需要照顾的老百姓、青年、少年和小孩子……

常言"一个成功男人的背后，总有一个有着自我牺牲精神的女人支撑着"。陶行知之所以成为伟大的人民教育家，是因为他背后有3个伟大的女人支撑着他。表彰、宣传英模先进时，不可忘记他们背后的"女英雄"们！

第十五章　战斗的堡垒
——《新华日报》

　　《新华日报》是中国共产党在抗日战争时期和解放战争初期，在国民党统治区办的报纸。《新华日报》1938 年 1 月 11 日在湖北汉口创刊，同年 10 月 25 日迁至重庆，1947 年 2 月 28 日被国民政府封闭。陶行知常应该报之邀撰写文章。陶行知许许多多的文章，尤其是一些别家报纸难以发表或不予发表的文章，均在《新华日报》上发表。《新华日报》成为陶行知战斗的堡垒。

　　《新华日报》创刊时，陶行知正身负重任，出访欧、美、亚、非，为抗日救国而发动侨胞共赴国难。陶行知回国后的 1938 年 10 月 2 日，《新华日报》记者密林将其 10 月 1 日深夜采访陶行知的记录整理为《陶行知谈各国援华运动》一文，作为特写载于《新华日报》。

　　10 月 4 日下午，陶行知在汉口一元路儿童保育院庆祝新安旅行团成立 3 周年和第二团成立大会上演讲。记者密林将讲话内容整理为特写《骑在真理的背上去》，载于 1938 年 10 月 15 日的《新华日报》。

　　1938 年 11 月 6 日、7 日两天，《新华日报》记者春江连载《小朋友是民族未来的巨子》一文。这是陶行知在中国战时儿童保育会重庆保育院的演讲记录。

　　1939 年 9 月 10 日，《新华日报》记者慧林采访陶行知，请陶行知谈对当前局势的认识。采访结束后，慧林将谈话记录整理为《精诚团结是民族存亡的关键》一文。文章开宗明义地指出：

在抗战处于困难的现阶段，精诚团结应成为一个更重要的课题，但有少数人还不懂这是国家民族存亡的关键，因此抗战已两年多了，还有人喊着反共或排除异己。要知道反共是世界侵略者的口号，是敌寇惯喊的口号，同时是汪逆（汪精卫）叛徒正在用的口号。在我们则精诚团结、和衷共济应是救中国最紧要的口号。现在应特别强调精诚团结，打碎敌寇和汪逆分裂我们的阴谋进攻！

1940 年 1 月 11 日，陶行知作诗祝贺《新华日报》创刊两周年。

> 炮里闻呱呱，
> 今年两岁了。
> 生来为真理，
> 岗位在报晓。
> 笔杆如枪杆，
> 挥墨亦挥汗。
> 粉碎敌人谋，
> 一字一炸弹。
> 指点光明路，
> 同向广明去。
> 协力是慈航[①]，
> 重洋可以度。

4 月 9 日，《新华日报》记者于国民在国民参政会第一届第 5 次会议期间采访参政员陶行知，后将谈话内容整理为报道《精诚团结，停止摩擦》，载于 4 月 10 日的《新华日报》。文章开宗明义地写道：

> 中国今天有三件大事：第一是抗战到底；第二是精诚团结；第三是实行民主的宪政。但这三件事是相连环的，要做到这三件事，必须要参政会及全国同胞共同努力才能完成。

1941 年 1 月 31 日，《新华日报》刊登了陶行知在育才学校一次联欢会上的演讲《陶行知拆字》。

> 今晚我来为大家拆一字，我所拆的是个"春"字。春者，三横一人，

---

① 慈航：佛语，比喻中国共产党的领导。

下面一个日子。三横一人合为三人，三人为众，众是许多人的意思。这里面有男的、女的、老的、少的、穷的、富的、各党各派的，这些人聚在一块是表示团结。"日"字是日本帝国主义。总起来说是全国团结起来，才能打到日本帝国主义！我今晚就以这个团结的意义来欢迎大家。

1942 年 1 月 11 日，陶行知作诗祝贺《新华日报》创刊 4 周年。

> 以火点火火愈明，
> 以知与人己愈知。
> 思想贯通生力量，
> 惊破乩①字太阳旗②。

1943 年 1 月 11 日，陶行知作诗祝贺《新华日报》创刊 5 周年。

> 报告正确消息，
> 粉碎歪曲理论。
> 写得大众能懂，
> 充当万有课本。
> 自己每天必读，
> 随时还教别人。
> 这是抗建武器，
> 共灭纳粹瘟神。

陶行知认为报章最大的责任在于说老百姓心头想要说的话语，写老百姓眼睛看得懂的文章，便利读者，使读者即知即传，帮助国家动员最大多数人的最大力量来打倒日本帝国主义，并和世界民主国家共同消灭法西斯强盗。

1944 年 1 月 5 日，《新华日报》增设《祝贺董必武六十寿辰专刊》，特邀陶行知撰文。陶行知作诗《贺董必武六十寿辰》。

> 团结标志一老翁，
> 明年一岁老还童。
> 诲人不倦学不厌，
> 春风时雨天下公。

---

① 乩：德国纳粹党标志。
② 值星：值日、执勤。

1945 年 4 月 4 日是儿童节①。《新华日报》增设《儿童节特刊》，特邀陶行知撰文。陶行知作《民主的儿童节》一文。

儿童的生活，是一面社会的镜子。

一个国家的政治经济是不是民主的，用不着争论，只需拿这一面镜子照一照就明白了。因为儿童真是人微言轻，政治经济在儿童身上的反映是最彻底而难以隐藏的。如果"月到中秋分外明"这句话是正确的，那么，你在儿童节的儿童生活的反映上，更可以看得清清楚楚。

幸运的儿童是一年三百六十五天，天天过儿童节，四月四日，不过是加强的儿童节罢了。不幸的儿童，就连四月四日也与他们无关。他们在儿童节仍旧是擦皮鞋，拾狗屎，做苦工，挨饿、挨冻、挨打。饿、冻、打，便是他们所受的礼物。听戏、看电影、吃糖果、参加游艺会，没有他们的份。

民主没有深奥的意思，通俗点说，就是"大家有份"。在倒霉的时候是"有祸同当"；在幸运的时候是"有福大家享"；在平时的时候是"大家的事大家谈，大家想，大家干"。

儿童节是全国儿童的儿童节，绝不是少数儿童的儿童节。我们对于儿童幸福要做到全体儿童人人有份，才算是民主的儿童节。所谓儿童的幸福究竟是些什么？这可以拿老百姓所爱好的"福、禄、寿、喜"四个字来说明。

一、福：有母爱，有书读，有东西玩，有六大解放，有学当其才之培养，有小小创造的机会，有广大的爱护后代的同情。

二、禄：吃得饱，穿得暖。

三、寿：不受恐怖，不被剥削，不受伤，不害病，不夭折。

四、喜：过年过节，皆大欢喜。

·············

但是，要知道民主的儿童节之先决条件，是政治经济的民主。倘使政治经济不民主，小孩子的幸福是必然限于很少数的少爷小姐。倘使政治经济一民主，那自由神必定是立刻飞到它所关心的最不幸的小孩子当中，而把他们抱在温暖的怀抱里。故真正爱护小孩的朋友，必须是民主的战士。让我们促成民主的政治经济，以实现民主的儿童节。

---

① 儿童节：1931 年国民政府规定，4 月 4 日是中国的儿童节。1949 年 11 月，国际民主妇女联合会决定将每年的 6 月 1 日作为国际儿童节。

1946 年 1 月 9 日，重庆出版学术联谊会、杂志联谊会、中国电影戏剧界人士等 7 个团体 500 多人，借白象街西南实业大厅招待出席政治协商会议的代表，陶行知参加并被推荐为茶话会主持，在会上做了演讲。10 日，《新华日报》记者将其演讲整理为特写《对政协代表的两点希望》。

今天，这七个团体合在一起招待政治协商会议代表，是因为这七个文化团体的生活、工作、困难和希望都大致相同。我曾写过四句诗来说明文化界共同遭遇到的命运。这四句诗是这样的：

人人呼我老夫子，
生活不如老妈子。
同样是带小孩子，
吃不饱来饿不死。

过去，文化工作者的手脚是被绑起来的，眼是闭着的，口是被封着的，就是因为没有民主，使作家不能创作出艺术品来，处处受限制，即使作家被左删右改、曲曲折折地写出一些残缺的东西来，作品与老百姓之间还有一道墙隔着。读者买书看，还要受到恐吓。

对政治协商会议代表的两点希望：

第一，盼望代表站在人民立场为人民说话，拨开成见，找出大家可以生活的路来。

第二，把人民的力量拿出来，做代表的后盾，代表倾听人民的意见，这样政治协商会议才能开得好。

1 月 11 日，陶行知作诗贺《新华日报》创刊 8 周年。

《新华日报》，
八岁了。
大家来恭贺，
大家欢笑。
你是人民的报，
向人民报告，
代人民呼号。
你喊抵抗日本，

日本被打倒了。

你喊停止内战，

内战昨天停止了。

你喊政治要民主，

民主会来到。

你喊联合政府，

联合政府也会来到。

如果不来到，

不算《新华日报》。

3月26日，陶行知撰文募集儿童节礼物，载于《新华日报》。

我们的朋友，小孩子的朋友：

儿童节四月四日快到了。城里少数的小孩子不消说大概是很热闹地准备过节了。乡下的小孩子从来没有人想到，也不知道什么是儿童节。我们去年把儿童节介绍给乡下的小孩子，特别是抗战军人的小孩子，看牛的，割草的，捡狗屎的，挑煤炭的，做徒弟的，没有父母的，吃不饱、穿不暖、受人歧视的，使他们至少能享一天的快乐和得到一年的学习工具。承各位朋友乐助代金二十三万零四百六十二元和丰富的礼物，结果是举行一个一千二百多人的盛会，七百多个苦孩子得到了礼物，并建立了三十八个识字班，为一千余人进行经常的教育。

今年，我们预备继续这个运动，给乡下小孩一天的快乐、一年的教育。希望各位朋友踊跃捐助，共成盛举。

朋友们：这是很值得参加的一件事，让我们大家各尽所能来共同完成一件虽小而大的事——使乡下的小孩子得到真正的快乐。倘蒙赞同，实物或代金，多少都听尊便。时间太迫促了，希望各位实物或代金于四月一日十二时前交到重庆和平路管家巷二十八号。

外省的朋友如能捐物捐款，各向附近乡村小孩送礼；以扩大区域，为全国小孩送礼，尤为盼祷。

6月25日，陶行知以民主同盟会负责人之一的资格，举行记者招待会，并在会上演讲。26日，陶行知演讲的内容被整理为《美国应停止救助国民党》一文，登在《新华日报》上。

我是上海五十四个反内战团体的发言人。这些团体包括十万人。这些团体要求美军立即撤离中国，美国停止对国民党政府的一切援助，直到停战及联合政府之实现。如果美国停止援助国民党，和平的机会当更大。国民党现在享有对共产党的优势一旦消除，则双方分歧当更易求得解决。

此文短小精悍，立场坚定，旗帜鲜明。然而陶行知壮志未酬身先死，长使英雄泪满襟。1 个月之后的 7 月 25 日凌晨，陶行知因积劳成疾，突发脑出血与世长辞。

听到陶行知去世的消息，《新华日报》全体工作人员万分悲痛，于 7 月 27 日发表了社论（摘录）：

> 先生从事新教育事业，坚强笃实，百折不挠，数十年如一日。先生摆脱半封建半殖民地的教育传统，开辟了中国新的教育途径，从实践过程中，已有着伟大的创造。这创造主要表现在他所提出的几个口号上，即"生活即教育""社会即学校""教学做合一"。这是适合中国国情，特别是适合劳苦大众需要的。其贯穿这几个口号的基本精神，就是民族的、民主的、大众的教育……
>
> 数十年来，先生的子弟遍于国内，先生的思想日益推广，特别是解放区，先生的新教育方向已在那儿具体实现，放出光辉。这证明先生的方向是正确的，先生的努力是有伟大收获的。

> 没想到《美国应停止援助国民党》一文，竟成为陶行知在《新华日报》战斗阵地上的绝笔。

第十六章　异域的回响
——陶行知的译诗

陶行知的诗作相当丰富，涉及面相当广泛，真可谓"无事可为诗，无人不可不成诗"。他对外国诗作也相当热爱，译诗颇多。

《箭与歌》的作者朗费罗为美国著名诗人，其作品均以反对民族压迫和种族歧视、同情印第安人和黑人的不幸遭遇为题材，主要诗集有《夜吟》《奴隶之歌》等。

我向空中射了一箭，
落下地来，我不知道它在何方。
只见它一去如飞，
眼光跟不上箭的去向。

我向空中唱了一首歌，
落下地来，我不知道它在何方。
谁有如此敏捷健强的眼光，
跟得上歌声的飞扬？

好久好久以后，在一棵橡树上，

我寻着了这支箭，仍旧没有破；

在一个朋友的心里，

我寻着了这首歌，一个字也不错。

《你的任务》是美国第 16 任总统林肯非常喜欢的一首歌。1864 年在华盛顿礼拜学校开大会唱这首歌时，林肯呼吁"重唱！""再重唱！"最终这首歌被唱了至少 18 次。

假使你不能在海洋中，

驾驶飞快的舰队，

摇荡最高的波涛，

笑对着迎头来的暴风，

你也该立在——

碇泊的海湾内水手群中，

拿你的一臂之力，

帮助他们将船开出去。

假使你没有力量，

攀上高险的山峰去旅行，

你也该站在众人必经的山谷，

你能唱一支快乐的歌，

当他们慢慢走过，

他们或者忘记歌者之名，

然而忘不了所唱之歌。

假使你没有金和银，

在手边任你分配，

假使你不能对于穷人，

伸出一只常愿援助的手，

你也该安慰受难的人，

对犯过的人，滴下你的同情之泪，

你也该做一个忠实的门徒，

坐在基督教的脚边。

假使你不能在收获的时期，
搜集那粗心的农夫遗漏掉的，
丰富成熟的金黄色的麦粒，
你也该到墙边，
收拾那长在荆棘中的麦子，
因为麦子被阴影所掩护，
或者比一切还长得丰富。

假使你在战斗中，
不能证明你是一个真正的士兵，
假使你在炮火密集的地方，
没有工作能担任，
当战场寂静的时候，
你也该小心地走去——
将受伤的战士抬出，
将死去的掩埋。

那么不要懒洋洋地站着，
等候那更大的工作去做。
幸运是一个懒惰的女神——
她绝不会来找你。
到生命的葡萄园中去操劳吧！
不要怕工作，不要怕冒险，
假使你要一个工作的园地，
你到处都可以找得着。

《林肯的心》的原作者为布特沃尔斯。

孩子，你受伤了，原野是你的帐篷，
在最后一分钟，我能为你做点什么？
是的，我受伤了，我已经精疲力竭，
您愿意将看到我的经过，为我写封信吗？
这高个儿折几张纸，
在那阳光朦胧的空气下写着信。

我怎样署名呢？这样能给他一点快乐。
朋友，无论怎样，签上您的大名。
假使您所写的正适合您孩子的心，
又将您的名字写在这里，他看见了：
谁如此温和地为我写这封信？
"林肯"激动地写在这里。

流着血的孩子，从一个不认识的人的手里，
拿着这封信。
什么？林肯！不是他吗？
仅有我一个人，拿着我的手，
看过经过的，您就是他吗？
在那隐退所，这个国民的心，
维持着微弱的脉搏，直到他停止。

太阳穿过树林，好像是个凸悬窗，
由天穹反射下来。
鸟在唱，鸠在呻吟，
紫红色的空气充满这空间！
两个人闭上了眼睛，两个人在祈祷，
走上这冷静阶梯之级。

他，这个小孩，仍握着他的手，
他爱的心，永不复回。
让他驾着彩虹，向远方飞去。
树林在歌唱，太阳烧灼地裂开，
这个领袖在紫红色的空气下，
闭上眼睛，交叉着手，
我们的林肯在这里上了生命之一课。

《和气地说吧》的原作者为大卫·贝茨。

和气地说吧，
以爱待人远胜于以威吓人。

和气地说吧，
不要让恶言来毁坏我们在此地可做的好事。

和气地对小孩子说话吧，
这样必能得到小孩子的爱。
教导他要平心静气，
小孩的时代不会久留。

和气地对青年人说话吧，
因为他们的担负是够重了。
他们要尽力过这一生，
这一生充满着忧患。

和气地对老年人说话吧，
不要使伤心过的人再忧愁。
他生命漏壶中的沙粒将要流尽了，
让他在和平中离别。

和气地对犯过错的人说话吧，
要知道，他们已经是劳而无功，
或者是因为受了虐待才做错事。
啊！争取他们回心转意吧！

和气地说是件小事，
却能打动人心的深处。
它所带来的福气和快乐，
将来会有事实告诉你。

　　《命运》的原作者为歌德（1749—1832），德国著名诗人、剧作家、思想家，青年时代是狂飙运动的主要人物，代表作有小说《少年维特之烦恼》、诗剧《浮士德》等。

　　藏在未来的怀抱中，
　　是欢乐与忧患。

我们得贯彻始终，
没有东西能阻挡我们——
冲锋。

庄严的在我们面前，
是挂了帘幕、漆黑的小门，
一切世人的目的——
抬头是静默的星辰，
低头是静默的坟地。

当你认真而四顾，
有恐怖的预兆来到。
同来的有幻影和错误，
用怀疑与烦恼，
叫勇士颠倒。

但是听啊，哪儿来的忠告？
古今世界的圣贤说说给你听：
慎选啊，选你要走的路。
选，是一霎那就选好，
路是一辈子也走不尽。

在永存的寂寂中，
有眼睛注视你。
这里有一切宝藏，
勇士啊，报酬你。
努力吧，不要丧气。

《坚强起来》的原作者为巴比科克。

坚强起来！
我们不是在这里玩耍——做梦流荡。
我们有困难的工作要做，有重的担子要挑。
不要逃避斗争——面对着它，

这是上帝的恩赐。

坚强起来！
不要埋怨时运不好。
是谁该受责备呢？
垂手，屈服，不要脸！
大胆地、用上帝的名义，站起来说话。

坚强起来！
不问事情错得怎样的深，
斗争如何的艰难，日子如何的长久，
不要消沉——向前作战！
胜利的歌声就在明天。

《苹果》的原作者萨福（公元前 7 世纪—前 6 世纪）是古希腊著名女诗人，出身贵族世家，曾在故乡教授妇女诗歌和音乐，一生写诗集 9 卷，现仅存《黄昏》和《苹果》两首完整的诗。西蒙将原作品译为英文，陶行知将英文译为中文。译文前，陶行知加了一个小序。

这苹果多么像那"胜利之果"啊！那攀不上的摘者又是多么像中国的老百姓啊！但是时代不同了。萨福的苹果无论结在怎么高的高枝上，终有会飞的人把它一摘而光，决不肯留一个给人瞻仰。

苹果甜，苹果香，
红在第一枝头上。
有果堪摘何不摘？
怕是摘者善遗忘。
遗忘，未必是，
是他攀不上。
到如今，还只是，
可以瞻仰不可尝。

《鹰》的原作者丁尼生（1809—1892）是英国著名诗人。他在 1850 年 41 岁时，被封为桂冠诗人。其主要作品有《公主》《悼念》《国王之歌》等。

他用弯曲的脚爪抓住巉岩，
在寂寞的上空与太阳为邻，
被蔚蓝的世界所环绕，
他屹然而立，
有皱皮的大海在他的下面爬行。
他从高山的峭壁上瞄准，
像一道闪电而降临。

《光阴，您这吉卜西老人呀!》的原作者为 R. 赫森。吉卜西人，通译吉卜赛人。吉卜赛民族是一个以游荡为生的民族，以歌舞、卖艺、占卜、算命为生活内容，原住印度西北部，公元 10 世纪开始外出游荡，现几乎遍布世界各地。第二次世界大战期间，吉卜赛民族惨遭法西斯种族主义者迫害，人口大量减少。诗中的"吉卜西老人"被比喻为光阴，是因为吉卜赛人从不在一处久留。

光阴，您这吉卜西老人!
您不愿安顿您的旅行队，
屈留一天吗?

只要您愿做我的客人，
我把一切都送给您:
为您的小马挂上上等的银铃，
叫银匠为您打大的金戒指。
孔雀向您鞠躬，
小孩对您唱曲，
啊，还有小姐用花为您编领圈。

光阴，您这吉卜西老人啊!
为什么忙着要去?
上礼拜您在巴比伦，
昨晚在罗马，
今早在伦敦，
在保罗礼拜堂之日暮下——
您系了缰绳，
一忽儿又去了，

去到一个个城。
在娘胎里尚未睁开眼睛：
去到另一个城，
在它进坟墓之前。

光阴，您这吉卜西老人啊！
您不愿安顿您的旅行队，
届留一天吗？

《当我们别离》的原作者为英国浪漫主义诗人拜伦。拜伦（1788—1824）出身贵族家庭，早年受启蒙主义思想影响，反对专制压迫和侵略，代表作有讽刺诗《唐璜》、长诗《哈尔罗德游记》等。

当我们别离，
沉默，流泪，
心儿几乎碎了，
感到后会无期。
那时你的脸惨白冰冷，
更冷的是你的接吻，
预告我：
忧愁的降临！

早上的清露，
寒冷地落在眉睫，
好像是暗示我：
现在我所感到的是什么？
您的誓约完全抛弃，
您的名誉是受着轻视，
我听见你的名字，
如同身受耻辱。

他们在我面前提及您，
好似凶钟惊我耳。
我听得不寒而栗——

您为何如此可爱？
他们不知道我知道您，
知道您是那样的深。
长久长久地为您忧愁，
真不是语言所能形容。

于秘密中初会，
在静谧中独愁。
您的心肠善忘，
您的灵魂会变。
假使我们重逢，
在多年之后，
叫我怎样称呼您？
沉默，流泪。

　　陶行知善于用诗歌感染人、教育人。他的译作，丰富了当时人们的精神生活，为东西方文化交流，起到了桥梁的作用。

第十七章　育才学校
——人才的苗圃

育才学校位于重庆合川凤凰山下。

育才学校的创学宗旨：选拔培养具有特殊才能之难童，使人才之幼苗及时吸取合度之阳光、空气、水分、养料，并免于害虫之摧残，而蔚为国家有用之材。

育才学校的创造宣言：教育者所要创造的是真善美的活人，真善美的人是我们的神。教师的成功是创造出值得自己崇拜的人。教师最大的快乐，是创造出值得自己崇拜的学生。说得正确些，教师创造学生，学生创造教师，学生、教师合作创造出值得彼此崇拜的人——这正是教学相长的科学诠释。

育才学校的根本之计：从事生产，自食其力，以十年德之方法，贯彻百年树人之计划。

育才学校之歌《凤凰山上》

我们是凤凰山的儿女，
我们是凤凰山的小主人。
凤凰山是我们的家，
我们的学校，
我们的乐园，
我们的世界。

我们是凤凰山的开垦者，
要创造出新的凤凰山，
新的家，
新的学校，
新的乐园，
新的世界。

我们要虚心，虚心，虚心：
承认我们一无所知、一无所能。
我们要学习，学习，学习：
达到人所不知、人所不能。
我们要贡献，贡献，贡献：
实现文化为公、天下为公。
修炼智慧之眼，
磨出金刚之啄，
展飞大无畏之翼，
涵养一心向真之赤心。
观！
静观大千世界。
啄！
啄开未知之门。
飞！
飞入神秘之宇宙。
找！
找出真理之夜明珠，
衔回人间，
饰在每一个人的额前，
照着人类在狂风暴雨的黑夜里，
走到天明，
迎接东升的太阳！
得到光，
得到热，
得到力：

创造幸福的新中国、新世界。

真即善，
真即美，
真善美合一。
让我们歌颂真善美的祖国，
真善美的世界，
真善美的人生，
真善美的创造。

陶行知自 1939 年 3 月 1 日起，天天询问、处处走访，寻找合适的校址。至 5 月初，北碚区区长卢子英拍板，将校址定在合川凤凰山下的古圣寺。

陶行知与晓庄学校大学部第一届毕业生、留校工作的王洞若协商制订了育才办学计划并组织了几个选拔测验组，分赴各地儿童保育院、教养院、孤儿院等难童机构，用智力测验、分组特殊才能测验、普通科测验三方面测验综合分析，选拔具有一定特殊才能的儿童入学并敦聘各科专家任教，初步拟定陈烟桥、赵望云、吕霞光教绘画课，贺绿汀、任光、常学铺教音乐课，顾佛影、陆维特、魏东明、艾青教文学课，吴晓邦教舞蹈课，岳立教工程课，水华教戏剧课……

6 月 15 日晚上，他们借北碚温泉小学的地方召开了育才学校第一次会议，陶行知任主席，魏东明做记录。

7 月 10 日，陶行知会晤时任国民外交协会主席的陈明枢（字真如）。11 日，育才学校聘安娥为"育才之友"。所谓"育才之友"，是指那些以精神和物资帮助育才之新教育事业发展的朋友。20 日，育才学校借北碚温泉小学部分校舍开学。当时，育才学校有学生 40 余人，分 5 个组上课。

8 月 4 日，育才学校正式迁往合川凤凰山下的古圣寺。

育才学校开学将近两个月了，大家觉得还少一样东西。1939 年 9 月初的一天，几个同志正式提出，育才学校应该有一个校徽。绘画组主任要求陶行知把设计意图写出来，他们好进行设计。

陶行知在答复他们的信中写道：

……难以设计，难就难在简单而符合创校的意义上。一连好多天我是不能交卷。九月三十日，我从金刚碑坐船到白沙沱，在船上有点空闲，可以对这问题仔细地想想。忽然我的脑海中浮出一个圆圈。这圆圈是求学的符号，因为求学要虚心而且要有相当的空闲。它又是工作的符号，因为工作要不断地努力才能成功。它也是战斗的符号，因为抗战要精诚团结才能得到最后的胜利。

但是这一圆圈虽然把学校生活本身的内容包括无遗，但是如何可以表现它与世界历史发展之关系呢？我想了一下，觉得必定要三个圆圈连锁起来，才能充分发挥这一切的意义：第一个圆圈代表全校一体，第二个圆圈代表世界一体，第三个圆圈代表古往今来一体。

我继续想下去，愈想愈觉得这三个圆圈校徽的意义之丰富。它所表现出来的意义有：（一）民族、民权、民生；（二）智、仁、勇；（三）真、善、美；（四）工、学、团；（五）教、学、做合一；（六）自然、劳动、社会；（七）头脑、双手、机器；（八）迎接困难、分析困难、解决困难；（九）认识社会、适应社会、改造社会；（十）肯定、否定、否定之否定……我一时也数不完全。

三个圆圈决定了以后，颜色又成了问题。当初是想采用黑色，因为它表现出钢铁一样的坚强，但是有机体的联系，需要有生命的颜色才能表现出真正的意义。我们的三个圆圈是三个连锁的红血轮，代表着有生命的学校、有生命的世界、有生命的历史都连成一体。

于是，育才学校红三轮校徽诞生了。

1939 年 11 月 9 日，育才学校与十八军十八师联欢。陶行知应罗广文师长之邀前去演讲，提及"百姓穿上军装为军队，军队脱下军装为百姓"。陶行知简短有力的演讲把军民一家、军民鱼水情的亲密关系讲得淋漓尽致。

1940 年 1 月 30 日，梁漱溟访问育才学校并演讲其在沦陷地区考察的感想。

2 月 3 日，陶行知致信张亚生，写道：

> ……藉悉有心研究内燃发动机，至为钦佩！育才学校有自然科学组，欢迎大驾任职。待遇面商，总能使你生活安定，不比现在少。你可一面完成机器构造，一面帮助国家培养科学幼苗。
>
> 专此欢迎。

寥寥数语，道出了陶行知求贤若渴之情，也由此说出了"帮助国家培养科学幼苗"的肺腑之言。

2 月 6 日，胡风参观育才学校。7 日，陶行知在朝会①上讲《校徽》第 3 讲：

---

① 朝会：指育才学校师生每天早晨举行的集会，由师生轮流主持发言，借此发扬民主精神。朝会又被称为"文化早餐"。

团结、结晶。

3月9日，陶行知写给马侣贤、帅昌书的信中提到先后聘请的专家、学者、社会名流有周恩来、吴玉章、博古、邓发、翦伯赞、郭沫若、周扬、夏衍、刘白羽、邵荃麟、徐迟、周而复、萨空了、吴晓邦、盛婕、姚雪垠、曹靖华、戈宝权、光未然、田汉、何其芳等。

9月24日、25日，周恩来、邓颖超、徐冰、张晓梅参观育才学校。在师生欢迎会上，周恩来、邓颖超做了重要讲话，重点分析了当前形势并与教师研究了应变措施。周恩来、邓颖超参观育才学校后，感觉孩子们健康有欠，又在10月11日，专程到学校捐400元钱，用于购买体育器材。

1940年10月29日，陶行知在致皎然的信中郑重提出"教育必须起推动作用"。信中写道：

> 教育必须跟前进的时代跑自然不错，否则便开倒车。但是只跟着跑还不够，必须起着推动的作用才行。例如，今天我们在进行空前伟大的民族解放战争，教育不仅要适合抗战需要，跟着抗战跑，还须用教育的力量来推动抗战向胜利的方向前进，用教育的力量来动员人力、物力以保证抗战的最后胜利。

11月7日，中共中央发表了《关于反对投降挽救时局的指示》，提出了"对于国民党区域的一切组织，必须遵照历次指示，全部地、完全地、有秩序地隐藏起来，并准备长期埋伏，积蓄力量，以待时机"。陶行知积极协助育才学校党支部组织疏散隐蔽，先后送魏东明、冯兰瑞、戴伯韬去延安，让正要来重庆的张宗麟也转道奔赴延安。11月9日，陶行知在朝会上演讲：二态度、四目标、一方法。11日至13日，陶行知邀请德国医生夫妇来育才学校查体。26日，陶行知主持文化工作委员会，在中国电影制片厂抗建堂，举行育才学校音乐组演出，田汉担任主席。周恩来、邓颖超、叶剑英、冯玉祥、张治中、何应钦以及文化界有关人士均出席观看演出。演出前，陶行知、贺绿汀致辞。演出结束，陈贻鑫同学请求周恩来题词。周恩来欣然题写了"为新中国培养出一群新的音乐天才"。

陈贻鑫是1939年夏天陶行知、任光在汉口战时儿童保育院发现的有音乐天赋的儿童。他当时患有癫痫头病，人们笑称他为秃头小音乐家。陈贻鑫被召进育才学校音乐组。陶行知八方求医为其治病，直至他生出满头黑发。陈贻鑫后成为中央音乐学院教授、中国陶行知研究会副会长。

1940年夏天，日军对重庆狂轰滥炸。7月6日陶行知在致育才学校全体同学的信中写道：

> 现在有一件最重要、最紧急的事，希望大家了解，并且切实地做成。一听见飞机声音，大家要立刻依分队的办法散开到指定的地方去躲避。如果是在会餐的时候，大家要立刻把饭碗放下，归队疏散；如果是在午睡的时候，大家要立刻起来，并且唤醒同房的人，依照规定的办法疏散出去。飞机临头，不可站在外面手指嘴喊。一切要自觉地遵守军事纪律……
>
> 关于防备空袭，我很不放心。特别是在吃饭的时候，听说有人恋恋不舍。大家要知道，敌机来时，贪吃一碗饭的人也许是永远不再吃饭了……
>
> 倘使小朋友有不服从共同纪律而自由行动，我只好忍痛割爱，把他或她送回家长或保育院。倘使自由行动的人太多，那是我们教育的不行，我只好把校长辞掉，让别人来办。
>
> 最后希望大家爱护自己，爱护学校，爱护中华民国的战斗力。

11 月 28 日，育才学校音乐组与孩子剧团联合，在中苏文化协会举行儿童音乐会。冯玉祥与国民政府副主席孙科出席了音乐会。第二天，国际广播电台向苏联演播了儿童音乐会的节目。

自 1941 年 1 月开始，育才学校经费进入万分危难阶段。1 月 2 日至 3 日，育才学校音乐组在广播电台继续对美国、南洋华侨播音。1 月 4 日，学校试行雾季修学。这是育才学校艺术各组在抗日战争时期实行生活教育的一种新创造。它将抗日救亡和教学内容紧密结合，将吃、住、行、演出和绘画当作每一个师生的必修课，使师生们在集体生活中锻炼自动、自主的能力。

2 月 16 日，陶行知宴请贺绿汀、胡然、黎同荃、巫一舟、夏之秋等音乐专家，组织育才音乐组指导委员会并兼育才儿童音乐院筹备员，巫一舟为召集人。

2 月 19 日，陶行知在致马侣贤的信中写道：

> 闻校中有少数同事和同学精神不振，望你鼓励。在平时办学，一帆风顺，人人能办。在艰难困苦中不动摇而向前创造，才为难能可贵。奋斗是万物之父，请向大家代达……

人们经常提及的一句话是"失败是成功之母"，这是对失败者在失败后不要灰心丧气、早晚定会成功的安慰。而失败后不找原因、不总结经验、不采取切实可行的措施，只念"失败是成功之母"的咒语，是永远不会成功的。只有失败之后冷静思考、找出原因、总结经验教训、采取切实可行措施、继续努力奋斗的人，才会取得最后的成功。

3 月 20 日，陶行知约邝炳舜为育才之友，并转请其代约美国侨胞钟高厚、司徒美堂、阮本万、李瑞门、许成血、曾云峰为育才之友（3 月 28 日即以航空挂号信寄出聘书）。21 日，育才学校指导委员会开会，决议设顾问 3 人：陶行知、孙铭勋、陶宏。25 日，陶行知拜访音乐家李抱忱、李允。

4 月 6 日，育才学校决定把这天定为"育才兴学节"，将以武训精神来创办育才学校。陶行知说："大水可把学校淹没，大火可把学校烧毁，强盗可把学校抢掉，我自动把学校解散，绝是不可思议。"4 月 10 日，危难之时冯玉祥宴请陶行知，答应从 4 月起每月捐 10 个人的食米。这真是"为国为民赤子心，患难之中见真情"。11 日至 23 日，陶行知先后拜访、会晤了柏文蔚、黄克强夫人、黄次咸、王正廷（字儒堂，时任菲律宾交通银行董事长、太平洋保险公司董事长）、司徒雷登、孟禄、傅泾波、刘王立明等国内外知名人士。

4 月 25 日是育才学校自然科学组组织"谈天会"一周年的日子。"谈天会"是一个学术组织，它通过学习天文知识来建立辩证唯物主义的宇宙观。这天的活动全校各组都有师生参加，计 80 余人。育才学校的郭以实老师当时在日记中写道：

> 谈天不忘探天，
> 探天不忘制天，
> 制天不忘创天。
> 谈天、探天、制天，
> 都是为着创造新天地。

1941 年 5 月 5 日，陶行知访中国、美丰、金城、大陆四银行，为育才学校募捐。6 日，陶行知会晤余心清。余心清答应增加育才学校的补助费。7 日，陶行知会晤刘航琛、缪秋杰、胡敦元、黄次咸（第二次），为育才学校募捐。10 日，陶行知在晚会上演讲时强调"团结自动为创校方针，加强团结自助以救国"。

6 月 10 日，江西省主席熊式辉、东北长官部参议室中将主任张学铭及王昆仑、曹孟君、谭得先参观育才学校。

1941 年 6 月 20 日至 7 月 20 日，育才学校开展了"创造月"活动。师生们自己动手造舞台、游泳池、自然科学馆、历史地理陈列馆、艺术馆等。7 月 20日正值育才学校二周年校庆，陶行知演讲时说："育才与抗战为艰苦奋斗之奇迹。"22 日，陶行知委派朱振华、田兆法调查、编辑育才学校创造史。

1941 年 7 月，绘画组迁至管家巷 28 号，建立了儿童美术馆。此后，儿童美术馆经常展出学生的作品。

8 月 1 日，陶行知在朝会上总结了"创造月"活动的经验，同时，宣布"创造年"活动的开始。13 日，陶行知演讲时说："挖更深之地，开更坚之石，创造新学校、新国家、新世界者不可无此精神！"

　　9 月 1 日，陶行知在育才学校开学典礼上演讲《幼年研究生之培养》，认为"培养幼年研究生的指导思想，不在其真正能够有多大贡献，而在其探讨上取得探讨之方法"。9 月 25 日、26 日两天，陶行知起草、成稿《荷叶舞歌》，并由交音乐组谱曲、戏剧组编舞。

> 天上团团月，
> 地上团团叶。
> 生就玉精神，
> 好像仙姊妹。
> 看不清，
> 　是明月美，
> 　还是荷叶美？
> 　是明月美，
> 　还是荷叶美？
>
> 活泼小弟弟！
> 美丽小妹妹！
> 我和人跳舞，
> 这是第一回。
> 看不清，
> 　是明月美，
> 　还是少年美？
> 　是明月美，
> 　还是少年美？
>
> 前日清风来，
> 为莲花做媒。
> 我们竟狂舞，
> 好险蹩了腿。
> 刚相见，

人似清风，
心儿清似雪。

半天落好雨，
田里长黄金。
喜煞众姊妹，
唱歌又弹琴。
一声声，
化作珍珠，
滚向叶中心。

若问我来历，
敦颐最先言。
但开君子花，
流芳千万年。
仍旧是，
出身污泥，
污泥不能染。

若问我前程，
义山笔传神。
笑语止凶暴，
潇湘贤主人。
同记取，
留得残荷，
可以听雨声。

舞罢力不支，
葬我周子池。
甘心情愿事，
魂魄入污泥。
待来年，
翠盖复展，

玉立报相知。

　　凤凰引创造，
　　河山招胜利。
　　胜利同回家，
　　欢乐宁有限？
　　莫负情，
　　暗自东去，
　　留我独在西。

　　跳舞为跳舞，
　　时代已不许，
　　一切为创造，
　　创造为除苦。
　　若同意，
　　明年今夜，
　　再邀荷花舞。

　　1941年1月6日，皖南事变后，国民党加紧了对大后方进步势力的迫害，育才学校也进入了最困难的时期，师生们每天只能喝稀饭、吃蚕豆。陶行知为了活跃学校生活、鼓励师生同困难做斗争，在9月写了《荷花舞歌》，希望大家都学习荷花"出淤泥而不染"的崇高精神，艰苦奋斗，渡过难关。《荷花歌舞》多次演出，收到了很好的效果。

　　10月9日，为育才学校粮食一事，陶行知与沈钧儒同访徐堪、陈立夫、彭百川等。10日，陶行知会晤张志让，约复旦大学的陈子展、林一民、伍蠡甫、陈望道、潘震亚等去育才学校讲学。19日，陶行知遇见郑君里，约郑君里为育才学校戏剧组讲课。21日，陶行知会晤孔祥熙，为育才学校募捐，等候两小时，见面一分钟，募到5 000元钱。陶行知说："这是最快的募捐，一分钟便完成了一切。"24日，陶行知约翦伯赞去育才学校讲学。

　　11月2日，陶行知在朝会上演讲"与米赛跑"——努到最后一斤力，动员一切朋友及力量。8日，陶行知给参观育才学校的东阳镇国民小学及四川省复发团再演讲《育才十字诀》。

　　《育才十字诀》全文如下。

一个大脑。人类的头脑在动物中并不算最大，但他的脑髓与脊髓之比例超过一切动物。这是思想之物质基础。三民主义一开始就说："大凡人类对于一件事，研究当中的道理最先发生思想，思想贯通以后便起信仰；有了信仰就生出力量。"思想贯通是信仰与力量之泉源，研究又是思想贯通之泉源，都是要顺应大脑之天然条理进行，才能奏效。

二只壮手。人类脊梁骨硬了起来，前脚便被解放而成为一双可以自由活动的手。手执行头脑的命令，打猎、捉鱼、务农、做工、战斗而健壮起来，同时是改造着、发展着那对它发号施令的头脑。我们要重生原始健壮的双手来向前创造。

三圈连环。这是我们的校徽，圈有三种德性：一是虚心，代表学习；二是不断，代表工作；三是精诚团结，代表最后胜利。第一个圈代表全校一体；第二个圈代表全国一体；第三个圈表示宇宙一体。而且学校、国家、宇宙是互相联系、息息相关的，绝不可把它们彼此孤立起来认识。

四把锁匙。文化锁匙要使学生得到最重要的四把：一是国文；二是外国语；三是数学；四是科学方法——治学治事之科学方法。与其把学生当作天津鸭儿填入一些零碎知识，不如给他们几把锁匙，使他们可以自动地去开发文化的金库和宇宙之宝藏。

五路探讨。探讨真理，我们提出五条路：一，体验；二，看书；三，求师；四，访友；五，思考。这与《中庸》上所讲的博学、审问、慎思、明辨、笃行可以比起来看。体验相当于笃行；看书、求师、访友相当于博学；思考相当于审问、慎思、明辨。我们的治学次序是依据"行是知之始"及自动的原则排列，可以说是把传统的道德颠倒过来。

六组学习。育才除普通功课依照择定课程标准进行外，用四分之一的时间让学生各依照个性特长之所近，学习一门特修课。特修课分为下列六组：一，文学组；二，音乐组；三，戏剧组；四，绘画组；五，自然组；六，社会组。

七（集）体创造。我们希望以集体的力量来纠正个人主义，以创造的工作来纠正空谈与幻想，在共同努力创造学校上来学习共同努力创造新中国、新世界。

八位顾问。吉辅灵有一首小诗，题为六个裁缝：一，什么事；二，什么人；三，什么缘故；四，什么方法；五，什么时间；六，什么地方。我们为着要改造一般书生的笼统的静止的头脑，又加了两位：七，什么数目；八，什么动向。这八贤是我们治学、治事不用报酬的常年顾问。

九九难关。人生是患难与欢乐所织成，追求真理的人以与患难搏斗为乐。唐僧向西天取经，遭遇八十一难，不知者以为他是自寻苦吃。总之，人生与患难有不解之缘。患难给有志者以战斗之情绪与战胜之智慧。

十（誓）必克服。有了战斗之情绪与战胜之智慧，还必须有战到底之意志，才能克服大难，以至于成。一个人到了富贵不能淫、贫贱不能移、威武不能屈的境界，是永远不会被患难压倒。那时，他成亦成，败亦成，而不是世俗所谓之成败了。

1941 年 11 月 12 日，陶行知致信育才学校驻渝见习团，谈到美德问题。

育才驻渝见习团公鉴：

你们送来所借之衣服，我一一检查，只有燕昭华所穿的可以还去。她这种美德是多么值得大家学习啊！其余的衣服都由张队长发还，望即夜重新整理，再送我处检查。注意之点如下：

（一）补衣服用之线须与原线一致；

（二）补充之纽扣大小颜色须与原扣一致；

（三）破处及裂缝须完全补好；

（四）脏处再细心洗净；

（五）针线须用心依规定缝；

（六）虱子须自行检查，如果染着了，须肃清，以免流传。

这是多么麻烦你们啊！凡此，为的要使我愿意再为你们服务，也是要使保育会和别的地方愿意再借东西给我们，更重要的是使不知名的、将来穿这衣服的小朋友，不致蒙过大的损失。大家想一想，假如你们的新大衣，未穿上身，校长遇了受冻的小孩，先借给他们穿了几天，把它们弄得又脏又破，又黄黑扣杂陈、蓝白线相接，你们做何感想？

陶行知 启

一九四一年十一月十二日

若不细读，若不深思，还以为陶行知"小题大做"。陶行知认认真真地规定了 6 条，目的是告诫大家，不要认为这是"不足挂齿""小题大做"的事情。这是一个人处身立世、待人接物的礼仪大事！

人是社会中的人，社会是人组成的社会。任何人、任何家庭、任何部门或单位，都有来回交往、相互帮助的事情，只有做到"有借有还"，才会"再借不难"，才可能"我方有难，八方支援"。

11 月 18 日，陶行知拜访范旭东，请范旭东为育才学校捐款。

12 月 8 日，经阎宝航介绍，陶行知与闾明远商量借用闾明远的管家巷 28 号的房子作为育才学校的驻渝办事处。22 日，陶行知拜访汤午桥，恳请汤午桥援助育才学校。24 日，陶行知拜访杨杰。杨杰答应助全力帮建育才学校经济基础。24 日还得到消息：四川省政府主席张群，委员李琢仁、黄仲翔三人，致函合川县县长、县党部书记长，要求妥善解决育才学校校产的纠纷问题。27 日，陶行知拜访郑用之、史东山，并邀郑、史二人主持育才学校戏剧组公演《表》的晚会。29 日，陶行知与相关人员商量公演的具体办法。31 日，陶行知与郑用之立约公演《表》。

1942 年 1 月 1 日，陶行知组织育才学校学生向社会汇报见习成果。11 日，绘画组举办"儿童抗日画展"。郭沫若、冯玉祥及其他书画家均赠送了字画。16 日，戏剧组公演五幕儿童剧《表》，所得盈余全部捐助给了育才儿童戏剧运动。

3 月 15 日，延安新教育协会的徐特立、范文澜写来贺信，赞扬陶行知是教育界的模范。

5 月 2 日，中共党中央在延安召开了"文艺座谈会"。会议结束后，陶行知领导育才学校全体师生认真学习毛泽东的《在延安文艺座谈会上的讲话》，以及延安整风的文献资料。

7 月 20 日，陶行知在育才学校成立 3 周年的校庆大会上，向全校师生提出了"每日四问"的要求。

校庆当日，为怀念因公遇难的"会计英雄"雷醴泉，陶行知作《育才三周年祭同志文》并率领全校师生工友在雷醴泉的灵前朗诵。

　　　　呜呼同志，
　　　　你去太早！
　　　　一年一度，
　　　　思你到晓。
　　　　共命小船，
　　　　你曾撑篙。
　　　　急水滩头，
　　　　屡触暗礁。
　　　　塞住漏洞，
　　　　不惜至宝。
　　　　万众一心，

渡过滔滔。
想要吃饱，
案立不了。
要想立案，
饭吃不饱。
米珠薪桂，
饭也难讨。
社会忠厚，
自有公道。
实践剧学，
在渝演表。
小小巴哈，
自创美调。
榴火灯笼，
准备普照。
画人画物，
惟妙惟肖。
征服自然，
规矩生巧。
普通新组，
进步不小。
幼年研究，
喜有报告。
自闻老静，
人格跳高。
美中不足，
错误多少！
猴王复活，
桃园偷桃。
偶有疏忽，
幼苗枯槁。
生产园地，
竟浸茅草。

用手之时，
未尽用脑。
看戏归来，
乱七八糟。
筹备纪念，
忙于大考。
忘立大志，
不免争吵。
斩草除根，
正磨快刀。
绝大决心，
誓从今朝。
世界大战，
尚未打倒。
精诚团结，
尤须记牢。
呜呼同志，
冥冥引导。
不急不息，
向前创造。

1942 年 7 月底，育才学校规定《育才卫生教育二十九事》，以建造育才学校健康之堡垒。

一、凉开水漱口。

二、吃饭最多以三碗为限。

三、隔绝蚊蝇，尽可能消灭之。

四、吃水果用过锰酸钾消毒。

五、针刺刀割，两分钟内用碘酒敷伤口。

六、预防疲劳之休息。

七、防备急剧之冷热变化。

八、离开咳嗽者五尺远。

九、各人用各人的手巾、脸盆、碗筷。

十、用公筷分菜。

十一、不要拉手。

十二、不要不运动或运动过度。

十三、睡眠时腹部要盖着。

十四、游泳不得超过半小时并不得令水入耳。

十五、黄昏时不得看书、写作。

十六、饭后半小时内不得看书、运动、游泳。

十七、私人脸盆、饭碗不得在水缸或公用水中取水。

十八、夏日每天饮六杯开水为度，其他季候酌减。

十九、每日注意通便一次。

二十、睡眠时间充足，十六岁以下以九小时为度。

二十一、吃水、洗脸水必须过滤。

二十二、保持水源清洁。

二十三、菜必须弄熟吃。

二十四、不随地吐痰。

二十五、一切环境要保持清洁。

二十六、肃清米中之谷稗。

二十七、睡觉前必须刷牙。

二十八、营养之科学分配。

二十九、适当的运动。

陶行知历来提倡科学的人生态度及处身立世的工作方法，一贯反对"笼统""也许""准是""大概""好像""大约么""差不多"等不负责、不认真的行为，因而这些事规定得详细，具体，并且可操作强。陶行知 7 月 20 日为进一步勉励学生努力学习而作《八位顾问》诗，后经陈贻鑫谱曲，陶行知将诗名改为《八位好朋友》之歌。

我有八位好朋友，
肯把万事指导我。
你若想问真姓名，
名字不同都姓何。
何事、何故、何人、何如、何时、何地、何去，
好像弟弟与哥哥。
还有一个西洋派，
姓名颠倒叫几何。

若向八贤常请教，
虽是笨人不会错。

1942 年 8 月 18 日，陶行知为育才学校 7 个同学编写的《植物小世界》壁报作《写在〈植物小世界〉创刊号之后》一文，提出 10 条共学原则。当天，他还用中、英文写《致育才之友书》，介绍创办育才学校的动机及目前面临的经济危机现状，呼吁各方人士大力捐助育才学校。

9 月 23 日，陶行知作诗《育才合唱团》。

真理之神啊，
你躲在哪里？
我们正在歌唱，
你出来吧！
出来听我们唱吧！

你躲得久了，
出来呼吸一点新鲜空气，
听几首自由之歌吧！
只要你出来给我们见一见，
我们会唱一首更好听的歌欢迎你。
并不是甜言蜜语对你哄骗，
是我们一见了你，
喉咙觉得爽快，自然唱得更好。

你躲得太久了，
怎么还不出来？
你像一只小老虎，
要跑到老虎洞里才能见到你。
那么我们歌颂勇士，
我们歌颂仁爱聪明的勇士，
迎接你出来，
长留在人间！
天天为你歌唱！

我们是真理的歌者！

二百人唱，

四万万人和。

四万万人唱，

二十万万人和。

唱得日本天皇、希特勒、墨索里尼变成哑巴，

唱得成千上万的人从日本军阀、纳粹、法西斯的队伍里如同潮水样退

下来，

唱得中华民族团结成一个巨人，

唱得联合国团结成一条战线！

我们是真理的歌者！

二百人唱，

四万万人和。

四万万人唱，

二十万万人和。

要唱出新中国，

唱出新世界！

10 月 15 日，陶行知在给吴树琴的信中写道："学校困难已达最高峰，我昨天做了 10 天的事，集中一切母亲爱护小孩之力量保卫他。"16 日，在育才学校音乐组举办的音乐会结束后，陶行知演讲《我们已把创造之神迎接回来了》。31日，在育才学校文学组举办的诗歌朗诵会结束后，陶行知演讲《诗的晚会已把创造之神留住了》。

育才学校开会纪念牛顿诞辰 300 周年、伽利略逝世 300 周年，陶行知在大会上朗诵诗作《纪念牛顿与伽利略》。

中国要牛顿，

也要伽利略。

他们已经死，

不能再复活。

除非赶上去，

跟着他们学。

学牛顿深思，

学伽利略实做。

播下科学种,

结成智慧果,

吃了变牛顿,

又变伽利略。

从此两大贤,

化身千万个。

光明普照处,

精神永远活。

育才学校戏剧组,是学校的一个专业组,曾由著名艺术家章泯担任主任。该组在重庆经常演出抗日戏剧,对唤起民众抗日救国起到了积极的作用。陶行知为鼓励戏剧组全体师生继续努力,于 1942 年 12 月 24 日作诗《育才戏剧组共勉》。

团结旧干部,

创作新剧本。

认真过生活,

登台如有神。

得道来多助,

有志事竟成。

陪都万人望,

育才再进城。

12 月 30 日,陶行知在致陶宏的信中写道:"本校经济有了转机,美国及本国均有来款。"

回首艰难岁月,育才学校在 1939 年 7 月 20 日一穷二白的情况下开学,自 1941 年 1 月开始,"学校经费进入万分危难阶段",至 1942 年 12 月 30 日,"本校经济有了转机",整整两年啊!育才学校的师生是怎样熬过来的?如果没有"教育为公""教育救国""决心普及中国教育、为祖国培养人才"的雄心壮志,没有"捧着一颗心来,不带半根草去"的高尚情怀,怎么坚持得住?

1943 年年初,陶行知接受了周恩来派徐冰所送的一套南泥湾垦荒大生产图片和一件用延安毛线织成的毛衣。陶行知受到启发和鼓舞,也打算学习南泥湾,开展生产自救运动。陶行知在一次朝会上诵诗《今征三十士》。

> 荒地五百亩，
> 英雄好战场。
> 今征三十士，
> 有力共开荒。
> 种杂粮，
> 养猪羊。
> 年成坏，
> 求饥肠；
> 年成好，
> 幸福无量。
> 小凤凰，
> 羽翼强，
> 飞去光铁坡，
> 创造新家乡。

在朝会当场，响应者超过 60 人。陶行知只好劝说体弱、有病和有任务的留下。3 月 2 日，陶行知带领育才师生员工 50 余人，去北温泉南面澄江镇的光铁坡开荒生产。因为育才学校建在重庆北碚凤凰山下，所以陶行知将开荒自救的师生员工喻为凤凰山上飞去的一群小凤凰。这是育才学校的第一个农场。17 日，陶行知收到延安新教育学会和生活教育分会的贺电。22 日，陶行知又同夫人吴树琴到光铁坡农场慰问开荒战士，鼓励他们自力更生、艰苦奋斗。

3 月下旬，"育才之友国画展""育才之友版画展""育才学校绘画组作品展"在重庆 3 个地方举办，在社会上引起了极大的反响。徐悲鸿、何香凝、许士琪、关山月等社会名流也纷纷捐赠画幅义卖，表示热情关爱和支持育才学校。育才学校同时在积极筹备音乐会和戏剧公演。

4 月 3 日至 5 日，育才学校音乐组在重庆举行音乐会，冯玉祥将军在音乐会上有独唱节目，并在重庆广播大厦做特别广播。自 4 月 6 日开始，育才学校戏剧组先后在重庆、北碚、合川三个地方公演话剧《小主人》。

5 月 3 日，陶行知在育才学校朝会上演讲《反对三寸金头》，严厉抨击国民党反动派限制人民的思想和言论自由的反动行径。

6 月 7 日，育才学校在刚刚度过经济危机之后，汇款一万元慰劳鄂西前线的战士。15 日，杨杰拟捐汉瓶两个予育才学校。20 日，陶行知同李祖坤一同拜访孔祥熙，请孔祥熙为育才学校捐款。

7月20日，陶行知为育才学校4周年校庆作诗《创造年献诗》。诗文充分体现了陶行知思想认识的新发展。

苟教择一而一焉，
莫跟鼯鼠学五技。
凿井愈深口愈大，
博学首要在好一。
笼统哥哥要不得，
歧路之上快别离。
大题不可以小做，
小题大做做到底。
书若尽信不如无，
引书皆须注来历。

行以求知知更行，
不知直认为不知。
遍览已知求未知，
以知与人己愈知。
道听途说悬断语，
屡试屡验验还试。
武断、以为靠不住，
存在由来定意识。
解剖本体寻条理，
追踪外缘找联系。

矛盾相克复相生，
数量满盈能变质。
源头之上搜证据，
观察发展觅定律。
文化钥匙要活用，
开发天人大神秘。
愿将真理化大利，
润泽苍生乃仁义。

日日月月积成年，
努力创造新天地。

1943 年 10 月上旬，陶行知约请《新华日报》记者陆造做时事形势讲座，陆造夸赞育才学校"埋头苦干"。陶行知对陆造说："我们不是埋头苦干，我们是抬头乐干！"

12 月里，陶行知总结"少年研究生制"及"见习团"的经验，决定继续发扬该经验以取得更大成效，并致函育才之友，谈育才学校创办的五种动机，殷切希望社会友人给予大力赞助。

1943 年冬天，育才学校音乐组迁至重庆歌台子中央交响乐团附近的房子里。同时，育才学校戏剧组迁至中华剧艺社附近，进一步改善了师资和艺术实践条件。

1944 年 1 月，陶行知编著出版《育才学校手册》。

3 月 15 日，育才之友国画展开幕。22 日，陶行知送《育才学校手册》慰问刘振山、吉星文将军。二位将军是卢沟桥抗战先导，功在国家，德在人心。《育才学校手册》有《育才十二要》等内容。

一、要诚实无欺。
二、要谦和有礼。
三、要自觉纪律。
四、要手脑并用。
五、要整洁卫生。
六、要正确敏捷。
七、要力求进步。
八、要负责做事。
九、要自助助人。
十、要勇于为公。
十一、要坚韧沉着。
十二、要有始有终。

育才学校还制定了《育才学校之礼节与公约》，很细致地对学生进行了各种规范，操作性很强。

礼节之部

一、敬国旗
依照政府规定升旗、降旗。

二、纪念周

依照政府规定的仪式举行。

三、室内见师长

（一）立正；

（二）鞠躬；

（三）请益、报告；

（四）坐下、退出。

四、室外相见

（一）立正；

（二）脱帽；

（三）鞠躬；

（四）随行；

（五）避道。

公约之部

一、会场中

（一）依据民权，初步学习运用民权基本原则；

（二）争辩是非正义，不动意气；

（三）一切集会都要做到迅速、整齐、安静；

（四）集合预备钟响，即把座凳送到会场摆好；

（五）分队长检查人数后，后来者即算迟到；

（六）集合时，精神集中，注意口令，口令后即不得说话；

（七）让客坐高（前）位；

（八）遇友来，注目点头，无声招呼；

（九）开会前、休息时，邻座可以低声说话；

（十）检点仪容；

（十一）轻步进出；

（十二）会未毕不退，离开会场必得值日分队长之允许；

（十三）不大声咳嗽、随地吐痰、瞌睡；

（十四）端正而坐；

（十五）脱帽；

（十六）不看书报；

（十七）有意见发表先举手，得主席允许而后发言；

（十八）一切要服从主席命令；

（十九）值星①中队长干事负责布置会场，维持会场秩序。

二、师生间

（一）规过劝善；

（二）上下课，行室内相见礼；

（三）遇于途，行室外相见礼；

（四）上课不迟到早退；

（五）问答时，须立正；

（六）依教师指定日子交卷；

（七）上课时不看课外之书报，不做别事；

（八）随时随地愿受教师之指导与督促。

三、同学间

（一）互助、互谅、互让、互学；

（二）闻过则喜；

（三）同学有过，则劝他速改；

（四）见同学侵犯风纪则爱校甚于爱友，劝他自首，如有人不愿自首，则向有关方面报告；

（五）戒相骂、打架、轻佻。

四、师生工友间

（一）以平等之地位相待；

（二）尽可能分工友之劳；

（三）即知即传，提高工友文化水准；

（四）朝斯夕斯，学习工友之双手万能。

五、穿衣

（一）衣不违时；

---

① 值星：值日、执勤。

（二）整洁；

（三）纽扣扣起；

（四）破烂即补；

（五）衣服洗晾晒干后，即折叠收存。

六、饮食

（一）肃清谷稗，饭中有谷，取米去壳；

（二）预备钟响，即准备碗筷；

（三）盛饭盛汤时，依先后排队，并慎盖饭桶；

（四）公筷取菜，另碗分菜；

（五）打吃饭钟后，由值日分队长叫口令，一齐开动，不得离开座位随便到处吃，并不得无故不到；

（六）吃饭要细嚼，喝汤吃稀饭不使出声；

（七）需要说话，必须音轻；

（八）每桌每人轮流抹桌；

（九）值日分队长负责维持整个食堂秩序；

（十）不得膳委会允许，不得进厨房；

（十一）水果必须消毒去皮而后吃；

（十二）不抛剩饭粒；

（十三）不得剩菜、剩饭；

（十四）饭后不立即喝开水；

（十五）用规定碗筷吃饭；

（十六）菜碗先用开水洗过，然后盛菜；

（十七）饭后半小时内，不做激烈运动。

七、居住

（一）四度整洁；

（二）不在学校乱跑乱叫；

（三）按时起床、安眠；

（四）吐痰入盂；

（五）纸屑入篓；

（六）卧室中以安静为主；

（七）肃清臭虫、跳蚤、虱子，尽可能消灭苍蝇、耗子、蚊子；

（八）睡觉时不准吃零食。

八、图书史地馆

（一）肃静；

（二）整洁；

（三）阅读报及摘录笔记、自修以外，不做别事；

（四）参考书报，阅后还原；

（五）遇校宾到时，应起立；

（六）阅览公众书报，不折角、不画线、不加批、不唾米粘，依照规定手续借还；

（七）退出时，必将座凳整理还原，放置桌下；

（八）不得损坏、丢失书报。

6月，育才学校5周年校庆时，陶行知着手写《育才学校五周年看五十周年》（未完稿），认真总结了育才学校5个方面的优良传统：

一、奉头脑作总司令；

二、止于大众之幸福；

三、全校团结成一个巨人；

四、承认一无所知、一无所能，学到人所不知、人所不能；

五、建立起健康之堡垒。

陶行知要求学校是一个战斗体、一个生产体，学习科学、学习民主。

8月9日，陶行知送陶晓光去印度工作，并让陶晓光作为育才学校驻印度代表，在印度为育才学校办展览、做宣传，同时发展华侨之育才之友。12日，陶行知为他的朋友、美术工作者谢仲谋先生办国画展。

9月，育才学校增设舞蹈组，由著名舞蹈家戴爱莲主持工作。21日，陶行知致陶晓光的信中提到一个大好消息：育才学校在加尔各答的绘画、木刻展览会上，梅健鹰老师的木刻《拉纤》受到参观者大力赞扬。此木刻栩栩如生地表现了嘉陵江船夫的真实生活，当场订购者甚多。

10月13日，陶行知因不能出席校务会议而特地致函育才学校全体同志，提出意见数则，希望"共同创造新校风、新人才，使能负起民主新世界、民主新中国所赋予之大任"。

10月中旬，育才学校为王士毅参军抗战举行欢送会，陶行知题诗《送王士毅出征》，预言其一年内必归，归时民主亦必抬头。

> 将军百战胜，
> 壮士一年归。
> 归来见古国，
> 民主正巍巍。

11月3日，育才学校舞蹈组在重庆市举办舞蹈音乐专场演出，很受社会各界知名人士的欢迎。陶行知对戴爱莲的舞蹈创新所做的努力极为赞赏。

自冬季开始，抗日战争形势严峻，日军步步紧逼，蒋介石节节退让。陶行知领导着育才学校的师生大力宣传抗日救亡运动，并积极搞武装训练。戏剧组自编、自导、自演的话剧《不太平》《嘟咯办》，一时轰动山城，有力地起到了团结人民、打击敌人的作用。

1944年年底最后几天，抗日荣誉军人陈根度热心地到四川各地拜访育才之友，为育才学校宣传、募捐，支持陶行知倡导的教育事业。临行前，陶行知为陈根度写了介绍信。信中写道：

> 彼参加"一·二八"之战，受毒双目失明，继参加"八一三"之战，失去一腿。今目重明，而腿则一去不可复返，然而为社会服务，仍能日行数十里，不以为倦。近鉴于敝校在艰难中求进，复作第三次牺牲，为难童谋福利，令人感动。

上海许啸天曾赠一诗给陈根度，陶行知尚能记忆：

> 两战淞滨勇少年，
> 宁愁敌焰惨靡天。
> 断胫杀敌成名将，
> 留得双眸看凯旋。

1945年3月15日，陶行知在育才同学会成立的大会上演讲，号召同学们加强团结。

1945年春天，育才学校邀请来自延安的陈波儿教授跳秧歌舞，并成立了两个秧歌队，深入工厂、农村为群众演出。

为鼓舞戏剧组师生的工作热情，陶行知在崔中原作的歌谱中填词《朱大嫂送鸡蛋》。

朱大嫂送鸡蛋

母鸡下鸡蛋哪，

咯达咯达叫。

朱大嫂收鸡蛋进了窑依呀嘿。

这里的鸡蛋都拿出来依呀嘿。

十个鸡蛋刚刚好，

手拿着鸡蛋照了照，

扭扭捏捏扭扭捏捏照了照依呀嘿。

出了村子口呀，

过了大石桥。

走了三里地，

到了大凤庄依呀嘿。

把鸡蛋给小先生呀依呀嘿。

再问声小先生教人辛苦了。

小先生听了大声笑，

嘻嘻哈哈嘻嘻哈哈朱大嫂真正好。

小先生拿鸡蛋呀，

唱着歌儿笑，

谢谢你好意的朱大嫂依呀嘿。

咱们小先生要教人呀依呀嘿。

只要你教得好，

圆圆鸡蛋，

圆圆鸡蛋管吃饱依呀嘿。

　　育才戏剧组的师生将《朱大嫂送鸡蛋》改编为表演唱，在校内及社会上演出，深受欢迎。

　　5 月里，育才学校的自然科学组迁往北温泉临江楼，以充分利用附近的自然植物园、博物馆、中国科学院、复旦大学等优越的条件供学生学习。陶行知致函育才之友、爱护科学之友，希望他们酌予厚助，以宏造就。

1945 年夏天，陶行知积极支持育才学校的学生杨秉荪等响应中共中央南方局的号召，到中原解放区去工作。

7 月 20 日，陶行知参加育才学校 6 周年校庆活动，并和来宾一起分发由美国援华会赠送的儿童读物。

8 月 7 日，陶行知积极准备育才学校的情况报告，为的是向美国援华会争取补助经费。

1945 年 8 月 15 日，日本侵略者宣告无条件投降。消息传开，全国沸腾了！育才学校沸腾了！陶行知万分激动，立即以《义勇军进行曲》曲调，创作《胜利进行曲》《民主进行曲》，于 22 日在《新华日报》上发表。

在 8 月份，中共中央南方局为培养在国民党统治区做农村工作的干部，打算在育才学校开办农村工作干部训练班，并选派胡晓凤等 10 多人参加学习。陶行知大力支持，并将他们安排在文学组、社会组，和同学同学习、同下农村、同劳动、同研究时事。

1945 年秋天，饶国模女士又将红岩村三座楼房借给育才学校，戏剧、舞蹈、音乐、自然各组迁入，与十八集团军办事处及《新华日报》社相邻，更多地得到了中国共产党的关怀、教育。

1945 年冬天，陶行知在育才学校开始实行生活教育民主的、大众的、科学的、创造的方针。

1946 年 1 月 2 日，陶行知发表文章《大众的艺术》，用大众的尺度来衡量育才学校各艺术组的教学实践状况。10 日，政治协商会议在重庆开幕。25 日，重庆大学、中央大学、中央工校、育才学校等院校，为促进政治协商会议成功，举行了万人示威游行。31 日，政治协商会议成功闭幕。

2 月 1 日，周恩来、邓颖超、董必武受邀参加育才学校的春节联欢会。文艺节目表演后，周恩来进行了亲切的讲话。10 日，重庆各界近万人在较场口举行政协会议成功闭幕庆祝大会，陶行知、郭沫若、李公朴等 20 余人组成大会主席团。国民党特务进行捣乱破坏，制造了"较场口惨案"。陪都各界组成的大会筹备会 23 团体在中苏文化协会召开中外记者座谈会，报告"较场口惨案"的过程。2 月中旬，国民党特务头子刘野樵恶人先告状，诬告陶行知和育才学校师生制造"较场口事件"。育才学校聘请律师史良担任该学校的常年法律顾问，与国民党反动派进行合法斗争。22 日，育才学校师生举行游行，抗议国民党特务砸毁《新华日报》社营业部和《民主报》报馆。25 日，陶行知与史良等人前往中共代表团慰问《新华日报》社受伤的同志们。

3月8日，陶行知邀请邓颖超给育才学校师生进行革命传统教育。

《育才通讯》是育才学校办的一种综合性刊物，用于宣传育才学校的办校成果。4月1日陶行知作诗《育才通讯》。

> 这是一张大嘴，
> 要报告一个学校的消息，
> 给读者：一点安慰，
> 一点知识，
> 一点力量，
> 一点刺激。
> 帮助大家完成一件大事：
> 天下为公，
> 人民第一。

4月4日儿童节，各界响应陶行知的号召，踊跃为穷孩子送礼物。陶行知在育才学校驻重庆办事处举办的儿童庆祝会上作儿歌《儿童节大人歌》，勉励儿童们立大志，做大事。

> 四月四，
> 四月四，
> 大人要立志：
> 教小孩认字，
> 为小孩做事。
>
> 四月四，
> 四月四，
> 大人要立志：
> 变成小孩子，
> 一次又一次。
>
> 四月四，
> 四月四，
> 大人要立志：
> 肯跟小孩学，
> 方算大本事。

陶行知在庆祝会上还朗诵了《饯行歌》。

你驾临之前，
说是道尊师严：
学问有自由，
谈心又谈天。
走路不必后看，
幸福无边。

你光临之后，
遍地明争暗斗：
特务当先生，
同学成冤仇。
统治思想如裹脚，
三寸金头。

你告别之前，
真是不堪设想：
先生误人子弟，
学生不敬师长。
训政越来越糊涂，
教育破产。

你走了之后，
教育还给人民：
嘴上撤去封条，
下掉有色眼镜。
裹头布撕得粉碎，
气象清新。

　　4月8日，中国共产党政协代表王若飞、秦邦宪、叶挺、邓发等在返回延安的途中飞机失事遇难，陶行知作诗《敬挽"四八"殉难烈士》表示哀悼。

　　4月12日，陶行知与夫人吴树琴由重庆乘飞机赴南京，住姚文采家。18日陶行知一行抵达上海，住许德臣家，并接受《联合晚报》记者采访。陶行知认为上海尊师运动极好，极合时宜，应该普及到全国各地。

5月初，周恩来从重庆到南京，陶行知闻讯，与夫人吴树琴专程从上海到南京梅园看望周恩来，汇报了育才学校搬迁的设想。

之后，陶行知投到轰轰烈烈的反独裁、争取和平、反内战、争取民主的斗争中去了！

民主战士李公朴、闻一多遭国民党特务暗杀后，陶行知被列为暗杀目标。陶行知闻讯，无所畏惧地说："我等着第三枪！"

1946年7月25日，陶行知突发脑出血离世。陶行知走得很突然，对育才学校、对教育界而言，是一个巨大的损失。

育才学校的好校长走了，中国伟大的人民教育家走了，但是育才学校还在，育才学校的贡献还在，育才学校的精神永存！

第十八章 社会大学
——人民的大学

　　社会大学是陶行知等人在中国共产党领导、支持下创办的一种新型大学。1945 年 12 月，陶行知等人着手筹办社会大学。为了进一步调动全社会民众的办学积极性，在社会大学成立之前，陶行知借祝贺《新华日报》8 周岁之际，作诗《新闻大学——社会大学五院之一》，载于 1946 年 1 月 12 日的《新华日报》上。

> 新闻大学大吗？
> 它却小得奇怪。
> 先生学生都不在，
> 只是讲义满街卖。
>
> 新闻大学小吗？
> 它却大得把人都吓坏。
> 影响传遍国内外，
> 简直大如世界。
>
> 三家村，
> 五家店，

在后方，
在前线。

学而不厌，
诲人不倦，
一日不见教人恋。
但愿老百姓，
与它常见面。

皮鞋穿破穿布鞋，
布鞋穿破穿草鞋，
草鞋穿破穿肉鞋，
采访的朋友辛苦了，
要表述大众的欢乐悲哀。

几位编辑几支笔，
在纸上漆、漆、漆，
到深夜不能休息。
编辑先生辛苦了，
挤出文化牛奶给大家吃。

机器咚咚咚，
耳朵嗡嗡嗡，
脑壳轰轰轰，
排印的工人辛苦了，
为的是文化为公。

访的是大众的心事，
写的是大众的诗文。
说的是大众的话语，
介绍的是大众的学问。
讨论指导的，
是大众的生活、工作、斗争。

功课好几门，
门门有进程。
破蒙读报头，
由浅入深。

少则两三人，
多则几百人。
每天两小时，
共同求学问。

报纸当教材，
座谈好讨论。
新闻有真假，
是非必须分。

专读一家报，
难免要孤陋寡闻。
彼此比一比，
真假是非可以分。
前后比一比，
事态发展认得真。

小疑必问，
大事必问。
老百姓虽是老粗，
成了第一流学生。

不要文凭，
不要学分。
立大志做大事，
只为民主拼命挣。

官报、党报、商报、一切报，

每一个报都成了人民的报。
跟人民学习，
向人民报告。

为人民服务，
带人民呼号，
教人民进步，
这就成了人民的大学校。

在明民德，
在止于人民之幸福，
是我们的大学之道。
民德最崇高：
觉悟、联合、解放、创造——
把自己的命运重新创造，
把中国重新创造，
把世界重新创造，
照着老百姓的公意创造。

　　社会大学暂设五院，有文学院、政治院、教育院、新闻院、民间艺术院。1946 年 1 月 15 日，社会大学在重庆市管家巷 28 号院内举行开学典礼，周恩来亲临现场祝贺。重庆市党、政、军各界社会名流，如冯玉祥、张澜、沈钧儒、饶国模、任宗德、史良、周宗琼、陶行知、李公朴等被聘为校董。冯玉祥为董事长，陶行知任校长，李公朴任副校长兼教务主任。该校师生一面学习，一面投入民主、自由的革命实践活动之中。

　　开学后，陶行知撰文《社会大学运动》。

　　　社会大学有两种，一是有形的社会大学，二是无形的社会大学。社会大学运动就是要把有形的社会大学普及出去，并且要给无形的社会大学一个正式的承认，使每一个人都承认这无形的社会大学之存在，随时随地随事地进行学习。

　　　无形的社会大学，是只有社会而没有"大学"之名。它是以青天为顶、大地为底、二十八宿为围墙，人类都是同学。以"会的教人，不会的跟人学"之原则来说，人类都是先生，而且都是学生。新世界之创造，是我们的主要功课。无形的社会大学，虽无社会大学之名，实实在在它是一个最伟大的大学、最自由的大学、最合乎穷人需要的大学。我们穷人一无所有，有则只有这样一个社会大学。这无形的社会大学既然是我们的，我们就应该承认它，把它当作我们自己的宝贝，运用它来教育我们自己，使自己和同伴近邻养成好学的习惯，活到老，学到老，进步到老。把这个意思打进每一个人的心里，是社会大学运动的第一个任务。

黄齐生先生参加中华职业教育社的一个会议的时候，他在名单上被列为第一名。有些青年干部不服气，质问主席"黄先生是哪个大学毕业的"，江问渔先生回答"黄先生是社会大学毕业生"大家才没有话说。江先生所说的社会大学，便是我所指的无形社会大学。黄齐生先生既因这无形的社会大学而有所成就，让我们大家都紧紧地把握着这个大学来进行学习，追求真理，以为老百姓服务。

有形的社会大学，是夜大学、早晨大学、函授大学、新闻大学、旅行大学、电播大学。重庆开办的社会大学，是夜大学，纯粹由职业青年自动创办。有些地方的职业青年，早晨要到九点钟才上工。早晨可以进行二三小时的学习，便可以开办早晨大学，以应这种青年之需要。

可能进夜大学、早晨大学的青年，依我估计中国足足有四百万人。每年高中生有十一万人，能考试正式进大学的只有一万多人，那么每年就有九万多人不得其门而入。人生从十六岁到四十岁，至少应该努力学习。这样算来便有二百一十六万人。除去死亡害病十六万人，应有二百万高中毕业生，要求社会大学予以进修的机会。

此外还有大学一年级、二年级、三年级删下来，而不得不找工作养活自己的青年；还有受过大学四年教育，而觉得时代已经变动需要再学习的人；还有大群的自学青年，倘使得到社会大学的便利，进步可能更为迅速。（他们）只要能听讲而又能记笔记，便有入学资格。这样估计起来，至少再加二百万人。因此，我估计中国全国有四百万职业青年需要社会大学帮助他们进修。我们应该在全国展开社会大学运动，在各大都市建立夜大学、早晨大学来应济这广大的需要。正统大学能附设夜大学、早晨大学固然可以，但是单独设立尤有必要。它们可以由职业青年、进步学者或热心社会人士分头或合力发起组织。一切要简而易行，不要让自己的幻想野心把办法弄得太困难而阻碍了发展和普及。普及与发展夜大学、早晨大学，是社会大学运动的第二任务。

社会大学，无论有形的无形的，要有一个共同的大学之道。孔子的大学之道是"在明明德，在新民，在止于至善"。现在时代不同了，我们提议修改几个字，成为大学之道"在明民德，在新民，在止于人民之幸福"。

社会大学之道，首先要明白人民的大德。人民的大德有四：

一是觉悟。人民要觉悟。中华民国是一个大公司，个个国民都是老板。男的是男老板，女的是女老板，大的是大老板，小的是小老板。

二是联合。做老板要有力量，力量从联合而来。不联合没有力量，凶恶的伙计是不会理睬我们的！所以要联合，四万万五千万人要联合起来做老板才行。

三是解放。有了力量便需要解放，我们要联合起来，在进行解放的斗争中增长我们的力量。我们要学习，争取六大解放：头脑解放，双手解放，眼睛解放，嘴解放，空间解放，时间解放。

四是创造。解放出来的力量要好好地用，用在创造上，创造新自己，创造新中国，创造新世界。

社会大学之道，要亲近老百姓。我们认为亲民的道理，比新民的道理来得切实。我们要钻进老百姓的队伍里去和老百姓亲近，变成老百姓的亲人，并且做到老百姓承认我们的确是他们的亲人。

社会大学之道，是要为人民造幸福。一切的学问，都要努力向着人民的幸福瞄准。所谓人民的幸福，用老百姓自己的话说便是福禄寿喜。照着人民所愿望的福禄寿喜四大幸福进行，我们学习才于人民有益，才配称为社会大学。也只有社会大学与人民幸福打成一片，而后，社会大学运动才成为人人应该参加的富有意义的大运动。

1946 年 3 月下旬，陶行知对吴玉章谈到要在上海及各大都市去发展社会大学。陶行知郑重表示"应该在全国展开社会大学运动"，并以社会大学校长的名义约请冯玉祥、李济深、廖承志、邓颖超召开校董会和教授会，研究如何发展社会大学运动。

3 月 30 日，《民主星期刊》第 27 期刊登了郭方仑的访问记《陶行知谈社会大学》（节选）：

有四百万人要受高等教育，但正规大学数量不多，无法容纳，且大多数都无力进正规大学。因此，解决他们的教育问题，的确是件大事。国家应对他们负责，社会也应对他们负起责任来。社会大学就是在这种客观要求之下产生的。

要真正把社会大学办起来，它的条件就必须"简单"，只有简单才易行，才能普及起来。所谓"简单"的办法，它又包括了三个因素：第一个是要有热心的教授；第二个是要有好学而有大学历的失学青年；第三个是要有大学之道。房屋我们是不把它包括在内的，但若没有大学之道，两种人物（学生与教授）是不会联系在一道儿的。

孔子是校长兼教授，他的学生有七十二贤，或者"冠者五六人，童子六七人"。他的大学之道是"在明明德，在新民，在止于至善"。有了这三种东西，简单的大学就办起来了。

苏格拉底，也做校长也做教授，他的学生是雅典青年（柏拉图也是他的学生之一），街头、市场就是课堂。他在市场上走来走去，与雅典青年辩问。他的大学之道是"自明"。他是虽有大学之实而不太喜欢承认他有门徒的。

....

社会大学的创办是独特的，它可以有三种方式出现，都是很方便的。

第一种是重庆社会大学的方式：好学的青年学生团结起来，自己发起，自己筹备，自己推荐董事、选校长，开出聘请教授名单。

第二种是热心的在野、在朝的教授团结起来，找好学的学生、自己的朋友，合力创办。

第三种是社会贤达团结起来，找热心的教授、好学的学生，共同创办。

以上三种办法都是可以的。

重庆社会大学，一月一日筹备，一月十五日就开学了。因为它简单，很快就办了起来。它是四个月一个学期，每天四堂课，每堂课四十五分钟，一年三个学期，两年零八个月就可以结业。重庆这里是会继续办下去。别的地方，我们很希望用这种简单的办法广泛办起来，以应这广大青年群的需要。

....

究竟以后社会大学前途的估计怎么样呢？

假如政治民主了，政府就一定会顾虑到这一些青年，给他们以受大学教育的机会，办大学来普及这一类的高等教育。将来还不只是一个社会大学，而遍地都会办起来的。这个计划是已经有了十年，从前未提出来，是因为在那么一个政治环境里不可能。现在政协会成功了，而且这一计划也正符合了政协决议中的要求才试办。其试办出来之方法及经验，可供给政府及社会人士参考，大规模地办起来的。

如果是法西斯政治，这一学校是不可能存在的。所以社会大学之前途、将来是决定于政治是否走上民主之路，或停留在法西斯主义或真假不明的阶段。

《陶行知谈社会大学》一文，字里行间显示着他一切为了人民、为了新中国、为了新世界的伟大胸怀。最后对以后社会大学前途的估量不是他瞎操心，而是他忧国忧民之"爱满天下"的深厚、真挚思想情感的流露！

陶行知提及这个计划已经有了 10 年。的确，这个计划是已经有了 10 年。10 年前，1936 年 6 月 1 日，陶行知发表于《生活教育》第 3 卷第 7 期的《新大学——大众的大学》一文就已经表露了他的心迹。

《大学》里面说："大学之道在明明德，在新民，在止于至善。"这是从前的"大学之道"。新的"大学之道"就不同了。依照新的眼光来看，它是变成了大学之道"在明大德，在新大众，在止于大众之幸福"。

什么是"大德"？"大德"是大众之德。大众之德有三，一是觉悟，二是联合，三是争取解放。"明"即明白，要教大众自己明白大众之德是这样的。

"新大众"是教大众自新。大众本来可以明白"大众之德"，但为天命之说和别的迷信所麻醉，把自己弄得糊里糊涂。新大学之任务是教大众在真理的大海洗个澡，天天洗，一世洗到老，使得自己的头脑常常是清清楚楚的，认识痛苦之来源和克服痛苦之路线。

"止"是瞄准的意思。新大学的一切课程设施都要对着大众的幸福瞄准。为大众争取幸福所必需的就拿来教人，所不需的就不拿来教人。

从前大学里所造就出来的人才有两种。第一种人是不肯为大众做事的。我曾经为这种人写了一幅小照：

滴大众的汗，
吃大众的饭，
大众的事不肯干。
架子摆成老爷样，
不算是好汉。

第二种人是代替大众做事的，但野心勃勃，想要一手包办，甚至不许大众自己动手来干。这样的人我们是反对的：

大众滴了汗，
大众得吃饭，
大众的事大众干。
若想一人包办，
不算是好汉。

新大学所要培养的不是这种人。它要培养和大众共同做事的人才。如果它也免不了要培养领导人的话，它是要培养愿意接受大众领导而又能领导大众的人才。说得正确些，它是要培养大众做大事。

还有一种时髦大学，好像是我所说的新大学，而实在是和我所说的正相反。它们的作风，一动手就是圈它几千亩的地皮，花它几百万块钱，盖它几座皇宫式的学院。我参观了珞珈山武汉大学之后，有人问我做何感想。我说如果我有这笔款，我用款的步骤是有些不同的。第一步，这笔款用来开办大众大学，足够培养五百万大众帮助收复东北。第二步，东北收回之后，假如还有这样多的款子，我想发展一些适合国民经济的工业。第三步，工业稍有发展，又积下这么多款子，我还不能建造皇宫的学府，是必须盖些大众住宅，使无家可归的人可以进来避避风、躲躲雨。第四步，等到一切穷苦无告的人都可以安居乐业了，那时大众一定勉强我盖几座皇宫的学院，我大概是可以马马虎虎地答应了。

那么，新大学就不要校舍了吗？要是要的。没有也无妨，茅草房虽小，足够办大学。

新大学是大众的大学。新大学是草棚大学。

5月22日，陶行知应沪江大学之邀，演讲《社会大学之道》。
7月16日，陶行知作诗《社会大学颂》，载入《教师生活》第6期。

青天是我们的圆顶，
大地是我们的地板，
太阳月亮是我们的读书灯，
二十八宿是我们的围墙。
人民创造大社会，
社会变成大学堂。
大学之道，在明民德，
在亲民，

在止于人民之幸福，
是我们创学之新主张。

什么是民德？
要目有四项：
觉悟、联合、解放，
还有创造——
要捣碎痛苦的地狱，
创造人间的天堂。
教人民做主人，
不让公仆造反。
为老百姓服务，
不靠高调唱得响。

农场、工场、会场、商场、广场、战场、娱乐场，
都是我们数不尽的课堂。
我们要各尽所能，各学所需，
各教所知，各得其所。
我们要自由、自动、自强，
我们要民有、民治、民享。
自己来发起，
自己来筹款，
自己选董事，
自己选校长。
请真理做老师，
学生有三百六十行。

只要虚心学，
而且不间断，
乡人不出村，
能知万里远。
个个考博士，
行行出状元。

农人可以中状元，
工人可以中状元，
老妈子可以中状元，
失学的青年可以中状元，
荣誉军人可以中状元。

先办夜大学，
夜间失学无人管，
职业青年千千万。
格物致知久已旷，
万仞宫墙飞不进。
教育制度缺一环，
想要深造丢饭碗。
丢掉饭碗家人靠谁养？
只有白天做工夜求学，
肚皮头脑都饱满。

次办函授大学，
文化交流信来往。
再办新闻大学，
运用报纸助座谈。
再办电播大学，
广播教育范围广。
太太和老妈，
在家里也能听讲。

电影教育更深刻：
谷子变成秧，
秧又变谷子，
可以见生长。
原料出矿山，
走进机器房。
几个弯一转，

飞机出工厂。

最后办旅行大学，
走遍南北西东和中央，
还要渡海漂洋。
跟老百姓学习，
陪着老百姓向前向上长。

我们要有演讲调查队，
还要歌舞话剧团：
献演《嘟咯办》
《朱大嫂送鸡蛋》
《王大妈补缸》，
还带去民族舞，
来自新疆、蒙古和西藏。

还要带电影，
到处要放映：
鸡蛋怎样变小鸡？
大羊怎样生小羊？
五谷怎样生长？
棉花怎样改良？
汽车怎样制造？
钢铁怎样出产？
还要放映《生路》《一曲难忘》
《在敌人后方》。

我们要走遍天涯海角，
让老老少少男男女女都来看，
都来谈，
都来玩，
都来想，
都来干，

把中国造成一个好模样，
叫整个民族安居乐业，
万寿无疆。

这就是我们的社会大学堂，
只怕课堂少，
不怕学生旺。
来一个，收一个。
来两个，收一双。
来一千，收一千。
来一万，收一万。
全中国四万万五千万，
全世界二十万万二千万，
如果愿意这样干，
都欢迎加入这个大学堂。

国民党，
共产党，
中国民主同盟，
各派各党，
无派无党，
大家一起来，
创办这个社会大学堂、
人民大学堂、
民主世界大学堂！

　　重庆的社会大学，1945 年 12 月由陶行知等人开始筹备，1946 年 1 月 15 日正式开学。当时我国抗日战争取得彻底胜利，全国人民政协会议的召开又取得圆满成功，正值普天同庆建设一个"民主、自由、平等"的新中国之际。但蒋介石很快撕毁《双十协定》，挑起内战。此间，社会大学副校长李公朴于 1946 年 7 月 11 日在昆明被国民党特务暗杀；校长陶行知又于 1946 年 7 月 25 日凌晨突患脑出血逝世；校董事会董事长冯玉祥被蒋介石委派出访美国，于 1946 年 8 月赴美……在此形势下，社会大学的师生员工仍然坚持办学。

自 1946 年 12 月起，随着人民解放战争的发展，国民党统治区的爱国主义民主运动也有了新的高潮。当美国一士兵在王府井大街光天化日之下强奸北京大学一女学生之暴行发生后，北平、上海、天津、南京等几十个大中城市计 50 多万学生相继罢课，进行示威游行，强烈要求帮助蒋介石反动政府打内战的美国军队撤出中国。国民党反动派进行了惨绝人寰的镇压。但是，"反饥饿，反内战，反迫害"的爱国学生运动愈压愈烈。

　　在此形式下，社会大学终于在 1947 年 3 月 2 日被国民党反动派查封。社会大学仅存 400 多天，但其"革命师生积极投入革命斗争"的实践活动，永远铭刻在中国教育史上！

第十九章 "生活教育理论"体系

1946 年 7 月 26 日，陶行知先生逝世的第 2 天，中国共产党在国统区的机关报《新华日报》上为陶行知逝世撰写社论（摘录）：

先生从事新教育事业，坚强笃定，百折不挠，数十年如一日。先生摆脱半封建半殖民地的教育传统，开辟了中国新的教育途径，从实践过程中已有着很大的创造。这创造主要表现在他所提出的几个口号上，即"生活即教育""社会即学校""教学做合一"。这是适合中国国情，特别是适合劳苦大众需要的。其贯穿这几个口号的基本精神，就是民族的、民生的、科学的、大众的教育……

数十年来，先生的子弟遍于国内，先生的思想日益推广，特别是解放区，先生的新教育方向已在那里具体表现，发出光辉。这证明先生的方向是正确的，先生的努力是有伟大收获的。

1946 年 7 月 27 日，陶行知先生逝世的第 3 天，世界著名哲学家、教育家、陶行知留美学习的导师杜威，与克伯屈、罗格、孟禄等导师发来唁电：

今闻陶行知博士突然逝世，不胜哀悼。其功绩、其贡献，对于中国之大众教育无与伦比，我们必须永远纪念并支持其事业。

1986 年 10 月 18 日，时任上海市市长的江泽民同志，在上海召开的纪念陶行知先生诞辰 95 周年和逝世 40 周年大会上的讲话中说：

陶行知的一生，正值国家多难、民族危亡之时。他以"捧着一颗心来，不带半根草去"的赤子之忱，与劳苦大众休戚与共，为中华民族谋解放，为中国教育探求新路，鞠躬尽瘁，死而后已。他怀着"教育为公""甘当骆驼"的精神，从中国的国情出发，努力发展人民教育……

尤其难能可贵的，陶先生自觉地放弃大学教授的优裕生活，在既无权、又无钱，为办学靠募捐的困难条件下，从1927年3月以后，先后创办了南京晓庄师范学校、上海山海工学团、重庆育才学校和社会大学等各类新型学校，成绩卓著，誉满中外。陶先生在丰富的教育实践中，深信教育是百年根本大计，他把教育比喻为空气，人人需要，人人不可少，创立了"生活教育理论"……

陶先生著作宏富，论述精当，与当前的社会主义教育息息相通，堪称中国近代教育史上的"一代巨人。"

什么是生活教育？陶行知在《普及现代教育之路》一文中论述：

生活教育是生活所原有、生活所自营、生活所必需的教育。教育的根本意义是生活之变化。生活无时不变，即生活无时不含有教育的意义。因此，我们可以说："生活即教育。"到处是生活，即到处是教育；整个的社会是生活的场所，亦即教育之场所。因此，我们又可以说："社会即学校。"在这个理论指导之下，我们承认过什么生活便是受什么教育：过好的生活，便是受好的教育；过坏的生活，便是受坏的教育；过有目的的生活，便是受有目的的教育；过糊里糊涂的生活，便是受糊里糊涂的教育；过有组织的生活，便是受有组织的教育；过一盘散沙的生活，便是受一盘散沙的教育。换个说法，过的是迷信生活，虽天天听科学的演讲，不算是受着科学教育；过的是随地吐痰的生活，虽天天写卫生的笔记，不算是受着卫生教育；过的是开倒车的生活，虽天天谈革命的行动，不算是受着革命教育。我们想要受什么教育，便须过什么生活。

生活教育与生俱来，与生同去。出世便是破蒙，进棺材才算毕业。在社会的伟大学校里，人人可以做我们的先生，人人可以做我们的同学，人人可以做我们的学生。随手抓来，都是活书，都是学问，都是本领。

自有人类以来，社会即是学校，生活即是教育。士大夫之所以不承认它，是因为他们有着特殊的学校给他们的子弟受特殊的教育。从大众的立场上看，社会是大众唯一的学校，生活是大众唯一的教育。大众必须正式承认它，并且运用它来增加自己的知识，增加自己的力量，增加自己的信仰。

生活教育是下层建筑。何以呢？我们有吃饭的生活，便有吃饭的教育；有穿衣的生活，便有穿衣的教育；有男女的生活，便有男女的教育。它与装饰品之传统教育根本不同。它不是摩登女郎之金刚钻戒指，而是冰天雪地下的穷人的窝窝头和破棉袄。

生活与生活摩擦才能起到教育的作用。我们把自己放在社会生活里，即在社会的磁力线里转动，便能通过教育的电流，射出光，放出热，发出力。

什么是生活教育理论？是以生活为逻辑起始与归宿，以生活为中心为基础，以生活与教育的辩证关系为基本矛盾展开的，是包括整个人类教育的大教育论，是现代的一种科学的教育观，是具有强大生命力的教育学说。

陶行知的"生活教育理论"包括 3 个方面，贯彻于他的言行之中。

一、生活即教育

1930 年 2 月 1 日，《乡村教师》创刊号载入陶行知的《答操震球问》一文，有关于"生活即教育"的论述。

操震球问：为什么要主张"生活即教育"，反对"教育即生活"？

陶行知答：教育可说是书本的、与生活隔绝的，其力量极小。拿全部生活去做教育的对象，然后教育的力量才能伟大，方不至于褊狭。我们要拿好的生活去改造不好的生活，拿整个的生活去解放褊狭的生活。

"教育即生活"是拿教育做生活，好教育固然是好生活，八股的教育也就造成了八股的生活；"生活即教育"根本上可以免除这种毛病，虽然它的流弊也有拿坏生活作教育的，但就教育立场说，其效力仍是极大的。

"生活即教育"，教育极其广阔自由，如同一只鸟放在林子里面的；"教育即生活"，将教育和生活关在学校大门里，如同一只鸟关在笼子里的。

"生活即教育"，是承认一切非正式的东西都在教育范围以内，这是极有力量的。譬如与农民做朋友，是极好的教育，平常都被摒弃在课程以外。其他有效力的东西，也是如此。当然，生活中一部分是有目的的，就是有目的的教育。

"生活即教育"，是叫教育从书本到人生、从狭隘到广阔的，从字面到手脑相长的，从耳目到身心全顾的。

二、社会即学校

1930 年 2 月 1 日，《乡村教师》创刊号的《答操震球问》一文中同样论述了"社会即学校"。

操震球问：为什么要主张"社会即学校"，反对"学校即社会"？

陶行知答：我们主张"社会即学校"，是因为在"学校即社会"的主张下，学校里面的东西太少，不如反过来主张"社会即学校"，教育的材料、教育的方法、教育的工具、教育的环境都可以大大增加，学生、先生也可以更多起来。因为在这样的办法下，不论校内、校外的人，都可以做师生的。"学校即社会"，一切都减少，校外有经验的农夫就没有人愿去领教；校内有价值的活动，外人也不得受益。

问：如上所言，坏的社会也可以做学校吗？

答：坏的社会，我们也要认识、也要有所准备，才能生出抵抗力。否则一入社会，便现出手忙脚乱的情状来。

三、教学做合一

1927 年 11 月 2 日，陶行知在晓庄学校寅会上演讲《教学做合一》（节选）：

我自回国之后，看见国内学校，先生只管教、学生只管受教的情形，就认定有改革之必要。这种情形以大学为最坏。导师叫作教授，大家以被称为教授为荣。他的方法叫作"教授法"，他好像拿知识来赈济人的。我当时主张以"教学法"来代替"教授法"，在南京高等师范学校校务会议席上辩论两小时，不能通过，我也因此不接受教育专修主任名义。八年①，应《时报·教育新思潮》蒋梦麟先生之征，撰《教学合一》一文，主张教的方法根据学的方法。此时苏州师范学校首先赞成采用"教学法"。继而"五四"事起，南京高等师范同事无暇坚持，我就把全部课程中之"教授法"一律改为"教学法"。这是实现教学合一的起源。后来新学制颁布，我进一步主张：事怎样做就怎样学，怎样学就怎样教；教的法子要根据学的法子，学的法子要根据做的法子……

教学做是一件事，不是三件事。我们要在做上教，在做上学。在做上

---

① 八年：即民国八年，公元 1919 年。

教的是先生，在做上学的是学生。从先生对学生的关系来说，做便是教；从学生对先生的关系来说，做便是学。先生拿做来教，乃是真教；学生拿做来学，方为实学。不在做上用功夫，教固不成为教，学也不成为学。从广义的教育观点看，先生与学生并没有严格的分别。实际上，如果破除成见，六十岁的老翁可以跟六岁的儿童学好些事情。会的教人、不会的跟人学，是我们不知不觉中天天有的现象。

因此，教学做是合一的。因为一个活动对事来说是做，对己来说是学，对人来说是教。比如种田这件事是要在田里做的，便须在田里学，在水里教。再进一步说，关于种稻而看书，不是为看书而看书，乃是为种稻而看书；想把种稻教得好，要讲什么话就讲什么话，要看什么书就看什么书。我们不能说种稻是做，看书是学，讲解是教。为种稻而讲解，讲解也是教；为种稻而看书，看书也是做。这是种稻的教学做合一。

一切生活的教学做都要如此方为一贯。否则，教自教，学自学，连做也不是真做了。所以做是学的中心，也就是教的中心……

1927年11月3日，陶行知又在寅会上演讲《在劳力上劳心》，进一步透析《教学做合一》中的"做"是其核心。

昨天我讲教学做合一的时候，曾经提及"做"是学的中心，可见做之重要。那么我们必须明白"做"是什么？才能明白教学做合一。盲行盲动是做吗？不是。胡思乱想是做吗？不是。只有手到、心到，才是真正地做。

世界上有四种人：一种是劳心的人；一种是劳力的人；一种是劳心兼劳力的人；一种是在劳力上劳心的人。二元论的哲学，把劳心的和劳力的分成两个阶段：劳心的人专门在心上做功夫，劳力的人专门在苦力上讨生活。劳力的人只管闷起头来干，劳心的人只管闭起眼睛来想。劳力的人变成了无所用心、受人制裁的人；劳心的人便成了高等游民，愚弄无知，以致弄成"劳心者治人，劳力者治于人"的社会现象。不但如此，劳力而不劳心，则一切动作都是囿于故常，不能开创新的途径；劳心而不劳力，则一切思想难免玄之又玄，不能印证于经验。劳力与劳心分家，则一切进步发明都是不可能的。所以单单劳力、单单劳心都不能算是真正之做。真正之做须是在劳力上劳心。在劳力上劳心是真的一元论……

在劳力上劳心，用心以制力。这样做的人要用心思去指挥力量，使能轻重得宜，以明对象变化的道理，这种人能以人力胜天工，世界上一切发明都是从他那里来的。他能改造世界，叫世界变色……

在劳力上劳心，是一切发明之母。事事在劳力上劳心，便可得事物之真理。人人在劳力上劳心，便可无废人，便可无阶级。征服天然势力，创造大同社会，是立在同一的哲学基础上的，这个哲学的基础便是"在劳力上劳心"。

我们必须把人间的劳力者、劳心者、劳心兼劳力者，一齐化为"在劳力上劳心"的人，然后万物之真理都可一一探获，人间之阶级都可一一化除，而我们理想之极乐世界乃有实现之可能。这个担子是要老师挑的。唯独贯彻"在劳力上劳心"的教育，才能造就"在劳力上劳心"的人类；也唯独"在劳力上劳心"的人类，才能征服自然势力，创造大同社会。

陶行知的"生活教育理论"通过他的言论表述，可简括为：

"生活即教育"是生活教育理论体系的本体论、核心部分；

"社会即学校"是生活教育理论体系的组织论、场所论；

"教学做合一"是生活教育理论体系的方法论。

第二十章　科学教育理论及实践活动

　　什么是科学？什么是教育？什么是科学教育？科学是指反映自然、社会、人的思维等客观规律的知识体系。教育是指按照一定的要求培养人的工作。科学教育是指按照一定的要求培养懂得、理解、掌握反映自然、社会、人的思维等知识体系的人才。

　　陶行知从中国的国情出发，努力普及教育，创造了"生活教育"理论。"科学教育"理论是"生活教育"理论中一个重要的组成部分。

　　陶行知在国家多难、生灵涂炭之际，多次呼吁：

　　　　二十世纪的世界，是一个科学的世界。在科学的世界里，只有科学的国家才能存在。我们必须使中华民族具备科学的本领，成为科学的民族，以适应现代生活，生存于现代社会。

　　陶行知此语阐述了科学是一个国家立国安邦、兴旺发达的根本。

　　1915 年 6 月 18 日至 27 日，陶行知参加了"基督教青年大会"。他希望中国经教育制造一民主国家。

　　1915 年秋，陶行知转入哥伦比亚大学师范学院攻读教育学，受到了该校任教的哲学家、教育家杜威先生，教育史专家孟禄先生及教育学家克伯屈先生等人的器重。

　　1916 年 2 月 16 日，陶行知致函哥伦比亚师范学院院长，简要报告个人经历以及今后的创业打算，表示"余乃深信如无真正之公众教育，真正之民国即不能存在""余将回国与其他教育工作者合作，为我国人民组织一高效率之公众教育体系"。

1918年夏天，陶行知获得"哥伦比亚大学都市学务总监"（相当于"城市教育局局长"）资格文凭。他谢绝了诸位导师的挽留，于8月离美回国。在轮船上，与同船人谈起回国后的志向时，他郑重地说："我的志愿是要使全国人民都有受教育的机会。"

陶行知回国后，应聘为南京高等师范学校教育学教授。在一次教育研究会上，他提出"以科学的方法研究教育"。他在《实验主义与教育》一文中，大声呼吁："塞陈旧之源，开常新之道。"这一朴素的思想，足以显现陶行知"尊重科学""科学救国"的伟大胸怀和远见卓识。

1921年7月，陶行知决定聘请孟禄博士来中国调查科学教育的实际情况并指导工作。

11月23日，陶行知陪同孟禄博士在杭州对浙江省教育会演讲《科学教育》。

12月，在孟禄博士与各省代表讨论教育之大要期间，讨论到"课程"问题时，陶行知说：

> 课程宜特别注意科学方面。旧文明与新文明之区别，即在科学。中国欲谋经济、政治、国防各方面之发展，舍科学无由。
>
> 中国缺乏良好的科学教师——此项教师之来源，不应限于高等师范，兼应取材于大学及各种专门学校。
>
> 对于科学应有功用的观念。
>
> 科学教授改良之方法：一是主张训练指导员，巡视各校，帮助并指导科学教授；二是赞成科学器械，可以由教师自制，如美国儿童玩具均有科学原理。

12月23日晚上，陶行知在实际教育调查社为孟禄博士举行的饯别会上讲话时说："此次博士来华，以科学的目光调查教育，以谋教育之改进，实为我国教育开一新纪元。"

1922年9月22日，中华教育改进社接受美国学术团体捐款，开会讨论美国科学家推士先生的"调查和改良中国理科教育之计划"。

10月29日，陶行知应邀由南京去天津，参加南开大学主办的"科学教授法讨论会"。

1923年1月，陶行知在北京大学教育研究会上演讲《教育与科学方法》

（节选）。

> "教育与科学方法"，就是科学方法在教育上的应用……
>
> 什么是科学方法呢？科学方法是有步骤的，是有线索的。第一步要觉得有困难……
>
> 第二步得要晓得困难……
>
> 用什么方法来解决这些困难，这就跳到第三步，从此想出种种办法来解决……
>
> 有了这些法子然后再去选择，这就到了第四步……
>
> 必须实验一番，这就到了第五步了……
>
> 经过第五步工夫，然后才可解决一个问题。这五步方法是科学的方法。

陶行知批评：

> "差不多"三个字是我国人的大毛病……
>
> 孟禄博士调查教育时说："中国人对于数目不正确。如要改良中国的教育，非从数目入手不可。"……
>
> 总之，每人都存有用科学方法办教育的决心，每人都去研究或解决一个小的问题，我敢说，不出三十年，我国教育准有好的成效。

1923 年 3 月，陶行知到嘉兴县观看平民学校试用幻灯教学的情况。

1924 年 8 月上旬，陶行知到清华学校观察"科学教员暑期研究会"的情况，征求各方面的意见后，以中华教育改进社的名义致函东南大学，协商合办下一年的"科学教员暑期研究会"。

1925 年 8 月 17 日至 22 日，"中华教育改进社第四届年会"在山西大学举行。汉、满、蒙、回、藏均有代表参加。陶行知在开幕式上发表感言："中国要想得到国际上之平等地位，非办教育不可。"

1928 年 1 月 1 日，陶行知在寅会（晨会）上宣布："晓庄要做到彻底科学化。"

1928 年 7 月，"晓庄科学社"成立。陶行知发布宣言："为一大事来，做一大事去。"

1928 年 8 月 1 日，"晓庄试验乡村师范学校"正式改名为"晓庄学校"。陶行知致函"中国科学院"，说明晓庄学校计划着重科学化，尤其是重视生物的发展，希望能得到支持与合作。

1930 年 4 月，陶行知因支持晓庄学校师生的革命行动，遭到国民党反动派的镇压，被强加以"勾结叛逆，阴谋不轨"等罪名遭到通缉。晓庄学校被封闭，30余名师生被捕入狱。

1930年秋天，陶行知被迫东渡日本。他在流亡之际，不忘国难，不忘国家的普及教育，更不忘方兴未艾的"科学教育"。他先后考察了日本的工业、农业、军队、学校等，认识到"日本之所以强大，在于它的科技发达"。于是他下决心回国开展"科学下嫁"运动，想通过"科学教育"使中国富强起来。

1931年春天，陶行知潜回上海，在史良才的资助下，与丁桂中、高士其、戴伯韬等人共创"自然学园"，倡导"科学下嫁"运动，组织幼儿学家陈鹤琴编写、出版了《儿童科学丛书》《大众科学丛书》。两套丛书内容包括化学、物理、天文、地理、生物、卫生等，共108册。陶行知在任《申报》顾问期间，在《自由谈》副刊上发表了不少介绍科学知识的文章，决心"使中华民族具备科学的本领，成为科学的民族，以适应现代生活，生存于现代世界"。

10月10日，陶行知在《生活》第6卷第42期撰文《科学的生活》，号召青年朋友们过科学的生活。

11月6日，陶行知在《申报·自由谈》上发表《科学的孩子》（写给他次子、三子的信）。

> 你们知道现在是一个科学的世界。科学的世界里应该有一个科学的中国。科学的中国要谁去创造呢？要小孩子去创造！等到中国的孩子都成了科学的孩子，那时候，我们的中国便自然而然地变为科学的中国了……

1932年4月，陶行知邀请戴伯韬、董纯才一起创办"儿童科学通讯学校"来普及科学教育，陶行知任校长，聘请各学科的专家做指导，并请著名的儿童科普专家高士其来工作。4月17日，陶行知致函教师、家长、小朋友，谈《儿童科学丛书》的用法。

1932年4月，陶行知致信郑先文：

> 路上遇着秉农山先生，我将小学生物学注重养生而不杀生的意见请他指教。他对于我们的主张十分赞同。他说达尔文晚年屡次上书政府，请求保护生物。英国生物研究所现在要捉一只虾蟆，也要有护照①才行。农山先生自己的孩子，有一次弄了一只乌龟在家里玩，他怕这乌龟的老命要送在孩子手里，便趁孩子出去的时候，把乌龟放到塘里去……
>
> 假使我是一位小学老师，带着小朋友在大自然里观察，看见塘里有一

① 护照：这里指证明信、凭证。

串虾蟆子，我一定教小朋友留心观察。宇宙是我们的学校，这个池塘便是我们的虾蟆池。我们要看虾蟆子变蝌蚪，蝌蚪变虾蟆，虾蟆又生子，就时常到那里来观察好了。从远的池塘移到近的池塘来未必不可，但是要如抱着我们自己初生的孩子一样小心，决不能把整串的虾蟆子捉到课堂里来养……

4月25日，陶行知致信伍朝枢（时任广东省政府主席兼琼崖特区长官）：

鉴于中国科学不振，固由于中学以上科学教育偏重书本，亦由于小学抹杀自然科学，不能教导小孩用手与脑在大自然里去追求真知识，故约集同志数人躬亲实验，并将实验结果编成《儿童科学丛书》一百种，今夏出齐。现已出版四十种，志在引导家长及小学教师培养科学的儿童，以立创造科学中国之始基……

5月30日，陶行知在致台和中的信中说：

我在这里看出无限的前途。每人抱着一门学问终身研究，不令间断，总不致没有贡献。不过你的研究方法要有一定的修正。你必须以大自然为你的生物园，才有丰富的收获。比如研究昆虫，最好是预备一块地方，让它长些野草，昆虫自然要来游玩。世界最著名的昆虫学家法布尔便是这样研究的。比如养鸟，与其把它们关在笼里，不如多栽树木，引鸟飞来做客。冬天设巢供食，夏天设盆洗澡，都是招待鸟客的好办法……

生物园的问题多着咧，我们都得考虑又考虑。你最好把生物园的栅栏大开而特开。你至少要把三五里半径以内之池塘、田园、草场、树林、河流、山洞、天空都包括在你的范围里。如此，你便能取之不尽，用之无穷……

真教育是在大自然与大社会里办，不能常到大自然里去，还能算是生活教育吗？

祝你们领导小朋友冲锋到大自然里去追求真知识。

1933年9月下旬，陶行知进行"十分钟教育"的试验：两分钟唱歌，两分钟说一条科学道理，两分钟讲一时事，四分钟认两个字。

1934年，陶行知在上海创办的《生活教育》半月刊上先后开辟了"科学新知""科学生活"等专栏，传播新的科学知识和生活中的科学道理，从而更有力地促进了科学教育工作的发展。

1934年11月13日，《申报》总经理史量才被国民党特务暗杀。陶行知辞去总管理处顾问职务，自然学园及儿童科学通讯学校也因此停办。

1935 年 4 月 1 日，"空中学校"（30 分钟的普及教育广播）请陶行知的次子陶晓光（时年 17 岁）用普通话讲解《老少通千字课》及"自然科学"和"社会科学"常识。

1935 年 10 月，意大利对埃塞俄比亚发动侵略战争。意大利国王学士院院长、无线电发明家马可尼，用他的"无线电发明"报效帝国主义，充当了科学刽子手。陶行知异常气愤地说："真正的科学家是追求科学的真理，拿着科学的火把救人。至于运用科学为个人或帝国主义争权夺利，甚至于杀人身、灭人国也毫无顾忌，这叫作科学强盗、科学走狗、科学刽子手。"这铿锵有力、掷地有声的字字句句，道出了科学应该为民族、为国家、为全人类的利益服务的心声。

1939 年 7 月，陶行知在重庆又创办了育才学校。在"生活教育"思想理论的指导下，全校共分 8 个专业组，聘请一些社会名流到校讲课。他特别重视自然科学专业，在校内建立了物理、化学实验室，购买了仪器、药品。他还亲自指导学生用菜油灯作为光源来放映幻灯片，研究用白果汁杀臭虫。他还组织、创办了《小科学》《植物世界》等墙报，进一步普及科学知识。

1944 年 6 月，我国的抗日战争已进入反攻阶段。陶行知在回顾育才学校建校 5 周年的时候说：

> 大时代早已到来，我们除了特修课要继续探讨外，应该加强几样大的学问，以应大时代之需要……
>
> 这"大的学问"就是学习科学……
>
> 现在世界是一个科学的世界，整个中国必须受科学的洗礼，方能适于生存。抗日建国的大业，都要靠科学的力量完成……
>
> 时机早已来到，刻不容缓。我们必须培养科学的幼苗，撒播科学的种子，使全中国遍开科学之花，丰收科学之果……

1945 年 5 月 2 日，陶行知在致育才之友、爱护科学之友的信中说：

> 整个世界都是向着科学猛进。我们中国必须领受科学的洗礼，才能在科学的世界中适于生存。但是要想创造科学的中国，必须培养科学人才的幼苗才能达到目的。本校七组之中，有一自然科学组，原想以科学人才之试验苗圃自任。去年经校董会议决，以后本校方针要加强自然科学组，并扩充其名额为全校学生数百分之五十。今年招收新生，即特别注重数学程度并提高智慧测验标准。最近在北温泉租得临江楼房一座，足敷初步发展

之用。这个地方系一个学习科学最好的环境，择要地说，约有四个优点：

（一）北温泉有最好的植物园可以学习；

（二）缙云山有丰富的植物可供探讨；

（三）北碚有宏大的博物馆可供参考；

（四）三峡有工矿农场及各种研究所、调查所、实验所可以观摩研究。

在这样一个科学环境之中，我们把自然科学组建立充实起来，以培养科学人才之幼苗，是可能有相当的贡献的。

在陶行知编写的系列教材中，关于科学教育的占有相当大的比重，它们浅显易懂，生动形象，寓教于乐。下面列举他编写的儿童天文学活页指导和儿童读物以做说明。

第一部分：儿童天文学活页指导（《坐飞球游天》全文抄录，其他均省略）。

一、儿童天文学

（一）坐飞球游天

小朋友！我带你上天去游一游吧。我们有个现成的飞球，它一面向前飞，一面自己旋转。照它的腰部来算，它每分钟自转十七点三英里，一天一夜自转二万四千九百英里。这个球不但会自转，而且会飞。它飞得更快，每秒钟要飞十八点五英里，比大战时德国轰炸法国巴黎的炮弹还要快十八倍。

我们坐在这个飞球上游天，二十四小时中能飞一百五十九万零八百四十英里。一年三百六十五天五小时四十八分四十六秒，它该飞多少英里？请算一算。孙悟空一个筋斗翻十万八千里，折成英里只是三万六千。我们坐在这个飞球上飞它一天一夜，孙悟空要翻几个筋斗才能赶上我们呢？

小朋友不用害怕，这个飞球十分平稳，你也用不着买票，你还可以把你的爸爸、妈妈、弟弟、妹妹，你的朋友、亲戚，一起请来坐飞球游青天，不花一文钱。这个飞球便是我们的地球，你看它是多么巧妙的一个东西啊！我们天天乘着这个飞球在天空中打转，连眼睛也不打开看一看，岂不是最可惜的一件事情吗？

（二）看天必须知道的几何形

（三）先看天球

（四）找北斗

（五）光年与星的远近

（六）量天

（七）找北极星

（八）定子午线与星之中天

（九）常耀之星

（十）找仙后星座之方法

（十一）找仙王

（十二）找天龙

（十三）找鹿豹

（十四）星之等级

（十五）看星之四法

（十六）月令星图

二、一月之星

（一）御夫星座

（二）找金牛星座

（三）找鹿豹

（四）找波江

三、五月之星（参见五月与六月星图）

（一）室女星座

（二）乌鸦星座

（三）海蛇星座

（四）后发星座

（五）猎犬星座

四、六月之星（参见六月星图）

（一）天秤星座

（二）豺狼星座

（三）半人马星座

（四）牧夫星座

（五）北冕星座

（六）小熊星座

（三）会合周期与恒星周期

（四）金星之视行

（五）金星之位相

（六）最光明时之金星

（七）金星过渡

（八）金星上有人吗？

（九）金星本年之出现月日时刻

（十）什么时候再会？

第二部分：儿童读物（分8类，各类仅举一例详述，其余略）。

一、寓言、儿歌文学类
（一）一只鸽子

（二）百花生日前一夜的梅香

（三）乌鸦哥（儿歌）

（四）水底点火

（五）香姑洗碗

二、儿童的度量衡（上）（下）
卷头语——定义

科学是一种测量的学问。长短要量，大小要量，轻重要量，久暂要量，快慢要量。量久暂、快慢是时间之测量。测量时间的工具是时计，俗语大的称作钟，小的称作表。计时的单位叫作秒，六十秒为一分，六十分为一小时，二十四小时为一日，三百六十五日五小时四十八分五十秒为一年。在这本小册子里，关于时间之测量，我们只说这几句，使大家知道时间也是要量的。详细情形，等到将来再出专书教你们。我们这本书里所谈的只是度、量、衡。度是量长短、面积，量是量大小即容量，衡是量轻重。

…………

三、肥皂的把戏
（一）肥皂膜

（二）透明的房子

（三）捉空气

（四）吹肥皂泡

（五）拍球

（六）两球相碰

（七）圆柱泡之分裂

（八）泡中吹泡

（九）五连环

（十）泡里起旋风

（十一）肥皂泡里是什么气

（十二）氢气球

（十三）小炸弹

小淘气："等氢气泡脱离香烟管，上升不远，你用一支小蜡烛插在棒上，把泡儿烧烧看。"……轰！

小厌蛋："好家伙，简直是个炸弹！"

（十四）放炮仗

小淘气："你用一个猪尿泡压扁，套在一个香烟管上，灌满了氢气，用手指夹紧拿下来，用线捆紧，留一寸套上一个玻璃管，也用线捆好，再将玻璃管插入肥皂液里。再把第一液线解开，你看。"

小厌蛋："怎么吹成一个聚宝盆了？"

小淘气："你把猪尿泡拿开。用棒子捆一支小蜡烛，点着，放在盆里的小泡里，看！""噼啪……噼啪……"

小厌蛋："好炮仗！为什么发出这样的声音？"

小淘气："氢气和氧气见火变为水，以很大的气体忽然变为很小的水点，腾出空位，由四边的空气猛烈地进来占据、相碰，故发爆炸声。"

…………

四、空气的科学把戏（一）（二）（三）（四）（五）（略）

开场白：

我是小淘气，

有些不如意！

讨厌读死书，

要玩活把戏。

小淘气："科学是从把戏中玩出来的。咱们哪能将宝贵的光阴埋葬在阴沉沉的课堂里？有志气的孩子绝不可和洋八股鬼混。咱们所要学的是把戏的科学，科学的把戏。小厌蛋！你倒是我的忠实同志。咱们来玩他几套空气的把戏，好不好？"

小厌蛋："这是再好无比的了，但是我得知道空气是什么东西。"

小淘气："你玩上几套把戏就会知道的。去打盆水，再带一个玻璃杯来。"

……………

五、怎样做一个科学的孩子

（一）科学的世界里要有一个科学的中国，要中国的孩子去创造！

（二）手脑联盟，向大自然进攻。

（三）用好眼睛、耳朵两侦探，知己知彼，百战百胜。

（四）用活的兵书，做大自然的征服者。

（五）利用废物，做武器的原料。

（六）自造枪炮，消灭帝国主义。

（七）处处是战场，随时随地勇敢小二郎。

（八）肃清形形色色捣乱分子，科学战场发红光。

（九）屡败屡战，科学高峰红旗飘扬。

1931 年 6 月 6 日，因为想起胞妹陶文渼，陶行知以无比悲痛的心情写了《送科学丛书》一文：

新安小学出世之日，即文渼先生去世之日。我于今把两周年祭要买祭品的钱买了这部书，来送给新安小学作为开学两周年纪念的礼物。这里面有许多小小的实验！俗语说："百闻不如一见。"说得更确切些的是："百见不如一做。"科学实验要从小做起。每天找些小小实验，教小朋友们去做吧！倘使不照书上所说而能独出心裁地指导小朋友在做上追求真知，那就格外好了。文渼先生有灵，看见一个个小朋友都成了小小科学家、实验家，她该是多么快乐啊！倘使这部书只藏而不看，看而不讲，讲而不做，那便等于金银香纸烧成一缕黑烟，飘入天空终于不知所止，岂不可叹！我深信新安小学的老师、小朋友必能善用这微小的礼物去造成伟大的前途。那么将来的伽利略、巴士笃、法拉第，也许就是你们的同学咧！

1932 年 4 月，陶行知撰文《怎样选书》。

书有两种：一种是吃的书；另一种是用的书。吃的书当中，有的好比是白米饭，有的好比是点心，有的好比是零食，有的好比是药，有的好比是鸦片。

中国是吃的书多，用的书少。吃的书中是鸦片的书多，白米饭的书少。

我从前写了四句《三字经》，警告一般不劳而获的人：

不做事，
要吃饭。
什么人？
是混蛋！

吃饭不做事，尚且不可，何况吃鸦片而不做事！

一个过合理生活的人，三餐饭当然是要吃的，可是也不能忘记那八小时的工作。要想工作做得好，必须有用的书。用的书没有，如何去做？一个学校要想培养双手万能的学生，自然要多备用的书，少备吃的书，而吃的书中尤须肃清一切乌烟瘴气的书。

可是，现在中国学校里的情形，适得其反：只有吃的书，没有用的书。而吃的书中，多是一些缺少滋养料的零食与富有麻醉性的鸦片。在这些书里讨生活的学生们，自然愈吃愈瘦，愈吃愈穷，愈吃愈不像人。

我们要少选吃的书，多选用的书。我们对于书的态度之变更，是由于我们对于儿童的态度之变更。我们在《儿童生活》杂志上发表对于儿童的根本态度是：

儿童是新时代之创造者，不是旧时代之继承者。

儿童是创造产业的人，不是继承遗产的人。

儿童生活是创造、建设、生产，不是继承、享福、做少爷。

新时代的儿童是小工人。

这工人，是广义的工人，不是狭义的工人。

在劳力上劳心便是做工。这样做工的人都叫作工人。新时代的儿童，必须在劳力上劳心，又因他年纪小一些，所以称他为小工人。小工人必是生产的小工人、建设的小工人、实验的小工人、创造的小工人、改革的小工人。儿童的生活，便是小工人生活、小生产生活、小建设生活、小实验生活、小创造生活、小改革生活。

儿童用书便是小工人生活之写实与指导。这里面所要包含的是一些小生产、小建设、小实验、小创造、小改革、小工人的人生观。

无论他是生产也好，建设也好，实验也好，创造也好，改革也好，他必须做工，他必须在劳力上劳心，他必须在用手时用脑。

这里所画的画，是小工人做工之画；这里所唱的歌，是小工人做工之歌；这里所问的问题，是小工人做工之问题；这里所答的解答，是小工人做工之解答；这里所用的数，是小工人做工之数；这里所写的文字，是小工人做工之文字；这里所介绍的工具，是小工人做工之工具；这里所说的故事，是小工人做工之故事；这里所讲的笑话，是小工人做工之笑话；这里所主张的人生观，是小工人认真做工之人生观。

儿童用书既是以指导儿童做工为主要目的，那么，一本书之好坏，可以拿下列三种标准判断它。

（一）我们要看这本书有没有引导人动作的力量，有没有引导人干了一个动作又干一个动作的力量。

（二）我们要看这本书有没有引导人思想的力量，有没有引导人想了又想的力量。

（三）我们要看这本书有没有引导人产生新价值的力量，有没有引导人产生新益求新的力量。

············

我们编辑这部书的目的，在引导小朋友把自己造成科学的孩子。科学的孩子必须动手去做，用脑去想。所以，这部书是科学的孩子实验、观察、思想的指南，而不是静坐在那儿诗云、子曰一样地读书。如果买了回去，读而不做，做而不求做之所以然，那便是违背我们编书的宗旨了……

今天重温伟大的人民教育家陶行知的科学教育理论及实践，犹如听到了六七十年前，他为科学的新中国发出的豪言壮语；犹如看到了六七十年前，他为科学的新中国绘制的宏伟蓝图。

第二十一章　幼儿教育理论及实践活动

　　陶行知的幼儿教育理论在他的整个生活教育理论体系中占有相当重要的地位。他处处从整个民族兴旺出发，事事以人民大众利益为归宿，在目睹旧中国幼儿教育极其落后的现状后，对幼儿教育给予了正确的、历史性的批判。他身体力行、积极创新，从理论和实践两方面提出一系列幼儿教育主张，成为我国幼儿教育的先驱者和开拓者，在我国幼儿教育史上树立了一块里程碑。

一、我国 20 世纪初幼儿教育概况

　　半殖民地半封建社会的旧中国，幼儿教育事业极为落后。我国近代幼儿教育机构，始创于清朝末期，名为"蒙养院"，后改为"幼稚园"。当时的幼儿教育同其他教育一样，先是照搬日本，后又效仿欧美，不仅严重脱离中国现实，而且变成了帝国主义对中国实行文化侵略的阵地之一。20 世纪 20—30 年代，我国的幼稚园寥若晨星，广大的农村、厂矿区没有，大中城市里也不多见。当时，在城市里，只有极少数达官贵人的子女才有资格进入洋式的幼稚园。

　　例如，山东省泰安市，交通发达，物产丰富，但是一直没有幼稚园。直至1933 年，泰安市才在县立第一小学、私立育英小学、德贞女子中学，各附设一个幼稚班。幼稚班仅仅开设一两年便先后停办。新中国成立后，泰安市于1952年首先成立了商业局幼儿园，幼儿教育才算真正起步。

二、创设乡村幼稚园的原始感触及宏伟计划

陶行知在《要使全国个个乡村都有一个幼稚园》一文中写道：

> 第一次我觉得乡村里有设立幼稚园之必要，是宋调公君（宋鼎，号调公，中华教育改进社特约乡村教师研究会发起人之一，江苏省江宁县尧化门小学校长，晓庄学校指导员）告诉我，农忙时往往有母亲一只手抱着小孩子，一只手拿着凳子，到学校里来托先生给她看管。她只求先生守着小孩子，不让小孩子走开，她就感激不尽了。又一次，我看见一位母亲在田中做事，对面地上放一个筐子，筐子里面坐着一个小孩子，这孩子便是她的儿子。又一次，我遇到了一个小学生，我问他为什么不进学校，他说现在田里很忙，他要帮助妈妈带小妹妹。受了这三次感触，我便想创办乡村幼稚园……

> 一天我豁然觉悟家母最爱的是我的第四个小孩，称他为蜜桃。我因为家母之爱蜜桃，就联想到天下的像蜜桃一样的小孩，立即决定要使全国各个乡村都有一个幼稚园为儿童造福，并立志要在这一年之内把第一个乡村幼稚园办成……

南京燕子矶幼稚园是陶行知创办的第一个乡村幼稚园。上面的引文，是他在该园成立开学典礼上的讲话。

三、幼儿教育的重大意义

陶行知早年在美国留学期间，潜心学习并接受了德国学前教育家福禄培尔和意大利学前教育家蒙台梭利等人的幼儿教育思想。回国后，他在改革旧教育、倡导新教育的实践中，极为关注幼儿教育工作。他知道"小学教育是建国之根本，幼儿教育为根本之根本"。

福禄培尔（1782—1852），德国教育家，1837 年在勃兰根堡办学前教育机构（1840 年命名为"幼儿园"）。他认为教育就是一个促进儿童所具有的活动、认识、艺术和宗教等本能发展的过程。他把游戏作为幼儿教育的基础，创制了一套名为"恩物"的儿童活动玩具。世人称福禄培尔为"幼儿教育之父"。他的著作有《人的教育》《幼儿园教育学》《母亲和抚爱之歌》等。

蒙台梭利（1870—1952），罗马大学医学博士，意大利女教育家、医师，蒙台梭利教育法的创始人。初任罗马大学附属精神病院助理医师，研究和诊疗低能儿童。后在罗马大学讲授教育学。1907 年在罗马为 3～7 岁儿童设立"幼儿

之家"，从事教育实验。她把教育看作促进儿童内在力量自我发展的过程，强调让儿童自由活动。她认为进行各种感官练习是儿童获得知识的基础，并制造出一套进行这种练习的教具。自 1917 年起，她在西、英、意、荷、印度等国主持训练班，推广她的教育学。她的著作主要有《应用于幼儿之家里幼儿教育的教学方法》《高级蒙台梭利教育法》等。

1928 年 5 月，蔡元培主持我国第一次全国教育工作会议。陶行知与我国著名幼儿教育家陈鹤琴，联合提出 7 个教育提案，其中，调查全国幼儿教育案、各省市（县）实验小学设立幼儿园案、推广乡村幼儿园案、各省开办实验幼儿园案、审查编辑幼儿园课程及教材案等，都是陶行知亲自起草的。他还积极撰写文章，向社会特别是广大乡村呼吁："2 600 万乡村幼儿在那儿用手相招，可看见了没有？"

1. 幼儿教育为人生之基础

陶行知在《创设乡村幼稚园宣言书》中写道：

幼儿教育实为人生之基础，不可不趁早给他建立稳。

凡人生所需要之重要习惯、倾向、态度，多半可以在六岁以前培养成功。

六岁以前是人格陶冶最重要的时期。这个时期培养得好，以后只需顺着他继长增高地培养上去，他自然成为社会优良的分子；倘使培养得不好，那么，习惯成了不易改，倾向定了不易移，态度决了不易变。这些儿童升到学校去，教师须费尽九牛二虎之力去纠正他们已成的坏习惯、坏倾向、坏态度，真可算事倍功半。

因此，陶行知认为幼儿教育为"最重要的教育""建国之根本之根本"。陶行知向社会呼吁："有志之士，起而创设幼稚园，以正童蒙，宁非当务之急。"

陶行知在《如何使幼稚教育普及》一文中指出：

教人要从小教起。幼儿好比幼苗，必须培养得宜，方能发芽滋长。否则，幼年受了损伤，不夭折，也难成材。

这是陶行知根据儿童心理学的研究认识到的。一个人的幼年生活是重要的生活阶段，是一生发展的重要基础。幼年的教育是最重要的教育。因此，幼儿教育是国家和社会健康和发展的根本大计。

2. 发现幼稚园之新大陆——工厂与农村

最需要幼稚园的地方是哪里？陶行知在《幼稚园之新大陆》一文中写道：

> 女工区域是需要幼稚园的。妇女上工厂做工，小孩子留在家里，无人照应，最感痛苦。若常在身边，那么工厂里的特殊紧张之环境，便要阻碍儿童的发育。倘使工厂附近有相当之幼稚园，必能增进儿童之幸福而减少为母者精神之痛苦。同时女工既不必心挂两头，手边又无拖累，则做工效率自然也要提高好多。所以为儿童教育计，为女工精神计，为工厂出效率计，这种工厂附近必须开办幼稚园。这是幼稚园的第一个新大陆，我希望幼稚园同志快来探获……

> 农村也是需要幼稚园的。农忙的时候，田家妇女们忙个不停，小孩子跟前跟后，真是麻烦……

四、创办具有中国特色的幼稚园

陶行知先生认为，要想在我国普及幼稚园，必须创办符合我国实际情况的幼稚园。

1. 改革旧中国幼稚园的三大弊病

所谓三大弊病，在陶行知的提案中包括以下 3 个方面。

> 一是外国病。参观今日所谓之幼稚园，耳目所接，哪样不是外国货？他们弹的是外国钢琴，唱的是外国歌，讲的是外国故事，玩的是外国玩具，甚至吃的是外国点心。中国的幼稚园几乎成了外国货的贩卖场，先生做了外国货的贩子，可怜的儿童居然做了外国货的主顾。

> 二是花钱病。国内幼稚园花钱太多，有时超过小学好几倍。这固然难怪，外国货哪有便宜的……自然不宜推广。

> 三是富贵病。……只有富贵子弟才可以享受它的幸福。平民是没有份的……

2. 创办具有中国特色幼稚园的三大措施

在提案中陶行知认为创办具有中国特色的幼稚园，应该从以下 3 个方面入手。

一要建设中国的幼稚园。我们在这里要力谋幼儿教育之适合国情，不采取狭义的国家主义。我们要充分运用眼前的音乐、诗歌、故事、玩具及自然界陶冶儿童。外国材料之具有普遍性、永久性的亦当材料使用，但必依家园所出为中心。

二要建设省钱的幼稚园。打破外国偶像是省钱的第一个办法。我们第二个办法就是训练本乡师资教导本乡儿童。一村之中必有一两个天资聪敏、同情富厚之妇女。我们就希望她们经过相当训练之后，出来担任乡村幼稚园的教师……这些妇女中最可有贡献而应最先训练的，无过于乡村校长教员之夫人、姊妹及年长的女学生……第三个办法就是运用本村小学手工科及本村工匠仿制玩具，如此办来，一个钱可以抵数钱之用。三个办法同时并进，可以实现省钱的幼稚园。

三要建设平民的幼稚园。幼稚园花钱既省，取费自廉，平民的儿童当能享受机会均等。教师取之乡间，与村民生活气味相投，自易亲近。这两件事都可以叫幼稚园向平民方面行走。

五、全面发展的幼儿教育理论

陶行知的幼儿教育理论认为，教育必须能使幼儿全面发展（体、智、劳、科、德）。要使幼儿全面发展，必须挖掘儿童的潜能，即发现、培养幼儿的创造力，把被禁锢的幼儿解放出来。陶行知在《创造的儿童教育》一文中，提出来"六大解放"。

第一，解放小孩子的头脑，从迷信、成见、曲解、幻想中解放出来。

第二，解放小孩子的双手，让小孩子有动手的机会。

第三，解放小孩子的嘴，使小孩子得到言论自由，特别是问的自由。

第四，解放小孩子的眼睛，让儿童敲碎有色眼镜，看清事实和本质。

第五，解放小孩子的空间，让儿童去接触大自然中的花草、树木、青山、绿水、日月、星辰，以及大社会中之士、农、工、商等三教九流，自由地对宇宙发问，与万物为友，并且向古今中外三百六十行学习。

第六，解放儿童的时间，使儿童有时间学习自己所爱学的东西，干自己所爱干的事情。

陶行知提出来的"六大解放"，目的是给孩子充分的自由。关于问目的自由，陶行知还专门写了一首小诗：

发明千千万，
起点是疑问。
禽兽不如人，
过在不会问。

智者问得巧，
愚者问得笨。
人力胜天工，
只在每事问。

陶行知在普及幼儿教育的实践过程中，在教育内容和教育方针上也进行了一系列的改革。他以幼儿生活为中心，实施体、智、劳、科、德全面发展的教育思想，至今仍闪烁着耀眼的光辉。

1. 培养健康的生活，实施健康的教育

陶行知十分重视儿童的身体健康，把保障儿童的健康看作幼稚园的一项极为重要的工作。他认为"儿童的健康比什么都要紧"。他说："我希望大家把儿童健康当作幼稚园里面第一重要的事情。幼稚园教师应当做健康之神。"他要求幼稚园教师必须经过严格的卫生训练，否则幼稚园恐怕要变成传染病中心。因此，他提出："培养健康的生活，实施健康的教育。"在他创办的幼稚园里，除组织室内活动外，还开展户外活动，使幼儿的体格得到锻炼；教师还针对儿童的实际生活进行一些必要的卫生常识教育，如饮食卫生、睡眠卫生、活动卫生，使幼儿从小养成一种良好的生活卫生习惯，自觉地维护身体健康，长大后成为"有生活能力的国民"。

2. 重视劳动教育，使幼儿从小热爱劳动

在陶行知创办的乡村幼稚园里，不仅有自制的玩具和娱乐场所，还因地制宜地办了小农场，让孩子们"种几棵黄豆""养几只老母鸡"，干一些自己力所能及的事。这不仅从小培养了小孩子们热爱劳动、热爱劳动人民的良好品德，而且对开发幼儿智力，提高他们接触和认识社会环境的能力有重要作用。美国著名教育学家克伯屈来中国参观了这些幼稚园的小农场，看见小孩子在农场里种东西时，大加赞赏，说："这些我在国外还没有看见过，这是很好的一种方法。"

3. 加强科学教育，培养人才幼苗

陶行知十分重视儿童的科学教育。1931年秋，他给次子陶晓光、三子陶刚写信说：

> 你们知道现在是个科学的世界。科学的世界里应该有一个科学的中国。科学的中国要谁去创造呢？要小孩子去创造！等到中国的孩子都成了科学的孩子，那时候，我们的中国自然而然地变为科学的中国了。

1932年3月22日，他在给时任广州中山大学教育系主任、教授庄泽宣的信中说：

> 晓庄是一个试验学校。晓庄本部虽已被封两年，但是他的试验工作，仍是不断地进行着。几年以来，我们觉得要救中华民族，民族必须具备科学的本领，成为科学的民族，才能适应现代生活而生存于现代世界。科学要从小教起。我们要造成一个科学的民族，必要在民族的嫩芽——儿童——上，去加土培植。有了科学的儿童，自然会产生科学的中国和科学的民族。

1932年春，陶行知创办了儿童科学通讯学校，为普及科学教育，约请当时很有声望的科学家高士其先生参加工作。

1935年4月10日，陶行知创办了"空中学校"，由陶晓光利用上海中西药房无线电台，用普通话讲解《老少通千字课》和自然科学及社会科学常识，播放时间为每天30分钟。

4. 发展幼儿智力

为了使幼儿教育与幼儿的实际生活相联系，陶行知主张对过去幼稚园的课程和教材进行审查和重新编辑。他在《审查编辑幼稚园课程及教材案》中指出："全国所有幼稚园的课程和教材，多半是从外国来的，不很适合国情。"因此，他要求以幼儿生活为中心，以家乡教材为中心，充分运用眼前的音乐、诗歌、故事、玩具及自然界陶冶儿童。

5. 改革传统的方法，因人而异地进行思想道德教育

陶行知坚决反对脱离儿童的年龄特征，把他们视为"小大人"的传统的幼儿教育方法。他认为，幼稚园的教师最重要的是热爱幼教工作，爱护、关心儿

童，理解儿童心理，能根据儿童的年龄特征进行思想教育。他在《敲碎儿童的地狱，创造儿童的乐园》一文中写道：

> 旧父母和旧教师，凭主观以责儿童之服从；新父母和新教师，客观地根据他们需要的能力以引导他们的欲望而启发他们的自觉活动。新父母和新教师，要跟儿童学，教儿童启示自己如何把儿童教得更合理。

陶行知还经常告诫人们："对儿童忽视或期望太切，都是对儿童极端有害的心理，在幼儿教育中应当尽量避免。"

陶行知为了勉励儿童从小"立大志，求大智，做大事"，经常为孩子们作诗。一系列诗歌，寄予了他的厚望。

小盘古

我是小盘古，
我不怕吃苦。
我要开天辟地，
看我手中双斧。

小孙文

我是小孙文，
我有革命精神。
我要打倒帝国主义，
像个球儿打滚。

小牛顿

我是小牛顿，
让人说我笨。
我要用我的头脑，
向大自然追问。

小农人

我是小农人，
靠种田生存。

为何劳而不获？
谁是我的仇人？

小工人

我是小工人，
我有双手万能。
我要造富的社会，
不要造福的个人。

为了培养孩子们的爱国主义思想，在民族危难之际，陶行知编写了很多儿歌，如《一·二八》。

一·二八，
一·二八，
十九路军顶呱呱！
枪炮瞄准向外放，
一发一发又一发。

一·二八，
一·二八，
中国工人顶呱呱！
武装起来打东洋，
东洋不敢过闸北。

一·二八，
一·二八，
中国老农顶呱呱！
知道士兵吃不饱，
一担一担鸡鹅鸭。

一·二八，
一·二八，
中国学生顶呱呱！

活龙活虎义勇军，
丢掉书本来厮杀。

一·二八，
一·二八，
中国商人顶呱呱！
决心不买东洋货，
东洋老板都急煞。

一·二八，
一·二八，
中华民族顶呱呱！
打倒少将打大将，
东洋才知中华辣。

一·二八，
一·二八，
只有秦桧头上滑！
出卖国土不知足，
念念想把岳飞杀。

一·二八，
一·二八，
孔雀博士眼睛瞎，
联合战线成不成，
只需看看一·二八。

一·二八，
一·二八，
东洋帝国该倒塌！
联合起来拼老命，
拼命胜过拜菩萨。

陶行知的幼儿教育理论十分重视家庭教育。他认为家庭是儿童的第一学校，父母是子女的第一任教师。家庭教育最重要的是耳濡目染、潜移默化，身教重于言教。他说："我希望每个儿子做成一个什么样的儿子，我得把自己先做成什么样。"他称这为"儿子教学做"。在家里，他要求儿子注重实践，养成习惯。他叮嘱儿子："桃红、小桃在家，自己的事自己干，衣服要学洗，破了要学缝。烧菜、弄饭都要学，还需扫地、抹桌。"次子陶晓光，6 岁时就学做"小先生"教祖母识字。陶行知要他们从小就学会自己动手，在服务中学服务，逐步建立为人民服务的人生观。这一系列生活实践活动，是陶行知生活教育理论生动、具体的运用。

陶行知与同仁，以"普及教育""普及幼儿教育"的坚定信念，以"捧着一颗心来，不带半根草去"的伟大情怀，披荆斩棘，历经艰辛，终于，在 1928 年5 月 27 日创办了中国历史上第一所乡村幼稚园——南京燕子矶幼稚园。

随之，晓庄幼稚园、和平门幼稚园、迈泉桥幼稚园等相继建成。

1934 年 4 月 1 日，在女工相对集中的沪西工厂区域内，劳工幼稚园成立了，专收劳工子女免费入园。为培养幼儿师资，陶行知与同仁还创办了"乡村幼稚师范学校"。

陶行知在国家多难、生灵涂炭之际，以"普及教育""教育救国"为己任，把儿童置于中国现实的生活大课堂中，实施体、智、劳、科、德全面发展的幼儿教育理论，走出了具有中国特色的幼儿教育之路，无疑是中国教育史上的一次重大革命！

第二十二章　普及教育
——与山东的不解之缘

陶行知为了普及教育，先后7次来到山东济南、泰安等地，与山东结下了不解之缘，为山东人民的教育事业做出了不朽的贡献。

第1次是1921年7月，陶行知陪同杜威教授来山东济南游历、讲学。

第2次是1922年3月，陶行知到山东与山东的教育界人士接洽中华教育改进社第1届年会会址事宜，并协助发起成立了"山东教育调查会"。

第3次是1922年7月3日至8日，中华教育改进社第1届年会在济南召开，陶行知负责组织工作。在开幕式的典礼上，陶行知做了中华教育改进社第一次年会社务报告，强调与会人员要学习武训的办学精神。会议期间，陶行知与王伯秋（早年留学美国，曾任南京法政专门学校教务长、东南大学政治经济科主任）专门研究中国的公民教育，共同提出（陈蓉附议于后）《提倡创办青岛大学案》，后获得通过。

《提倡创办青岛大学案》中写道：

> 山东为我国的文化发源地，在学术上占有重要的位置。自"山东问题"①发

---

① 山东问题：指第一次世界大战结束后，美、英、法、日等国召开了分赃的"巴黎和会"，公然议决，将战败的德国在我国山东攫取的各种特权，全部转让给日本，被邀请赴会的中国北洋军阀政府代表，竟然在和约上签字。消息传来，举国愤怒，北京学生率先集会游行，反对巴黎和会决议，成为伟大的五四运动的导火线，史称"山东问题"。

生，青岛尤为全球视线所及。今值等办鲁案善后之际，百端待理，需才礼亟。为发展我国国有文化计，为沟通东西文化计，尤不能不设立永久高等学术机关，以谋改进，而扬国光。应请本会设法造成筹办青岛大学的舆论，俾得早日成立，以为培植高等人才之地。是否有当，尚祈公决。

会议结束后，中华教育改进社的编辑组费了一个多月的工夫，编辑了《中华教育改进社第一次年会报告》。陶行知阅后，兴奋至极，于是在 8 月 20 日写出了《〈中华教育改进社第一次年会报告〉序言二》(《序言一》由蔡元培作。)

我读了这本报告之后，会想到开会前、开会时、开会后的情形，觉得有几种感触，很情愿提出来和大家谈谈。

一，就政治方面看，全国分裂的现象，实在令人悲痛，但就这次到会的人着想，觉得全国教育界的精神还是一致的，并丝毫不受割据的障碍……。全国人民对于教育，从前本是同心协力的，现在还是同心协力参加这次会议后，我们深信全国人民是愿意共同努力从事教育建国的事业的。

二，中国兴学二十多年，对于教育学术贡献不少。这次济南大会最注意的一点，是分组会议。它把教育问题分析出许多小问题，按着一个一个的小问题，使愿意专门研究的人组合起来，分别讨论。如此，二三十年后，中国对于教育学术若无贡献，我是不能相信的。种子已经下了，如能继续培植灌溉，预防灾害，是可望收成的了。我深信这一分门别类的研究，是教育进步之母。

三，这次年会可以看见的重要结晶体，就是所通过的议决案。六天之内，竟能议决一百多件议案，可算是最有效率。这些决案，的确可以代表现代中国教育界的思潮信仰。这六天之内，中国教育界本身所表现的希望是什么？……我应当补一句话：济南大会的结果，并不限于这些议决案。其结果有时是不可思议的……

第 4 次是在 1922 年 9 月 20 日至 30 日，陶行知参加教育部在济南召开的"学制会议"。

第 5 次是在 1926 年 10 月 9 日至 15 日，陶行知在应邀参加天津南开大学两周年校庆的北上途中，在泰安站下车游览了泰山。泰山的奇异美景让他流连忘返。

第 6 次是在 1934 年 10 月 14 日，陶行知到济推行普及教育。

第 7 次是在 1935 年夏天，爱国名将冯玉祥再次隐居泰山时，陶行知来泰山为冯玉祥讲学。这一次陶行知在山东停留的时间较前几次都长些。

1935 年 3 月 1 日，原载《生活教育》第 2 卷第 1 期的《全国小先生普及教育表》显示：在全国普及教育中，推广小先生制的共有 23 个省市。成绩最突出的是江苏省，范围之大涉及 14 个县区 11 处学校。其次是山东省。

自陶行知 1934 年 5 月 1 日载于《生活教育》第 1 卷第 6 期的《从学军想到工学军》一文（节选）中，可以了解当时的状况。

> 邹平县的小先生组织学军的消息传来了，这是多么可贺的一件大事啊！周文山君新从邹平来，对我说："邹平已经开始组织学军。每位小先生找到四位不能进学校的小孩做他的学生，便成立一学排。这位小先生就被认为学排长，故一学排五个人。五学排为一学连，是二十五人。五学连为一学营，是一百二十五人。五学营为一学团，是六百二十五人。五学团为一学师，是三千一百二十五人。五学师为一学军，是一万五千六百二十五人。全县拟组织两学军，梁漱溟先生为第一学军长，杨效春先生（原为晓庄学校指导员，后来赴山东邹平协助梁漱溟创办乡农校）为第二学军长。这个办法预备先在县城试验，俟试验有效，再向乡村推行。"这是周君的口头报告，细节方面也许有遗漏或错误，但就我记忆所及，大体就是如此。这是普及教育的急先锋。学军下之小先生是成了学兵，必可以一当十地向前进攻。信仰武装起来，自能冲锋陷敌，百战百胜，这是可以预祝的了。
>
> ············
>
> 我自从得了邹平的学军消息，是快乐得连觉也睡不着，现在把我的意见写出来，请求邹平和全国普及教育的同志指教。我深信用工学团或工学团的联合体——工学军——来普及生活教育，不但可以两年之内把文盲一扫而空，而且可以继续不断地把一个合理的社会创造出来。

1934 年 5 月 2 日，杨效春写的信陶行知收到了。陶行知随后将它以《杨效春君来信》为题发表在 1934 年 6 月 1 日的《生活教育》上。

> 每次《生活教育》半月刊到时，春必细细看了，看时往往自头至尾，一字不遗，非以求博，正以求用之也。
>
> 《宝山义务教育急成方案》，原则上春全部接受。办法则彼此当有出入，春今日所计议者为邹平生活教育普及方案。春以为今因吾人所要致力者为人生必需之生活教育，不是法令所定之义务教育。教育须得普及，而无须急成，亦不能急成。文字教育可以急成，生活教育不能急成。师意如何？

邹平试验计划现在村有村学，乡有乡学，县有县学……

1935 年 10 月 22 日，陶行知撰文《邹平之共学处》，载于《晨报·普教周刊》。

中国单靠短期小学普及教育是难办得通的，我从前已经说过。邹平是把事实揭开了。照山东教育厅颁布的办法，邹平在本年度应添设短期小学二十五处，每处容四十人，约收一千人。失学儿童有一万零六百五十人，要十一年才能教得了。在这十一年当中，我们得记着，邹平的女人所生的孩子还是要一年一年地加入到失学儿童的队伍里来……

若短期小学逐年扩充，则经费更无法筹。邹平如此，别县便可想而知了。

邹平在这种困难包围之中，是想了一个共学处的办法来代替短期小学。这是很值得注意的一件事……

最后，我看邹平的办法与其说是短期义务教育，不如说是长期普及教育……

总之，邹平所指示给我们看的是：共学处可以超过短期小学所收的效果而不必费短期小学所要花的那么多的钱。同时我建议只是办短期小学的地方，充分运用短期小学的学生成立共学处一类的组织，必可事半功倍。这样，我们就能从短期小学出发，而走到长命文化的大道上来。

陶行知曾先后 7 次来到山东巡查、指导工作，并将邹平的推行小先生制视作普及教育的急先锋。

由此，山东的普及教育工作，在陶行知谆谆教诲下取得了优异的成绩。这是山东人的幸福！

第二十三章　杜威的中国之行

1919 年 4 月 30 日，陶行知同胡适、蔡元培、蒋梦麟等人在上海迎接杜威来华游历、讲学。杜威到中国后，足迹遍及大半个中国，先后举行了 200 多场演讲。

1921 年 7 月 18 日至 23 日，杜威每天一场，连续在济南举行了 6 场演讲。这是杜威中国之行的最后一地，随后他取道青岛返美。

7 月 18 日，杜威从实用主义教育思想出发，讲述了教育的三要素——社会的要素、知识的要素、个人的要素。他强调教育者必须知道社会的情况与需求，而教育的目的就是把学生造就成社会上有用的分子。

19 日，杜威畅谈世界潮流。他认为，在工业革命、民众参与国家政权、强盛国家须注重小学教育这三大潮流面前，中国当然困难、问题很多。但这些潮流与变化确系一种事实、一种新势力，中国必须渐渐适应这种新势力，然后国家始能存在，才能兴盛。当下的世界很小，没有一国可独善其身。

20 日，杜威在演讲中说："我在中国越久，越知道中国所以闹得这个样子的缘故，都是由于官吏无知识，不知道社会的情形。若想叫政治优良，不必仅仅去学政治，必要实地去考察政治的情形，叫学生知道种种公益事业和实际问题，比抽象地教他诚实，结果一定还好。"

21 日，杜威阐述："强化小学教育，教师不能像只负责灌注的茶壶和给人储藏书籍的书箱，而要让学生养成一种优良的习惯，自己思想，自己判断，树立高尚的理想……"

22 日，杜威详细论述了儿童心理学，强调："学校应适应儿童的天性和心理，促其个性发展。旧式教育以科学为唯一要素，而现代教育以儿童的活动、天性、本能为唯一要素，教师必须研究心理学。"

23 日，杜威介绍了日本教育的一些情况，认为中国所以贫弱到这样，是"人们之间没有团结力、组织力、互助力的习惯和能力，不知道国家和一切的事项和自己有什么关系"，而"学校就是社会的一个实验室"，应该"去实验、培养儿童的创造力、团结力、组织力和互助力，以期服务于社会"。最后，杜威说："我这 6 天的演讲，有一个共同的根本原理，就是学校的教育要完全和社会生活相联系。学校的教育，就是将来产生良好社会分子的方法。将来良好的社会，就全赖着学校教育去产生。"

近一个世纪过去了，杜威的演讲在当时无疑具有超前意义。直到 1920 年下半年，济南才第一次出台了采用白话文教学、男女同校同班、聘用女教师等教育改革措施。以杜威中国之行为契机，实用主义教育思想一度在中国教育界得到发展。

1922 年颁布的"壬戌学制"，就是借鉴了美国的"6—3—3"制（小学 6 年，初中 3 年，高中 3 年），其"七项标准"几乎是杜威教育思想的翻版。

第二十四章　众人拾柴火焰高

陶行知为了实现他"要使全国人民都有受教育的机会"的宏愿，深入乡村，吃农人的饭，穿农人的衣服和布鞋，住在农人家的牛棚里，冒着酷暑严寒，艰辛跋涉在普及教育的道路上。在他的努力和感召下，十多年的时间里涌现了许多可歌可泣的先进人物和典型学校。

一、"平民读书处"之源头

《平民读书处组织大纲》于 1923 年 12 月 10 日在北京《晨报》上发表，与国人见面了，"平民读书处"是平民教育的一种组织形式。

　　自从中华平民教育促进会成立之后，我们先后在南京、北京办了十几个平民学校进行实地试验。有空的时候，我就在平民学校四周探听消息。学校虽然近在咫尺，而店家住户大多数的人不能到学校上课。例如平民学校规定晚上七点钟上课，而看门的不能来；抱小孩的，小孩没有睡不能来；晚饭后要刷锅洗碗的不能来，这是平常住户的情形。再看那店家做买卖要做到九点钟、十一点钟的都不能来。不能来而勉强来，必定要妨碍家庭的事务，扰乱生活的常态。读书是累的，管家谋生也是要紧的。有没有两全的方法，使那些人于管家谋生之外，还能读书？这是我对平民学校教育效力上的怀疑，也是我对于平民读书处开始试验的第一个原因。

　　我和朱经农先生，把第一册《平民千字课》做成之后，儿子桃红讨了一本去读，弟弟小桃也要读。于是弟弟跟着哥哥去学。我起初并不十分注意。后来看见哥哥读一课，弟弟也读一课；哥哥把第一册读完了，弟弟也把第一册读完了。我渐渐得到了一个重要的暗示，这暗示就是：如果八岁的小孩子能教五岁的小孩子，那么十几岁以上识字的人，更能够教十几岁以下不识字的人了。这一假设，引导我打破非师范生不能办平民教育的偶像①，引导我去试验种种识字的人去教种种不识字的人。这是我开始试验平民读书处的第二个原因。

在南昌，有一天晚上和几位同志讨论定名，江西省视学桂汝丹先生提议称为"读书处"，我连忙在读书处前加"平民"两个字，大家都赞成，"平民读书处"诞生了。

二、第一个"平民读书处"处长——桂汝丹

在推广平民教育的时候，陶行知等人商议给机构定名，因为桂汝丹建议叫"读书处"，于是顺理成章的，他便做了第一个"处长"。

桂汝丹先生就做了第一个平民读书处的处长。桂君也欣然从命，欢喜至极，何也？桂君的历史是曲折而有趣的。他做过县知事，现又任省视学。但他的名片上并没有县知事、省视学或几等嘉禾章的头衔，只有东桂村借贷社经理几个字。大家想：桂君何以高兴用这一头衔呢？他是一个体察民情、深知农民疾苦的官吏，看到村里的乡亲们一天穷似一天，他以借贷社经理的名义集中款项贷给本村穷人使他们不负重利，这一组织纯属为乡亲们着想的。他更清楚，陶行知先生的普及教育运动是一强国富民的千秋大业。他也很清楚，他有了平民读书处处长的头衔，可以名正言顺地领导桂村乡亲读书、识字、明理啦。桂君有了这一头衔，一两天之内就开办了二三十处平民读书处。

三、大风大雨中开学的吉祥庵小学

1928年初，陶行知等决定1个月内开办5所小学，吉祥庵小学是较早办成的。

吉祥庵小学是在一九二八年三月七日开学的，是由晓庄学校的学生谢维棨、韩度创办的，三间小庙，设备简陋，却办得生机勃勃。开学的那天，正逢大风大雨。回想起北方有一句民谣"风来了，雨来了，老和尚背着一个鼓来了"，又联想起为乡村教师写过一副对联"捧着一颗心来，不带半根草去"，便将两件事合二为一，写就《风雨中开学》之诗歌，以兹祝贺吉祥庵小学的教师、学生家长和小朋友们。

---

① 偶像：意指盲目崇拜，以为师范生才能办平民教育的规则。

风来了，

雨来了，

谢老师捧着一颗心来了。

风来了，

雨来了，

韩老师捧着一颗心来了。

四、操震球先生功劳大

操震球是晓庄学校第一批冒着战火前来报名的十三个学生之一，曾任晓庄学校初中部主任、生活教育社第二届理事、生活教育社安庆小组负责人。1928年陶行知派他去浙江筹办湘湖师范学校，后操震球任校长。操震球始终坚持、跟随、帮助陶行知进行普及教育运动，贡献颇大。陶行知曾采访过一位农人，他们的对话反映了操震球的功劳与贡献。

问："你以前在哪儿读过书？"

答："在私塾里读的。"

问："读了多少时候了？"

答："八个月。"

问："操先生来后，你跟他学了多少时候？"

答："两个月。"

以上是一年半前，我和孟根根（山海工学团所在地的一位青年农民）的对话。那时他拿了他亲笔写的五万字日记给我看，让我得到了一个很大的暗示：一位受了八个月私塾教育的农人一封信都不会写，经过两个月的新教育，居然能将死字活用，写出了如此生动的农人文学，这不是一件大事吗？在私塾教育的基础上改造农人的头脑与文化，是我们今后必须努力的一件工作。改造现有的私塾，使其基础易于接受现代文化，更是农人读书的一大助力。

五、为农人和儿童谋幸福的新安小学

1929年春天，淮安河下镇莲花街新安会馆管理财产的吴俊卿先生，慕名到晓庄学校向陶行知校长请求派3位学生去帮他们创建学校。陶行知诚恳地对吴先生讲了下边这一席话（孙铭勋记录）。

如果你要到南方请教师到江北去办学校，则每月的薪水至少至少没有

三十元，人家是不愿意去的。而一个学校，至少也要三个教师才够用。那么，教师的薪水，一年就要花费一千多元，那你还有多少经费可以做别的用途呢？这都不说。如果教师是好的，那也不要紧。不过你倘若请了一个传统教师去，办一个传统的学校，仍然在那里去栽植一般的双料少爷和双料小姐，对于地方不唯无益，而且有害。那你把这一千元的租息和房屋来办学校，本来是件好事，但结果反而弄成坏事了。

我这里的学校，是以培植一般乡村农人和儿童所敬爱的教师为目的的。我这里出去的教师，能努力办事，能吃苦耐劳，能和农人和儿童做好朋友。而且，所办的学校是新学校，不是旧学校，他们是为劳苦大众谋幸福，不是为资产阶级做奴隶。他们是把学生培植成能够生产的劳动者，不是把学生培植成只知消费而且加倍消费的双料少爷和双料小姐。他们一定能够把这件事办得合你的心意，不会把这件事弄坏了来贻害地方的。我就在我们学校里征求三人去帮你的忙吧。他们去的时候，待遇方面每月只拿八元钱的生活费，此外没有什么薪水，你老先生以为如何？

陶行知送走了心满意足的吴俊卿老先生。第二天，在晓庄学校的寅会上，陶行知宣布了这件事，当时就有吴廷荣、蓝九盛、李友梅三位学生自告奋勇地应聘出征。

寅会结束后，陶行知与三位出征者又讲了下面一席话（孙铭勋记录）。

你们此次到淮安去，是一支远征的军队。你们到那里是去创造，不是去享受。你们是为农人和儿童谋幸福。你们三人要和衷共济，凡事都要以农人和儿童的利益为前提。这是我对你们希望的第一点。

我们要树起新教育的旗帜，要和旧传统教育斗争。我们要在教育上进行革命，进而办一种革命的教育。你们如果到那里去，仍然办一种传统的凡人学校，那你们就不必多此一举，而晓庄也就不需要这种远征的军力。你们要抱着我们的主张到那里去开疆拓土，到那里去做一种新教育的试验。将来，我们的主张能够在那荒凉的江北发芽，抽条，开花，那你们三人便是第一次最荣幸的使者。这是我对你们希望的第二点。

你们到那里去，是为那里的农人和儿童办学校。这个学校开办起来，马上就是那里的全体农人和儿童共有的，不要把它看成你们三人或者此外的任何一人的私有品。你们要和当地的农人联合起来，共同设法以谋学校之进展。你们要训练当地的农人能够起来保护自己的学校，又要培植你们的学生能够起来办理自己的学校。然后这种新教育的力量才能永远推动，也永远产生新的效力。这是我对你们希望的第三点。

吴廷荣、蓝九盛、李友梅三位同学，很快带着陶校长的殷切希望，带着亲如兄弟的全体教师、校工、学生们的祝福，离开了曾经日夜战斗并难以割舍的晓庄这片热土，担负着新的使命，向淮安进发。

1929 年 6 月 6 日，新安小学诞生了。

新安小学成立后与晓庄学校仍然息息相通、事事相联。遇到困难，陶校长千方百计帮助解决；有了成绩、听到好消息，陶校长顿时喜上眉梢。下面是陶行知在 1930 年 4 月 30 日为正处于极端困难条件下仍然坚持办学的新安小学老师们写的一封信。

> 友梅、九盛、和中、达之等：
>
> 接到你们四月二十四日所写的信，知道你们用两件大衣跑了三十里路当不得两元钱，又饿着肚子跑回学校。这件事是你们在长江北岸为乡村教育史写下了悲壮的一页，亦即光荣的一页。我们是何等的安慰而又是何等的敬佩你们啊。
>
> 在前一个礼拜，我们接到文采先生转来的信，即汇了三十元经费给你们，可惜竹因不慎，给扒手拿去了。我只希望这人需要此款比我们还切，那么我们总算对他有些贡献了。但是想念着你们的困难，急得不得了，我们立刻又凑了一笔款寄去，谅现在已经收到了吧？请你们放心，你们要我们做的事，我们已经做了，我们是绝不会忘记你们的。捧着一颗心来，不带半根草去，你们抱着这种精神去教导小朋友，总是不会错的。

六、跟西桥学

这是 1935 年 9 月 1 日载入《生活教育》第 6 卷第 13 期的一篇文章。

> 村里没有钱、办不起学校，怎么办？
> 等等等，等到胡子白了还没有地方求学，怎么办？
> 只有一个办法——跟西桥学。
> 西桥是一个江南的贫苦农村。去年春天漕桥有一位觉悟的苦孩子，名叫承国英，在这里邀请了几位农友，开了一个西桥小学。承君除自己尽义务外，还以他的稿费供学校开支，农人也尽力担负。村外的朋友看他们干得起劲，也时常来一点帮忙。他们干了两个月便加入了普及教育运动，小

朋友几乎每人都做了小先生，精神十分充足。

不久旱灾来到，农村几乎破产。出版界的不景气又堵住了稿子的出路。承君忧劳过甚，不得不来沪暂时休养。大家都以为西桥停顿了。奇怪得很，时间不长，西桥不但没有停顿，并且干得更有精神。

现在西桥小学，是在六位小先生手里。这六位是第一代小先生。他们已经把六十几位小学生统统变成了第二代小先生。西桥的小学生是没有一个不做小先生的。更有意义的是这六位主持学校的小先生，轮流按时来校教人自修，空余时间仍在田园里或家庭里做工赚饭吃。这里我们所看见的是真正的儿童自动工学团。它指示了中国普及教育一条正确的路线。

我最近收到西桥小先生的几封信，大受感动，特在本期通讯栏里介绍给大家一看，想大家也必定受到同样感动。

陶先生：

承继行（承国英）先生到上海去养病之后，我们时常考虑他走了之后，西桥怎样干好？其实是忙着干先生的普及工作呀！在这九十五度①的阳光底下，要到各村去组织儿童工学团，不知流了许多血汗，其实是为社会服务，为劳苦大众报酬，牺牲血汗实在是值得的。

西桥工学团内有小朋友六十多人，要发挥自动精神，努力普及教育，于是没有一个不做小先生的。这不算是大事，顶重大的，是西桥周围二里路内的成年人、小领袖，以及一切男女老少，也会被小先生同化助力，多么可喜呀！

陶先生！西桥的人虽小而心不小，人虽穷而志不穷。虽然被环境压迫，而觉悟反更大。陶先生！放心些吧！西桥想要追到上海的山海工学团、南京的自动小学校和淮安的新安小学，一定向前进！进！进！不能掉在后面的！请陶先生特别注意西桥吧！

敬祝努力！

西桥工学团 杭金洪 上
一九三五年八月四日

---

① 指华氏度。

陶先生：

我们为着使西桥小先生更努力地教人，早些使本地民众个个识字，因此大家便想法子，怎样能使西桥小先生更加比以前努力地教朋友，结果终于被我们想着了。

我们现在是七个小先生，有六个村庄的小朋友来读书。我们便分配着各人负责一个村庄，同时比赛哪个负责的村庄成绩好。还有多出的一个小先生是总指导，评判各村的成绩，调查各村是不是实在教。我们工作分配好了，便开始干了。我是负责塘桥村的，那村共有九个小朋友，其中有两个是幼稚班，因为他们实在太小了，所以他们是不教。其余七个是个个教的，其中最多者教四人，其余能力强的教两人，还有几个一年级的只能教一人。我将要在最短期中，引起他们教人的兴趣，鼓励他们多教些小朋友。完了，我要去做别的工作了，有好消息下次再报告你吧！

敬祝康乐！

承国平　上

陶先生：

好久没有给你信了，很是惭愧。但是，因为我们现在忙着干小先生工作。怎么干的呢？我们附近共有六个村庄的小朋友到西桥来读书。那六个村庄的小朋友都做小先生。我们要他们一起努力不灰心地干下去，就由我们六个小先生各人负责一个村庄办村儿童工学团，要叫他们一起努力不灰心地干下去！每天流着汗奔跑到各村去调查他们是否是教人的。所以，现在各村的小先生很是起劲地教人。每天早会上，各村有小先生工作报告。我们负责的人还要逼得每一个小先生一定教人。我们除了叫小先生教人外，还要联络农民，使他们信仰我们，所以我们现在很忙、很忙。

但是，我们是为了劳苦大众，就是忙也值得！我们见许多小先生教人努力，很是喜欢。陶先生你一定也很喜欢的吧？

敬祝康健！

承国新　上

八月二十四日

陶先生：

久来没给你信，是什么原因呢？因为我们最近准备考查每一个小先生的功课成绩。最重要的是考查小先生教人的成绩。考查了好几天，才考查清楚，成绩真好，有几个小先生教他的好朋友画的图画，就是在普通的小学三四年级的学生，也不能画得这样好，并且很有意思。在最近的时期，我预备整理出来寄给你看看。你看到这几张画，就可知道西桥小先生在真正地普及教育，真正地苦干、苦斗着。

这样一来，全体小先生，不得不拼命去干。

祝你前途光明，快乐前进！

小先生　阮茂祥

八月二十四日

陶先生：

好久没有给你信，因为我负责总指导，要调查各村的小先生教不教人。星期二去查这一天，下了雨，路上很不好走。调查的结果很好，只有一两个不教人的，因为年纪太小。有几个最努力，良州、岐州、耀根、焕洋，这几个是最努力的小先生。再谈，下次再告诉你好消息。

祝你近安！

王桂林　上

陶先生：

不要把西桥忽略了呀！要知道现在考试，一点工夫也没有，所以一直到现在还没有给你写信，请你原谅。西桥现在是正在自动了。小朋友没有一个不教人的，都做小先生，都做小农人，都有革命的精神。我们西桥小先生要超过山海，超过南京的晓庄，超过江北的新安，这是我们的希望。

敬祝康健！

杭良溪　上

一九三五年八月二十日

1935年10月25日，陶行知给西桥的小先生们回信了（节选）。

金洪、良溪、桂林、国平、国新、茂祥及全体小先生鉴：

西桥是你们的基本，基本动摇便要弄得"树倒猢狲散"。抓住西桥向前干！你们给我的信，我都把它们编好了，如果卖得出去，你们准有新棉袄过冬。这是你们努力的结晶，应该归你们自己享用。我看这些信的出版价值超过我们以前所写的一切。如果书店老板的心理和我的相同，就一定可以出版。但是要记着，上海不景气，稿子不一定卖得掉。我们故做个好梦吧！

　　祝你们努力创造！

陶行知
一九三五年十月二十五日

七、翁家山小学的小先生们哭了

　　翁家山靠近龙井，农人以种茶为生。山上有一座破庙，庙里办了一个小学。在晓庄学校读书的白君祥（字动生）任校长。白校长引导小学生去做小先生，鼓舞了全村农人们读书识字明理的热忱。1935年春，茶发芽，茶叶绿，头茶、二茶、三茶搞个不停。小先生找不到学生，甚至有的急哭了。

　　陶行知对小先生们讲：

　　　　生活教育的理论要求我们，要很高兴地欢迎采茶节气之到来，并要很起劲地参加到采茶生活里去。因为翁家山的农人吃的、穿的、住的、用的、玩的、学的，都是从采茶里来的。不采茶、采不好茶或采而不起劲，最后是什么也都没有了。采茶的生活，便是采茶的教育。采之前、采之时，来它一个继续的研究，追求所以进步的道理，便是在劳力上劳心，这时候是不能按部就班地上课读死书。我们不是放采茶假，乃是变更生活。等到茶叶采完，销路畅通，一年的生活费用到手，大家自然而然地高兴读书了。以此作诗《送翁家山小朋友》。

　　　　春花落，
　　　　茶叶绿，
　　　　老老少少采茶去，
　　　　小先生们急得哭！

　　　　小先生，
　　　　不要哭！
　　　　生手一天采十斤，
　　　　好手能采三十六。

　　　　我们全村人，

靠茶喝碗稀米粥。
如果懒动手，
生命不可续。

桂花香，
栗子熟，
我会拿书来，
天天跟你读。

经过陶行知的说服，翁家山的农人和小先生们欢喜极了。当年的春采茶真是从未有过的丰收。到了金秋丰收时节，小先生们在教人识字的空当邀请陶行知看桂花、吃栗子。陶行知赋诗《谢翁家山小先生约我吃栗子、看桂花》。

栗子甜，
桂花香，
小先生教人忙。

栗子熟，
桂花开，
老老少少上学来。

1935 年 11 月 19 日，《晨报·普教用刊》载陶行知文《家庭妇女与普及教育》。该文有一段文字是这样写的：

穷人的家庭就不然。他们所有的只是一个亭子间，或是一个小客堂，或是一个灶披间，都肯借给穷孩子读书。例如卖报小孩吕公义的母亲吕老太太是一位顶好的人，在她那一丈见方的小屋子里，每天就有十来个小孩读书。还有华荣根的父母靠卖花生活，他们那唯一的亭子间，也做了八个孩子的读书房。我们说的不过是两个例子。这样慷慨的穷人家到处找得着。我们不应该向他们学习吗？

八、报童工学团

报童指那些以贩卖报纸来赚取微薄利润的穷苦人家的孩子。他们为生活所迫，不得不起早贪黑地劳动着。虽然卖的是报纸，但是他们一般都不识字。

陶行知问："你们把报卖给别人看，自己也能看报吗？"

报童答："看不懂。"

问："读了书，就会看报，你们愿意读书吗？"

答："愿意，可是没有人教。"

问："我们请一位先生来教你们，好不好？"

答："好的。先生哪一天来？"

问："说来就来。你们早报什么时候卖完？"

答："十点钟。"

问："晚报什么时候卖？"

答："五点钟就要去贩报来卖。"

问："你们要读书，总得要找一个地方。哪家的房子大些，可以去借借看。"

答："吕公义家里大些，和他妈妈说说看。"

问："读了书，要教人。我们请先生来教你们，你们还要教家里的人和邻居的穷孩子，愿不愿意？"

答："愿意的。不会教人怎么办？"

陶行知教导："读一课，教一课，怎么不会？如果真的不会，请教先生。"

报童们应声询问："好的，我教妈妈好不好？""我教小妹妹行吗？"……

陶行知高兴地作答："行，每个人教两个人，一面温书，一面教人，把别人教会了，自己的功课也就温熟了。一弹打中两只鸟，对不对？"

报童们异口同声地作答："对，一弹打中两只鸟。"

吕公义得到妈妈的许可，卖报儿童工学团出世了。

吕公义家有一张八仙桌，凳子不全，有些小孩子要站着上课。黑板、地图是捐来的。一位青年天天来尽义务，来教他们三小时。报童们每人要教别人半小时。他们靠卖报吃饭，卖报就是他们的工；每天求些新知识，就是他们的学；有了这个小小组织，遇事大家商量，就是他们的团。这是一个小小工学团，这是一个文化细胞，他们已经读完四册《老少通千字课》，接着读《高级市民课本》，并学看他们自己所卖的报纸了。

九、亭子间工学团

亭子间是上海旧式楼房中的一个小房间，多建在楼上正房的后面楼梯中间，狭小、阴暗，租金比较便宜。亭子间工学团是晓庄学生创办的。陶行知为之作诗《亭子间工学团——跟华荣根学》。

华荣根，父母以卖花为业，租得亭子间一所，同时是工厂、卧室、饭厅。荣根还在里面办了一个小小工学团，教八个穷孩子。他每天还要跑五里路去求学。我去参观时大受感动，回来写了几首小诗，愿弄堂里的穷孩子都学华荣根和他的小学生。

之一

吃饭也在此，

睡觉也在此，

做工教学都在此，

富翁愧死。

之二

爸爸也卖花，

妈妈也卖花，

字儿认得一大担，

大如冬瓜。

之三

跑五里路来，

跑五里路去，

去是教人来求学，

风雨无阻。

之四

学一两点钟，

教一两点钟，

他有一个大信仰，

知识为公。

十、来凤镇的流浪儿

陶行知一心装着平民教育，随时随地都在做着普及教育的工作。下面是他旅途中的一段故事。

今年①九月底，我承四川永州沈之万专员之约到永州去演讲，同行的有专员公署技工陈幼舟先生，途经璧山县来凤镇，赶上雨天，下午四时许已不好赶路，只得在来凤镇过夜。

刚吃完晚饭，两个流浪儿来到桌边，向我们讨要没有吃完的饭菜。我们当然一起奉送给他们。当他们拿到门口，就有十几个小孩靠上去分吃，不吵不闹，很有秩序。

我看见这现象很是高兴，便叫他们来两个人和我们谈判，不必推举代表。他们都过来了，我尊重他们，就在饭桌上摆起龙门阵。

我问他们："读过书没有？"

他们看着其中一人回答："金元读过书。"

我指着对门一个招牌问金元："上面是什么字？"

金元说："农村饭店。"

我再指着左边的大字标语问他，他说："农工商学兵联合起来。"

我又问："联合起来干什么？"

金元以及其他好几个流浪孩子不约而同地回答："打日本鬼子！"

啊！这是多么有力而坚决的呼声。听到这呼声，谁能不受感动？这些流浪儿在风霜雨雪当中，靠着自己的小小的努力，得到了这一点点宝贵的教育。谁有权利让他们挨饿、受冻？谁能忍心让他们失学？

我接着问下去："金元，你愿意教他们认字吗？"

金元回答："愿意。"

我又问大家："你们愿意跟金元学吗？"

十几个流浪儿一起坚定地回答："愿意！"

我进一步对金元说："好，金元！你做小先生，不要把学问放在自己的荷包里，要拿出来教大家。你的责任是把你的十几个小朋友都教成个个识字、人人明理，都能拿出小拳头来打倒小日本！"

金元反问："我愿意，可是没有书本怎么办？"

我迟疑了约半分钟，好似被他问住了，是对门的招牌救了我。我指着"农村饭店"四字豁然大悟地对大家说："那就是书，是你们不花钱的书。"

金元极其认真地又问道："笔呢？我们没有钱买笔啊！"

我指着招牌的手还没有放下来，就势又对大家说："这就是笔！你们用指头对着'农工商学兵联合起来'九个字，一个一个地这样画就是学写字。

① 今年：指1939年。

写上几回再在自己手掌上默写，手掌便成了不花钱的纸，有机会可用手沾上水在桌子上练练更好。那桌子成了纸，水成了墨，手指头是永远不花钱的笔，随身带的自来水笔。那么，你们是有书、有笔、有墨、有纸又有小先生，可以天天上学、处处练字。而最要紧的是学了字、取得了知识，好帮助大人打倒日本鬼子和一切人中鬼。"

我说到这里，看到孩子们那极其认真听讲的精气神，不由得一股酸泪从心里涌入眼眶里来，我又用极大的力量压了下去，有些激动地对大家说："孩子们，我的法子说尽了，没有可说的了，你们努力吧！我们一个一个的个人是不能把日本打出中国去，小朋友们必须组织起来。"

做了片刻的情绪稳定，我对大家又说道："你们会排队吗？"

小朋友们答："不会！"

我接着说："好，我教你们。矮的在前，高的在后，依着次序排，不要乱。你们要推荐一个队长、一个副队长做领队。"

我语音刚落，大家齐声回答："金元当队长、张老么当副队长。"

我也干脆利索地命令金元："好，金元，你把小朋友排好队，走出这来凤镇饭店！"

好家伙，金元真是个能孩子，样样事情都会干，一会儿队伍就按高矮排了起来。他还教小孩子们立正、看齐、向前看，然后又喊向右转、开步走，离开了饭店，回到他们露天旅馆过夜去了。

晚上，我和陈先生拜访了联保主任傅伯侯先生，请他多多照应这些孩子们，特别是每天晚上为他们找一个住的地方。傅伯侯先生答应了，并说道："当晚很难，明天照办。"

十一、平民教育进了和尚寺

1923 年双十节，陶行知作《做十万新民，寿大旬王母》一文。文中写道：

栖霞寺里有四五个和尚不识字。我昨天走进寺里的正殿时，看见一个叫慧空的和尚在看《封神榜》。

我对他说："和尚要修行成佛，不会念经可以吗？"

他说："不可以。"

我又说："你们寺里有四五个和尚不识字。不识字，就不会念经。不会念经，就不能成佛。大和尚何不去超度超度他们呢？"

他很高兴地答应下来了。

我又对他说："如果你能把全寺的和尚、俗工教得个个识字、读书，考过及格，我就会发你一张'平民教师'的证书。"他很情愿地答应下来。

从此，我们的平民教育走进了和尚寺。

十二、三径平民读书处成立趣史

1923 年 12 月 12 日夜 12 时，陶行知写《活罗汉》一文，有下边一段文字：

梦麟兄近来忙得很。我昨晚到他家里去劝设平民读书处的时候，他颇露难色。

我问他："中国最高学府北京大学代理校长家里，可以容得不识字的人吗？"

他笑笑说："错是不错。"

我接着说："既然不错就要干。你如无暇，我来替你训练助教。只许老兄下一命令'从今天起，家里的不识字的人都要读书，识字的人都要教书'我就有办法。"

他先后找了他的世兄蒋仁裕和门房李白华进来，我就一五一十地教了他们一回。他们即刻去教老妈子和车夫，高兴得很。蒋大哥摸摸胡子说："你很有传教的精神。"

以上就是"三径平民读书处"成立的一段趣史。

时下梁启超、胡适之、熊秉三都做了平民读书处的处长。舍下也设一平民读书处，是纪念先父的。

晓庄学生尹孔敏将离开晓庄后立志为乡村劳苦大众和儿童服务的艰辛历程写成一本书《我的黄金时代》。陶行知为其作诗《黄金时代歌》：

拔茅草，
搬石块，
自己的学校自己开。

互相教导，
互相信赖，
读书不做读书呆。

分析过去，

抓住现在，
创造未来。

这首诗歌，反映了平民读书处自助助人的精神。在创建平民读书处这一过程中，陶行知见缝插针，不放过任何一个机会。

第二十五章 人才济济，硕果累累

陶行知以"爱满天下"的胸襟爱生如命，爱才如命。他尊重学生，信任学生，公正地对待学生，竭力保护学生。他多次呼吁："你的教鞭下有瓦特，你的冷眼里有牛顿，你的讥笑中有爱迪生。你不要忙着把他们赶跑。你不要等到坐火轮、点电灯、学微积分，才认他们是你当年的学生。"

陶行知桃李满天下。

李鹏，祖籍四川成都，1928年10月生于上海，父亲李硕勋是革命烈士。李鹏是作为烈士遗孤被招入育才学校的。

新中国成立后，李鹏历任电力工业部部长、国家教育委员会主任、中央书记处书记、国务院总理。

李鹏在1984年4月1日的文章中写道：

> 陶行知先生是我的老师。虽然我受他直接教诲的时间甚为短暂，但他的为人、思想、作风和对中国共产党的感情之深，确给我当时少年的心灵留下深刻的印象，使我受益匪浅。

张劲夫，生于1914年，安徽省肥东县人，曾用名张新夫、张世德，晓庄学校毕业，曾任山海工学团团长。

新中国成立后，张劲夫历任浙江省财政经济委员会主任，中共浙江省委常委，中国科学院党组书记、副院长兼国家科委副主任、财政部部长，中共安徽省委第一书记、安徽省省长，中央财经领导小组秘书长，中共中央顾问委员会常务委员会委员，曾任中国陶行知研究会名誉会长。

张劲夫在 1984 年 4 月 1 日回顾历史时说：

> 我对陶行知先生是很怀念的，因为他是我一直尊敬的老师，我从他身上受到了终生难忘的教益。他是一位伟大的人民教育家，他为人民教育事业的献身精神，是永远值得我们学习的。

刘季平，生于 1908 年，江苏省如东县人，又名刘焕宗、剑雄，1928 年在晓庄学校读书。

新中国成立后，刘季平历任上海市副市长、教育部副部长、北京图书馆馆长等职，曾任中国陶行知研究会会长。

刘季平在 1949 年 7 月悼念陶行知先生时写道：

> 陶行知先生是世界近代教育史上最伟大的代表者之一。陶行知思想是解放区新教育思想的源泉之一……陶行知的伟大绝不仅在于他的教育思想上的进步，更重要的还是他永远站在人民的立场上，依靠人民，爱人民，为人民服务……

方与严，生于 1889 年，安徽省歙县王充村人，晓庄学校第二期毕业生。

新中国成立后，方与严历任教育部初等教育司副司长、民族教育司副司长。

汪达之，生于 1903 年，安徽省默县人，原名达志，晓庄学校第二期毕业生。

新中国成立后，汪达之在南京主持恢复晓庄学校，任校长，后又任教育部师范教育司专员、广东民族学院党委书记兼副院长等职。

戴伯韬，生于 1907 年，江苏省丹阳市人，又名戴邦、白桃，晓庄学校的学生。

新中国成立后，戴伯韬历任上海市教育局局长、中央教育研究所所长、中国教育学会副会长、全国教育学研究会会长等职。著作有《陶行知的生平及其学说》。

戴伯韬在 1949 年 7 月悼念陶行知先生时说：

> 1940 年在重庆南岸的一次晚会上，陶氏发表演说时，曾说自己和不少

朋友走着两条不同的道路。他说："不少朋友都到国民党政府做官去了。我是从办大学到办中学，现在则做了小学校长。"以陶先生为人民服务、为人民利益而奋斗的精神，与那些投靠反动势力、企图达到个人欲望的人比较：一个是光荣地走着光明大道，一个则是可怜地走着错路。

操震球，生于1902年，江苏省怀宁县人，1926年毕业于清华学校大学部教育心理系，是晓庄学校第一期十三名学生之一。

新中国成立后，操震球历任安庆市副市长、安徽省教育厅副厅长、安徽省政协副主席、民盟安徽省委员会副主任委员，曾任中国陶行知研究会顾问。

王洞若，生于1909年，江苏省镇江市人，原名王义田，又名王作、王乃明、王用观，笔名洞若、顾田、旷琴、琴等，晓庄学校大学部毕业生。

王洞若毕业后留校工作，长期跟随陶行知从事生活教育运动。

孙明勋，生于1907年，贵州省平坝县（现安顺市平坝区）人，晓庄学校毕业生，幼儿教育专家。1934年，孙明勋在陶行知幼稚教育理论和实践的指导下，在上海创立了中国第一个劳工幼稚园。

戴自俺，生于1909年，贵州省长顺县人，晓庄学校毕业生。他与陶行知创办了山海工学团及山海乡村幼稚园；与孙明勋创办了中国第一个劳工幼稚园。

新中国成立后，戴自俺曾任重庆育才学校教育组主任，后又在中国教育部民族司任教学指导工作，还曾任中国陶行知研究会常务理事。

徐明清，女，生于1911年，浙江省临海市人，原名徐谷荪，晓庄学校大学部毕业生。

新中国成立后，徐明清历任农业部人事司副司长、中共中央农村工作部干部处副处长、全国妇联第一届执行委员会委员，还曾任中国陶行知基金会副会长。

马侣贤，生于1907年，安徽省合肥市人，晓庄学校大学部毕业生。

新中国成立后，马侣贤历任上海行知艺术学校校长、上海行知中学校长、上海市北郊区副区长等职。马侣贤与戴自俺合编了图书《山海工学团》。

王士毅，安徽省默县人，育才学校绘画组半工半读学生。

1944 年，王士毅报名从军，陶行知组织师生在绘画组为他送行。王士毅以《木兰辞》中"将军百战死，壮士十年归"的豪迈诗句来表示自己参战之决心。陶行知受到感动，即刻作诗《送王士毅出征》和之。

程今吾，生于 1908 年，安徽省嘉山县（现明光市）人，又名宁远、宁越，晓庄学校毕业生。

新中国成立后，程今吾曾任北京师范大学党委书记兼校长，曾被当选为中国共产党第 8 次全国代表大会代表。著作有《新教育体系》《程今吾教育文集》等。

董纯才，生于 1905 年，湖北省大冶县（现大冶市）人，晓庄学校大学部毕业生。

新中国成立后，董纯才历任教育部副部长、中央教育科学研究所所长、中国教育学会第一届会长、中国文字改革委员会主任、民进中央参议委员会副主席，曾任中国陶行知研究会顾问等职。

伍必瑞，生于 1926 年，江苏省南京市人，回族，1939 年（仅 13 岁）至 1945 年在育才学校绘画组学习。

新中国成立后，伍必瑞曾任中央美术学院版画系副主任、中国美协理事、中国版画家协会理事、中国陶行知研究会理事等职。

陆维特，生于 1910 年，福建省长汀县人，原名赖成湖，晓庄学校毕业生。

新中国成立后，陆维特历任厦门大学副校长、福建省科委副主任，曾任中国陶行知研究会副会长等职。

黄晓庄，原名黄小庄，祖籍贵州省，生于南京市老山小庄，入晓庄小学后改名为黄晓庄。

黄晓庄有音乐天赋，出口成歌，后来转入育才学校音乐组学习作曲并学习演奏大提琴，曾经一学期作曲 48 支。

沈广鑫，晓庄学校学生。

抗日战争爆发后，沈广鑫弃学从戎，奔赴延安。

燕昭华，女，现名燕霞，育才学校艺术组学生。

燕昭华后成为演员，曾任成都市话剧团团长。

陈贻鑫，生于 1926 年，湖北省武汉市人，育才学校音乐组学生。

新中国成立后，陈贻鑫成为中央音乐学院教授，曾任中国陶行知研究会副会长。

陶行知为新中国培养了大批建设人才，可谓硕果累累。

第二十六章　最后十天的战斗

陶行知生于 1891 年 10 月 18 日，逝世于 1946 年 7 月 25 日，一生秉承"教育为公"的崇高理想，为中国人民的教育事业、民族解放、民主斗争鞠躬尽瘁。

陶行知不仅在当时，直到今天，仍然是一座丰碑，巍峨高大，闪闪发光，永不褪色。

1945 年 8 月，8 年的抗日战争胜利结束。蒋介石接着挑起了内战。陶行知将"战时教育"立即改为"民主教育"。

1946 年 4 月 18 日，陶行知由重庆返回上海，与李公朴、闻一多、沈钧儒、郭沫若、翦伯赞等民主主义战士一起，投身于轰轰烈烈的反独裁、反内战、争民主的斗争。

1946 年 7 月 11 日，李公朴在昆明被国民党特务暗杀。李公朴原名永祥，号晋祥，又号朴如，笔名长啸，原籍江苏扬州，生于镇江，早年参加抵制日货运动，曾组织爱国社。李公朴 1928 年留学美国；1935 年任上海各界救国会执行委员；1936 年 5 月，任全国各界救国联合会执行委员。1936 年 11 月，李公朴在上海与邹韬奋、沈钧儒等七人被国民党政府逮捕，世称"七君子事件"。抗日战争爆发后，七君子被释。1945 年李公朴任救国中央委员、民盟中央委员，积极从事爱国民主运动。1946 年 1 月，李公朴与陶行知共同创办社会大学并主编《民主教育》。1946 年 7 月 11 日，李公朴在昆明被国民党特务杀害，终年 44 岁。

1946 年 7 月 15 日，继李公朴之后，闻一多又在昆明被国民党特务杀害。闻一多本名家骅，字友三，湖北省浠水县人，现代诗人、学者，曾参加五四运动。闻一多 1922 年赴美国学习美术和文学，1925 年任北京艺术专科学校教务长，后相继在上海政治大学、南京中央大学、武汉大学、青岛大学和清华大学任教。抗战期间，闻一多任昆明西南联合大学教授，1944 年与李公朴等创办《自由论坛》。1945 年闻一多为中国民主同盟中央执行委员和民盟云南支部领导人之一，并任昆明《民主周刊》社长，参与了"一二·一"运动①。1946 年 7 月 15 日，闻一多在昆明被国民党特务杀害，终年 47 岁。

陶行知、郭沫若、翦伯赞等民主主义战士已上了国民党的"黑名单"，陶行知排在第一个。陶行知对翦伯赞说："我等着第三枪。"他没有听从战友们的劝告暂时回避一下，而是不顾体弱多疾，夜以继日地战斗不止。

7 月 15 日当天，听到闻一多被杀的消息，他一如既往，仍按自己已定计划工作。

7 月 16 日，陶行知给育才同学会上海分会全体同学写了一封信——《为民主斗争前仆后继》。

育才学校同学会上海分会全体同学鉴：

今日诸位同学成立上海分会是值得高兴的一件事。从此以后，大家为生活而团结，为学习而团结，为互助而团结，为服务而团结，为争取民主而团结，一定是把生活过得更好，更丰富，更有意义。现在民主斗争已经到了最尖锐的阶段，反民主分子不惜用恐怖手段来抵抗那不可抵抗的大势。李公朴先生便是这样地牺牲了。我提议再接再厉，前仆后继，屡败屡战，以抵于成。我提议每逢死了一位民主战士，即以感召培养一万位民主新战士来顶补；死了一百位民主战士，即以感召培养一百万位民主新战士来顶补。因此，我们纪念公朴先生的最好的办法，是立志把自己造成一个英勇的民主战士。不但如此，还要做民主酵母，使凡与我、你、他接触的人，都起民主的酵来，成为一个个的英勇的民主战士。只要我们肯为民主死，真民主就会到来，而中华民族也一定可以活到万万年。让我再说英勇的民主战士是怎样培养出来。第一套功夫是"仁者不忧，知者不惑，勇者不惧，达者不恋"。第二套功夫是"富贵不能淫，贫贱不能移，威武不能屈，美人不能动"。有了这些德行，无论遇到什么关口，也会胜利地通过，虽杀身亦成仁了。我们应该在这些德行上面努力进修，共同勉励。四天之后即是校庆，倘使我们当中都锻炼好了这样的

①"一二·一"运动：解放战争时期，在中国共产党领导下，1945 年 12 月 1 日，由昆明青年学生发起并得到全国各地响应的反内战、争民主的爱国民主运动。

人格，那才是值得庆贺了。

陶行知
一九四六年七月十六日

当天，陶行知又给育才学校全体师生写信——《为新中国之新教育继续奋斗》。

致育才学校全体师生：

七月十三的信刚才收到，至为感谢。下关事件发生后，也接到你们的慰问信。大家，尤其是我，从这些信里，得到了无上的鼓励，使我知道我努力的方向没有错，也不是孤军奋斗。我今天也知道，我向援华会提议增加预算和增加薪金的建议已经通过，每月薪金加二万元，合计五万元。究自何月起，容我问明再奉闻。自四月份起最好聚起来做点有益的生产，每月可以多得营养，这只是一点有胜于无的补助。希望它能给大家一点小小的安慰。从重庆来的报告都使我兴奋。由于各位同志、同学、同工的集体合作，育才是比我在渝时办得好，我在此向大家致敬。

公朴去了，昨今两天有两方面的朋友（指共产党人和民主人士）向我报告不好的消息。如果消息确实，我会很快地结束我的生命。深信我的生命的结束，不会是育才和生活教育社之结束。我提议为民主死了一个，就要加紧感召一万人来顶补，这样死了一百个就是一百万人，死了一千个，就是一千万人，死了一万个就是一万万人。肯得为民主牺牲，中华民族才活得下去。此时我们现在第一要事，是感召一万位民主战士来补偿李公朴之不可补偿之损失！只有这样才是真正的追悼。平时要以"仁者不忧，知者不惑，勇者不惧，达者不恋"的精神培养学生和我自己。有事则以"富贵不能淫，贫贱不能移，威武不能屈，美人不能动"相勉励。前几天，女青年会在沪江大学约我演讲《新中国之新教育》，我提出五项修养：一为博爱而学习，二为独立而学习，三为民主而学习，四为和平而学习，五为科学创造而学习。这些也希望大家共勉并指教。

我这封信是写给全体的，麻烦之处，荣当后谢。

敬颂康健！

陶行知
一九四六年七月十六日

这是陶行知在"第三枪"响之前，对青年一代快快成长为民主战士的呼吁！7月17日，陶行知参加上海各民主党派、团体为李公朴、闻一多被杀事件举行的非常会议。会议要求政府严惩凶手，以保障人民的生命安全。

7月18日，陶行知悲痛欲绝，奋笔疾书作诗《追悼李公朴先生》。

> 战争，战争，战争，
> 战争笼罩着天空。
> 战争笼罩着乡村，
> 战争笼罩着都市，
> 战争笼罩着整个民族的生存。
> 只需看一看杀你的子弹从哪里来，
> 便知道谁发动这自相残杀的战争。
>
> 你争取民主，
> 反对一党专政。
> 你争取和平，
> 反对中国人杀中国人。
> 杀你的人，
> 是杀民主、杀和平，
> 杀害中华民族的生存。
> 这一颗凶恶的子弹不是打你一个人，
> 是打在四万万五千万人的心身。
>
> 你的死是民主的巨大损失，
> 是和平的巨大损失，
> 是中华民族的巨大损失。
> 我们要自己为民主、和平加倍努力，
> 来补偿这巨大的损失。
> 我们每一个人要为民主、和平招兵，
> 感召新的同志来弥补这不可补偿的巨大损失。
>
> 酵母，酵母，
> 大家来做和平的酵母。
> 发酵，发酵，
> 发成民主、和平的面包大家吃，
> 使四万万五千万人每人都有的吃，

吃得更有力，
肃清民敌无踪迹。
和平最急！
民主第一！
我们要做到安居乐业人民万岁，
追悼才算完毕！

声声泪，字字血，这是血泪的控诉，控诉那黑暗势力的罪恶！这是一把匕
首，这匕首已猛烈地刺入反革命政权的心脏！

7月21日，陶行知为他的亲密战友、七君子之一、著名新闻工作者邹韬奋
（1944年7月24日于上海病逝，终年49岁）书写逝世两周年的祭文。

7月22日，陶行知同沈钧儒、沈志远、徐伯昕及邹夫人等80余亲朋好友，
在上海虹桥举行了邹韬奋灵柩安葬仪式。陶行知宣读了他书写的祭文。

敬爱的韬奋先生：
这是你逝世的二周年祭。
你的朋友、亲戚，
在这里举行一个家庭的仪式，
来把你的遗体，
葬入祖国的大地。
骝、骅①远在天涯海角，
呼吸的是自由空气。
他们长得那么健壮，
你心里应该欢喜。

记得二年前的今天，
人山人海在陪都的祭礼，
证明你并没有死，
是活在每一位民主战士的心里。
凡是得到了你的精神的人，
都虎虎地成了万人敌。
那是的的确确的事实，

---

① 指次子邹嘉骝、长子邹嘉骅（后改名邹家华）。

当时吼声震动了天地。

不久日寇终于投降，
我们懊恼你没有亲眼看见胜利。
哪里知道天下为私，
胜利不属于人民自己。
没有亲眼看见也罢，
看见了反而要大大地生气。

于今是内战展开，
工厂倒闭。
农村破产，
灾荒遍地。
战士得不到休息，
老百姓得不到饭吃。
买办阶级，
快把大好山河变成殖民地。
陷害黄帝的子孙，
沦为万劫不复的奴隶。

而且一党专制，
变本加厉。
不敬妇女不尊老，
中外古今太无礼。
有军队，有宪兵，有警察，
还要运用暗杀除异己。
贻大中华以奇羞，
为文明古国所不齿。

公朴、一多，
前仆后继。
是谁刺杀了马梯窝蒂？
令人联想到悲惨的意大利。

中华民国之光荣，

是你们的舍生取义。

这，给了我们光，给了我们热，给了我们力。

让我们锻炼自己，

"富贵不能淫，贫贱不能移，威武不能屈"，

永远踏着你们的脚迹。

和平最急！

民主第一！

要做到安居乐业，人民万岁，

追思才算完毕。

还有我们要把你首创的书店造成文化仓库，

供给整个民族精神食粮，

使大众养成乐学求真的嗜好，

真正变成五强之一。

敬爱的朋友啊，

伟大的战士啊，

愿你安息！

7月23日，陶行知为召开教育委员会会议的会址一事，写信给在中国工人协会任职的唐森先生。当天晚上，据郭沫若回忆：

陶先生和很多朋友在他寓所里相聚，谈了很久的话。八点过后，他们又一起去赴一位朋友的晚宴，十点过后一一分手而别。当时陶先生丝毫没有表现出什么异常。郭沫若还半开玩笑地叮嘱陶行知保重身体，说："你是黑榜状元，应该留意啊！"陶行知也半开玩笑地回敬郭沫若："不是状元，是探花（指第三枪）。你也准定榜上有名的。"

这寥寥数语，表现出了两位民主战士的革命乐观主义精神。谁曾想，这竟成了两位亲密战友的最后诀别！

7月24日，陶行知等30多人致电美国哥伦比亚大学历史研究学院，要求他们派代表来华调查李公朴、闻一多被杀事件。当天晚上，陶行知自知身处险境，仍如同一个将要奔赴前线杀敌的敢死队战士那样，急切而又忙碌地做着准

备工作，一夜整理了 10 万多字的诗稿，以便无牵挂地冲锋陷阵。

7 月 25 日凌晨，陶行知终因积劳成疾，旧病复发，突患脑出血与世长辞，终年 55 岁。

周恩来听到陶行知去世的噩耗，热泪顿时洒满办公桌。他对在座的同志们说："我相信革命胜利的日子是不远的。我们的党正需要陶先生这样的朋友来参加建国！"

陶行知与世长辞了，一代巨人倒下了。不！陶行知和他"捧着一颗心来，不带半根草去""为国为民，一息尚存，战斗不止"的光明磊落的精神永不倒下！

陶行知逝世后的 9 月 1 日，宋庆龄、冯玉祥、李德全、沈钧儒等人发起成立"陶行知先生教育事业基金会"。他们在募捐启事中写道：

陶行知先生死了！

陶行知先生之死是中国教育界最大的损失，也是中国人民最大的损失。我们一定要把这损失补偿起来。陶先生毕生尽力于教育理论的阐发与教育事业的拓展，为中国教育披荆斩棘开辟了一条新的道路。这道路我们绝不能让它因陶先生之死而荒废。

陶先生在中国第一次打破了陈腐的传统教育，创造出未曾有过的崭新的教育理论。他的理论并不是虚空的幻想，而是在教育实践中发展出来的。首先，他主持中华教育改进社，致力于学制和课程的改革。其后，他察觉到仅仅从教育与课程内容上去作零碎的改革是不够的，必须要从教育的目的上去作彻底的革新，于是倡导了平民教育运动、乡村教育运动、普及教育运动、国难教育运动……

陶先生要把教育从特殊阶层普及到平民，从城市普及到乡村。在这个过程中，陶先生健全了生活教育的理论，并建立了生活教育社，积极研究与推行"生活即教育""社会即学校""教学做合一"等进步的教育主张与方法。抗战开始，陶先生鉴于天才教育的重要，于是在重庆创设了育才学校，使天才的儿童从小就受到适合于发展他们天才的教育。并建立了晓庄研究所，研究各种有关抗战救国的问题。同时倡导战时教育和民主教育运动。最后并建立了社会大学，使无数有志的青年能够切实得到教育和再教育的机会。

陶先生的教育理论以及根据他的理论而创办的现实教育事业都是为着人民大众的。为纪念陶先生，为发扬他的伟大精神，以增进人民大众的福利，我们一定要继承并扩大陶先生所遗留下来的教育事业——生活教育

第二十六章　最后十天的战斗

社、育才学校、社会大学、晓庄研究所、山海工学团、佘儿岗自动学校、新安旅行团等！我们要以最大的努力，来支持陶先生遗留下来的教育事业。但我们的力量还是有限的，因此我们希望从各方面为陶先生的教育事业募集基金，以使它们仍和他生前一样不断地发展与滋荣。

　　素仰＿＿＿＿＿＿
先生热心社会事业，敢请鼎力赞助并感召亲友，慷慨捐助，共襄盛举，不仅本会同仁感谢不已，中国未来的教育之发展，实利赖之。

　　　陶行知先生教育事业基金会
　　　名誉理事长：宋庆龄
　　　理　事　长：冯玉祥

理　　　　事：	沈钧儒	陈鹤琴	史　良	沈体兰
	倪斐君	吴涵真	任宗德	周宗琼
	沈天灵	姚文采	张宗麟	方与严
	马侣贤	吴树琴	仝　启	
监　　　　事：	邵力子	司徒美堂	周恩来	许世英
	黄炎培	李德全	卢子英	黄次咸
	杨静桐			

　　　　　　　　　　　　　　　　　　一九四六年九月一日

陶行知逝世，震动了国内外。
当日，毛泽东、朱德发出唁电：

惊闻行知先生逝世，不胜哀悼！先生为人民教育家，为民族解放与社会改革事业奋斗不息，忽闻逝世，实为中国人民之巨大损失，特电致唁。

周恩来、董必武、邓超颖、李维汉、廖承志5人，也以中共代表团的名誉发出唁电：

伟大的人民教育家和民主战士陶行知先生不幸逝世，实为人民大众政治解放和精神解放的最大损失。相信陶行知先生之死，将振奋无数崇仰先生思想、事业、人格、作风之男女，更加坚强起来，为人民大众服务。

陶行知在生命的最后10天依然是忙碌的，真正战斗到了最后一刻。陶行知的离去，是中国人民的巨大损失！

第二十七章　尘封的生活教育理论

　　陶行知的"生活教育理论"是从中国实际出发，具有中国特色的、民族的、科学的、创造性的教育思想。

　　陶行知的逝世，引起的轰动是巨大的。当时我国正处于伟大的解放战争时期，没有条件实施陶行知的教育理论。

　　1949 年 10 月 1 日，新中国成立，全国处于百废待兴时期，教育事业也逐渐蓬蓬勃勃地发展起来，而陶行知的"生活教育理论"却无人问津，陶行知伟大的人格风范也从无提起。当时全国众多贤达名士，特别是教育界的爱国人士都难以理解。到底何故？这与 1951 年春天对电影《武训传》的批判是有着密切关系的。

　　《武训传》的诞生之路是曲折的。1944 年，陶行知送给他的好朋友、著名导演孙瑜一本《武训画传》，希望他将武训讨饭为生、兴办义学的故事拍成电影。1947 年秋，《武训传》电影剧本写成。1948 年至 1949 年，电影先后由国民党时期的中国电影制片厂和昆仑制片公司联合拍摄，都未成功。新中国成立后，1950 年年底，电影又由昆仑制片厂重新拍摄，获得了圆满成功。我国著名的电影明星、英俊且才华横溢的赵丹主演义丐武训。赵丹活灵活现的表演为《武训传》大大地增彩添色了。从 1950 年 12 月开始公映，至 1951 年春天，仅 4 个月的时间，北京、天津、上海 3 个城市的报刊上，就发表了 40 多篇赞扬电影《武训传》的文章。文章中还号召人们学习武训，发扬武训精神。后来赵丹的女儿赵青回忆："当时上海的电影院几乎全部爆满，街上的人看到父亲，就叫'赵丹—武训'。"导演孙瑜与周恩来在天津南开中学同学 4 年，二人都是学生剧团的活跃分子、骨干力量。孙瑜拍摄《武训传》，得到了周恩来的指导和帮助。1951 年 2 月，孙瑜率队进京汇报演出。在中南海，周恩来邀请、召集了百十个中央领导人观看《武训传》。电影得到了朱德等人的一致好评。

突然，风向陡转。自 5 月 16 日开始，《人民日报》对《武训传》给以批判。5 月 20 日，毛泽东同志为《人民日报》写的社论《应当重视电影〈武训传〉的讨论》发表了。社论将对电影《武训传》的批判引向高潮。

《人民日报》和文化部联合发起了"武训历史调查团"，调查团共 13 名成员，其中有一个女人叫兰平（江青，毛泽东夫人）。调查之后，《人民日报》连载了近 4 万字的《武训历史调查记》。调查结论是："武训是一个以'兴义学'为手段，被当时反动政府赋予特权而为整个地主阶级服务的大流氓、大债主、大地主。"

《武训历史调查记》全面否定了武训，与电影《武训传》有关联的著名导演孙瑜和主要演员赵丹等自然在劫难逃。

大批判的开场锣鼓，便是国务院总理周恩来做了自我批评和内部检讨。当时孙瑜和赵丹都吓傻了眼。孙瑜之惊恐自不必说，赵丹每逢与会必曰："罪人赵丹，罪人赵丹……"赵丹乘车外出，乘务员问："你怎么没有进去（坐监）呀？"其实赵丹心里很不服气，一直拒绝检讨。但赵丹不检讨，上海的批判武训运动就没法结束。终于，由于伶、黄源等人帮着赵丹写了一份"并不深刻"的检讨。谁想这一"并不深刻"的检讨一写成不打紧，赵丹从此一直检讨了 20 年，甚至"文化大革命"中进了监狱仍未罢休。赵丹出狱后再也没有登上银幕。当年演的那个出神入化的义丐武训的形象，成了赵丹演艺生涯的绝唱。

在铺天盖地的大批判中，古人武训的悲剧不仅转化为孙瑜和赵丹的悲剧，还扩大到整个文化教育界。当年全国各地都有被株连者的悲剧上演，山东是重灾区，山东的济南市则是重灾的中心，因为济南是出故事与人物最多的地方。

1951 年年初，山东中小学课本里还有武训的故事。民国教育界人士中，宣传武训精神最不遗余力者，当属平民教育家陶行知；而宣传最为见实效者，则为山东教育厅厅长何思源。

何思源，鲁西南曹州府人，在济南任教育厅长 8 年。1928 年，他刚上任不久，就前往武训家乡东昌府堂邑县视察，参观考察了当年武训所办的 3 所义学。他在堂邑县临清第二义学翻阅学校历年的捐款册子后，当即决定捐款 500 大洋，并提议将武训小学改为武训中学。何思源视察回济南不久，他的老校长蔡元培即领衔发表《临清武训学校募捐启》襄助。《临清武训学校募捐启》由蔡元培等5人发起，学界名人及政界要人列名者70余人。一时间，大佬们纷纷解囊掏银子。

何思源的抛砖引玉大获成功。1933年"堂邑武训中学"创办并报请教育部批准备案。1934年何思源借武训诞辰97周年之际，以省政府名义举办了声势浩大的纪念大会。南京国民政府从委员长蒋介石、国民政府主席林森到各部高官纷纷到场题词赞扬。文化界名人赴临清现场祝贺者更是不计其数。何思源此举把平民教育家武训的形象推向了全国，为后来陶行知宣传武训精神奠定了强大的舆论基础。何思源还想在1937年武训100周年诞辰时举办更大规模的纪念活动，可惜抗日战争爆发，此举未能如愿。

不过，在抗战的大后方，武训成为一个家喻户晓的人物，要归功于何思源在山东曹州府六中的学弟张默生。

张默生（1893—1979），名敦讷，字默生，山东淄博人，1924年北京高师毕业后，曾先后在济南省立第一师范与齐鲁大学任教。1930年何思源任命他为济南省立高中校长。张默生是一位无党无派的学者，办学主张兼容并包。他从上海聘左翼作家胡也频等人来校任教。抗战时期，张默生流亡至四川成都。1943年他的《义丐武训传》在重庆《时与潮》副刊发表，世人争相传阅，不久即被译为英文传至海外。

1951年，全国铺天盖地地大批判《武训传》，时为民主人士的何思源撰文发表在《人民日报》，检讨当年的"反动行为"。张默生也被迫在《大公报》上发表了《〈义丐武训传〉的自我批判》以自污。张默生在这场批判运动中虽然有惊无险全身而退，但是终没有逃脱1957年被打成右派的厄运。

1979年11月，全国第四次文代会在北京召开。会议期间，80岁的上海代表——昔日《武训传》的导演孙瑜老先生，与一位来自济南的"列席代表"意外重逢。阔别28年，他们不由得相抱一起失声痛哭。此人就是当时《武训先生的传记》作者李士钊。

李士钊（1919—1991）原名李士杰，山东聊城人，先后毕业于济南省立一中、聊城省立第三师范、上海国立音专。抗战爆发后，李士钊曾做战地记者，后流亡到陪都重庆。1945年，陶行知在上海创办武训学校，由李士钊出面租下山东会馆作为校址，郭沫若推李士钊为校长。李士钊既为义务校长，又是无薪教员。当时的武训学校于齐鲁小学培养了一大批战后滞留上海的山东籍子弟。1950年，李士钊调入中央文化部政策研究室。

1951年，电影《武训传》大批判运动掀起后，上海武训学校被勒令停办，校产归沪湾区教育局所有。

1951 年春天，全国铺天盖地地掀起批判电影《武训传》运动，是陶行知逝世 5 年后的事情。如果陶行知健在，他这"最为不遗余力宣传武训精神"的平民教育家又会得到什么待遇呢？

历史是公正的。几十年的社会实践已经证明那场大批判是完全错误的。正如胡乔木同志在 1958 年回顾陶行知的一篇文章中写的：

> 一九五一年，曾经发生过对一个开始并不涉及而后涉及陶行知先生的关于电影《武训传》的批判。这个批判涉及的范围相当广泛……

> 我可以负责地说，当时那场批判是非常片面的，非常极端的，也可以说是非常粗暴的……

> 从批判这部电影开始，后来就发展到批判一切对武训这个人表示过程度不同的肯定的人，以及包括连环画在内的各种作品，这使原来的错误大大地扩大了。在这场批判中，也就涉及称道过武训的陶行知先生和他的教育思想……

十一届三中全会后，在"拨乱反正，正本清源"政策的感召下，1980 年，周扬同志撰写文章回顾陶行知先生：

> 中国的教育思想，从孔夫子到陶行知，有丰富的遗产，我们要很好地加以研究……

> 陶行知是学杜威的，但他在政治上是进步的，在教育思想上是有创建的，在办学上也是有贡献的，训练了不少人才。

> 徐特立同志是我党的教育家，他崇敬陶行知，甚至自称"师陶"。陶行知不是共产党员，他也师他，这足见徐老对陶行知先生是如何的崇敬了。

紧接着，李鹏、张劲夫、刘海粟等领导人及知识界知识名士，也纷纷撰文来回顾、宣传、颂扬陶行知先生的高尚情怀及他的教育理论。与此同时，外国友人如美国的华莱士、日本的斋藤秋男、德国的内克曼也撰文回顾、宣传、颂扬陶行知先生的高尚情操及他的教育理论，并号称"陶行知不仅是属于中国的，也是属于全世界的"。

1981 年 10 月 18 日，邓颖超同志主持的"陶行知诞辰 90 周年大会"在北京全国政协礼堂召开。

1986 年 10 月 18 日，在上海召开的"纪念陶行知先生诞辰 95 周年和逝世40 周年大会"上，时任上海市市长的江泽民同志做了题为《中国进步知识分子的典型》的讲话。讲话郑重指出：

　　陶行知先生毕生致力于教育事业，振兴中华民族，追求真理，献身人民……

　　陶先生著作宏富，论事精当，与当前的社会主义教育息息相通，堪称中国近代教育史上的"一代巨人"。陶行知的一生是卓越的民主主义战士而成为伟大的共产主义战士的典型，是中国进步知识分子的典型……

　　我们纪念陶行知先生，就是要学习他振兴中华、追求真理、献身人民的精神，投身于两个文明的建设，为全国的社会主义现代化建设贡献力量。我们将永远纪念陶行知先生光辉的一生。

江泽民同志主持的纪念大会对陶行知进行了肯定之后，紧接着山西、安徽、江苏、四川、山东各省纷纷行动起来，彻底结束了陶行知先生及其教育理论尘封40年之久的历史。

生活教育理论重见天日，大放异彩！

第二十八章　在武训精神的感召下

陶行知的教育理论尘封 40 年之久是因为新中国成立后不久的 1951 年春天，对电影《武训传》的全国批判所致。在这场批判运动中，凡是对武训精神程度不同地表示过崇敬、赞扬、宣传的人都受到了株连。"最为不遗余力宣传武训精神"的当数平民教育家陶行知。那么，陶行知是如何"最为不遗余力地宣传武训精神"的呢？

武训，1838 年 12 月 5 日生于山东省堂邑县（今聊城市）一个穷苦农民家庭。他排行老七，被称为"武七"。武训 5 岁丧父，与母亲一起以行乞为生。武训 7 岁时不幸丧母，心地善良的伯母收留了他。伯母家里十分贫寒，无法供他读书。每当武训路过学堂门口时，同龄孩子的琅琅读书声多次让他不由自主地抬腿迈进了学堂门。有一次，他在学堂里面留恋，难以离去，被一位教书先生发现赶出学堂门。

长大一些，他不愿再拖累伯母，开始给人家做工。他给本地一位张举人家当长工。干了两年活，举人家欺他不识字，赖掉工钱，一文未给，并一顿毒打将他赶出家门。接着他又去给姨家干活。他姨夫也赖了账一文未给。武训因极其气愤而病倒不起。他思前想后，忽然醒悟过来，认识到之所以受人欺负，是因为不识字、没有文化。同时他又想起其他穷孩子也是因为没有文化而受人欺负，便下狠心"修个义学（穷孩子上学不花钱的学校）为贫寒"，并把它作为理想和目标。修义学，钱从哪里来？穷孩子有志气，更有办法。至此，武训开始为实现"修义学"的理想而奋斗。

他拿着货郎鼓，唱着自编的办义学的歌谣，沿街串巷讨饭：

扛活受人欺，
不如讨饭随自己。
别看我讨饭，
早晚修个义学院。

义学症，没火性，
见了人，把礼敬。
赏了钱，活了命，
修个义学万年不能动。

吃得好，不算好，
修个义学才算好。
喝脏水，不算脏，
不修义学真肮脏。

这边剃，那边留，
修个义学不犯愁。
这边留，那边剃，
修个义学不费力。

竖一个，一个钱。
竖十个，十个钱。
竖得多，钱就多，
谁说不能修义学？

打破头，出出火。
修个义学全在我。

食菜根，吃饱饭，
省下钱修个义学院。

你们行善我代劳，
大家帮着修义学。
不嫌多，不嫌少，
舍下金钱修义学。

又有名，又行好，
文昌帝君知道了，
准叫你千万子孙坐上八抬大轿。

众人钱，不养家。
养家雷劈火龙抓。

人凭良心树凭根。
各人只凭各人心。
你有钱，我受贫，
准备上天有真神。

义学症，做媒红，
这桩亲事容易成。

街死街埋，
路死路埋，
死了自有棺材。

黑狗白狗你别咬，
武豆沫憨义学症。

不要老婆，不要孩，
以修义学为生涯。
不娶妻，不生子，
修个义学才无私。

人生七十古来稀，
五十三岁不娶妻。

亲戚朋友断个净，
临死落个义学症。

对武训而言，什么白眼、侮辱，这是家常便饭；脚踢、手揎，也不罕见。只要给钱、给物，他赶紧下跪磕头、吉利话不断，讨人喜欢。讨到好的东西，他能卖成钱的就卖，自己吃孬的。他把变成的钱，交给当地口碑较好、人们信得过的陶塔头村的武进士娄俊岭和堂邑柳林大财主杨树芳等人放债。武训讨饭30年，积了几千两银子，捐了墓地，买了田园，建了校舍。武训聘请崔隼当校长，崔不答应，武训下跪相求，至崔隼答应为止。1888年，武训终于在50来岁时，在柳林镇创办了第一所义学"崇贤义塾"。他亲自登门去劝说穷苦人家的父母送孩子去上学。开学了，教员睡懒觉不愿早起，学生顽皮不用功读书，他一边跪求，一边唱："先生睡觉，学生胡闹。我来跪求，一了百了。"大家受到了感动，教员诲人不倦，学生刻苦学习，蔚然成风。

武训后来又办起了"馆陶义塾"和"临清义塾"。

武训行乞办义学，在当地引起了强烈的反响，先后得到了山东巡抚张耀、袁树勋的赞许。他们上疏清政府，请求给武训以嘉奖。清政府授予武训"义学正"称号，赏赐黄马褂一件及"乐善好施"金匾一块。

武训一生坎坷颠簸，终身未婚，为办义学呕心沥血，积劳成疾，于1896年5月24日，在临清义塾一间破旧的小屋里悄然离世。

时任山东巡抚袁树勋上奏获准为武训立传、建"忠义祠"。后来清政府将武训诞辰日12月5日定为"兴学节"。

陶行知第一次提到武训是1922年7月在济南召开的中华教育改进社第一次年会上。陶行知在开幕式典礼的报告中，最后一段话是：

> 我们在此开会，尚有一事可以为我们法。在我们眼前所挂的是武训的遗像，这像是社员郑锦先生画的。世人以为无钱可以不办学，但武训不是这样想的。他说就是穷到讨饭也要办教育。他是已经照这话实行的。武训死了，他的办学精神是不死的。

在《育才学校手册》和《致育才学校之友书》中，陶行知写道：

> 那时我脑子中有山东武训先生画像出现。我对自己说，武训先生以一个乞丐而创办柳林、临清、馆陶三个义塾，我和我朋友的社会关系都比他好，连一个学校也不能维持，何以对得起小朋友，又何以对得起中华民族？当时我就下决心要坚持到底，除非自己、我的朋友、整个中华民族都没有

饭吃了，那时也只有大家饿死，而没有自动停办。下了决心之后，就立刻写信跟朋友说明这个道理，就有好多朋友热心赞助，连当初劝我停办的，也劝我再干了。特别是菲律宾的朋友，每月差不多接济我们一万元。学校不但能维持，而且还有一些小发展……

1934 年 12 月，陶行知为武训诞辰 97 周年作诗《兴学的乞丐》：

莫言苦，
莫愁贫。
有志竟成语非假，
铁杵磨针事本真。
古今来不少奇男子，
最难得山东堂邑姓武的人。

武先生，
名叫训。
兄弟既早死，
父母又不存。
饥寒交迫难度日，
沿街乞食倚人门。

武先生，
做乞丐，
有深心。
他见邑人知识浅，
少时失学是原因。
常恨自己能力薄，
家境又贫困，
哪有金钱办学塾，
教育清寒子弟们？

武先生，
一边去乞食，

一边自沉吟：
将来若要兴学塾，
此刻先须积聚基本金。
从此乞钱更努力，
遭人侮辱尽容忍。
每日只费两个钱，
买个馒头囫囵吞。
忍辛耐苦两三载，
果然积了六千文。

堂邑有个某富翁，
丰衣足食冠四邻。
武先生走到富翁家，
跪在门前不起身。
门仆呵喝也不去，
声称要见贵主人。
富翁当他是疯子，
门外哀号如不闻。
武先生跪了六日夜，
富翁才来问原因。

武先生，
貌温顺，
语诚恳：
小人有钱六千文，
要托贵人谋子金。
贵人心肠善，
想肯助孤贫。
富翁口答应，
心评论：
乞丐居然能储蓄，
节俭精神莫与伦。

富翁既允许，
武训喜万分。
只要积满一千钱，
立刻送进富翁门。
十多年，
一转瞬。
本银生利息，
利息做本银，
总数达到百千文。

武先生，
创学塾，
不逡巡。
租借古庙几间屋，
粉刷门墙气象新。
学生召集贫家子，
教师聘请宿学人。
有人见他是乞丐，
故意推诿不就任。
武先生只是跪地不起身，
使他不能不承认。

开学日，
尤殷勤，
备酒菜，
宴嘉宾。
教师坐首席，
陪伴有乡绅。
有人见他是乞丐，
坐着不食也不饮。
武先生又是跪地不起身，
使他不能不沾唇。

逢朔望，
进塾门。
遇见教师能尽职，
打躬屈膝谢辛勤。
遇见学生不好学，
跪地劝诫泪涔涔。
因此教师学生都感愧，
讲习哪得不谨慎。

可是武先生，
仍然乞食储钱文。
他到五十六岁，
创设学塾整三处，
教育子弟几百人。
有的就工商，
有的去耕耘，
他们饮食都无虑，
只有先生还苦辛。

路上相见心不忍，
齐来迎养报深恩。
武先生，
不允准，
并对大众说：
但愿养我志，
何须养我身。

陶行知在 1940 年 6 月 1 日《战时教育》合刊上发表的《新武训》中写道：

　　武训之所以成为普及教育之义人，是因为他抱着兴义学之宗旨，用整个生命来贯彻它：有钱的不肯出钱办学，他便向他下跪，跪到答应出钱办学才起来；有学问的不肯认真教人，他便向他下跪，跪到答应认真教人才起来；青年小朋友不肯用功求学，他也向他下跪，跪到答应用功求学才起来。他自己则挑水做夜工自食其力，丝毫不动讨来的钱。所以他名为乞丐，

第二十八章　在武训精神的感召下

327

实在不是乞丐……

今日大敌之前，如果武训复生，他所要兴办的不可能是旧日之义学，而一定是抗战建国之义学……

我们所需要学的是武训的真精神，配合新时代之需要……

怎样叫作新时代的需要呢？中国不能等待数十年出一位武训，我们大家要合起来做集体的武训，滋生千千万万的新武训来扶助贫苦的小朋友，取得求学机会。我更希望有财富的、有学问的、有青春的，都做起新武训来督促自己慷慨出钱，督促自己认真教人，督促自己努力求学，无须别人来苦劝。这样，教育不但容易普及，而真正的自由、平等、幸福的新中国，也可以创造成功了。

1941 年 4 月 6 日，陶行知在育才学校朝会上讲话：

由于物价飞涨、反动派的封锁迫害，学校经费已临山穷水尽难以维持之境。但为了人才幼苗之培养，我不怕反动派的恐吓、威胁。除非整个中华民族都没有饭吃了，那时也只有大家饿死。育才一定要办下去，绝没有自动停办之理。最近有几位好心朋友对我说，环境如此艰难，丢下育才吧！你何必顶着石臼做戏，抱着石头游泳呢？我想了几天，今天想通了，我不是抱着石头游泳，而是抱着爱人游泳，越游越起劲，要游过急流险滩，达到胜利的彼岸。

四月六日定为"育才兴学节"。育才要办下去，人才幼苗要精心培育。用穷办法来普及穷国穷人教育，以对付反动派政府之经济封锁。

我决心要跟武训学，我们要做一个集体的新武训。

陶行知在 1941 年 4 月 12 日给马侣贤（字肖生）写了一封信。

肖生同志：

经济是到了紧急关头。我当以武训的真精神多找几位育才之友来帮助我们渡过这个难关。这几天进行以来，朋友们尚能给我鼓励。冯先生答应从四月起每月担任十个人吃米，下次有人来请拿米袋去装。美国、菲律宾、缅甸、新加坡都已分头进行。但远水不救近火。当此青黄不接，还得在国内解决。一星期内我当集中精神来打破这一难关。倘若找到十五位冯先生，便不至挨饿。望将小朋友的名单及简单小史即速寄来。

…………

我想中国现在还要有武训的精神，武训生前创办了三所学校。有钱的人不肯出钱兴学，有学问的人不肯认真教人，青年小朋友不肯用功求学，武训都要向他们跪求，跪到他答应为止。学校没有钱，我相信我还能劝人捐钱来。至于认真教人和用功求学的责任，是要你们担负起来。如果遇到教师不认真教人、小朋友不用功求学，就请你发挥武训的精神把他们改正过来……

行知
一九四一年四月十二日

1941 年 6 月 1 日陶行知在《育才二周岁之夜》一文中写道：

　　他们来信说："我们愿做新武训的学生，不愿做旧武训的学生。"他们的意思是说，他们自动求学，用不着武训向他们下跪才用功。同样，教师们也给了认真教课的保证。有了认真教课的教师和自动求学的学生，新武训是比较容易做了——只需讨饭兴学，对付经济问题。这经济问题固然严重得很！到我写这篇文章的时候，二百张嘴天天所吃的已是每斗一百一十元的米了，超出开办时五十倍——但是本着立校颠扑不灭的教育理论，抱着武训先生牺牲自我之精神，并信赖着中华民族重视教育、爱护真理之无可限量之热诚，我们知道就是比现在更困苦，也必定不是饥饿所能把我们拆散的。中华民族需要我们，世界人类需要我们。磨难只能给我们以锻炼，使我们更强壮地成长起来……

1942 年 12 月 6 日，陶行知在《介绍武训》中称赞他："为兴学而生，为兴学而死，一切为兴学，鞠躬尽瘁，死而后已。"

1943 年 1 月 11 日，陶行知在寄给吴树琴的信中说到了王长喜，认为他"也有武训精神"。

　　琴姑：

　　今天冯先生请客，我看了赵望云先生画的西北赛马，真是佳极了。还看了王长喜先生的照相，更是万幸。王长喜在台儿庄会战时被敌人放毒气，弄瞎了双眼，又打断了腿。他会唱二黄及新军歌。每当宣传完毕时，他就说：我的眼睛残废了，但是我的心没有残废。他两三年来宣传募捐献金四十多万，还办了两个学校。他家在山东堂邑，和武训是同乡，也有武训精神。

1943 年 11 月 26 日，陶行知在《武训先生诞辰——致育才之友及生活教育

社同志》这封信中写道:

我所最敬爱之朋友与同志:

本年十二月五日,为武训先生诞生一百○五周年纪念日。武训先生以一个乞丐,赤手空拳、单枪匹马创立了柳林、临清、馆陶三个学校。他一生一贯的精神是做工自养,讨饭兴学。他是普及教育之先导、私人兴学之表率。他的诞辰是苦孩子的圣诞、老百姓自动的兴学节。为了纪念这一平凡而伟大的先贤,育才学校音乐组于四、五、六三天的下午七时,在广播大厦举行音乐演奏会……

本社之《战时教育》预备在会后出专号。我们在渝同志将向政府建议,十二月为兴学月,一日至七日为兴学周,十二月五日为兴学节……

现在,我们对于您的具体请求是:

(一)同意我们关于兴学月与兴学周、兴学节之建议,并加以指教与倡导。

(二)一年一度为教育献金。

(三)倘使可能,希望您能亲自参加纪念会。

敬颂

康健! 并祝

武训精神普及全世界,照耀万万年!

国民党反动派对育才学校的抗日进步倾向极为不满,多方施加压力,封锁经济,使育才学校经常处于困境。冬天到了,同学们需要棉衣过冬,而经费又无着落。为此,陶行知除了动员师生用开荒生产、义演等办法来解决外,也用卖字画来解决寒衣过冬的问题。

1944 年 4 月 21 日,陶行知在《武训先生画传》再版跋中写道:

我常说武训先生的精神,可以用三个无、四个有来表现它。他一无钱,二无靠山,三无学校教育。但他所以能办三个学校,是因为他的四个有:一、他有合于大众需要的宏愿;二、他有合于自己能力的办法;三、他有公私分明的廉洁;四、他有尽其在我、坚持到底的决心。

陶行知又为人们树立了一个学习武训的典范。

段公绳武(1896—1940)便是受他(指武训)的影响而改变的一个志士。自从他驻军泰安,听到武训行乞兴学的事迹,大受感动,自称退赃赎罪，将房屋车马变卖，建立包头新村，依耕地农之原则，实行集体生产，以期造成共同劳动、平等享受之社会；而且实施生活教育，以期创造新乡村、建立新文化。卢沟桥事变起，（他）以自己原系军人，应在战场服务，与村民告别从戎，后任后方勤务部政治部主任之职，创立伤兵招待所、伤病实验医院、伤病教育委员会并发起荣誉军人协导会。虽在病危，（他）还是念念不忘伤病福利，终至心力交瘁，竟以身殉⋯⋯

他是以不同的时代、不同的地位、不同的修养，发扬光大了武训精神⋯⋯

段绳武先生给了后代一件重要的遗产——他费了 10 年的心血编成了一本《武训先生画传》。

1944 年 9 月 25 日，陶行知为沈钧儒之子沈叔羊画的《武训先生像》题诗《武训先生画赞》，后由杜鸣心谱曲改为《武训歌》。

> 朝朝暮暮，
> 快快乐乐。
> 一生一世，
> 到处奔波。
> 为了苦孩，
> 甘为骆驼。
> 于人有益，
> 牛马也做。
> 你无靠背，
> 朋友无多。
> 未受教育，
> 博士盖过。
> 当你跪下，
> 谁奈你何。
> 不置家产，
> 不娶老婆。
> 为着一件大事来，
> 兴学，兴学，兴学。

1944 年 11 月下旬，陶行知为解决育才学校经费问题，写信给育才之友及生活教育社的同志。

> 我们最敬爱之朋友与同学：
>
> 本年十二月五日为武训先生诞辰一百〇六周年纪念日，为了纪念这一平凡而伟大的先贤，我们借江苏同乡会举行了盛大的晚会并决定要为育才学校筹集武训先生纪念金……
>
> 他是普及教育之先导，私人兴学之表率……
>
> 尤其是在今日敌寇逼近贵阳，千千万万难民横遭颠沛困苦、朝不保夕的时候，我们需要武训先生那种自己跳出小圈而为大众谋福利的精神来打破重重难关，我们要有千千万万武训先生的化身才能打退敌人，完成抗战救国之大业。育才学校想在这个生死关头为中华民国新的一代多出一些力……

1944 年 12 月 5 日，陶行知在育才学校武训诞辰纪念会上的讲话中谈武训精神，强调：

> 抗战后努力为伤兵服务到死的段绳武先生及二次受伤残废而仍努力为伤兵工作的陈根度先生，皆为武训先生的发扬者……
>
> 中华民族需要千千万万个武训一样的人，去继续为穷人的教育事业奋斗。

1945 年 12 月 1 日，陶行知为武训先生诞辰 107 周年而写的《武训先生解放出来》的文章写道：

> 武训先生不是异人，不是异行。他是一个平常的人，他是一个平常的老百姓。他只做了一件平常的事：兴学，兴学，兴学。

1946 年 1 月 19 日，陶行知在《社会大学已创办——致晓光》的信中写道：

> 希望侨胞能得到武训的精神：大的做大武训，小的做小武训；有钱的做富武训，没钱的做贫武训；男的做男武训，女的做女武训。武训先生不是一个苦行者，他是抱着一件大事，高高兴兴地干，把一些私人的小小的痛苦都忘掉了。看他一面讨饭，一面做工，一面唱歌，朝朝暮暮，快快乐乐，三十年如一日，只是为着要完成心目中的一件兴学的大事。他何曾是一个苦行者？现在革命教育最新而最有效的组织当推民办学校。武训先生实在可算是民办学校之开山祖师……

武训先生不是圣人。他做梦也没有想到他会得到这个封号。他只是一个老百姓，平凡而伟大的老百姓……

我要声明：武训先生不属于我们的小圈子。他不属于一党一派，他是属于各党各派、无党无派，他是属于整个中华民族，他是属于四万万五千万人中之一个人……

《集外诗汇》诗集里，有一首诗《我们是武训的队伍》，是1945年为《武训舞》之收场插曲而作：

> 我们是武训的队伍，
> 我们是创造的好汉。
> 我们是中国的小先生，
> 提着文化为公的花篮，
> 要献给四万万五千万。
> 只要是为苦孩子造福，
> 我们讨饭也干！
> …………
> 只要是为老百姓造福，
> 我们吃草也干！

1946年2月1日，陶行知在致武训之友、普及教育之友、育才之友、生活教育社同志的信中写道：

> 武训先生讨饭三十年，办了这三个学校。他的伟大精神是尽其在我以为人群造福。中国八年抗战，不但得到最后胜利，并且荣列五强之一，这是千载一时好机会，我们应该抱着民主、统一、和平建国之方针，奋发图强，使我们老百姓可以安居乐业，在国际亦可以一个现代文明国家之姿态出现，以贡献于幸福世界之创造。自强之道，不一而足。普及教育殊属重要。中国要想造成一个好学的民族，需要一百万位武训先生，开办三百万所学校及读书处，平均每校、每处普及一百五十人之教育，才能叫整个中华民族四万万五千万人，家家读书，人人明理。大家活到老，学到老，才能保证整个民族继续不断之进步……
> 本社一年计划要项：
> 一、动员全国社员就地推进普及教育运动；
> …………

五、特约学校五百所遍布全国，试行小先生普及教育；
…………
十、出版小先生指导书十万册；
十一、出版武训先生传十万册；
十二、编武训兴学歌曲一套；
十三、编武训兴学舞一套；
十四、编武训兴学话剧一本；
十五、编武训兴学电影十本；
十六、组织武训歌舞剧十队。
…………

1946 年 4 月 6 日，陶行知在给陶晓光的一封信中写道：

晓光：

三月二十八日来信及捐款名单，均已收到。

上星期为着乡下苦孩子儿童节，发起了一个运动，要给他们一天的快乐、一年的教育。

响应的有七百七十多人，共得捐款一百三十多万元，药品、糖果、书籍足足值得一百万元，足见大家对于乡下儿童已有精神的联系。本校在朋友间的信用，与时俱增了……

今天是集体武训节，夜间有晚会，为慰劳儿童节出力的朋友。冯先生送了一幅字来，恭喜我五十岁……

陶行知自 1922 年 7 月在济南召开中华教育改进社第一次年会上谈武训及武训精神始，至 1946 年 4 月 6 日在集体武训节写给次子陶晓光的信为止，约 34 年的时间里反复介绍、宣传武训"穷到讨饭也要办教育"的精神。陶行知还亲自策划出版《武训先生传》《武训先生画传》，创作武训兴学歌曲，编舞蹈、编话剧、编电影宣传武训，还组织了武训歌舞剧队……

武训辞世 180 多年，陶行知也已离开我们 70 年了，而教育为公、普及教育的"陶行知先生和武训先生的故事"还没有结束，续篇连绵不断。新的"武训"在不断涌现。山东省评选 2012 年十大凡人善举中，就评选出了一位"现代武训"——么福江。

么福江是聊城市冠县民生希望小学校长，年近六旬。在过去的 20 多年里，他节衣缩食，四处借债，在家乡建起两所小学和一所幼儿园。他为了教育的新发展，至今坚持兴办义学事业。

因为他与贫民教育家武训同属冠县人，所以人们称誉他为"现代武训"。

在中央电视台 2012 年 12 月 9 日的颁奖会上，为么福江诵读的颁奖词是：朗朗的读书声，是乡村最美的好声音。当别人赞颂武训时，他已付诸行动 20 多年。有了"现代武训"的坚持和付出，这声音没有断过，且绵延悠远。好声音里，他是底色，他是最强音。

武训先生、陶行知先生，安息吧！武训精神将永远普及全世界，照耀万万年！

第二十九章 为理想而战斗

伟大的人民教育家陶行知不惧强权暴力、不贪高官厚禄、只为教育救国而鞠躬尽瘁的高风亮节，备受国人敬仰。

1914 年，23 岁的陶行知赴美留学，师从世界著名哲学家、教育家杜威及孟禄。陶行知深知中国教育的落后，立志学成回国"普及国民教育，开发人民智慧"。

1917 年 8 月，陶行知学业完成，谢绝了杜威、孟禄等多位导师的再三挽留，毅然回国。当时杜威曾预言："我所认识的中国留学生中，胡适、陶行知是才华出众、今后会做出大事业的。"陶行知在回国的轮船上与同伴们畅谈志愿时，郑重地说："要使全国人民都有受教育的机会。"回国后，陶行知应聘到南京高等师范学校任教并代理教务主任。他竭力主张改造旧教育、开创新教育。他利用课余时间到几所学院进行中国教育的现场考察。通过考察，他发现了一个严重的问题：所有考察的学院仍然都采用陈旧的不科学的"教授法"，教师照本宣科，学生死记硬背。如果继续下去，一个个天真、活泼、求知欲强烈、满怀远大理想的青少年，岂不都成了"读死书、读书死、死读书"的书呆子？他在一次校务会上认真地提出"教授法"要改为"教学法"。此语一出，舆论哗然——人们认为他"标新立异，别有企图"。

虽然建议未被采纳，但是陶行知毫不气馁。他先后撰写了《实验主义与新教育》《教学做合一》《第一流的教育家》《介绍杜威先生的教育学说》《实验教育的实施》等文章，向社会宣传新教育思想，呼吁实施"教与学相结合"的方法，认为好的教师不是教书，也不是教学生，而是教学生学。陶行知极力反对沿袭旧法、仪型他国；坚决倡导"不要做政客教育家、书生教育家，要做有创造精神和开辟精神的第一流的教育家"。他还把全部课程中的"教授法"改为"教学法"。通过一系列坚韧不拔、有理有据的工作，陶行知的"教学法"终于为全国教育界所接受。这是陶行知回国两年中，为中国教育所做的第一大贡献——废除中国几千年的"教授法"。"教学法"沿用至今天。

1921 年至 1922 年，陶行知在主编《新教育》杂志期间，为了进一步发展国民教育，同蔡元培等人共同发起成立"中华教育改进社"并担任主任干事。陶行知致力于学制改革，反对外来文化侵略，同时担任着东南大学教授、教务主任等工作。

1923 年，陶行知继承、发扬五四运动的爱国主义精神，为进一步普及国民教育而努力工作，与朱其慧、王伯秋等人发起成立了"中华平民教育促进会"并担任总部书记。陶行知曾急切而坚定地说："中国现在危亡之祸逼在眼前，万万等不及国民小学的学生长大之后再出来为国家担当责任。我们必定要努力把年富力强的人民，赶紧培植起来，使他们个个读书明理，并愿为国鞠躬尽瘁。"促进会成立不到 9 个月，就已推行到河北、江西等 20 多个省市和地区。待平民教育进入高潮之际，他清醒地认识到，中国以农立国，100 个人当中有 85 个住在乡村里，平民教育是到民间去的运动，也就是到乡村去的运动。他响亮地提出"到民间去！""到乡村去！"的口号。陶行知为了专心致力于国民教育，先后辞去东南大学教务主任、安徽公学校长的职务，拒绝了当时北洋政府任命的武昌高等师范学校校长的职务。他全身心地要"使全国人民都有受教育的机会"，要"用四通八达的教育创造一个四通八达的社会"。陶行知这一系列举措，对当时的知识分子来说是不可思议、难以理解的。

1926 年 12 月，陶行知脱下长衫，与志同道合的赵叔愚教授来到南京北郊长江岸边崂山下的晓庄筹划建校。1927 年 3 月 15 日，乡村试验师范学校建成开学了！他们仅仅用 3 个月的时间就办起了一所普及大众教育的新型学校。

1929 年 10 月 15 日，美国哥伦比亚大学师范学校教授克伯屈专程绕道来到中国参观晓庄学校。克伯屈教授实地考察后感慨："晓庄是教育革命的策源地。"

半年之后的 1930 年 4 月 7 日，因中共南京地下党委宣传部部长刘季平联络南京各校游行示威、晓庄学校师生为前导之事，蒋介石密令停办晓庄学校。4 月 8 日，教育部派人接管了晓庄学校。4 月 12 日，蒋介石以国民政府名义通缉陶行知。通缉令全文：

　　为晓庄师范学校校长陶行知勾结叛逆，图谋不轨，查有密布党羽，冀图暴动情事，仰京内外各军警、各机关，一律严缉，务获究办，此令。

　　直到 1932 年 2 月 22 日，国民政府内政部才宣布取消对陶行知的通缉令，并发还晓庄学校的校产。从被通缉到通缉令被取消，约两年的时间里，陶行知从未停止过教育救国、普及教育之大事。在被迫暂避日本的 4 个多月的时间里，陶行知参观，访问，学习，从中认识到：中国、日本的国情不久之前是相当的，日本发展得如此之快，原因是日本明治维新后走上了民主共和之路，而同期的中国戊戌变法却失败了；再就是日本科技发达。陶行知不顾个人安危，于 1931 年 2 月由日本秘密返回上海，很快投入"科学下嫁"运动，大声疾呼："20 世纪的世界是一个科学的世界。在科学世界里，只有科学的国家才能存在。我们必须使中华民族具备科学的本领，成为科学的民族，以适应现代生活，生存于现代世界。"

　　1936 年 7 月，全国各界救国联合会委托陶行知担任国民外交使节。陶行知不负中国人民厚望，在新教育年会上，放了"一声惊雷"。从此世人知道"中国没有教育""中国教育落后"的历史结束了。

　　戴伯韬是陶行知的学生、亲密战友，晓庄师范毕业生，曾协助陶行知创办儿童科学通讯学校、国难教育社。1949 年 7 月，当回忆陶行知不朽的一生时，戴伯韬想起了 1940 年在重庆南岸举行的一次晚会上，陶行知发表演说，谈及自己："不少朋友都到国民政府做官去了。我是从办大学到中学，现在则做个小学校长。"

　　是的，他的不少朋友都到国民政府混个一官半职去了，而他则一直在为理想而奔波操劳。

　　1938 年 10 月 22 日，陶行知在西去重庆的途中暂居宜昌，给时任生活教育社第一届监事、育才学校董事会懂事吴涵真先生写了一封信。

　　涵真吾兄大鉴：

　　弟于上月二十八日早到长沙，车不能通，即在孤儿院住了一天。适冯焕章先生到湘检阅军队，在其寓所谈一小时。张文白主席亦设宴叙谈……

　　十月四日十时，蒋先生约谈，除报告国外情形外，弟请恢复晓庄，以报效国家。当蒙面允。

　　五日与周恩来先生谈，关于陕北情形，蒙其指示甚多。

　　六日访白建生先生，蒙其扶病接见……

七日访李德邻先生于歧亭司令长官部，谈至深夜三时，彼深望弟去安徽办教育，弟允郑重考虑。

十一日早再访白健生先生……十二时赴蒋夫人餐约，谈到二时。蒋夫人表示，深信弟办教育是真正为老百姓……。五时半渡江动身访陈辞修先生于老鸦村。十时到，谈三次，至次日晚十二时又回汉口。陈先生要在湖北创造三民主义之文化，并希望弟到鄂北鄂西来帮助办教育。

十四日，承蒋夫人之约到战时妇女工作团演讲。这个工作团是蒋夫人亲自领导的。

十五日再访德邻先生于夏店司令部，安徽之事暂缓。陈立夫先生亦已见到，晓庄可向高等教育司办立案手续。他对小先生原则赞成，名称不赞成。现在呈文已寄重庆。一切要等批准后才能行……

一九三八年十月二十二日　宜昌

从信中可以清楚地看到，自9月20日至10月15日，计18天的时间，陶行知约谈、访问、会见的国民政府顶层权贵有以下这些人。

冯焕章即冯玉祥，时任国民政府军事委员会副委员长，著名的爱国将领，陶行知的亲密朋友，生活教育社第二届监事会三位常任监事之一。

张文白即张治中，时任湖南省政府主席。

蒋先生即蒋介石，时任国民政府行政院院长。蒋介石曾请陶行知加入国民党并欲聘请陶行知为国民参议员，被陶行知断然拒绝。

白健生即白崇禧，时任桂林行营主任，统一指挥长江以南三个战区。

李德邻即李宗仁，时任第五战区司令长官、安徽政府主席。李德邻曾邀陶行知任安徽省教育厅长，被陶行知婉言谢绝。

蒋夫人即宋美龄，自任妇女指导委员会指导长，一度担任航空委员会秘书长，负责空军事务。她看中陶行知的才华和非凡的影响力，请陶行知担任中国三民主义青年团总干事，陶行知提出"改组三青团，以成为各党各派青年的共同组织，否则不可任职"，宋美龄不能接受。

陈立夫，时任国民党中央组织部部长、国民政府教育部部长。

陈辞修即陈诚，时任第三战区前敌总指挥兼左翼军总司令、武汉卫戍司令兼湖北省政府主席等职。

为晓庄学院立案的事情，陶行知致信时任国民党政府教育部高教司司长吴俊升。

俊升吾弟鉴：

晓庄复校改创学院已与蒋委员长详谈，业蒙赞同。昨日见陈部长亦已略述计划，承嘱指向高等教育司立案。现将呈文奉上，敬希转至。董事名单闻须照部定表格办理，亦望托友代为填入。专此奉托。

敬祝康健！

陶行知

一九三八年十月十日

晓庄同仁志在培养人才，增加抗战力量，如蒙速予批准，至为感荷。批准时除直接通知董事长外，尚希电知，以便进行。我现在通讯处为：汉口生活书店。

下面这些关于晓庄学院立案的来往电文，从一个侧面反映了办理这件事的复杂程度。

张治中致陈立夫的电文如下。

汉陈部长立夫兄勋鉴：

诚密陶行知来电谓，拟于近桂湘境设立晓庄学院等语。此举近似恢复前南京晓庄师范，是否已得贵部许可，即祈电示。

弟

张治中叩

陈立夫致张治中的电文如下。

长沙张主席文伯兄勋鉴：

卫密篠秘一电奉悉。据陶行知面称拟创立晓庄学院，并据张一广、许世英等呈请立案，如该院能照私立学校规程所规定立案手续办理，似可酌量情形予以审核。

弟

陈立夫叩

吴俊升的报告及陈立夫的批示如下。

查前据张一广、许世英等呈请，准予设立晓庄学院校董会，并据陶行知函告俊升，晓庄复校，改创学院，已与蒋委员长详谈，也蒙赞同，并见部长略述计划，嘱向部立案等请，当以手续，先由俊升函复，请查照私立学校立案规定手续办理，原呈暂存司，兹准张主席电询，拟复：

篠秘一电奉悉，据陶行知面称，拟创立晓庄学院，并据张一广、许世英等呈请案，如该院能照私立学校立案规程办理，似可酌量情形予以审核。是否有当，敬祈核示。

俊升敬签
一九三八年十月二十二日

不拟复。

立夫
二十七日

自 1938 年 10 月 4 日蒋先生约谈"当蒙面允"，至 27 日陈立夫"不拟复"的最后判决，仅仅 23 天时间，国民政府顶级权贵要员们，演绎了一出扼杀创办晓庄学院的丑剧。

1940 年 7 月 11 日，行政院院长蒋介石聘陶行知为战时公债劝募委员会委员一职。陶行知 18 天后给时任财政部部长、行政院副院长、长期控制财权的孔祥熙（字庸之）提了一项建议。

庸之副院长勋鉴：

顷奉行政院蒋院长七月十一日聘书，敬悉以战时公债劝募委员会委员见委，极愿竭其绵薄，为国救力。但弟在国外如美国、墨西哥、加拿大认识侨界朋友甚多，菲律宾亦有认识的朋友。倘能出国一行，一方面宣扬政府三年来抗战成绩，一方面粉碎敌伪汉奸之反宣传，一方面鼓励侨胞踊跃捐输，一举数得，贡献较大。预计出国半年即可完成。至于国内劝募，知交多属寒士，效力很少。尚希代为请示。如荷同意，弟即整装待命。

专此奉商，仁候复示。

敬颂勋安！

弟　陶行知拜启
一九四〇年七月二十九日

陶行知的建议未获批准，这个委员他自然也就没去当。

历史是公正的。历史郑重地证明了陶行知是一位不惧强权暴力、不贪高官厚禄、只为教育救国的不屈不挠、大义凛然的巨人。

第三十章 杰出的爱国主义者，伟大的共产主义战士

陶行知逝世 70 个春秋。他的一生正值国家多难、民族危亡之时，他以"捧着一颗心来，不带半根草去"的伟大胸怀，与人民大众同呼吸、共患难，为中华民族的解放、为中国人民的普及教育事业探索新路，鞠躬尽瘁，死而后已。

1911 年 10 月 10 日，武昌起义，辛亥革命爆发。辛亥革命的胜利，震动了国人，也强烈地冲击了陶行知。他崇拜孙中山，信仰三民主义，赞同民主、共和，坚定了"读书要与国家大事相结合"的宏大的理想。

1913 年，西方的基督教在中国盛行，其教义对中国社会影响颇大，又因父亲信奉基督，母亲在教堂做女佣，陶行知便成了一个信仰基督教的人。

1917 年，陶行知自美国学成归来，执教于南京高等师范学院。他秉承"教育为公""教育救国""甘当骆驼"的精神，从中国国情出发，努力发展中国的大众教育。他"为整个民族的利益来造就人才"，做出了永远值得后世纪念的伟大贡献。

1919 年 3 月，陶行知在《新教育》杂志上发表了《普鲁士教育之基本改革》一文。他在文章中写道："马克思提倡社会主义。"陶行知对当时德国社会主义民主党执政时期教育改革的"在大学校内添设社会主义一科，以资研究"的主张极为赞赏。这足以说明陶行知是一个很早就接触、了解、拥护、研究马克思主义学说的知识分子。

1919 年 5 月 4 日，北京爆发了五四运动。这一消息传到南京，由陶行知、刘伯明组织的南京学界联合会筹备会立即动员全市学生响应，走上街头，散发传单。7日，全市中等以上学校学生代表会议召开，会议决议通电国民政府，要求立即释放被捕的学生。9日，南京各界6 000余人在小营演武厅召开国耻纪念大会。陶行知、刘伯明、钟叔进等发表演说，痛斥国民政府的卖国行径。

1919年12月中旬，陶行知在校务会议上提出了"规定女子旁听法案"，接着学校委任他当"女子教育研究会"委员。

1920年4月21日，陶行知在校务会议上报告招生问题，强调"不论男女均可录取"。1920年9月，南京高等师范学校首次招收女生。"男女同校"之举冲破中国几千年的教育藩篱，在社会上引起了强烈的反响。为女子争取同男子一样的受教育权利是陶行知对改革中国旧教育制度的又一大贡献。

1921年夏天，陶行知赴安庆暑假讲习会，演讲《人民权行使法》，恽代英（共产党员）率领宣城师范4名学生去听。

1922年5月14日，蔡元培、陶行知、梁漱溟、李大钊、胡适等16人联合发表了《我们的政治主张》。

《我们的政治主张》开宗明义：

> 我们为供给大家一个讨论的底子起见，先提出我们对于中国的主张，要求大家的批评、讨论和赞助。
>
> 一、政治改革的目标
>
> 我们以为现在不谈政治则已，若谈政治，应该有一个切实的、明了的、人人都能了解的目标。我们以为国内的优良分子，无论他们理想中的政治组织是什么（全民政治主义也罢、基尔特主义也罢、无政府主义也罢），现在都应该平心降格地公认"好政府一个目标"，作为现在改革中国政治的最低限度要求。我们应该同心协力地拿这共同的目标来向国中的恶势力作战。
>
> 二、好政府的至少含义
>
> 我们所谓"好政府"，在消极的方面，是要有正当的机关可以监督防止一切营私舞弊的不法官吏。在积极的方面是两点：
>
> （一）充分运用政治的机关为社会全体谋充分的福利。
>
> （二）充分容纳个人的自由，爱护个性的发展。
>
> 三、政治改革的三个基本原则
>
> …………
>
> 四、政治改革的唯一下手功夫
>
> …………

五、我们对于现在的政治问题的意见

············

《我们的政治主张》似一篇檄文，向那腐朽昏庸的政府宣战！似一把匕首，直刺中国恶势力的心脏。

1927 年 3 月 15 日，南京晓庄师范学校开学了！这是中国教育史上一次惊天动地的壮举。

1928 年夏天，中共南京市委成立中共晓庄地下党支部，刘季平、徐明清等优秀共产党人先后担任支部书记，同时还成立了共青团的组织。这是陶行知"教育为公""教育救国"的伟大事业与共产党亲密合作的开端。

晓庄师范学校创立后，对社会影响越来越大。师生们的反帝反封建思想情绪引起了蒋介石国民政府的惊觉、恐惧。

1930 年 4 月 5 日，时任中共南京地下党宣传部部长的刘季平，联络、组织以晓庄师范学校的师生为前导的南京各个学校师生参加示威游行。陶行知以校长的身份积极支持，并做了大量工作。7 日，蒋介石密令停办晓庄学校。8 日，教育部派人接管晓庄学校。9 日，陶行知发出《护校宣言》，号召晓庄学校的同志朋友一致起来爱护晓庄学校、爱护教人做主人的革命教育。11 日，晓庄学校派代表赴教育部质问学校被封原因并沿途散发《护校宣言》。12 日，国民政府颁《通缉令》通缉陶行知。国民政府当天及以后共捕革命师生 30 余人。石俊、叶刚、胡尚志等我党优秀儿女在狱中受尽残酷折磨，八九月间先后在雨花台英勇就义，年纪最大的仅 23 岁，最小的才 16 岁！陶行知没有被这一切反革命暴行吓倒，反而更加坚定了"晓庄学校办得正确！办得好！"的信念，因此，他在《护校宣言》中写道：

> 晓庄学校的门可以封，它的嘴不可封！它的笔不可封！它的爱人类、爱中华民族的心不可封！

陶行知于 1930 年 10 月中旬被迫流亡日本。

1931 年 1 月 25 日，陶行知参观日本一工厂后，看到科学化的生产令人惊奇，看到为科学化生产创造社会财富的工人非人的生活又大感痛苦，于是作诗《人与煤炭》，为工人怒吼："工人不是主人翁，此人间即地狱。"陶行知最后号召工人们，日本工人们，中国工人们，乃至全世界工人阶级同胞们：翻造天宫！

陶行知避难日本心系祖国，设法到处走访、参观，并抽空阅读大量书刊，取日本之经验，以图为中国所用。在日本期间，他曾经作诗《寂寞》来抒发宏大的胸怀。

> 你看太阳，
> 独立苍茫。
> 自由自在，
> 嬉游八方。
> 一腔热血，
> 化作光芒。
> 大千世界，
> 共此辉煌。
>
> 渺渺秋月，
> 如何可双？
> 日月并举，
> 人眼荒唐。
> 原无偏爱，
> 何用断肠？
> 甘心寂寞，
> 地久天长！

陶行知被迫东渡日本，离开了为普及教育而奋斗多年的战场及日夜战斗、同甘共苦的战友们，他病了，病倒在床。1931年3月15日，刚刚病愈的他想起了4年前的3月15日，那是晓庄学校举行开学典礼的日子。由此，他想起了建设晓庄学校千难万苦的坎坷之路，想起了同战友们共同战斗、热火朝天的欢乐场景，想起了东渡日本之前为晓庄学校献身的革命烈士们……陶行知深感任重道远，决计回国，重新投入战斗。

不日陶行知便秘密返回上海，很快又投到"科学下嫁"运动中去了。

1931年9月18日夜，日本帝国主义的关东军炮击沈阳，向驻守在北大营的中国军队发动进攻。这就是中国历史上著名的"九一八"事变，是我中华民族解放运动的开端。蒋介石命令东北军"绝对不得抵抗"，其理论根据是"攘外必先安内""救国必先救党"，并下令东北军撤回山海关内。日本侵略军乘虚而入，第二天占领整个沈阳城。接着日军又分兵侵占吉林、黑龙江两省，至1932年1月，我国东三省全部沦陷。

"九一八"事变激起了全国人民抗日救国怒潮，全国掀起了抗日反蒋运动。陶行知于 1932 年 1 月 8 日以"不除庭草斋夫"的化名，在当时颇有影响的《申报》上发表了《颠倒的逻辑》。

> 中国的国事是非弄颠倒了。这国事的颠倒是由于逻辑之颠倒。
> 蒋君介石说：
> 攘外必先安内。
> 孙君哲生说：
> 救国必先救党。
> 我的见解恰与蒋、孙二君相反：
> 安内必先御外；
> 救党必先救国。
> 蒋、孙二君看见这种说法，也或者要说我是把真理弄颠倒了。这个我也不必强辩，让事实自己去证明吧。

文章不长，字句不多，却像一枚重型炮弹，射向蒋介石反革命阵营，从而更加激发了中国人民及革命军队反蒋抗日的高潮。后来陶行知又作诗《安内攘外歌》，给予蒋介石的"攘外必先安内"反动政策以极大的讽刺和谴责。

> 安内！安内！
> 安内而后攘外。
> 内没有安，
> 东洋已占关外。
>
> 攘外？攘外？
> 攘外必先安内。
> 内更不安，
> 东洋已占关内。
>
> 东洋占关外，
> 东洋占关内。
> 内都变成外，
> 外都钻进内。

外都钻进内，

内都变成外。

再安没有内，

再攘都是外。

"九一八"事变后，时任黑龙江省政府代理主席的马占山，率部在黑龙江泰来、江桥一带抗日救国。上海青年自动组织"援马占山抗日团"北上抗日，陶行知给予了坚决、积极的支持。

1932 年元旦，陶行知在《申报·自由谈》发表了《新年三问三答》。

从前有一位国王拿着三个问题去问一位隐士说："什么人是最重要的人？什么事是最重要的事？什么话是最重要的话？"

如果中国四万万之阿斗要拿这三个问题垂问于我，我将毫无迟疑地回答说："青年人是最重要的人；爱护青年是最重要的事；为青年人说的公道话是最重要的话。"

这些年来，青年人像是萝卜头样一篓一篓地砍，砍下的头可以砌成一座山，山上坐着几个伟人，正在那里喝酒团拜咧。我今启奏阿斗陛下，从今以后，不可再许政府杀人，尤其是杀青年人。

一、杀不可以止杀。"杀以止杀"是一种迷信。掌权的人总相信"杀一儆百"，这与帝国主义者之"战以止战"之口头禅无异。实际是战以召战，杀以召杀。大概政府要杀的人有两种：一是为饥寒所迫之盗匪；二是抱着不同信仰之政敌。盗匪非杀所能止，饥寒止，则盗匪止了。政敌以杀身为成仁，以死为殉道，杀他便是扬汤止沸。古人说得好："民不畏死，奈何以死惧之？"

二、杀人是疯子的行为。个人心怀仇恨，如疯如癫，才会杀人。"政者正也。"政府不该有恨，如何杀人！

三、杀人者不仁。中山先生勉励人实行忠孝节义仁爱和平。仁爱便是不嗜杀人。以人杀人是不仁之甚者。

四、杀人者不智。法国革命不能容一科学家拉瓦锡，是法国人之不智。中国近年所杀之无数青年中，谁能担保没有几个拉瓦锡一流的人才呢？退一步说，一个很寻常的人，自小到二十岁，社会的培养费至少也要二三千元。现在有人把大洋三千、两千地甩到海里去，可算是有知识吗？有法驾驭老虎的人，总要捉活虎，因为活虎是比死虎有用得多咧。只有笨的猎户才打死虎。老虎尚且不要打死，何况人呢？我们应该知道杀机不止，必至相杀。到了最后，只是借别人的刀杀自己的人。

五、杀人者不勇。杀人不出于仇恨，必出于畏惧。政府不当有仇恨，更不当有畏惧。天下多少生命是葬送在这无理性之畏惧呀！

六、中山先生写过一副对联："养天地正气，法古今完人。"天地之正气便是好生之德。古今之完人，没有一个不是善体天地好生之德，也没有一个是赞成杀人的。孔子说尧帝："惟天唯大，惟帝则之。"因为他所行的是天道、王道，尧才是中国的完人。至于舜之流共工，放驩兜，杀三苗，殛鲧，便不及尧多多了。国外古代之完人如释迦牟尼，如耶稣基督，莫不戒杀。"养天地正气，法古今完人"不是空言所能做到的，必须发为政令，从废除死刑做起。

七、废除死刑之具体办法列举如下：
　　…………

三问三答，强烈地抨击了蒋介石反动政府残害爱国青年的滔天罪行……

1932年2月22日，在国内外舆论的强大压力下，国民政府内务部不得不宣布取消对陶行知的通缉。

1932年2月中旬，在中共地下党组织统一策划、就国民党特务强迫《申报》登载其伪造的《伍豪等243人脱离共产党启事》（伍豪是周恩来同志的曾用名）一文，陶行知一方面推迟发表时间，另一方面刊登了《致伍豪先生启事》，由此，粉碎了国民党特务诬陷共产党人的阴谋。

1932年下半年，陶行知想方设法筹款，聘请律师来援救被捕的地下党人刘季平。

1933年1月26日，农历正月初一，陶行知等人在程霖生家成立读书会并邀请严克成、戴伯韬等学习马克思主义。

1933年3月14日，陶行知参加了蔡元培、陈望道、李公朴等社会名流共同发起的纪念马克思逝世50周年活动。他在《缘起》这篇文章中写道：

五十年中，马克思之学说所给予世界之影响甚为重大，而五十年来世人对于马克思，无论其为憎为爱、为毁为誉，而于马克思之为一伟大之思想家、为近世科学之社会主义之始祖，则殆无人否认。

20世纪30年代的中国笼罩在白色恐怖下，如果没有对马克思主义正确、科学的认识，陶行知他们是绝不可能有这大无畏的革命精神、敢于与反动当局的反动政策针锋相对的。这是陶行知在五四运动前就接触、学习马克思主义，以及后来孜孜不倦地潜心研究《资本论》的结果。这一时期是他由激进的民主主义世界观向共产主义世界观转变的关键时期。

1934 年 7 月 16 日，陶行知在《生活教育》上发表了《行之行》一文，向社会宣布改名为陶行知。陶知行改为陶行知，不可只看作两个字的颠倒，而是他的世界观的彻底转变。他自从 1912 年，以"知行"做笔名始，至 1934 年改为"行知"，20 多年了。在这坎坷颠簸、披荆斩棘的 20 多年里，外强入侵，战争不断，灾荒连绵，生灵涂炭，他真正地明白了，闻知、说知固然重要，因为知识是人类的宝贵财富，而亲知，亲身经历的从实践中得来的知识更重要、更宝贵，因为实践出真知，实践是检验真理的唯一标准。在马克思主义指导下的革命斗争，终于使陶行知从一个信仰多元化的唯心主义者，彻底转变为历史唯物主义者。

1935 年，日本帝国主义进一步发动华北事变，企图使冀、察、绥、鲁、晋五省脱离中国，归日本控制。国民党政府继续坚持不抵抗政策，竟准备于 12 月成立冀察政务委员会，以适应日本帝国主义提出的"华北政权特殊化"要求。失地丧权、亡国灭种的灾难迫在眉睫。12 月 9 日，中国共产党领导北平的爱国学生数千人，冲破国民党政府沿街设置的层层封锁线，汇合在新华门前，举行了声势浩大的示威游行，喊出了"反对华北自治运动""打倒日本帝国主义""停止内战，一致对外"等口号。国民党政府出动大批军警镇压，打伤、逮捕了许多学生。次日，北平各校宣布总罢课，由此爆发了震惊中外的"一二·九"爱国学生运动。北平学生的爱国行动燃起了全国人民的爱国热情。陶行知与宋庆龄、何香凝、马相伯、沈钧儒等 800 余人，联名发表了《上海文化界救国运动宣言》，严正提出"停止内战，一致抗日，维护领土、主权完整"等抗日救国主张。27 日，上海文化界救国会成立，推选陶行知为执行委员兼教育委员会主任，再次要求"停止一切内战，释放一切政治犯，共赴国难"。

1936 年 1 月 1 日，陶行知在《生活教育》第 2 卷第 21 期发表了《十二月运动与五四运动》一文，论述十二月运动的第一个特点是"社会主义与法西斯主义对垒"，第二个特点是"打倒帝国主义成了中华民族解放之十分明确的目标"。

1936 年 5 月 6 日，陶行知在李宗仁的陪同下去广西。第二天，陶行知在梧州广西大学演讲《抗日救国问题》。11 日，陶行知应白崇禧校长之请，到广西军官学校演讲《中国民族的解放运动》，白校长对陶行知的观点甚为赞同。31 日，陶行知与沈钧儒、宋庆龄、何香凝、邹韬奋等以及全国各地救亡团体代表，在上海成立了"全国各界救国联合会"，陶行知被选为常务委员和执行委员。

6 月 1 日，毛泽东、朱德发表《中华苏维埃人民共和国中央政府、中国人民抗日红军革命军事委员会布告》，宣布"停止内战，一致抗日"等20项主张。陶行知坚决拥护、积极支持中国共产党关于建立抗日民族统一战线的主张，并强烈要求国民党联合共产党共同抗日。6月下旬，潘汉年（救国会代表）约陶行知与民族革命同盟以及冯玉祥、李宗仁的代表等讨论抗日民族统一战线问题。之后陶行知与邹韬奋一起，讨论、修改了由胡愈之起草的宣言《团结御侮的几个条件与最低要求》。陶行知首先在宣言上签名。8月10日，毛泽东代表中国共产党亲笔复信，表达了对他们以民族利益为重的爱国主义精神的赞扬。

7月初，全国各界救国联合会决定委托陶行知趁出席世界新教育第7届年会之便，前往欧、美、亚、非各国宣传抗日救国，发动侨胞共赴国难。陶行知不负国人重望，先后游历了28个国家，行程20多万里。陶行知1938年5月12日在美国洛杉矶将这"万里行"用一首小诗幽默诙谐地表达出来了。

> 孙行者，
> 学他很不易。
> 他一个筋斗十万八千里，
> 我翻了两个，
> 已经很费力。

陶行知回国后，先后谢绝了蒋介石、李宗仁、宋美龄等国民政府顶级要员们的高官厚禄，按照他的"回国三愿"紧张地忙碌起来。不到一年，育才学校于1939年7月20日在重庆北碚温泉小学开学了。学校的创办及它的发展，始终受到中共地下党的大力支持。周恩来、邓颖超、徐冰、张晓梅等党的领导经常去看望育才学校的师生。周恩来曾题词"一代胜似一代""为新中国培育出一群新的音乐天才"。

1940年3月16日，陶行知病了，但他生命不息，战斗不止。

1940年4月1日至10日，陶行知参加了在国民政府军事委员会礼堂召开的国民参政会第一届第五次会议。会议期间的4月9日，陶行知又接受了《新华日报》记者的采访，发表"抗战必须坚持团结、停止摩擦"的主张。

1940年9月22日，周恩来、邓颖超、徐冰、张晓梅到重庆北碚去看望病中的陶行知。23日，陶行知与陈望道等人出席周恩来在北温泉召开的招待文化界知名人士的宴会，并做《国际形势与中国抗战》的报告。

10月20日，中共中央宣传部在《关于全国教育界各小派别、小团体推广统一战线工作的指示》中指出：

教育界各小派别中，以陶行知所领导的生活教育社等，最有历史和地位。这些派别今天都站在抗日民族统一战线之内。

他们今天的教育活动，可以说是为民族民主革命、为大众服务的，是新民主主义教育的亲近朋友。

11月7日，中共中央发表《关于反对投降挽救时局的指示》中提出：

> 对于国民党区域的一切组织，必须遵照历次指示，全部地、完全地、有秩序地隐蔽起来，并准备长期埋伏，积蓄力量，以待时机。

陶行知协助育才学校党支部积极组织疏散隐蔽，先后送魏东明、冯兰瑞、戴伯韬去延安。正要来渝的张宗麟也被安排转道去延安。

1941年1月6日，"皖南事变"爆发。陶行知闻讯后，非常震惊、愤怒，立即派人通知戴伯韬，让共产党人赶快隐蔽起来，免遭血腥镇压。30日，陶行知与沈钧儒、邹韬奋、史良，联合致函蒋介石，请蒋纠正暗中捕人之举措，以保人权而重法治。

7月11日，陶行知与郭沫若、沈钧儒、茅盾、老舍、阳翰笙、夏衍等264人发表了《中国文化界致苏联科学院会员书》，坚决表示将"更其奋发，更其坚决地加强我们的斗争，更其紧密地同苏联全体人民携起手来，扑灭我们共同的敌人！"

11月16日，陶行知参加中国民主政团同盟，首次以组织的名义在重庆临江路俄国餐馆举行茶会，招待国共两党代表和国民参政会的民主人士，宾主50人。与会人员在会上就有关民主政治问题交换了意见。

1942年2月23日，陶行知同周恩来、沈钧儒、邹韬奋等各界人士联名发表《致苏联红军书》，表示对苏联红军的亲切慰问，坚信红军必能消灭法西斯，决心抗战到底，共同取得胜利。

3月15日，延安新教育学会的徐特立、范文澜写贺信，赞扬陶行知是教育界的模范。

1942年5月2日，中国共产党在延安召开文艺座谈会，毛泽东主持会议并发表了讲话，即《在延安文艺座谈会上的讲话》（简称《讲话》）。《讲话》开宗明义：

> 同志们！今天邀集大家来开座谈会，目的是要和大家交换意见，研究文艺工作和一般革命工作的关系，求得革命文艺的正确发展，求得革命文艺对其他革命工作的更好的协助，借以打倒我们民族的敌人，完成民族解放的任务。

陶行知组织学生认真学习《讲话》及有关整风运动的文献资料。这足以说明陶行知自觉主动地接受中国共产党的领导。他曾对我国著名学者、教授楚图南先生说:"中国革命只有一条路、一个方向,就是共产党指出的革命路线和方向。"

1942年11月7日,陶行知在《新华日报》上发表了苏联十月革命25周年纪念献词。

二十五年前的今天,
你从万道光芒的火山里爆炸出来,
如今长成一个铜身钢骨、电为筋脉的巨人,
站在高加索的最高峰,
吸取伏尔加的洪流,
扑灭法西斯恶魔的凶焰。
是的,从真理的火山里爆炸出来的英雄,
必能扑灭这撒旦的火山的凶焰!

自从你出世,
套在奴隶颈上的锁链解开了,
投在社会主义的洪炉里,
炼成一颗颗亮晶晶的珍珠,
编造好一副光辉无比的领圈,
献给了自由之神。

当初火外的人,
只看见熊熊的火,
看不见雍雍的你,
有些害怕大火烧到自己身上来,
就在你的周围,
造成了一层层的铜墙铁壁,
密不透风地把你封锁在里面。
这铜墙铁壁经过二十多年的锻炼,
是化成了一道道民主的堡垒,
这是人类的奇迹。

还要架起火来烧啊，

把一道道的各自为战的堡垒熔掉，

化成民主国家共同的长城。

还要把那铜墙铁壁炼出钢来，

造成民主的脊梁。

在抗战五年多的中华民族看来，

这钢铸的脊梁和共同的战线，

是民主国胜利之必要条件。

这样，每一个城都可以变为

斯大林格勒一样的撼不动，

纳粹法西斯控制下之维斯斐乌斯火山

将如富士山一样的不能再冒烟。

我们乃能在三十个同盟国

共同胜利的欢呼中，

永远地庆祝。

⋯⋯⋯⋯⋯

苏联友邦万岁！全世界民主和平万岁！

当时的重庆，政治局势复杂多变，国民党反动当局私立岗哨，暗布特务，为白色恐怖之地。陶行知无所畏惧，经常到周恩来、董必武等共产党领导人寓所去拜访谈心，每次归来总是高兴地说："去时腹中空，回来力无穷。"

1943年元旦前后，抗日战争进入敌我相持的艰难困苦的阶段，党中央掀起了"自力更生，丰衣足食"的大生产运动。南泥湾精神就是这大生产运动的模范精神。陶行知积极响应党的号召，带领育才学校的师生建立农场，参加劳动，进行生产自救，成绩斐然。

同年4月，中共南方局青年组刘光同志，介绍金秀堤来育才学校上学，意在重庆设立地下联络站，陶行知坚决支持。

后来统计，从育才学校建校至陶行知逝世，近7年的时间，学校招收正式学生410人（绝大部分为革命烈士遗孤、社会上流浪的乞丐）。据不完全统计，去延安的有22人，去华北、皖、浙等革命根据地的有76人，去川东华蓥山开辟革命根据地的有23人，参加《新华日报》社工作、做成渝一带地下工作的有13人，合计140余人直接走上革命道路。他们在各自的工作岗位上努力工作，发挥着革命的力量，为新中国的诞生做出了不可磨灭的贡献。

从育才学校的创立到后来的发展，方方面面的工作、大大小小的事宜，都离不开共产党的领导。没有共产党，就没有育才学校。陶行知与共产党已经形成血溶于水的密不可分的关系。

1944年1月1日，陶行知与沈钧儒、郭沫若、黄炎培、邓初民、张申府等到八路军驻重庆办事处和《新华日报》社工作人员一起祝贺董必武60寿辰，并借机就时局问题进行了交谈，磋商联合起来同国民党反动政策做斗争的策略。

1944年9月4日，中共中央就改组国民党政府的问题，给林伯渠、董必武、王若飞发出指示，指出关于扩大参政员名额问题，可提出重新增加救国会的沈钧儒、陶行知、张申府、史良等，文化人中可提郭沫若、茅盾等。

邹韬奋是我国著名的新闻记者、出版家，1944年7月24日于上海病逝，年仅49岁。陶行知为失去一个好战友万分悲痛，1944年9月18日写了《韬奋先生千古》《邹韬奋先生挽歌》（一、二）寄托哀思。

韬奋先生千古

安息吧，朋友！
你是安息得太早啊！
你的朋友伤心，
你的敌人得意。
但是啊，
你的笔早就变成了民主的火把，
先把你自己烧成灰，
同时燃烧着千千万万爱好自由之心，
乘风汇成大火海，
掀起万丈火浪，
吞没东方法西斯！
照着整个民族，
团结再团结，
团结成一个巨人，
向着民主的生路百折不回地迈进！
你从灰里复活了，
不，你并没有死。
你在千万颗爱好自由的心里活着。

要创造民主的新中国，
要创造民主的新世界！

邹韬奋先生挽歌（一）

黑雾笼罩了人间，
寒风呼呼地令人发抖。
那和暴风雨苦斗的大树，
枝儿折了，
叶儿落了，
但是它播下了，
千千万万的种子，
静默地埋在地的深处！

当春天再来到，
它们会发芽，
它们会抽条，
它们会长大，会长大，会长大！
长成参天的森林，
结出民主之果。
长成参天的森林，
开放自由之花。

黑暗占据了宇宙，
虎狼凶凶地阻人去路。
那照耀着大众长征的火炬，
烧成灰了，
火花熄了，
但是点燃着的，
一个个的火把，
耐心而又耐心地燃着！

当大风再来到，

它们会燎原，
它们会怒吼，
它们会狂烧，会狂烧，会狂烧！
烧起熊熊火海，
铸成民主中国。
烧起熊熊火海，
创造自由世界。

邹韬奋先生挽歌（二）

永别了！
伟大的战士，
敬爱的朋友。
你去得太早一点，
中国还没有自由。

你生平，是：
主张坚决，
态度和平；
律己治事主认真，
研究学术贵虚心。

你所写，是：
挥洒热血，
倾献精诚；
为民族解放而战，
非解放大众不成！

你的笔，是：
自由的火把，
民主的炸弹；
不惜牺牲自己，
照着众人作战！

你的死：
朋友的伤心，
敌人的欢喜。
如果火把不全熄，
伤心欢喜都不必。

你看啊！
自由之火把，
自然火点火。
爱好自由千万心，
颗颗依序点燃着。

你看啊！
自由之火把，
一熄十百亮。
照着中华大民族，
民族团结打胜仗。

你看啊！
自由之火把，
百熄千万亮。
凶暴纳粹法西斯，
东方西方快灭亡。

你看啊！
自由之火把，
千熄亿兆亮。
铸成民主新中国，
自由幸福应无量。

安息吧！
敬爱的朋友，

> 英勇的战士。
> 死而不亡者寿,
> 不失其所者久。

1944 年 10 月 1 日,重庆各界人士 800 余人参加了陶行知、宋庆龄、董必武、郭沫若主持的邹韬奋先生追悼大会。

10 月 8 日至 10 日,陶行知创作《民主到哪里去》《代一位壮丁写信》《歌唱现代》《民主》《政治的盘尼西林》《民主第一》等作品,强烈呼吁:民主到儿童队里去! 到前线去! 到农村去! 民主第一! 民主至上!

10 月中旬,育才学校的学生王士毅参军入伍。王士毅出征前发言,预言一年内回来时民主必可抬头,并引用了《木兰辞》中的诗句"将军百战死,壮士十年归"来表勇敢杀敌之决心。陶行知深受感动,作诗《送王士毅出征》。

> 将军百战胜,
> 壮士一年归。
> 归来见古国,
> 民主正巍巍。

1945 年 1 月 1 日,陶行知在《新华日报》上发表了诗《迎接民主年》,号召四万万五千万同胞"拿出每一个人的血汗,培植民主的幼苗,掀起民主的洪潮,在民主的世界中,共同为人民幸福而创造"。

陶行知向往延安由来已久,终于在 1945 年 6 月下旬,与沈钧儒、张申府致电毛泽东、周恩来:

> 目前已届对日抗战最后严重阶段,不幸内战危机日度日紧,全国有心之人,言之莫不痛愤。如何遏止狂流,恢复一致对外,适应世界大势,而纳国家政治(于)民主正规,站在各方面忝作有力之严正表示:儒等爱国不敢后人,于此危急关头,自当一本初衷,追随国人,益努力于救国事业。两先生及各位友好,多年来坚持国家人民立场,力促国家社会进步,群伦崇行,国人依赖,倘得舟车之便,愿来延面领明教。
>
> 沈钧儒、张申府、陶行知　叩
> 一九四五年六月下旬

不几日,毛泽东、周恩来复电:

若飞同志即转沈衡山、陶行知、张申府三先生大鉴:

得电欣悉。三先生拟来延赐教,无任欢迎。何日命驾,乞示行期。

毛泽东　周恩来

一九四五年六月三十日

陶行知终因工作太忙,牵挂太多,延安之行的宏愿未能实现。

1945 年 7 月,陶行知等积极支持育才学校杨秉荪等同学响应中共中央南方局的号召,到中原解放区去。

1945 年 8 月 15 日,日本宣布无条件投降,陶行知兴奋之余,即以《义勇军进行曲》曲调,创作《胜利进行曲》《民主进行曲》,于 8 月 22 日发表在《新华日报》上。

胜利进行曲

起来!
不愿做奴隶的人们!
把我们的歌颂,
献给我们新的胜利!

中华民族,
到了大胜利的时候,
每个人从心里发出最大的欢声!
起来!
起来!
起来!
我们万众一心,
迎接人民的胜利,
前进!
迎接人民的胜利,
前进!
前进!
前进!
进!

民主进行曲

起来！
不愿做奴隶的人们！
拿我们的生命，
争取我们新的自由！

民主团结，
到了最需要的时候，
每个人被迫着发出最大的吼声！
起来！
起来！
起来！
我们万众一心，
要做中国的主人，
前进！
要做中国的主人，
前进！
前进！
前进！
进！

　　抗日战争胜利后，国民党反动派为了篡夺胜利果实，在美帝国主义的支持下，一方面伪装和平，三次电邀毛泽东到重庆进行和平谈判，另一方面积极准备内战。当时共产国际的斯大林也致电中共中央，要毛泽东赴重庆谈判，达成维持国内和平的协议。25日，中共中央发表《对目前时局的宣言》，提出"和平""民主""团结"三大口号。28日，毛泽东同周恩来、王若飞抵达重庆。经过43天的谈判，国共双方代表于10月10日签署了《政府与中共代表会谈纪要》（又称《双十协定》）。

　　国共谈判期间，陶行知以人民群众代表的身份，多次拜访毛泽东等同志。10月11日，陶行知与周恩来、张澜、郭沫若等各党派人士到机场欢送毛泽东一行返回延安并摄影留念。

　　蒋介石反动派很快撕毁《双十协定》，调遣80万军队向华北、东北推进，攻击解放区。他们的反动行径遭到全国人民的强烈反对，陶行知作诗《停止内战》，表示极大的愤慨！

天也浩叹！
地也浩叹！
人也浩叹！
叹息大好河山又成了内战战场！
哥哥放了一枪，
弟弟回敬一弹。
记得么？
中华民族是咱们共同的亲娘。
不记得！
于是日寇暂缓投降，
让汉奸趾高气扬。
再度三光解放区，
无辜人民又遭殃。
忍心吗？
八年战士难还乡，
难民还乡又逃难。
劳苦功高的老百姓，
冻死饿死在路旁。

内战啊！
你会糟蹋农庄，
破坏工厂，
倒闭商店，
使家家倾家荡产。
为什么有内战？
大家想一想。
主权属于人民全体，
而留恋于独占。
天下为公啊还政于民，
看上去还有十万八千个车站。

中国是个大公园，
四万万五千万人民是老板。
伙计已经动了手，
老板应该有主张。
立刻停止放枪，
双方各回原防。
听候主人查明，
万事和平商量。
谁再放第一枪，
便是内战罪犯。
还要实行民主，
团结才有保障。

号称头等国，
荣列五大强。
原是血换来，
人命三千万。
悬崖要勒马，
努力要向上。
如果不自爱，
国格一落千丈。
国际体面不好看，
国土变为殖民地，
外国会来做老板。

到那时：
国民党，
共产党，
各派各党，
无派无党，
大家一起完。

如果不愿完，
一个口号大家喊，
一件大事大家干！
立刻停止内战！
立刻停止内战！
立刻停止内战！

11月6日，陶行知在致美国杜威博士的公开信《论中美关系》中向美国朋友建议："凡有益于中国民主的事都可以干，凡有害于中国民主的事都不可以干。"25日，昆明大中学校学生6 000多人，在西南联合大学举行反内战时事晚会，国民党反动派派遣军队包围会场，放枪炮恫吓。自11月26日起，昆明各学校学生联合罢课表示抗议。

12月1日，国民党军警特务到各校殴打罢课学生并投掷手榴弹，当场炸伤十几人，于再、潘琰、李鲁连、张华昌壮烈牺牲。这一事件史称"一二·一"惨案。12月9日，陶行知参加重庆各界追悼"一二·一"死难烈士大会，亲写祭文。中国救国会委托陶行知作《中国救国会祭昆明反内战被害师生哀词》。出发前，陶行知做好了随时牺牲的准备，留下了遗书。

1945年12月24日，中国民主同盟、中华民族解放行动委员会、救国会、民主建国会、三民主义同志联合会，以及无党派人士郭沫若、沈钧儒、李公朴、陶行知等28人成立陪都各界反内战联合会，致函中共中央主席毛泽东，呼吁停止内战；同日，致函蒋介石，呼吁和平。29日，中共代表团设宴招待救国会领导人沈钧儒、陶行知等，同他们就召开政治协商会议事宜交换意见。

1945年年底，"全国各界救国联合会"在重庆开会，决定改名为"中国人民救国会"。陶行知被推为中央执行委员兼中央常务委员、组织部长。会议通过了《中国人民救国会政治纲领》。

蒋介石撕毁《双十协定》挑起内战，在国民党统治区的反内战、求和平、求民主的运动风起云涌。12月27日，中国共产党又向国民党提出无条件停止内战的建议，而当天苏、美、英三国外长莫斯科会议结束，发表的公报中也要求中国停止内战，建立一个统一、民主的新中国。蒋介石再次被迫同意中国共产党1945年12月27日的建议，并宣布于1946年1月10日召开政治协商会议进行谈判。

陶行知有感而发，于1946年元旦创作了《新年的希望》诗三首：《和平年》《民主年》《联合政府年》。

和平年

新年又来到，
新年又来到。
壕沟里想团圆的战士，
抛开大炮放鞭炮。
内战该不打了，
中国人再不杀中国人了。
两党党军该交出来了，
该交给中华民国的主人了，
该交给两党和主人共信的秀才团了。
秀才管了兵，
有理该说得清了。
巴拉梯①该代替布勒梯②。
新年到，
大家舞蹈，
大家笑，
欢迎和平年来到。

民主年

新年又来到，
新年又来到。
法西斯残余快要逃，
老百姓也来放鞭炮，
中华民国的主人该要抬头了。
四大自由该来重庆了，
重庆毛豆大的自由该出境了。
新年到，
大家舞蹈，
大家笑，
欢迎民主年来到。

---

① 巴拉梯：英文 ballot（选举票）的译音。
② 布勒梯：英文 bullet（子弹）的译音。

联合政府年

新年又来到，

新年又来到。

一党专政快取消，

各党各派也来放鞭炮。

中央政府该有联合政权了，

省市县政府该有联合政权了，

乡镇村政府该有联合政权了。

由上而下各级政府，

都该联合政权来为老百姓造福了。

新年到，

大家舞蹈，

大家笑，

欢迎联合政府年来到。

1946年1月9日，陶行知主持重庆文化界、文艺界、出版界等七团体，在西南实业大厦举行招待政治协商会议代表的茶话会。陶行知在会上说明文化界人士的命运正如他的四句诗："人人呼我老夫子，生活不如老妈子。同样是带小孩子，吃不饱来饿不死。"会议一致通过组织成立"全国人民政治协商会议协进会"。10日，政治协商会议在重庆开幕。31日，政治协商会议闭幕。

2月10日，重庆各界近万人在较场口举行政治协商会议胜利结束的庆祝大会。陶行知、郭沫若、李公朴、施复亮等20余人组成大会主席团。国民党特务捣乱破坏，制造了"较场口惨案"。

惨案经过：会议刚开始不久，国民党特务就大打出手，郭沫若、李公朴、施复亮、马寅初、张乃器等60余人均被打成重伤（陶行知未受伤）。事后，特务头子刘野樵颠倒黑白嫁祸于人，向法院控告陶行知，说陶行知带领育才学校大汉破坏会场，打伤了人。后经育才学校常年法律顾问史良、林享元等人依法追诉，并通过《新华日报》向各界人士说明真相之后，法院才被迫停止审判。

4月8日，中国共产党政协代表王若飞、秦邦宪、叶挺等从重庆返回延安时，飞机失事，三人均遇难。陶行知闻讯，作诗沉痛哀悼。

敬挽"四八"殉难烈士

我久已想到西北去看看，
这次可能做你们的同伴。
若是一起飞上黑茶山，
那一定是陪着你们火丧。
因为急事须来上海，
五百多个人要吃饭，
于是天南地北各分飞，
灾难没有能够赶上。
大大小小十七位朋友如今归天，
这天大的损失是永远无法补偿！
我们今天在你们面前下了绝大的决心，
要挑起你们遗下来的重担。
首先要致力和平团结，
无条件地赶快停止内战。
同时要争取四大自由，
使大家可以安居乐业有饭吃有书读有话谈。
要把中华民国造成一个最伟大的公司，
四万万五千万人联合起来做老板。
还要实现天下为公，
全人类有祸同担有福同享！
还要迎头赶上学科学，
遍地都有气象台预测气象，
使以后的飞机不再迷方向，
也不会被气流压迫下降！
每一门学问都研究彻底，
每一件事都做得恰当。
一切学问要因材施教，
人才幼苗应该从小培养。
等到幼苗长成千万棵大树，
新中国才有够用的栋梁。
你们的精神会引导我们向前，

鼓励我们向上，
创造民主的大社会，
还把科学普遍送下乡。
朋友们安息吧！
待我们任务完成，
再向你们问安！

一九四六年四月

陶行知又代中国人民救国会全体成员撰写挽诗。

"四八"殉难烈士诔词

这是惊天动地的原子弹，
报道十七位民主英雄之新丧！
号召我们要负起你们遗下来的重担，
再接再厉地挺起我们的胸膛，
向反民主的营垒作战。
冷酷的气流逼迫着飞机下降，
演成了破天荒的大灾难，
象征那阴森的浓雾压迫民主变样，
造成遍中国的生灵涂炭。
如果四项诺言兑了现，
你们用不着三番五次地往返商量，
也用不着慰问较场口战士之伤，
更用不着急急忙忙地飞向太阳。
因为中国政治不民主，
你们才像千千万万老百姓一样的死得冤枉！
让我们收起无限悲伤，
化作万钧力量，
连根拔掉人间冤枉，
建立起真正的民主大中华！
祝福你们与民同在，
万寿无疆！
"四八"死难十七位中国民主战士　千古！

一九四六年四月

1946 年 4 月 12 日，陶行知夫妇二人由重庆飞至南京，暂住姚文采家。4 月 18 日，陶行知夫妇二人到达上海。当天，陶行知就接受了《联合晚报》记者的访问。至此，陶行知开始了"光辉生命的最后 100 天"的"投入反独裁、争民主、反内战、争和平的斗争"。

5 月 20 日，周恩来、董必武、陆定一、邓颖超联名致信陶行知等："亟盼民盟方面，速有代表来京，共同努力。"

6 月 8 日，陶行知、马叙伦等上海文化界 162 人致书蒋介石、中共代表团、马歇尔、各党派及社会贤达，呼吁和平，反对内战。

6 月 23 日，上海 150 多个人民团体的近 10 万群众在火车站广场集会，欢送人民代表马叙伦、雷洁琼等赴南京请愿，呼吁和平，反对内战。国共双方达成的"15 天停战"期满后，又达成了"延长 8 天"的休战。陶行知担任大会主席，慷慨陈词，发出《人民的呼声》！

> 八天的和平太短了，
> 我们需要永久和平！
> 假装的民主太丑了，
> 我们需要真正的民主！
> 我们要用人民的力量，
> 制止内战，
> 争取永久的和平！
> 我们要用人民的力量，
> 反对独裁，
> 争取真正的民主！

当天，马叙伦等人民代表在南京下关车站遭国民党特务殴打，此事件时称"下关惨案"。

6 月 25 日，陶行知作为上海和平运动的领导者，就"下关事件"向外国记者代表发言，斥责"反动的力量是逐渐将三民主义变为法西斯的组织"，指出"如果美国停止援助国民党，和平的机会当更大"。

7 月 3 日，陶行知主持举行外国记者招待会，揭露蒋介石想杀害几个外国人嫁祸中国共产党的阴谋，会议的发言稿由郭沫若拟定。

7 月 11 日，中国民盟中央委员、全国各界联合救国会领导人之一李公朴先生在昆明被国民党特务暗杀，年仅 44 岁。当时有确切的传闻，国民党特务拟了一份名单，排在第一名的就是陶行知，后面还有郭沫若、翦伯赞等人。当陶行知听到李公朴的噩耗时，义愤填膺，以血泪写出了《追悼李公朴先生》。

7月15日，闻一多先生在昆明又遭国民党特务暗杀。噩耗传开，党内外很多战友为陶行知的安全担忧，而陶行知却对翦伯赞说："我等着第三枪！"

"我等着第三枪"这6个字，铿锵有力，掷地有声，像6颗重型炸弹投向国民党反动派的营垒。

陶行知像一名敢死队的队员，整装待发，随时可扛着炸药包冲进敌人的阵地；他不顾血压高达210的病体，夜以继日地演讲、写稿、寄信……

陶行知终因"劳累过度，健康过亏，刺激过深"，于1946年7月25日突发脑出血与世长辞，终年55岁。

陶行知临终前，周恩来、邓颖超等赶去。周恩来握着陶行知的手说："朋友们都要学习你的精神，尽瘁民主事业直到最后一息。"陶行知的逝世使周恩来痛心至极。周恩来称颂陶行知"是一个无保留追随党的党外布尔什维克"。还说："假使陶先生临终时能说话，我相信他必继韬奋之后请求入党。"

周恩来同志的"相信"千真万确。因为早在1940年的初冬，在重庆凤凰山下一处小屋里的深夜长谈，陶行知对他的学生、亲密战友戴伯韬就已经说出了他的肺腑之言："如果我想入党的话，可以毫不思索地请求加入中国共产党，而且毫无保留地听从一切决议。我亲眼看到这个党自成立一直到现在，始终不变地艰苦奋斗，为老百姓和民族求解放。"

在群星荟萃的历史长河里，陶行知先生是一位当之无愧的杰出的爱国主义者，伟大的共产主义战士！

第三十一章　陶行知心目中的伟人——孙中山

　　郭沫若，中国现代著名文学家、历史学家、剧作家、考古学家、古文学家及社会活动家，是陶行知志同道合的亲密朋友。听到陶行知逝世的噩耗，郭沫若悲痛至极，提笔疾书：孙中山以后的又一个孙中山！

　　孙中山（1866 年 11 月 12 日—1925 年 3 月 12 日），名文，号日新，后改号逸仙，广东香山（今中山市）人。孙中山 1897 年在日本化名为中山樵，遂以中山称。孙中山青年时期就致力于反帝反封建的革命事业，组织革命团体，多次领导起义。1894 年他在美国檀香山组织兴中会。1905 年，他在日本又将兴中会、华兴会、光复会组成中国同盟会，提出"民族、民生、民权"三民主义学说。

　　1911 年 10 月 10 日，孙中山领导了武昌起义（史称辛亥革命）并取得胜利。

　　伟大的革命先行者孙中山领导的辛亥革命推翻了清王朝，结束了中国几千年的封建帝制，使民主共和国的观念深入人心。1912 年 1 月 1 日，中华民国临时政府在南京成立了，孙中山被 17 省代表推举为临时大总统。

　　1912 年 8 月，中国同盟会被改组为中国国民党，孙中山被选为理事长。孙中山 1917 年在广州召开国会非常会议，组织护法军政府，当选为大元帅。1922 年因陈炯明叛变，孙中山退居上海，后在苏联共产党、中国共产党的帮助下，决心改组国民党。

　　1924 年 1 月，孙中山在广州召开中国国民党第一次全国代表大会，通过了宣言，主张实行"联俄""联共""扶助农工"的三大政策，使旧三民主义由此发展为新三民主义。

1925年3月12日，孙中山在北京病逝，年仅59岁。他去世之前满怀愧疚和遗憾，心情沉重地说：

余致力国民革命，凡四十年，其目的在求中国之自由平等。积四十年之经验，深知欲达到此目的，必须唤起民众，及联合世界上以平等待我之民族，共同奋斗。现在革命尚未成功，凡我同志，务须依照余所著《建国方略》《建国大纲》《三民主义》及《第一次全国代表大会宣言》，继续努力，以求贯彻。最近主张开国民会议及废除不平等条约，尤须于最短期间促其实现。是所至嘱！

"革命尚未成功，同志仍需努力"是当时由宋庆龄、汪精卫记录下来的。这是震动中国、教育全国人民乃至世代炎黄子孙的著名的"中山遗嘱"。

陶行知55年短暂的一生，一直在孙中山"天下为公"的高风亮节及为了中国的民生、平等、自由而屡战屡败、屡败屡战、不达目的誓不罢休、威武不屈的英雄气概感召下披荆斩棘、勇往直前的！

1913年3月，金陵大学学报《金陵光》登载了陶行知翻译的艾迪先生的演讲词《中华民国之将来》（节选）：

试论中国之前途……

一曰国家统一。……

二曰实行爱国。……

三曰为社会服役。……

四曰热心道德。……

五曰信仰真诚之宗教。……

中国转弱为强之五大关键也，中国将来前途之五大问题也，能解决之，则富而强；不能解决之，则贫而弱。谁能解决之？非英人也，非美人也。能解决之者，中国人耳！……

中国欲解决以上五问题，欲达到以上五前途，须人才……

吾知中国有如此之人才，吾知南京有如此之人才，吾知此地即有如此之人才。唉！人才乎，人才乎，人才不出，苍生何？吾有相片一张，将示诸君，此人为孙逸仙博士之相。吾非谓其为完全之人，然以匹夫而推翻四千余年之专制，左右四万万之民心，震动全世界之听闻，实乃不世出之英雄。其始也，无财无产，同志十八人，十七人阵亡，独己得免。亡清令得其首者，受上赏。栖身海外，历尝艰苦。十八年中，惨淡经营。迄今民国成立，夙愿始偿。此为爱国之人，此为救国之人。吾愿中国富强，吾愿中国人人如孙君……

陶行知1913年年底写成，1914年1月发表于《金陵光》第5卷第3期的《民国三年之希望》表达了陶行知的渴望。

爆竹声喧，桃符颂献，旗悬五色，乐奏八音。此非吾校庆祝民国三年元旦之盛景乎？我之好样，奚不如人？然阅报章，则荆棘满纸；游街衢，则疮痍遍地。逢故旧欲致吉利语，而嗫嚅不能启口。视此国家，对兹社会，皆哀有余，而乐不足。噫！当此良辰美景，谁使我抱无涯之戚哉？虽然，往者捕咎，来着可追，去故取新之希望，时势或能许我乎？

第一，希望民国文官，不贪财，不因循，不争门户，戮力以襄国事。

第二，希望民国武臣，严纪律，重人道，不矜功，不嚣张，为义战，不为暴戾。

第三，希望内乱永平，寇贼绝迹，使农工商贾，各安其业，共乐太平。而学子亦不为残贼影响所耽误，俾得从容新其体健，新其学问，新其道德，早日蔚为国家栋材。

第四，希望人人洗心革面，一刷污俗。种种恶念、恶言、恶行，譬如昨日死；种种善念、善言、善行，譬如今日生。与日俱新，与月俱新，更与年俱新。俾民国精神形式，同从兹更始，永永留存，渐渐发育，直至万万载。

吾之希望，四端而已。由此四端，则外患不作，内乱不兴，百工乐业，人才辈出。民力足，民德进，可以富，可以强，可以比聘列国，可以雄视环球，岂不熙然盛世乎？然天下非希望之为贵，能透达之而复能保持之之为贵耳！民国元年元旦，全国之大希望，非所谓袁（世凯）孙（中山）交欢乎？民国二年元旦，全国之大希望，非所谓正式国会乎？当夫中山北上，两院开幕，全国人士，盖莫不弹冠以庆，希望之透达矣。曾几何时，而其豆相煎，两贤交阨，国会亦专务自杀，如海市蜃楼，霎时没去。噫！吾又安知今年希望之不同于此也？故吾希望吾之希望得以透达，吾更希望透达之希望得以保持。不然，今年之希望，旋得而旋失；明年之希望，复旋得而旋失。则此无量热血、无量头颅换来之民国，更有何希望之可言？吾希望民国三年希望之不至于如此也！

文章不长，字字珠玑，掷地有声，切中时弊，一针见血，好一个治国立邦的方略。它出自年仅 22 岁的陶行知之心、之手，真难能可贵！

1925 年 3 月 12 日，孙中山病逝于北京。陶行知闻噩耗，痛苦难忍，提笔书写挽联：

> 生为民有，
>
> 死为国魂。

1925 年 12 月 18 日，《新教育评论》载文《时局变化中之义务教育》，文中以孙中山的《建国方略》为理论根据来分析普及教育。

> 中山先生的《建国方略》分军政、训政、宪政三时期。从军政到宪政，路程有太平洋那样远，风浪也有太平洋那样凶。不坐"训政船"，哪能渡得过呢？训政的使命是要造中华民国，要叫五族四万万人个个都做成真正的中华民国。他的具体方案是强迫的儿童教育、强迫的成人教育。他的入手办法是确定学税，培养师资，组织村政，征收"愚民捐"，并以教育普及之程度为行政官吏考成之标准。这件大事绝非少数人摇旗呐喊所能奏效，势必得要全国群策群力才能办的……

1927 年 8 月 15 日，陶行知在晓庄学校演讲《如何教农民出头》问题时也提到孙中山：

> 孙中山先生的实业大计划，主张利用国家资本与外资来发展国内实业。如果他的计划实行，要想教农民执工业上之牛耳，就得教农民实行把民权操在手中，运用国家权力来出头。国家资本，倘使分别缓急，必定要用来先筑十万里的铁路。因为这是农民出头必由之路。如果工厂里的货物运不出去，则生产过剩，价格低落，实业必归失败，所以筑路是发展实业的第一步……

英雄所见略同。孙中山、陶行知二人均以民族独立、国家富强为出发点。

1927 年 9 月 1 日，《乡教丛讯》第 1 卷第 17 期载文《平等与自由》：

> 中山先生解释平等的意义，有很大的贡献。他说世界上有真平等、假平等、不平等。什么是不平等？帝、王、公、侯、伯、士、男、民的地位是一步一步地高上去，我的脚站在你的头上，你的脚又站在他的头上，这是叫作不平等。现在要打倒这种不平等，那是应当的。但是打不平等的人，往往要把大家的头一齐压得一样平，变成平头的平等。殊不知头上虽平，立足点却是不能平。好像拿可以长得五尺高的树，和可以长得一丈高的树一齐压得一样平，岂不是大错吗？这种叫作假平等。真平等是要大家的立

脚点平等，你的脚站在什么地方，我的脚亦站在什么地方。大家在政治上要站得一样平，经济上也要站得一样平。这是大家的立脚点平等，这才是真平等。

中山先生之解释自由，没有他解释平等那样清楚。但他有一点说得很好，他说："中国人不是不知道自由，中国人的自由实在是太过了。"所以他不用自由做口号，而用民族、民权、民生做标志，与梁任公（梁启超）先生的维新以自由为口号，是完全不相同的。外国人说："中国人不知自由。"然而外国人哪里知道他们的自由远不如中国呢！

按中山先生的意思，说到自由是要求国家之自由。国民革命成功之后，团体能自由，个人不能自由。中国之所以弄到这地步，就是因为大家私人的自由太过，不注重国家之自由……

近来我替友人书了一联："在立脚点上谋平等，于出头处求自由。"上联是本着中山先生之学说；下联就是本着我的自由解释……

1927 年 11 月 9 日，陶行知以南京和平门外北国乡一带的山歌调子配上歌词，创作《锄头舞歌》。

> 手把个锄头锄野草呀，
> 锄去野草好长苗呀。
> 绮雅海，绮雅海，
> 锄去野草好长苗呀。
> 绮雅海，绮雅海。
>
> 五千年古国要出头呀，
> 锄头底下有自由呀。
> 绮雅海，绮雅海，
> 锄头底下有自由呀。
> 绮雅海，绮雅海。
>
> 天生了孙公①做救星呀，
> 唤醒锄头来革命呀。
> 绮雅海，绮雅海，

---

① 孙中山。

唤醒锄头来革命呀。

绮雅海，绮雅海。

革命的成功靠锄头呀，

锄头！锄头！要奋斗呀！

绮雅海，绮雅海，

锄头！锄头！要奋斗呀！

绮雅海，绮雅海。

"天生孙公做救星呀"，这是陶行知代表四万万五千万中国人民的呐喊！"文明古国，礼仪之邦"到生死存亡的危急关头，孙中山历经千难万险领导了中国人民的民主革命并取得了光辉的胜利，他当之无愧为中国人民的救星。

1927 年 11 月 12 日，陶行知在晓庄学校纪念孙中山先生诞辰 61 周年大会上，演讲《把小孩子送到学校里去》。陶行知以幽默的语言，编织了生动形象的故事《昨晚孙总理同游晓庄十二村乡》。

孙总理见到三等小朋友，他心里就有三种感触。第一种人家的小孩子，在家里不但能读书识字，并且会用书中的道理。这些小孩子会写信，会看信，会认契据，会记账目，会看报，能懂国家大事。孙总理看了这种人家小孩，他喜欢极了，就说："活人读活书，字字如珍珠。"第二种人家的孩子，在家里像木鸡一样，整天地读《百家姓》《三字经》，总理听了，不耐烦，便说："活人读死书，愈读愈变愚。"第三种人家的小孩却不同了，一天到晚只会打骂，相骂，偷东西，做种种不长进的事。总理见了气极，对他们家里人说："活人不读书，不如老母猪。"但最后总理还是希望大家把小孩子送到学校里去，读活人的书，做活人的事，过活人的生活。这样看来，小孩子最紧要的是进学校。

陶行知编这个故事以彰显孙中山总理关心儿童的教育，一定会支持陶行知普及教育的伟大事业。

1929 年 3 月 12 日，陶行知在孙中山逝世 4 周年纪念大会上以《定于一》为主题演讲（节选）：

今天是中山先生逝世四周年纪念。中山先生一生最大的发明就是三民主义，最大的组织就是国民党。中山先生说："三民主义就是救国主义。"我个人觉得三民主义的确是救国主义。在现在的中国的确只有三民主义才能挽救中国。但是这个三民主义要怎样才能挽救中国呢？从前孟子说："天下恶乎定？定于一。"大家能够信仰一个主义，大家的思想由一个主义来统一，然后这个主义才能发生力量，才能挽救中国。现在我们要救中国，只有信仰三民主义，只有服从中山先生遗留的能奉行三民主义的国民党，而且只有真的三民主义才可以救中国，只有三民主义的真正信徒，才能发生力量去救中国……

什么是真的三民主义呢？什么是真的党员呢？真的三民主义只有一个本，只有孙中山先生所遗留的一本，其余什么人解释的都是假的，都是靠不住的。什么党员才是三民主义的真正信徒呢？中山先生说："主义是一种思想，一种信仰，一种力量。我们要辨别他是不是一个真正的三民主义信徒，我们只消看他是不是由内心的思想发生出来的信仰，那么他根本连思想都没有了，还能发生什么力量？……

国民党是要为农民解除痛苦的，党员是要到民间去的，我们在乡村里看到的这些到乡下来的党员，是不是真正地在为民众做、是不是真正地在为民众解除痛苦？如果他到乡下来住了三个月或五个月，你问他为民众做了几件有利益的事，为民众解除了些什么痛苦，他能一一答复的，那就是能够做，那就是能够信仰三民主义去发出力量来为民众做，那就是三民主义的真正信徒……

我今天再借这个机会，来同大家谈谈办乡村教育的教师。这里不是主张教学做合一吗？要怎样做便怎样学，怎样学便怎样教。教师、学生、工人，大家都是一样的；教学做并不是单枪匹马独自学、独自做或独自教，并不是一味地呆学，并不是一味地死教，也不是一味地蛮做，是要在劳力上劳心。在劳力上劳心就是教学做合一的注脚。中山先生在几十年前就开始革命，他也是教学做合一的。他革命就是做；他因为革命要有高深的学问，便努力学，他越革命越努力学，因此学问也越长进；同时他又引导许多青年革命，便是教……

假使中山先生来做乡村教师，他也是一定这样办，把许多农人集合起来做同志，把许多小朋友集合起来做同志，大家合作，那一定能够办成一个很好很好的乡村学校……

我们要改造中国，改造社会，改造世界，要实现大同之治，我们唯一的希望就是做三民主义的真正信徒，做一个整个的心贡献给乡村教育的这种教师……

1929 年 10 月 10 日、11 日两天，陶行知应湘湖师范之邀，参加 "教学做" 讨论会。陶行知在会上演讲（节选）：

　　　　孙中山先生革命，也是教学做合一的。先生领导同志革命是做；愈革命进步，像组织兴中会，改组同盟会，民国成立，改组国民党，后又改为中华国民党，以至于一九二四年改组的中国国民党，这便是学；他一面革命，一面让人们受了他的影响，也同起而参加革命，这不是教吗？

　　1931 年 5 月 5 日至 17 日，国民政府在南京召开国民会议。陶行知作诗祝贺。因诗中事事确实，句句真理，大量揭露了违背中山遗嘱的伪君子的丑恶嘴脸，当局报刊不予登载。同年 12 月 26 日，陶行知以 "不除庭草斋夫" 为笔名，将诗文载入《申报·自由谈》。

　　　　孙公遗教：
　　　　天下为公。
　　　　国民会议，
　　　　乐于谁同？
　　　　吾观代表：
　　　　士商亨通。
　　　　农不像农，
　　　　工不像工。
　　　　农工皆士，
　　　　士亦农工。
　　　　公朴当国，
　　　　僭主人翁。
　　　　国之大本，
　　　　忍付东风。
　　　　异己信徒，
　　　　亡命西东。
　　　　青青少年，
　　　　伐若枯松。
　　　　民入地狱，
　　　　自造天宫。
　　　　口谈革命，

主义失踪。
己不受训，
训人谁从？
中山有灵，
泪洒群雄。
蔡子长者，
后学所宗。
怒持异议，
言出由衷。
愿公登高，
发聩振聋。
念头转处，
画蛇成龙。
云霓在望，
草木重荣。
慢慢长夜，
浩浩长空。
赤子之忧，
吾望无穷。

1932 年元旦，陶行知在《申报·自由谈》上发表《新年三问三答》。文中写道（节选）：

中山先生写过一副对联："养天地正气，法古今完人。"天地正气便是好生之德。古今之完人，没有一个不是善体天地好生之德，也没有一个是赞成杀人的。孔子说尧帝："唯天唯大唯帝则之。"因为他所行的是天道、王道，尧才是中国的完人。国外古代之完人如释迦牟尼，如耶稣基督，莫不戒杀。"养天地正气，法古今完人"不是空言所能做到的，必须发为政令，从废除死刑做起。

1937 年 3 月 19 日，香港《大众日报》载陶行知诗文《倒退十年歌》（节选）：

西安事变发生的时候，幽默大师林语堂先生答世界电讯记者说："如果张学良杀了蒋介石，则中国将要倒退十年。"我希望蒋先生平安回来。但倒退十年啊，那真是倒退到黄金时代去了。别的不说，那时（十年前）我和现在四川大学校长任鸿隽先生代表教育文化基金会董事长前去中山大学（孙中山一九二四年创办的广东大学，孙中山去世后改名为中山大学），预备对中山大学加以补助。我们坐的是一只日本船。船到汕头，青年客人在船头上召集旅客、水手开会，高呼打倒日本帝国主义，日本船主一双乌溜溜的眼睛呆望着，没有办法。我高兴起来，大碗喝酒，几乎喝醉。回想当年，恨不得把它一把抓住，抓不住它，只好唱一首《倒退十年歌》来追思以往、启示未来。

新年新岁，
我愿倒退。
倒退十年，
也不后悔。
十年之前，
要好十倍。
东方睡狮①，
不肯再睡。
中山遗嘱，
读得有味。
国共合作，
亲如姊妹。
农工商士，
联合军队。
全国阵线，
力量最伟。
动员北伐，
军阀崩溃。
汉口租界，
一天收回。
内蒙无恙，
满洲无伪。
华北无私，

第三十一章　陶行知心目中的伟人——孙中山

---

① 指100多年前拿破仑所说："中国是一头睡狮，一朝醒来，它的吼声将震撼整个世界。"

冀察完备。
日本船上，
临时开会。
客人水手，
精神可佩。
打倒日本，
呼声如雷。
船主听见，
心中惭愧。
抬头看天，
低头看水。
看水看天，
无法作对。
因为什么，
团结为贵。
天下兴亡，
无人推诿。
高兴起来，
喝酒喝醉。
有时唱歌，
喉咙唱累。
将今比昔，
地图破碎。
对内残忍，
对外下跪。
汉奸升官，
忠义有罪。
万年古国，
靠谁保卫？
一想再想，
对而不对？
莫再徘徊，
也莫流泪。

走错了路，

赶快倒退！

退到生路，

再向前走。

倒退倒退，

于我也对。

倒退倒年，

年轻十岁。

年轻十岁，

多么有味。

哈哈哈哈，

多么有味。

1940 年 3 月 25 日，《战时教育》第 5 卷第 10 期载陶行知一文《生活教育运动 13 周年纪念告同志书》，其中重点谈及"觉悟之启发"。

我提起笔来想写的真是千言万语，但时间不许可，今天特别想说的是今日教育最重要而又最忽略的一点——觉悟之启发。启发觉悟是包含在我们立社的宗旨里面。社的宗旨是要探讨最合理、最有效之新教育原理与方法，促进自觉性之启发、创造力之培养、教育之普及及生活之提高……

中山先生讲三民主义，首先说的就是这个道理。他讲："大凡人类对于一件事，研究当中的道理，最先发生思想；思想贯通以后，便起信仰；有了信仰，就生出力量。"这思想变通便是觉悟，对于觉悟的本人说便是自觉。有了觉悟才起信仰而生出力量。但觉悟又从何而来？从研究而来。研究是追求真理，即是求知之行。那么觉悟是从何而来，从"求知之行"而来……

中国古代教育是一贯地注重觉悟。"大学之道在明明德"，明德即真理。第一个明字便是明白和阐明。明白是自觉，阐明是觉他。这个道理和"先知觉后知""先觉知后觉"是相通的，并且觉悟是智、仁、勇三大德之康庄大道。"仁者不忧，智者不惑，勇者不惧。"因为不惑，才能不忧，不惧、不惑便是思想贯通而觉悟了。《中庸》说："不诚无物。"无论是"自诚明"，或是"自明诚"，都离不了诚。不诚便没有觉悟。诚心追求真理，才能自觉觉他。要负起自觉觉他的任务，必定是要忠实于真理。比如一个人必定要忠于追求抗战建国的真理，才能在抗战建国上自觉觉他，才能对抗战建国生出信仰并发挥出力量来……

　　最近教育部颁布十六字的训育方针：自治之事，自信之道，自养之人，自卫之国。我想倘使自觉觉他的意思贯彻进去，则不但教育内容更加丰富，而且更能发挥出管教养卫的力量。有自觉的纪律，则自治之事更可严谨。有自觉的信心，则自信之道更可坚定。自觉地做工是斯大汉诺夫[①]运动的灵魂，不但生产激增，而且做工的人个个兴高采烈，只觉做工之乐，不觉做工之苦。自觉去当兵，则知为中国死，愿为中国死，与敌人拼命时必可以一当十、以一当百地去打倒日本帝国主义而收复已失的河山……

　　生活决定教育，教育要通过自觉的生活才能踏进更高的境界。通过自觉的集体生活的教育，更能发挥伟大的力量，以从事于集体之创造……

　　1941 年 11 月 11 日，孙中山诞辰 75 周年的前一天，陶行知在致马侣贤的信中写有 11 件事，其中第 8 件为："《战时教育》请宁远约稿即编，本期宜有 11 月 12 日之纪念及中山先生之故事。每期都应该有一些关于抗战建国之材料。以前似有疏忽。"

　　1941 年 11 月 17 日至 26 日，国民参政会第二届第二次大会召开了，陶行知、胡秋原等署名者 19 人提出了《正式承认自由韩国临时政府及独立阿比西尼亚[②]王国案》（简称《承认案》）。

　　陶行知在《承认案》中开宗明义地指出："兴灭继绝，为我民族之传统精神；济弱扶倾，为我国父之伟大政策。"

　　1945 年 11 月 1 日，《民主教育》创刊号上载有陶行知一文《民主》。

　　民主的意义还是在发展，因为它的内容还是在发展。照我看来，真正的民主必须包含：一、政治民主；二、经济民主；三、文化民主；四、社会民主；五、国际民主。林肯总统在葛梯斯堡所说的"民有、民治、民享之政府不致从大地上消灭掉"一语，是指政治民主。中山先生所说之民生主义，罗斯福总统所说之无不足之自由，是指经济民主。山海工学团所主张之教育为公和陕甘宁边区所实行之民办学校，是指文化民主。中国五四运动在社会关系上所发生之种种改革，例如男女平等，是走向社会民主。威尔逊总统所提出之民族自决、中山先生所倡导的民族主义，是走向国际民主；然而从英国对印度、对希腊、对安南、对南洋，和美国对日本管制、对原子弹管制行动看来，我们离国际民主之实现简直是十万八千里之远。从总的方面来说，古

---

① 苏联一矿区采煤工人。
② 埃塞俄比亚。

人所讲的话而现在还有引导作用的，莫过于"大道之行也，天下为公"。近人毛泽东先生写的《新民主主义》和中国民主同盟临时全国代表大会所通过的纲领，都系实现真正民主的路线。民主是中国之起命仙丹。民主能叫四万万五千万老百姓团结成一个巨人。民主能给我们和平，永远消除内战之危机。民主好比是政治的盘尼西林，肃清一切中国病。民主又好比是精神的维他命，给我们新的力量，来创造一个自由独立进步的新中国和一个富足平等幸福的新世界。民主第一！人民万岁！

孙中山在陶行知心中是"中国之人才""不世出之英雄""中国的大救星""尧之转世""中国的释迦牟尼""中国的耶稣基督""大成至圣先师""中国人的国父"。

第三十二章　白求恩是怎样来到中国的

　　白求恩大夫来到中国，与我们伟大的人民教育家陶行知为抗日救国出访欧、美、亚、非各国，4 次抵达加拿大、3 次会晤白求恩、诚恳邀请白求恩到中国来是有密切关系的。

　　1936 年 7 月，应世界新教育年会之邀，全国各界救国联合会决定派陶行知赴英国伦敦参加第 7 届年会，并顺便委托陶行知前往欧、美、亚、非各国宣传抗日救国，发动侨胞共赴国难。陶行知不负众望，历时两年一个多月（774 天）行程近 24 万里，为中国的抗日战争奔走、呼吁、呐喊！陶行知 4 次抵达加拿大、3 次会晤白求恩。

　　1937 年 7 月 24 日陶行知到达洛杉矶。7 月 30 日，陶行知在出席洛杉矶卫生局为欢迎西班牙人民之友白求恩医疗队举办的宴会上第一次见到白求恩大夫。宴会主人向大家介绍："诺尔曼·白求恩先生是加拿大蒙特利尔皇家维多利亚医院胸外科专家，共产党员，在德、意法西斯武装干涉西班牙的时候，勇敢地跟随加拿大志愿军到西班牙前线救治伤员……"宴会主人接着又介绍陶行知："中国的教育家陶行知先生，他是中国全国各界救国联合会派到国外宣传抗日救国的代表……"

　　当时正处于"七七"事变之后不久，世界各国爱好和平的朋友，都十分关切中国局势的变化，特别是像白求恩大夫这样经历过支援西班牙反法西斯斗争的共产党人，更是关心着中国。他一听说陶行知来自中国，马上走过去伸出双手，陶行知也赶紧伸出双手迎上去。他们好似久别重逢的老战友那样亲切地握手。白求恩说："如果需要，我愿意到中国去！"陶行知激动地说："谢谢您！谢谢您！"陶行知掏出记事本写下了：Norman Bethune。

1937年10月22日，陶行知在美国反战反法西斯联盟演讲《中国与西班牙》，白求恩也参加了会议。会后，他们二人又进行了亲切的交谈，这是他们的第二次见面。时过三天，10月25日，陶行知登门拜访白求恩大夫，这是他们的第三次会晤。陶行知诚恳地请求白求恩大夫到中国来帮助中国抗日救国。

1938年3月14日，陶行知由纽约第四次抵达加拿大。4月14日，陶行知在加拿大医疗队援华委员会举行的演讲会上，听到白求恩大夫正率领加拿大医疗队奔赴延安的消息，万分激动，满含热泪地说："我诚恳地感谢白求恩大夫！感谢加拿大人民和医疗援华会！你们募捐和征集了许多医疗物资支援中国抗战，这是正义的行动。"接着，陶行知开始了他动人的演讲。

之后，陶行知到各大城市的各个场所演讲，并将演讲所得之款购买成医疗器材，通过宋庆龄转送给八路军白求恩医疗队。

毛泽东的《纪念白求恩》著作中写道："去年春天到延安，后来到五台山工作。""去年春天"就是1938年4月间；"后来到五台山工作"的具体地点是河北省涞源县孙家庄村外的一座小庙。

他是怎样工作的？这可以从一张照片说起。

1938年10月5日，党中央派我党著名导演袁牧之、摄影家吴印咸到晋察冀抗日根据地拍摄"白求恩实施诊疗手术活动"电影的照片。在孙家庄村外的小庙里，白求恩与3个助手正在为一个伤员做手术，庙外是日本侵略者袭击的狼烟和隆隆的炮声。吴印咸按动相机的快门，将当时的情景拍了下来。它后来竟成为白求恩诸多照片中，最著名的珍品。

照片中白求恩对面的那个面部较为清晰，高个、大眼睛、稍长国字脸的年轻人，叫林金亮。林金亮当时任后方医院院长。1938年6月，他从延安迎接来了毛主席任命的军区卫生顾问白求恩大夫。后来林金亮与白求恩二人成为良师益友、同志兄弟。

白求恩后来到了山西省五台县松岩村的后方医院，在林金亮的陪同下看望了全体伤病员，视察了后方医院的医疗设备。当时手术室设在一所小学的教室里，墙壁用石灰粉刷了一下，顶棚是用白布蒙成的。手术室里的器械极其简陋，还是八路军总院留下来的老东西，仅有的两个箱里有一把剪子、一把止血钳子、一把刀子，还有一把自制的木工锯改成的骨锯及自制的骨凿、骨锤和一个麻醉罩。手术床是用木头支的架子上放上门板做成的。

白求恩看了后用疑惑的目光盯着林金亮:"难道就是这些东西了?"

林金亮回答:"是的。这就是我们医院的全部家当。"

白求恩听后,一边摇头,一边真诚地对林金亮说:"我来了以后,咱们要一起工作,你可不要瞒着我呵!"

医院的支部书记刘小康当时在场,他认真地对白求恩大夫说:"白求恩大夫,我们确实就只有这些家当,林院长没有瞒你。"

这时,白求恩惊异地再一次把那些器械一件又一件地拿起来,又一次地端详了一番,然后紧紧地握住林金亮的手,十分激动地说:"你们在这样的条件下,可以做这么多的工作,真是太了不起了!"接着,白求恩又巡视了后方医院的病房,当他看到林金亮和战友们采集和炮制的丹、散、膏、丸和自制的脱脂棉、纱布、羊肠线等医药、医疗物品时,不禁感慨地说:"中国共产党交给八路军的不是什么精良的武器,而是经过两万五千里长征锻炼的革命战士。有了这样的革命精华,我们就有了一切。啊!中国共产党,太了不起了!"

白求恩通过亲自考察,看到了后方医院的艰苦状况,也看到了中国共产党领导下的人民军队的无坚不摧的革命力量。白求恩将视察后的想法上报并很快得到了军区司令员聂荣臻的欣然同意,一场轰轰烈烈的"五星期运动"在白求恩的领导下开展起来了。

所谓"五星期运动",就是后方医院全体同志,在五个星期里,群策群力、独立自主、自力更生,将时下简陋的后方医院建成根据地的模范医院。

白求恩亲自领导、策划、组织,林金亮等人密切配合,全体人员夜以继日地干。五个星期结束了,预期目的达到了。1938年9月15日,"模范医院"举行了落成典礼。白求恩在典礼仪式上发表了热情洋溢的讲话。同时,他还组织医务人员进行了"战场抢救"的实战演习。这所医院在战争年代及新中国成立后的和平时期,直至今日,都践行着"救死扶伤,实行革命的人道主义精神"。它后来更名"白求恩国际和平医院"(在石家庄),将在中国医学史上、中国革命史上彪炳千古。

"模范医院"的建设过程,足以说明白求恩是一个具有国际主义精神、共产主义精神的伟大战士。毛泽东在《纪念白求恩》一文中写道:

> 一个外国人,毫无利己的动机,把中国人民的解放事业当作他自己的事业,这是什么样的精神?这是国际主义的精神,这是共产主义的精神,每一个中国共产党党员都要学习这种精神。

白求恩到达晋察冀抗日前线，很快投到极其紧张的战地救护工作中，很快与八路军、新四军的指战员结下了深厚的阶级情谊。从白求恩与林金亮二人之间发生的几件事可以看到人间真情在，不问何方来。

　　有一天，林院长在炕头上为一个股骨骨折的伤员做钢针牵引手术，做完手术下炕时，忘记炕下正烧着的消毒锅，林院长一不小心把锅踢翻了，脚上顿时烫起了一个个大水泡。白求恩知道后亲自为林院长敷药、包扎。深更半夜，他多次去检查包扎的敷料是否脱落。白求恩无微不至的关心体贴使林院长倍加感动。

　　白求恩的脚上长了一个脓疱，疼痛难忍。他对林院长说："林大夫，明天早上你准备为我开刀。"接着又问："你准备用哪种方法麻醉？"林大夫回答："当然用全身麻醉。""不，要用局部麻醉！"白求恩看着林大夫诧异的目光，说："我教你用一种简单的局部麻醉法。你在我身上做一次实验。"第二天早上，林大夫按白求恩的要求准备好器械。白求恩仰卧在床上，把两手举起来，说："现在可以滴麻醉药了，看到我的手倒下来的时候，你迅速切开脓疱，排出脓血。麻醉药效也就停止了。就这样简单，你试试看。"林院长按照白求恩说的步骤做了起来：先将手术部位进行消毒，接着滴上麻醉药，白求恩的双手倒下时，林院长迅速将脓疱切开一个口子，赶紧排出脓血，塞好油布条，最后扎上绷带。绷带还没有扎完，白求恩便笑着坐了起来，说："你看，麻醉和手术配合好，就可以缩短麻醉时间，使伤员少受痛苦。"从此，模范医院里对于一些小手术，他们就采用白求恩传授的简单麻醉法，既节约了时间和药品，又减少了伤员的痛苦。白求恩这种处处为医疗事业的改进、发展着想，设身处地地为伤员健康着想的精神，更加激励着医务工作者们进一步对伤员们极端的热情、对医疗技术的精益求精。

　　有一次，白求恩正指导一位大夫给一个伤员检查伤口，林院长可能有事，从伤员担架旁边匆匆而过。白求恩在其背后喊道："林大夫！请你回来！"林大夫有些疑惑地回过头来走近白求恩。白求恩严肃地说："你不觉得你刚才的行为不妥吗？"这时，周围的医务人员都围拢过来。白求恩十分中肯地对大家说："一个医生或一个护士是不应该在伤员面前昂首而过的。怎样才是正确的呢？我现在给大家做做看。"接着，他先轻轻地走到担架旁，俯下身子仔细地询问和查看伤员的伤势并亲切地安慰了伤员几句。然后他向大家说："这样做是不是有些虚伪呢？不是的，对这些光荣的抗日战士，我们除了给以最大的注意、关怀和技术处理外，没有别的办法对他们所要忍受的痛苦进行补偿。他们负伤不仅是为了挽救今日的中国，而且也是为了实现明天伟大的没有阶级剥削的新中国，也是为了全人类的解放。"白求恩的一席话，说得大家异常激动，有不少人流下了热泪。

1939 年 10 月 20 日，白求恩在抢救伤员的手术中不慎割破手指。白求恩受伤后又受到致命的感染，伤势日益恶化，不得不转往后方医院治疗。11 月 10 日，当护送白求恩的队伍行进到河北省唐县黄石口村的时候，白求恩又一次昏迷过去，不得不住了下来。第二天，毛泽东主席及党中央得悉白求恩的病情，急电晋察冀军区不惜任何代价派最好的医生进行抢救。

林金亮受军区司令员聂荣臻委派，冒着严寒纵马飞奔，一口气赶到黄石口去对白求恩进行抢救。当林金亮怀着非常恐惧而又紧张的心情推开白求恩的房门时，却见白求恩正伏在床上安然地写字，写的是遗嘱。林金亮看他面容憔悴，身体虚弱到极致，眼泪扑簌簌地流了下来。白求恩看到林金亮却高兴地说："谢谢你们，这么冷的天气。"林金亮恳求："白大夫，我们还是去花盆医院吧！那里的条件要比这里的好些。"白求恩摇了摇头说："不必了，我知道我患的是脓毒败血症，能够用的办法都用过了。"

夜深了，白求恩的呼吸更加困难。他睁开了眼睛，艰难地对在场的中国战友们深情地说："请转告毛主席，感谢他和共产党给我的帮助。我相信中国人民一定会获得解放。遗憾的是，我不能亲眼看到新中国的诞生了。"他嘱咐林金亮，将其遗嘱亲自交给聂荣臻司令员。最后，他紧紧地握住林大夫的手说："你要马上组织一支医疗队，接近火线，收容黄土岭战斗的伤员……"殷殷之情，溢于言表。

终因医疗条件所限，回天无力，白求恩大夫于 1939 年 11 月 12 日清晨 5 时 20 分停止了呼吸。白求恩不远万里来到中国，为了中国人民的抗日战争，不幸以身殉职，终年 49 岁。

毛泽东于 1939 年 12 月 21 日写出了《纪念白求恩》一文，号召：

> 学习他毫无自私自利之心的精神。从这点出发，就可以变为大有利于人民的人。一个人能力有大小，但只要有这点精神，就是一个高尚的人，一个纯粹的人，一个有道德的人，一个脱离了低级趣味的人，一个有益于人民的人。

那张珍贵的照片中，白求恩对面的青年人——林金亮，是他在 1938 年 6 月迎来的白求恩，又是他于 1939 年 11 月 12 日，接过白求恩的遗书送走了白求恩。在这短短的一年半的岁月里，二人结成了良师益友、兄弟兼同志的亲密关系。在白求恩精神的感召下，林金亮严格要求自己，医疗技术日渐精湛，道德风尚更加崇高。白求恩逝世后，林金亮先后担任晋察冀军区卫生部巡视团主任、延安中国人民抗日军政大学七分校医务主任、解放战争时期的冀中军区卫生部部长、河北省军区卫生部部长、新中国成立后第一任卫生部部长、中央军委青岛第一疗养院院长。

1965 年林金亮离休。离休后，他认真撰写纪念白求恩的回忆录，到部队、学校、地方做过数百次报告。为弘扬白求恩的国际主义精神、共产主义精神，林金亮做出了卓越的贡献。

大家熟知白求恩，也熟知陶行知，却不知道他们早在 1937 年就认识了，而且白求恩来华还与陶行知有关。两位伟人的握手，架起了中加友谊的桥梁。

第三十三章　与冯玉祥的战斗友谊

　　冯玉祥（1882—1948）小名科宝，字焕章，祖籍安徽巢县（现巢湖市）人，曾任北洋陆军第十六混成旅旅长，第十一师师长，陕西、河南督军及陆军检阅使等职。

　　1924 年冯玉祥发动北京政变，派军队将清朝末代皇帝溥仪逐出故宫，改所部为国民军，并任总司令兼第一军军长；1926 年 9 月，冯玉祥在五原脱离奉系军阀，宣布起义，加入中国国民党；1927 年 5 月，冯玉祥任国民党第二集团军总司令，参加过蒋、汪的反共活动；1928 年，冯玉祥举兵反对蒋介石；1931 年"九一八"事变后，冯玉祥积极主张抗日；1933 年 5 月，冯玉祥同中国共产党合作，在张家口组织民众抗日同盟军，任总司令；1936 年，冯玉祥任国民政府军事委员会副委员长；抗日战争爆发后，冯玉祥任第六战区司令长官，带领所部积极抗日；抗日战争胜利后，冯玉祥继续采取与中国共产党合作的立场，与李济深等发起组织中国国民党革命委员会；1946 年，冯玉祥出国考察水利；1948年，中共中央致函冯玉祥，请他回国参加中国人民政治协商会议筹备工作，9 月 1 日途径黑海，因轮船失火，冯玉祥不幸遇难，终年 66 岁；1953 年 10 月 15 日，根据遗愿，冯玉祥被安葬于泰山之阳、其隐居时修建的大众桥东侧山冈上。

　　陶行知、冯玉祥二人同为安徽老乡，冯玉祥长陶行知 9 岁，二人均为大众诗人。他们二人走在一起并结下如此真挚友谊的重要原因是他们都有一颗为国为民的赤子之心。

1924 年 8 月，陶行知以韵秋为笔名发表了一篇文章《同水打仗的军队》。

两岸淹坏了好多的地方。最近黄土坡起了横河①，冲破长堤三十几丈，京城左近六县几百万人民的生命财产和京、津的交通都在极危险的情形当中。冯玉祥一得到破堤的消息，就派鹿旅长、郭团长带了二千兵士去救水。

这次冯军在黄土坡的水战，实可作为全国军队的模范。

1925 年 12 月 18 日，《新教育评论》载陶行知文《时局变化中之义务教育》：

国宪起草委员会于十一日通过《中华民国宪法案》，内中有一条规定义务教育的地位……

在先，西北边防督办冯玉祥于九日条陈治国方针十二事，其中有强迫教育一条。他此次条陈的内容尽有可以讨论的地方，但在军事倥偬的时候，能注意到国家万年大计之义务教育，确系难得的……

在文章中，陶行知给了冯玉祥充分的肯定。

1925 年 12 月 25 日，《新教育评论》载陶行知文《内蒙革命与教育》。陶行知大力赞扬冯玉祥主张内蒙革命的精神。

中华民国已经成立十四年了，还有世袭的王公，我国的政治革命，可算太不彻底了。现在内蒙继外蒙而起，要自动地取消王公之专制，西北边防督办冯玉祥于本月九日亦有同样的主张，诚为可贺。

1927 年 12 月 12 日，陶行知出差开封，早上进城，见中山门上写着："一文钱都是百姓的血汗，不准妄用。"陶行知认得这是冯玉祥的手笔，油然感叹："这才是真的革命精神啊！"

陶行知后作诗《一文钱》：

公家一文钱，
百姓一身汗。
将汗来比钱，
花钱容易流汗难。

1928 年 3 月 15 日，陶行知在晓庄试验乡村师范建校一周年纪念会上做了题为《晓庄试验乡村师范的第一年》的演讲。演讲词中提到：

---

① 指河水泛滥。

教学做合一是我们的根本主张。经过这一年的实验，我们知道它是一个最有效力的方法。从冯玉祥练兵……都是不知不觉地采用教学做合一的办法，所以最有效力……

1928年8月18日，陶行知在给冯玉祥的信中写道：

寻常学校中，学了数年军事，立正、开步，遇了土匪是闻风而逃，这叫作武八股。我们昨天一天便学会了拆枪、擦枪、装枪、打靶，甚至于民团与土匪野战以及守卫进攻的方式，都大略知道些。我们虽不能步伐整齐，但是土匪来了，便可以拿枪瞄准他们大胆射击。我们从刘队长及六位同志那里学来的，不是武八股，乃是真本领。这是要向先生申谢的。

1929年3月15日，晓庄试验乡村师范建校两周年之际，学校表彰了资助乡村教育运动的爱国人士，其中有"冯焕章先生"。

1930年4月14日，上海《时事新报》载4月12日国民政府明令通缉究办陶行知一事。报道称："据教育部某君谈，该校近年来私购枪支，并接受冯玉祥汇款，为数甚巨，学生分子复杂。"陶行知针对这个报道，致信《时事新报》记者以澄清真相：

《时事新报》记者：

今日贵报除披露国民政府通缉我的命令外，还登了某方传出一段消息，说是冯玉祥曾汇巨款给我，好像我们是被人收买似的。这是何等侮辱我们的谣言啊！

冯焕章先生是我的朋友，也如同梁任公、胡适之、陈仲甫、蔡子民诸先生是我的朋友一样。他在南京的时候，曾自动捐了三千元，给晓庄造了三座茅草屋。后来他又给了一千元，托我们代他自己造一座较大的住宅，实际用去一千五百元左右，不足之数，由捐款中垫付。故晓庄只算收了冯焕章先生二千五百元，造成甘肃、河南、陕西三馆。我们和他的经济关系只是这一点。

他离开南京之后，从五台山曾拍一电报给我，把他的住宅交给我支配使用，我就定为卫生部医生及党部办公的处所。我为这件事曾写了一封信谢谢他。他北上之后，和我的来往关系也就是这一点。

该段消息，尽是说谎。贵报没有言论自由，不便多所主张，我们并不苛责，但是又何必宣传谎话侮辱我们呢？奉上宣言一纸，希望代为披露，此信亦望登载，借作更正。如蒙俯允，不胜感激。倘贵报不披露，那便是故意使我们含冤不白。如果我有恢复自由之一日，就请您指定时间、地点，若您同意，我们可以来何麦尼劳对巴里斯之决斗。名誉是我的海伦，非请您交还不可。

　　敬祝撰安！

陶知行
一九三〇年四月十三日

　　其文中提到"何麦尼劳对巴里斯之决斗"一事，是古希腊荷马史诗《伊利亚特》的故事，描写特洛伊王的儿子巴里斯与何麦尼劳的妻子海伦相爱，并私奔回国。何麦尼劳恼羞成怒，远征特洛伊城，围城9年未破，第10年施"木马计"破城，复得海伦。

　　1935年夏天，冯玉祥二次隐居泰山时，冯玉祥邀请陶行知来泰山讲学。

　　1936年2月10日，陶行知致信冯玉祥谈"对士兵实施国难教育"，信中写道：

　　　　上海文化界救国会曾于一月六日通过一个《国难教育方案》，现在要进一步草拟各校、各界实施国难教育之办法。上海同仁公推先生起草对士兵实施国难教育之办法，并请先生亲写一篇察哈尔训练士兵抗日之经过。这两篇文章，希望先生即刻给我们写好，用快信寄交上海威海卫路六五六号为盼。

　　1941年10月17日，陶行知写诗《送洋水浒[①]给焕章先生》：

　　　　将军老益壮，
　　　　还学外国语。
　　　　戴上万里镜，
　　　　认识更清楚。
　　　　我与米赛跑，
　　　　久亦忘其苦。

　　　　去来旧书摊，
　　　　偶得洋水浒。
　　　　持此以相赠，

---

　　① 洋水浒：指外文版《水浒传》。

393

念兹如汤煮。
自古农人心，
好比如汤煮。

1941 年 11 月 14 日，《新华日报》载陶行知诗《焕章先生六旬大寿》：

劳谦君子万民服，
易教渊源不我欺。
数十年来如一日，
此理唯在行中知。

大人不失赤子心，
小孩拥护上将军。
黄鹤楼前莲花落，
泪眼满座见光明。

原从百姓队伍来，
于今还是为百姓。
我欲上一新封号，
百姓将军可中听。

文武从来好相轻，
裴剑颜书共知音。
但看风驰电掣处，
黑龙江上水将清。

疑是诗人大众化，
分明大众成诗人，
寿星欣逢大时代，
桂冠战袍加一身。

小国会生大国病，
平等流落人平行。
慧眼见人所不见，

一经指点渡迷津。
大旱将成雨先到，
风凉提笔意绵绵。
开门忽见稻花发，
喜得丰收又一年。

自从回炮震天地，
祖国如今顶天立。
愿留和气在人间，
地久天长庆寿世。

陶行知与冯玉祥二人为国赤心，友谊真挚，但对生活琐事，也有大见不同之时。他们曾以"四季豆"为题，大费笔墨，各自抒发自己的观点，成为佳话。

冯玉祥作诗《四季豆》：

四季豆，
高一丈。
结豆角，
满当当。
叶绿园，
角发光。
夏天青菜谱，
大众皆仰仗。
一部未零择，
为人咸菜缸。
不咸不够吃，
学校只这样。
富贵人家子，
这是不会想。
此物大缺点，
要借人力才向上。
无独立人格，
吾人观之不免心伤。

陶行知读罢《四季豆》，特对"此物大缺点，要借人力才向上。无独立人格，吾人观之不免心伤"这四句，欣然提笔《戏为四季豆辩护》：

> 读了冯公四季豆，
> 恐怕豆儿受冤枉。
> 请出老农做见证，
> 仔细查访如查案。
> 公说"此物大缺点，
> 要借人力才向上"。
> 事实它能屈能伸，
> 可算平民英雄汉。
> 看它有时倒了霉，
> 趴在地上也生产。
> 一朝达了凌云志，
> 结子何啻千千万。
> 这凭园丁负责任，
> 贵贱与它不相干。
> 尽其在我为民生，
> 它自己从无奢望。

　　1942 年 7 月 25 日，陶行知在育才学校 3 周年校庆晚会上做演讲《每日四问》。当时的记录人是校务主任方与严。1947 年方与严在育才学校 8 周年校庆时重提此事。他郑重地说：

　　现在八周年校庆来到，不能再听到陶校长的殷殷致辞了，这是一个难以形容的怆痛！但是温习遗教、发扬遗教，是我们大家的责任。"每日四问"是我们每天做人做事的警钟，也是一切有血性、有志气、有正义感的人做人做事的宝筏，能把我们的人生渡上更高境界的宝筏！将以此来纪念育才学校八周年的成长，以及将来之发扬光大，并以此来祝颂中华民族共同登上光辉灿烂的历史更高境界。

　　1942 年 7 月 25 日，陶行知在演讲中提到冯玉祥将军。

　　私德不讲究的人，每每就是成为妨碍公德的人，所以一个人私德更是要紧。私德更是公德的根本。私德最重要的是"廉洁"，一切坏心术、坏行为都由不廉洁而起，所以我在讲"建筑人格长城"的时候，提到了杨震的

"四知"，甘地的漏夜"还金"，华盛顿的勇敢承认错误，和冯焕章先生所讲的平老静"还手镯"的故事①。这些，都是我们大家私德上的好榜样……

下边有诗《平老静》：

平老静，
家住在保定。
人格最高尚，
一品老百姓。
过的诗生活，
引我发诗兴。
可歌而可泣，
大家仔细听：
夫妻开设肉包铺，
保定人人都相信。
但觉本钱不够大，
有个朋友表同情。
借了一双镯子去压当，
包金镯子里面却是银。
除夕拿钱赎回来，
用手试试轻重，
觉得是赤金。
报告掌柜要调换，
掌柜谩骂坚不准，
只好拿了金镯回家去。
老婆亦是有良心：
这镯不是原来物，
不义之财不可领。
可喜大年三十晚，
夫妻出门要把老板寻。
找着衡裕老板把镯换，
不要赤金要包金。
老板细查是弄错，

① 1942 年 6 月 16 日冯玉祥讲的一个故事。

要拿珍宝谢老静。
老静一样都不要，
撒手跑回像拼命。
到家已是三更天，
衔着冷包当点心。
新年新岁来贵客，
马儿轿儿惊四邻。
衡裕老板来拜年，
有口皆碑敬老静。
百般礼物都不要，
老板无法报人情。
只说肉包铺面不够大，
当铺空地在门庭。
如果不嫌太鄙陋，
愿意献给平老静。
老静不得已，
勉强而答应。
搬来仍旧卖肉包，
自然扩大生意经。
保定包铺几十包，
唯独老静肉包最出名。
老静包里无人肉，
老静包里无蚯蚓。
老静并不登广告，
人人心里自相信。
顾客不但吃肉包，
久仰大名要看平老静。
朝看老静夕可死，
进香不分路远近。
当时顾客挤破门，
内有乡下一小兵。
每月关下一次饷，
必得进城来分银。

分好银子来吃包，
四个肉包好开心。
肉包吃进肚子里，
变成文武双全冯将军。
老静有位小徒弟，
学得一身好本领。
刀枪剑戟般般会，
都有老静指点费殷勤。
他的名字叫作马老殿，
本领越大越不行。
树木几下就推倒，
忍受弱小来欺凌。
大勇若怯大智愚，
皆因名师好教训。
一代一代又一代，
徒子徒孙都长进。
卢沟桥上日寇来，
万众一心保卫大保定。
今日华北游击队，
哪个不是吃了老静的肉包显神灵？
今天是诗人节令，
让我们向诗人致敬：
伏尔加河畔的高尔基，
汨罗江边的屈灵均，
还有陶潜、李白、杜工部，
莱蒙托夫、普希金，
他们死是死得磊落，
他们活是活得光明。
如果这样是诗人，
老静亦是诗人宜留名。
诗神同上凤凰山，
捧着桂冠表欢迎。
我们也点榴火小灯笼，

迎接老静进入心中心。

我们心里有老静，

才能攀上诗山之绝顶。

接近高尔基，

追踪屈灵均。

创造诗世界，

水晶一样清。

　　1943 年 2 月 4 日，冯玉祥邀请"利他社"的朋友吃饭，并请陶行知去演讲。"利他社"是冯玉祥发起并领导的民间社会团体。该团体认为："当时社会冷冰冰，人人只顾自己。为改革社会风气，该团提倡利他精神。"成立"利他社"亦有支持育才学校的因素。陶行知经常参加"利他社"聚餐并演讲。

　　攀登泰山，途经万仙楼，东山岗的巨石上刻有苍劲有力的"利他"二字，为冯玉祥隐居泰山时弘扬"利他"精神所书。

　　1943 年 2 月 21 日，陶行知在致陶宏的信中提到：人生最大目的还是博爱，一切学术也都是要更有效地达到这个目的。一天谈及你，冯先生说你曾为着要帮助一位苦学生，而节省吃鸡蛋的钱来完成这任务。这种行为是高贵的，所以冯先生至今还记得。以后我们仍当向这个方向努力。

　　的确，博爱，像冯玉祥将军那样有利他精神，让世界充满爱，世界大同会很快来到。

　　1943 年 3 月 4 日，陶行知在给夫人吴树琴的信中写道：

　　前天冯先生派副官送了一件衣料给我，他大概是看见我的裤子后面破了，也可以说他是有先见之明，预料到今晚有贼把我的大衣偷去。衣料是呢的，我就做一件大衣吧。

　　几天后，陶行知作诗《上车不厌挤》：

焕公有前知，

送我哔叽呢。

新服未制成，

先失旧大衣。

今生第一次，

上车不厌挤。

大衣一去不归来，
暂得温暖心欢喜。

寥寥数语、短短诗句，道出了冯玉祥对陶行知体贴入微的深厚情怀！

1943 年 4 月上旬，育才学校的一次音乐会"改在 4 月 3 日下午 4 时至 6 时及 4 日上午 10 时至 12 时，在银行工会举行，还有冯先生独唱。"冯玉祥将军的独唱，在国民党军政界颇有影响，有他参加，特务不敢去捣乱。安排冯玉祥独唱，可使一些想去又不敢去听育才音乐会的人放心前往。

1940 年 5 月，抗日名将张自忠牺牲。1943 年，为了纪念他，冯玉祥委托陶行知作《张上将祭歌》，育才学校学生作曲。

招魂

巍巍上将，
正气之英。
一年一度，
招公之灵。
公之所悦，
三怀水清。
魂兮归来，
永住我心。

感动

纪公之功，
保障喜峰。
血战临沂，
出没犹龙。
台儿庄前，
溃敌西东。
襄樊震敌，
再现关公。

明德

颂公之德，

精忠报国。
甘苦与共，
拼先士卒。
纪律严明，
以身作则。
取义成仁，
提高国格。

慰神

小我肯死，
国族乃生。
收复国土，
胜利是争。
鸭绿江外，
期慰公魂。
自由幸福，
中华长存。

1945 年 12 月 8 日，陶行知作诗《寿冯焕章先生》：

您从老百姓那儿来，
现在还是一品老百姓。
您做过大官，
做官不忘老百姓。
您带过大兵，
带兵不忘老百姓。
说话是为老百姓，
写诗是为老百姓。
做事是为老百姓，
奋斗是为老百姓。

您看重的是平老静，
崇拜的是山东武训，
平凡而伟大的老百姓。

您所拥护的农工商兵，
是打退敌人的老百姓，
给我们饭吃的老百姓，
给我们衣服穿的老百姓，
给我们房子住的老百姓，
胜得头等国格的老百姓，
建设独立自由幸福的老百姓。

您喜欢故事中的高举烛，
要把光明照着老百姓。
在暴风雨的黑夜里，
稳扎稳打到天明。
您欢喜给人一个意想不到的快乐：
身上冷的人，您送他衣着；
肚子饿的人，您送他馍馍；
无家可归的人，您给他房屋；
害病的人，您送他药；
嘴里渴的人，您给他水喝；
追求真理的人，您给他求学；
上了枷镣的人，您给他开锁。

中国充满了法西斯细菌，
老百姓渴望肃清！
内战危机一天重一天，
老百姓渴望安宁。
民主难以抬头，
老百姓活不了命。
给老百姓一个意想不到的大快乐，
我们愿意做一个小小兵。
还愿您活到一百岁，
亲眼看见天下太平！

1946 年 1 月 19 日，陶行知在致陶晓光的信中写道：

目前为普及教育运动发起三卖兴学，我和冯先生发起，同时亦请郭沫若先生参加，工作渐有进展。

冯玉祥按照陶行知创造的"工以养生，学以明生，团以保生"的工学团理论和实践，办起了一个专做利他人事宜的"利他工学团"，冯玉祥自任团长。陶行知于 1946 年 2 月 1 日作诗颂之（2 月 16 日载于《民主星期刊》第 21 期）。

颂利他工学团

你看大地生万物，
给我们吃、给我们穿。
不高兴的时候蹬它几脚，
它肚量大、心地宽、一手也不还。
你在它身上撒尿拉屎，
它听你欺侮一点也不管。
等到你一命呜呼，
它不念旧恶，
欢迎你的几片薄皮棺。
让我们学习大地的伟大，
跳出自己的小圈来为大众服务，
与老百姓息息相关，
共甘苦、同悲欢。
乐莫乐于日日新，
苦莫苦于得不到温暖。

唯！今年大年三十晚，
有件喜事让我说端详。
冯公焕章，
热血满腔。
本来是大将，
于今当团长。
深信兴学能兴国，
创办利他工学团。
人民幸福与痛苦，

构成创学新主张。
民主当然居第一，
人民团结学做大老板。
科学之术宜独立，
迎头赶上原子弹。
手脑双挥学做工，
做工才是铁饭碗。
工以养生、学以明生、团以保生：
大家要学会这三样。
改良旧的三百六十行，
创造新的三千六百行。

学问不但要提高，
文化牛奶还需大家有的尝。
让利他工学团，
钻进大街，
钻进小巷，
钻进店铺，
钻进工厂。
它也要下乡，
钻进农场，
钻进林场，
钻进矿场。
如果找不到空房，
尽可用广场，
还可用捆绑，
也可用茅房。

先生顶重要，
必须能专长，
而且还要能动手，
不但靠着嘴巴响。
社会培养专门家，

花费金钱千千万。
应该乐捐真知识，
教导人民都向上。
学而不厌才能教，
先拜人民作模范。
功课要适合需要，
编排绝不能呆板。
求学有时像作战，
阵地游击两不忘。
非常时候要应变，
经常要按部就班。
有了校长、先生和功课，
人民求学不费难。
只需肯出几十元，
便可入场来听讲。

听得高兴要试验，
再花几十块大洋。
学做肥皂，
学做衣裳。
学打算盘，
学记账。
学装电灯，
学造楼房。
学修汽车，
学医轻伤。
学放电影，
学奏乐合唱。
学演话剧，
学写文章。
学开会议，
学民主座谈。
由浅入深，

即博即传：

学动植物怎样生长，

学农工矿怎样生产。

学数理化怎样发明，

学人体生理怎样营养。

学天地日月怎样运行，

学哲学文艺政治经济社会怎样发达。

真理会追求，

公事也会办。

三百六十行，

三千六百行。

想学哪一行，

就学哪一行。

努力、努力、再努力，

便成了那一行的内行。

而且最重要的是四万万五千万，

做中华民国的主人也成了内行，

公仆不敢再造反。

但愿化身千万亿，

一树梅花一团长！

利他工学团，

传遍四方，

利他人才都兴旺。

大家都要多谢利他团长，

创办这破天荒的利他工学团。

让我来祝贺：

利他工学团万寿无疆！

人民大众万寿无疆！

中华民族万寿无疆！

1946 年 3 月 15 日，陶行知在育才学校同学会成立大会上讲话：

同学会今天成立我很高兴，使我想起冯先生的一个很好的比喻，他说我们每一个人好像是一块石头，如果彼此凝固得很紧，便成了一座堤，水由堤上流下去，冲动了水轮，便可发电，产生热，产生光，产生力量！若是其中有一块石头凝结得不紧，别人便可以用它来击溃整个的水堤！

1946年4月6日，陶行知致信陶晓光：

> 冯先生送了一幅字来，恭喜我五十岁，说：
> 古今两大叫花子，
> 乞讨兴学救赤子。
> 利他无我超孔子，
> 祝君高寿一百几。
> 冯先生后来为他弄错了我的年纪，亲自到我这里，我答复了一首诗：
> 如果我是五十岁，
> 祝您花甲才初度。
> 但愿不知老将至，
> 发愤忘食给人助。

1946年4月7日，国民政府文宣处正式批准冯玉祥以水利考察专使的身份出国。

4月中旬，陶行知得知冯玉祥即将出国的消息，嘱托施剑翘广为宣传介绍陶、冯二人的"卖字兴学计划"。

7月25日，陶行知突然患脑出血逝世。冯玉祥得知噩耗，悲痛欲绝，疾书"长久不死"四个大字，以表二人真挚情谊。

陶行知为国为民"捧着一颗心来，不带半根草去"的革命精神长久不死！陶行知与冯玉祥二人的战斗友谊也旷日永存、长久不死！

第三十四章　得力助手赵叔愚

俗话说，一个篱笆三个桩，一个好汉三个帮。三个臭皮匠，顶个诸葛亮。的确如此，伟大的人民教育家陶行知先生在他从事普及教育事业的过程中，有一个难能可贵的得力助手，那就是赵叔愚先生。

赵叔愚，1889 年生于北京，名宗鼎，后以字行；金陵大学农科毕业；留美，攻乡村教育，获硕士学位；回国后任东南大学教授；参加"少年中国学会"，为会员；1921 年与陶行知在北京中华教育改进社共事，后任调查设计委员会主任；1927 年与陶行知创办晓庄试验乡村师范学校，任第一任院长，同时兼任江苏教育学院教授；1928 年出任中央大学区立民众教育院院长，筹建"劳农学院"。赵叔愚 1928 年 9 月病逝，年仅 39 岁。

赵叔愚年长陶行知两岁，二人相识、相处，虽然只有短暂的 8 年，但二人志同道合，均以国民利益为己任、普及教育为终身事业，胸怀伟大，高风亮节，因而结下了深厚的友谊。

1924 年 7 月，陶行知与赵叔愚去参观燕子矶国民学校之后，陶行知写下了《一个用钱少的活学校》（8 月 4 日载于《教育与人生》第 24 期）。

> 燕子矶国民学校的官名叫作北固乡区立第一国民学校，设在南京神策门外的燕子矶，离神策门约有十三里的路程。这个学校已经开了好多年，但它的新生命的起点是在今年正月。那时丁超调任这校校长，从事改造，为它开一新纪元。我们说它为半周岁，就是为这个新纪元说的。我参观这个学校是和本社乡村教育研究员、东南大学乡村教育教授赵叔愚先生同去

的。我们走进这个学校，四面一望，觉得似曾相识。因为我们在这里所看见的都是我们心中所存的理想，天天求它实现而不可得，不料在这个偏僻的地方遇到，真是喜出望外。现在我要把我们参观所得的报告出来，公诸同好。

校长是一个学校的灵魂。要想评论一个学校，先要评论它的校长。丁校长是陆军小学出身，并经过甲种师范讲习科的训练，未任本校职务之前，曾在尧化门国民学校充任校长八年，著有成绩。我们看他的人，听他的话，察他的设施，觉得他是一个天才的校长。他能就事实生理想，凭理想正事实。他有事实化的理想、理想化的事实。他事事以身作则。他是教员的领袖、学生的领袖，渐渐地要做成社会的领袖。

这个学校不但教学生读书，并且教学生做事。做什么？改造学校，改造环境。学生是来读书的，教他做事，自己不情愿，父母不情愿。这是第一个难关。教员是来教书的，要他教学生做事，固不情愿，实在也是不会。这是第二个难关。教学生读书易，教学生做事难。如何打破这两道难关？一要身教，二要毅力。丁校长在教学生做事的成功，也是在这两点。他起初的时候，整天拿在手里的是钉锤和扫帚，所以那时有人讲他是位钉锤校长、扫帚校长。但是久而久之，教员跟他拿钉锤、扫帚了，学生也跟他拿钉锤、扫帚了。教员变作钉锤、扫帚的教员，学生也变作钉锤、扫帚的学生了。丁校长于是开始协同教员、学生合力改造学校，改造环境。

校址是在一个关帝庙里，关公神像之外还有痘神、麻神等。这些神像已经把教室占去了大半个。丁校长一方面要教课堂使用，另一方面要免去地方反对，就订了一个保存关公、搬移杂神的计划。他就带领学生为关公开光，把神像、神座洗刷得焕然一新，并领学生们向关公恭恭敬敬地行礼。他再同教员学生把这些杂神的神像移到隔壁的庙里摆着。他们又把那个庙打扫得干干净净，把这些杂神安排得妥妥当当，大家也行个礼。杂神搬出之后，这个课堂又经过了一番洗刷，加了些灰粉，居然变成了一个很适用的教室。村里的人看见关公开了光，杂神安排得妥当，又听见学生报告向神行礼的一番话，不但不责备校长，并且称赞校长能干。

校内干好了，进而求环境的改良。燕子矶即在近旁，他就带领学生栽树，从门口栽到燕子矶顶上，风景一变。林场栽树，十活一二。丁君栽树，栽一棵活一棵，也是他经验中得来的。燕子矶坡上因有人时倒垃圾，太不洁净，丁校长就领学生们把所有的垃圾扫除一空。村民不知卫生，仍是时常把垃圾倒在此处。但村民一面倒，他就一面扫；村民倒一回，他就扫一回。后来邻居渐渐地出来责备倒垃圾的人，燕子矶头从此清洁了。

教学生做事的第一个影响就是全校无事不举：屋角上、桌缝里都可以看见精神的贯注。第二个影响就是用不着用人做事：打扫、泡茶及一切常务都是大家分任，所以这个学校没有门房，没有听差，没有斋夫。第三个影响就是学生得了些合乎生活需要的学问：学生在学校里既肯做事、会做事，在家里也肯做事、会做事了，父母因此也很信仰学校了。第四个影响就是省钱，平均每个学生只费五元钱，学费是一文不收的。这是何等的省钱啊！省钱不为稀奇，省钱而有这样的成效，却是难能可贵的……

我再举一个例子。学生喝茶的茶杯，总要每人一个才合卫生之道。平常小学都是用公共茶杯，很不妥当。燕子矶国民学校却是每生一个茶杯。每人从家里带一个茶杯来，放在学校里，自己洗，自己管，自己用。茶水每人每星期出铜板两枚合办。茶水是公共的，茶杯是个人的，都是由学生自备的。

这个学校的教职员是很勤劳的。校长自己也教四堂。校长薪金每月二十元。教员薪金十四元的一人、十二元的一人、六元的一人。他们星期日只放半天学，暑假完全不放，学生在学校里补习各种家常实用的功课。燕子矶多水，父母不放心，所以不大愿意学校放假。学校肯得依从父母有理性的心理，所以很得社会信仰。

平常办学，学校自学校，社会自社会，不说要联络，连了解也说不到。丁校长接事只有半年，对于燕子矶社会情形，了如指掌。他并能得到地方公正绅士之信仰和帮助。学校因此无形中消除了好多障碍……

我们再看看这个学校普通的进步：去年校中只有学生七十八人，今年已经加到一百二十四人；去年女学生寥寥无几，今年已经三十余人了；去年本地有私塾四所，现在只有一所。由此可见这半年进步敏捷之一斑……

有钱办学不算稀奇，我们要把没有钱的学堂办得精彩，才算有本领……

叔愚先生和我对于这天的参观，觉得快乐极了，也受了无限的感动。回时路上遇了大雨，一身都是水了，只听着叔愚先生连说："值得！值得！值得！"

值得！的确值得！陶行知、赵叔愚二人一天的参观有两大收获：一是仅半年的时间，用如此少的钱办成了一个如此活的学校，它可以给一般学校做参考，这实践的经验，真是奇迹；二是这一学校半年三大变化与丁超校长脱俗超群的领导分不开，由此得出"校长是一个学校的灵魂"之真理。

1924年9月1日，陶行知为美国退还庚子赔款金额经过情况写的小册子作序（节选）：

> 现在将这小册子译出刊布，不但要使国内关心退款的人洞悉经过的真相，并且希望能够借此将人类公正无私的精神"传染"一切世界！……
>
> 退款是有限的，可是这种精神对于人类的贡献却是无穷。我们这公平宽厚的国民自然也要当仁不让！
>
> 本刊乃由章鲁泉、徐仲迪、孙仲威、康子证先生等费神翻译，并经赵叔愚先生负责校阅，这是我们非常感谢的。

这本册子，陶行知作序，赵叔愚校阅，可谓珠联璧合。

1924年，美国哥伦比亚大学师范学院国际教育研究所决定编撰一部《1924年世界教育年鉴》。陶行知以中华教育改进社主任干事的身份应邀，撰写了鸿篇巨制《中国》篇。

在《中国》篇里，有导言、教育行政、教育财政、初等教育、中等教育、职业教育、师资等14项。在《师资》中陶行知写道（节选）：

> 从去年以来，江苏已经开办了五所乡村师范学校。中华教育改进社、东南大学的教育学院和农业学院、中华职业教育社、江苏义务教育期成会，以及江苏省教育厅，正在合作举办一个培训乡村师资的实验师范学校。东南大学乡村教育教授、中华教育改进社乡村教育主任赵叔愚先生已被委任为这个学校的组织者。

陶行知知人善任，赵叔愚任重道远。

1926年10月5日，陶行知同赵叔愚、邵德馨三人参观江宁县立师范学校，陶行知后来将这事记录下来了。

> 我是天将明的时候动身去参观江宁县立师范学校的，我亲眼看见这个学校天将明的生活，觉得这个学校要天明了，也觉得中国的真正师范教育要天明了。中国的师范教育过了二十多年的黑夜生活，到了现在居然要天明了，要看见阳光了，要吸收朝气了，真是爽快啊！
>
> 这个学校设在南京南门外，我由丁兆麟（丁超）先生介绍，于十月五日偕本社乡村教育研究员赵叔愚、邵德馨二先生前去参观。到了学校门口，看见学生在那儿买柴。有一个学生和一个卖柴的人抬着，又一个学生在那

儿看秤上的戥码。好一幅学生买柴图！走进门口，找不着号房。本来号房是城里学校装门面的，乡下要它做甚！恰好有个学生在那儿，我就把名片交给他，请他送去递与校长。校长徐卓夫先生即刻出来接见谈了十分钟，其中最感动人的一段话就是："我有了改革本校的决心，就去聘请尧化门小学校长宋鼎先生来任本校训育主任及学生活动指导员。第一次不答应，第二次再去请；第二次不答应，第三次又去请。这次走到尧化门，凑得不巧，宋先生到了燕子矶去了。我就在大风大雨之下走到燕子矶去找宋先生，弄得像在泥里打滚出来的一样。宋先生看这情形也就答应了。"此时一面谈、一面走，到院子里一看，宋先生正领着十来个学生在那儿整理校景。宋先生看见我来了，非常喜欢地说："先生从前在江苏省教育会所说的乡村标准校长的三层资格，我们就拿到这里来实行了，我们每天天没有亮就起来过这农夫的生活，大家都快乐得了不得。"是的，我看他们很像活神仙。写到这里，大家似乎愿意要晓得我所讲的乡村标准校长。九月中旬，江苏省教育会邀集研究乡村教育及办理乡村学校的人在南京贡院开会讨论标准乡村学校。我发表了一点意见说："乡村标准学校最需要的就是标准校长。乡村标准校长应当有三层资格：一、他要有农夫的身手；二、他要有教师的头脑；三、他要有社会改造家的精神。"宋先生那天也曾列席会议，他竟拿这话来实地训练学生，这种见义勇为的精神，真令人钦佩不已。我看学生们在各处搬石头、挑瓦片、栽花除草，几疑学生就是农夫、农夫就是学生了。大家抖起精神来做得津津有味，丝毫没有假借……

八点钟应当上第一堂课，徐校长及宋先生一定要我们演讲，我们只得遵命，赵、邵二先生都有演词。我一上讲台，眼见这些可爱的学生——未来的乡村校长、教员——心里就想到中国农民生活如何困苦、一般师范学校如何走入迷途、裨益农民子女之乡村学校如何稀少、徐校长之三顾茅庐、宋先生之以身作则和正统派教育家对他们的冷笑态度，以致没有说两句话眼泪就滚了下来，全堂肃静无声，数分钟后才能发言。这是我第一次在讲坛上流眼泪，当时痛恨自己不能制止，事后一想，为农民及乡村教育流几点眼泪也是应该的……

我参观之后觉得有三种感触：

一是该校有贫而乐的精神，从校长以及教员、学生都有这贫而乐的精神……

二是该校有学小学的虚心……

三是该校有远大的前途，影响所及，可以为中国师范教育开一新纪元……

如果这种精神可以普及到全国的县立师范学校，我们全国乡村生活的改造事业就有希望了。

天将明的中国师范教育！天将明的中国乡村生活改造！我晓得你们都要渐渐地随着天将明的江宁县立师范学校——出现了。

1926年11月21日由陶行知发起，中华教育改进社特约乡村学校在明陵小学开第一次研究会，到会者有王伯秋、赵叔愚、丁超、宋鼎、白启祥等近20人。赵叔愚在会上提出了很多建议：

留声机用旅行留声机，取其轻便。戏片采取通俗历史片。除留声机外，如幻灯影片、农民足球会、演讲会这些事情每月要订一个程序，叫作学校生活历。

根据丁先生建议，我想四个特约乡村学校可以成立一研究会。

研究会成立，我们可以常常请各科专家指导讲演。

研究会要订一个简章，要规定什么时候开会，开会时间多长，研究些什么。

陶行知提议：研究会简章请赵叔愚先生拟订，成绩展览要把以前的发展、现在的情形、未来的计划，用有系统的适当的文字表示出来。

这次会议是中华教育改进社特约乡村学校教师研究会的一个重要会议。赵叔愚在会议上提议4次，其重要作用可见一斑。

1926年12月14日，陶行知致信中华教育改进社社员、曾受聘担任陶行知所办的首次暑假学校教员的南开大学教授凌济东先生。陶行知的信里洋溢着即便在山穷水尽的情况下也勇往直前的革命乐观主义精神！

济东吾兄：

接读十二月四日手书，有如蜜糖里加了黄连，令人吃了又甜又苦，真是别有滋味，感谢之至。

来书说到本社经济情形已是山穷水尽，这是事实，谁也不能否认。本社已是山穷水尽，本社同仁应当怎样呢？我们应当在山穷水尽的时候，找出一条生路来！本社之所以山穷水尽，是因为中国教育已到了山穷水尽。我们倘不能为中国教育找出生路，绝不能为本社找出生路，所以我们要拼命地为中国教育找出路，即所以为本社找出路……

我和叔愚兄所担当的乡村教育运动，现正在杀机四伏中努力进行。我们已经看见光明，前途有无穷的希望，我们已经下了决心：要提倡一百万所学校，去改造一百万个乡村，使个个乡村都得着充分的新生命，合起来造成中华民国的伟大的新生命。吾兄所担任的一件，有同样的重要，吾兄的使命是要培养康健的儿童，造成康健的民族。依据杨先生的推算，吾兄还有五十年的寿源去干这件伟大的事业。我主张自筹款，自罗人才，积极进行；与人互助则可，决不可因人成事。如果在这五十年当中，吾兄能把国民的康健立一个稳固的基础，叫个个国民都有血色、有生气、有精神，都能抵抗疾病、扫除障碍、战胜困难，也算不虚生一世了。人生为一大事来，做一大事去。我们就在改进社旗帜之下各人干它一件，也是人生极快乐的事情。倘使我比您多活几岁，到您升天的时候，我就在您的坟墓上立一石碑，上面写着"康健之神"四个大字，叫一切病魔化作一只大乌龟，背着这块石碑直到万万年。倘使我比您早死几年，我可以托付桃红、小桃、三桃、仙桃代我为您办这件事。

陶行知 12 月 14 日致信凌济东先生，表达"山穷水尽疑无路，勇往直前找生路"的悲壮。时隔 7 天之后的 12 月 21 日，陶行知给赵叔愚写信，极短的 61 字，迎来了"柳暗花明又一村，中国翻身有日了"。

叔愚吾兄：

　　全国乡村教育运动，就昨接洽结果来看，可得雄厚之助力及后盾。天啊！中国翻身有日了。

　　来信所说，不必多虑，我们倘有真贡献，必无能撼之者。

1927 年 1 月 20 日，陶行知在给杨效春的信中写道：

效春吾弟：

　　予与叔愚兄创设试验乡村师范，拟将乡村教育及师范教育作一彻底腾翻之改革，急愿弟同来努力，留学迟数年无碍。

　　叔愚先生来信谓倘能得弟，胜得黄金百万。弟之见信于叔愚兄也如此，安可不佐彼一臂之力！

陶行知的信写得明白，要创设试验乡村师范，急愿杨效春共同参加。赵叔愚帮助陶行知，陶行知也在帮助赵叔愚。

下边是蒋爱真致陶行知的信。

知行先生暨诸位先生：

　　乡村学校应当做改造乡村生活的中心；乡村教师必须有农夫的身手、

科学的头脑、改造社会的精神，来做改造乡村生活的灵魂，这可说是颠扑不破的绝对的真理。中国以前的乡村教育，真正是走错了路，所以得到一个完全失败的结果。但，一提及这话来，就要使我惭愧得无地可容了。我以前曾在常熟任过八年的乡村学校校长、三年的乡村学校教师，在那时，好像也曾有过许多的梦想，可是孤掌难鸣，终究完全失败。结果，甚而至于抛弃了乡村教育事业而到海外槟榔屿和上海来讨都市的教育生活，就是到现在此地上海中华公学担任舍务主任。但，我是生性喜欢从事乡村教育的人，并且深信中国的乡村教育是关系全中国四万万五千万人民之幸福的事业。所以，现在曾同几个同志筹备着一个七十余亩的农园，预备办一个实行亲手耕作的农村学校。此事大概不久开始实现了。而看见你们都热心地从事这样的工作，而且把教、学、做三事合而为一来号召全国，真使我羡慕得了不得。敢不揣冒昧，请求加入同志会，但不知你们能允许我否？我以为教学做三事合而为一的教育，不独是改造乡村教育应当如是，就是要改造中国的虚伪的、欺诈的社会，也非提倡此种教育不行。不知你们以为如何。

　　会费、志愿书及履历书一并寄上。至祈查收审查入册！专此。
　　即颂
　　进步！

蒋爱真
一九二七年一月十九日夜

陶行知复蒋爱真的信：

爱真先生：

　　接读一月十九日手书，敬悉先生愿加入乡村教育同志会，不胜惊喜。叔愚先生说："得同志如此，胜似黄金百万。"观此，可见南京同志欢迎先生热烈矣。农村学校为建国之大本。详细计划，如已拟就，尚希示知，此地同志皆愿以先睹为快。教、学、做合一不但可用于训练乡村师资，任何人才之训练皆适用之。经公一语道破，便见其效用之宏。日前读公书后，忽有所思，立成一联，他日当书以赠农村学校。联曰：

　　　　以治人者治己，
　　　　在劳力上劳心。

是否可用，愿公指正。专此欢迎。

敬请教安！

知行

陶行知、赵叔愚辞去教授职务，辞别舒适优越的生活环境，脱去西装革履，换上农人的衣着，走进乡村，进行乡村教育改革运动。

1927年春，陶行知、赵叔愚二人主持召开试验乡村师范学校筹备会，议决筹募经费及开校计划等。

3月5日，晓庄小学开学，冒战火前来赴考者计13人。

为了中国的普及教育，为了四万万五千万国民之幸福，陶、赵二人千方百计、呕心沥血地工作。陶行知本是一喜欢体育运动、擅长篮球的康健青年，因忙于工作，无暇锻炼，身体大不如以前。赵叔愚身体状况亦每况愈下。

1928年10月1日，赵叔愚因病与世长辞，年仅39岁。陶行知忍着难以接受的遗憾、悲痛，祭拜赵叔愚。

叔愚兄：

我此刻站在你面前和你谈心，你可知道吗？怎会不知道呢？你是千真万真地活在我心里，你一定知道我在这里要和你谈心。

最后一次见面，你在病床上对我说，你病好了，要搬到培克夫人家里去住几天，因为你顶喜欢吃她弄的西餐。这句话我是牢牢地记在心里的。我今天亲自拜托培克夫人弄了几样西菜来请你尝尝。不要客气，请凑（趁）热吃，这的确是培克夫人亲手弄的。你可知道吗？怎会不知道呢？你是千真万真地活在她心里，你一定知道这菜是她亲手弄的。

你在病院里和我谈起你的新人生观，说是以后你要立志做一个康健快乐、肯做事的人。你接着便说："晓庄要注意卫生啊！"我第二天便把你的新人生观说给全校同志听，要他们保重身体。你可知道吗？怎会不知道呢？你是千真万真地活在晓庄每个同志的心里，你一定知道他们谁是谨守你的规劝，不敢稍有疏忽的。

你近一年来思想的结晶是："做工，求知，管政治。"我要把你这个理想介绍给全国农民，使他们都成为你的信徒。你可知道吗？怎会不知道呢？你是千真万真地活在三万万四千万农民的心里，你一定知道他们都已经接受了你的指导。

嫂夫人念念不忘桃花村艺术化，她唯一的希望是要我们把桃花村做成一个可敬可爱的地方。她病危时，我去看她，她对我说："叔愚因我生病，不能专心助你办学，我心里很不安。但是我活时虽不能为晓庄努力，死了做鬼了也是要保护晓庄的。"她说这话时，你正在她身边流着泪，该还记得。我们现在要把整个的晓庄托付给你和嫂夫人照应，望你们接受我们这番恳切的付托。

叔愚兄！我怎么听不见你回音呢？你可是真的死了吗？不然。你绝不会死。死之一字是不可思议的。我深信你和嫂夫人在我心里活着，在晓庄同志心里活着，在中国农民心里活着。倘使不在我心里活着，怎能使我心头悲酸酸地要说出你所要我说的话呢？

叔愚兄！你没有死，你永远不会死，你还是我的一位活朋友。不期而至，清风故人。你和嫂夫人常来谈谈心，好吗？一定来啊！

叔愚兄，保重！

陶行知对赵叔愚的死，悲痛欲绝。祭文之后，情感未尽，又写下《挽赵叔愚院长》。

> 人生在世三件事：
> 做工，求知，管政治。
> 病时补述人生观：
> 康健、快乐，不可易。
> 至理名言能医国，
> 国医不能医自己。
> 此日农家同悲恸：
> 归去来兮，晓庄，无锡。

1930年3月15日，陶行知在《晓庄三岁敬告同志书》中提到：

> 我们既承认"社会即学校"，那么，社会的中心问题便成了学校的中心问题。这中心问题就是政治经济问题。我们最初定教育目标时对于政治经济即特别重视。赵院长后来又做有力的宣言说："生活教育是教人做工、求知、管政治。"

1930年陶行知作诗《大家一起来流汗》悼念赵叔愚。

> 流啊！流啊！大家流！
> 流出您老爱流的热汗！
> 大家一起来流汗！

一滴一滴滴成糙米饭。

背啊！背啊！大家背！
背起您老留下的重担！
大家一起来流汗！
背起您老留下的重担！

做啊！做啊！大家做！
做成您老未做的工作！
大家一起来流汗！
做成您老未做的工作！

1946年1月20日中午，生活教育社举行新年叙餐会，有冯玉祥、沈钧儒、邵力子、李德全、曹梦君等40多人参加。陶行知做开场白和结束语。陶行知在结束语中讲道（节选）：

> 英国的海伦公园，是一个民主作风、言论自由的场所，各党派都可公开自由地在那演说，警察只在维持秩序、干涉破坏秩序的人，并不干涉言论自由。有机会出国的人，都应该去看看……
>
> 生活教育社同志赵叔愚先生，在他去世之前，他把人生的精义约成一句话："人生在世三件事：做工，求知，管政治。"的确，人生的真义如此。借此提出，愿与大家共勉。这是生活教育者当前的明晰的指标，也是每一个生活教育社同志应该负起的当前的使命。

赵叔愚先生的死对陶行知先生的情感是一个极大的刺激。陶行知在工作上失去了无法弥补、强有力的助手。他不管以什么祭文、挽词、悼词都无法弥补。赵叔愚先生英年早逝，对我国方兴未艾的乡村普及教育运动也是一个难以估量的损失。

第三十五章　陶行知与胡适的人生殊途

胡适（1891—1962），安徽绩溪人，原名洪骍，字适之，1910年赴美留学，先就读于康奈尔大学，后又入哥伦比亚大学，导师为杜威博士。胡适于1917年回国，被聘任为北京大学教授。

陶行知与胡适二人是安徽同乡，生于同年，胡适略年长，陶行知称胡适为兄。他们先后赴美留学，均为杜威的学生，又同在1917年回国。胡适被聘为北京大学教授，陶行知被聘为南京高师教授。陶行知逝世，杜威听到噩耗后，想起往事，感慨："胡适、陶行知两人聪慧睿智，实为中国不可多得的英才，可惜胡适走错了路。"

1919年年初，胡适发表《文学改良刍议》，反对文言文，提倡白话文，主张文学革命。胡适参加编辑《新青年》，撰写新诗集《尝试集》，是当时中国新文化运动的著名人物。

1919年4月30日，陶行知同胡适、蔡元培、蒋梦麟等，在沪迎接杜威夫妇来华。

1922年，胡适离开《新青年》，创办《努力》周报。胡适认为日本帝国主义侵华是"海外奇闻"，并宣扬当时国民政府是"好人政府"。当年5月，胡适在《努力》周报上发表《我们的政治主张》，署名的有16个人：蔡元培、王宠惠、罗文干、汤尔和、陶行知、王伯秋、梁漱溟、李大钊、陶孟和、朱经农、张蔚慈、高一函、徐宝璜、王征、丁文江、胡适。《我们的政治主张》主张要树立"好政府"。"好政府"的政治改革包含三条基本原则：第一是宪法的政府；第二是公开的政府；第三是有计划的政府。后来，王宠惠官运亨通，居然做了国务总理；罗文干也当上了财政总长。这时，好人们认为时机成熟，可以实行自己的主张，大家组织了一个政治讨论会，每逢星期五举行一次。会开了好几回，而王总理的大政方针老是不肯宣布，大家很不耐烦。

1923 年 2 月 24 日，陶行知以中华教育改进社主任干事的身份为推举胡适作为中国代表参加万国会议而写信。

适之吾兄：

　　蒙允著作《中国之文艺复兴》，非常感激。字数可不拘，请兄自定罢。作好之后，能就近请人译成法、德两国文字最好。万国会议本社代表中已提兄名，沪、宁董事一致推重。京、津董事月底在京开会，当亦一致赞同。兄在中国代表中所占地位，至关重要。我怕你暑假中另有计划，故拿未成熟的消息赶快地告诉你，务必请你把这件事放在心里，不要叫我们失望。

知行

一九二三年二月二十四日

1923 年 5 月 25 日，陶行知就"劳工问题"给胡适写信。

适之吾兄：

　　南京源盛工厂，系休宁程荷生先生所手创，为南京织布业之唯一成功者，现已发现困难，其中事实颇足供关心劳工问题者之参考。工人与工厂相依为命，工厂存则工人幸福可保。若空谈拥护工人利益，而使工厂有不能存在之势，岂非自杀政策？源盛厂主经此打击，不得已而倾向于收束，固非所宜；然政府不亟谋劳资共存之道，前途何堪设想！兹介绍荷生先生令侄耀辉先生与兄一谈，务请接见，其中具体内容颇足供吾辈研究之助。倘遇有机会，酌加援助，或向其指示应付方针，亦感同身受。专此奉达，敬请

知行

一九二三年五月二十五日

1923 年 10 月 8 日，陶行知在南京给胡适的太太写信（摘录）。

胡太太：

　　知行在杭州烟霞洞和适之过中秋，第二天同游花坞的竹林，十八日又

同到海宁去看潮，很觉得愉快。适之精神比在上海的时候好得多，身体也差不多复原了。他想回到北京来，我劝他暂时不要回京，把《努力》停办，把书搬到西湖上来继续办《读书杂志》。你看这个法子如何？

我在西湖的时候，和适之谈论平民教育的事体，并把我新近发现的简介推行法告诉了他，他很赞成。他并且希望我寄几本书给你在家试试。

这法叫作连环教学法，利用家里已经识字的人教不识字的人……

现寄上《平民千字课》六本，以后当陆续寄来。务请随时将府上推行平民教育情形指教。

敬祝康乐

一九二三年十月八日
南京

1924 年春天，陶行知给旧病复发的胡适写信，劝胡适"到庐山去"休养。

适之吾兄：

日前听说吾兄旧病复发，不胜悬念。人生第一要事是康健，第二要事是康健，第三要事是康健。学术不是一时研究得了的，学生也不是一时教得了的。先顾到身体，身体好了，再慢慢去研究，再慢慢去教学，尽有机会。老兄倘使照现在这样牺牲下去，真是拿自己的生命和学术的前途做儿戏。我觉得休养并不是费时，现在用适当的方法休养几年，可以多做几十年的事业学问。与其把一切事业学问挤在几年内匆匆忙忙、劳劳苦苦地做了，何如把它们匀在几十年——六七十年内，从从容容、舒舒服服地去干。照第二种方法，不但身体有无上的快乐，那时造就之大、贡献之宏，更是不可思议啊！

我现在向兄提出一个最重要的建议，替老兄开一个百年康健的药方。我的三味药就是：一、辞去大学教授；二、停办《努力》；三、带着图书、家眷，搬到庐山去住。这就是我的三味药。若觉得生活太寂寞，那么可以允许几位得意门生跟随入山。谈学也是好的，不过休养是主，谈学是宾，断不可喧宾夺主。如老兄赞同这个办法，庐山有一位小诗人刘廷蔚是我们的朋友，可以托他代兄安排一切。吾们都爱老兄，请兄听我们极诚恳的建议。

看书是如同吃饭一样的要紧，也是生活所必需的。有书自然要著，比如有块东西在肚子里想吐不吐，反要伤身。不过这两件事只是要有节制，并且要在好的环境里干的。我不劝你停止看书，也不劝你停止著书。在庐山的万松岭上著书、看书，是何等的快乐啊！庐山是一座诗山，山里充满了诗境，也得要像你这样的诗人去把它的精华开采出来。

知行

一九二四年春

1924 年，陶行知以中华教育改进社主任干事的身份，应美国哥伦比亚师范学院国际教育研究所邀请，在为其所编的《1924 年世界教育年鉴》撰写《中国》篇中，多处提及胡适：

"文学革命"开始于一九一七年，当时运动的领袖胡适博士和陈独秀先生宣称：文言已经过时，白话乃是合法的继承者。由于白话是中国最广泛使用的口头语，是两千多年来语言进化的最高点，是全国最受欢迎的文学作品所使用的语言，所以"文学革命"获得了惊人的成功……

中国"文艺复兴"的第二个阶段与高等教育有关。用胡博士的话来说："这次整理国故是使最近三百年汉学家们的著作富有生气的那种批判和研究精神的复活或再生。"……

语言问题实际上已经解决。胡博士的"文学革命"在初等学校里已经起了最深刻的影响……

中国是富有民族文学杰作的，但实际上选文却十分贫乏。未曾受过教育学和心理学训练的教员不得不依靠输入式和逐字逐句解释的方法。当胡适博士于一九二二年在中华教育改进社济南会议上宣读他关于讲授中文和中国文学的论文时，第一次唤起了全国人民的注意，觉得需要改革这门学科的教授方法。在胡适博士演讲之后，接着就有人写了三十多篇文章，都是关于改进中文的讲授问题的，其中大多数在今年和去年的期刊上发表了。梁启超先生、胡适之博士、孟宪承先生和朱经农先生是这个运动的主要倡导者……

1927 年 9 月 1 日，陶行知在《乡教丛讯》上载文《平等自由》，其中谈到了与胡适在某些观点上的分歧。

我近来替友人书了一联："在立足点谋平等，于出头处求自由。"上联是本着中山先生之学说；下联就是本着我的自由解释。在沪时我把这意思与胡适之先生也谈论过的。他说"思想事业，要受困难与不自由，才能发奋振作"，颇与我们的标语"教师应当运用困难以发展思想及奋斗精神"相同。他说："烧肉要把锅盖盖得紧，才能熟。你要出头自由，我要出头不自由。"当时我反驳他说："一、锅里的肉是死的，出头不出头没有多大关系。

二、我们愿肉受压力是为肉的幸福呢，还是为我们口腹之欲呢？"凭借困难培养人才，当然是最好的教育法。但是困难是否要在出头处压下去，是一问题。现在我仍然坚信出头处要自由，希望大家加以研究……

1927年9月，陶行知因读了胡适的近作《拜金主义》而致信胡适，交流看法：

适之吾兄：

我读了您的近作《拜金主义》，万想不到您做这篇文章会用这个题目，真可谓张冠李戴了。

这篇文章的影响，不但是矫枉过正，而且是火上浇油。稚晖先生所提的三个信条：第一，要自己能挣饭吃；第二，不可抢别人的饭吃；第三，要能想出个法子来，开出生路来，叫别人有挣饭吃的机会。这是无论什么人都应当赞成的。但是您称他为拜金主义，未免是牛头不对马嘴。稚晖先生是拜己主义，不是拜金主义；是崇拜劳工，不是崇拜大拉①。

您说《朱砂痣》里那个男子因为贫穷，便肯卖妻子，卖妻子便是一桩罪恶。据我的意思看来，那个男子之所以卖妻子，不但是因为贫穷，乃是因为贫穷而拜金。他爱金胜于爱他的妻子，所以拿妻子去换金。您所列举的种种罪恶——小偷、大盗、扒手、绑票、卖娼、贪赃、卖国……都不是单因贫穷，乃是因贫穷而拜金。穷人拜金而不拜己，乃是万恶之源。您提倡拜金，乃是火上浇油。倘使人人照您的题目去充分实行，只见罪恶增加，难望罪恶减少。

您说中国人不配骂美国人崇拜大拉，我很表同意。中国人简直是崇拜银角、崇拜铜板。崇拜银角和崇拜铜板的人，当然不配骂崇拜大拉的美国人。但是，连美国人一齐教训一顿可以不可以呢？不料您反说美国"夜不闭户，路不拾遗"是因为崇拜大拉。美国的"夜不闭户，路不拾遗"是因为它的政教修明、科学发达、农工业进步，不是因为崇拜大拉。美国崇拜大拉的结果是"金钱结婚，金尽则离"，和崇拜银角、崇拜铜板卖老婆是同一个妈妈生出来的。您的附注说几个城市里自然还有罪恶，但乡间真的夜不闭户、路不拾遗是西洋的普遍现状。这种事实与您的断语恰恰相反。乡下路不拾遗，是因为乡下人拜己胜于拜金，而且路上所遗几何？家家自食其力，简直是不屑拾此区区了。"城里还有罪恶"——岂仅是还有罪恶？简

---

① 大拉：英语 doller（美元）的译音。

直是罪恶冲天——是因为城里人拜金，已经把金子拜到极点了。只需看看《每日新闻》所载的图财害命的案子，我们还忍劝崇拜铜板的中国人去效法崇拜大拉的美国人吗？至于您所说的那个老太婆，背着一只竹箩、拿着一根铁钎，天天到弄堂里去扒垃圾堆、去寻那垃圾堆里一个半个没有烧完的煤球、一寸两寸稀烂奇脏的破布，我所下的断语也和您相反。您说这种人连半个没有烧完的煤球也不肯放过，还有什么"道德""牺牲""廉洁""路不拾遗"？我说这个老太婆顶可敬。她能利用废物。她的能力小，只能保存一个半个没有烧完的煤球，就保存一个半个没有烧完的煤球。你们能力大，能保存一个半个没有侵略完的国家，就得要保存这一个半个没有侵略完的国家！

我赞成您提倡人人要能挣饭吃，绝不承认人人能挣饭吃是拜金主义。我所以不承认的缘故也很寻常。胡适之先生有钱的时候，我固然愿意去看他；无钱的时候，我也愿意去看他。倘使我做了"拜金主义"的信徒，岂不是只能看有钱的胡适之先生，而不能看没有钱的胡适之先生吗？此外还有一个缘故，倘使胡适之先生当真成了"拜金主义"的教主，那么有钱的陶知行固然有福气听一声"请进来"，没有钱的陶知行就要尝一尝"不在家"的滋味了。适之兄，我不愿意您做拜金主义的教主！倘使您以为我"迷了心头"，还请您指点指点。

敬祝康乐！

知行

一九二七年九月

信中提及的《朱砂痣》是我国京剧的一著名剧目。剧情梗概：双州太守韩廷凤调任为东平刺史。时值金兵之乱，韩廷凤与妻子郑氏及儿子韩玉印失散，另娶一妇。洞房花烛夜，韩刺史见新妇啼哭，问之，知新妇尚有丈夫吴惠泉秀才。吴秀才因贫卖妻。韩刺史怜之，赠银送她还家。吴惠泉夫妻得以团圆，感而拜谢。后来，吴秀才外出，知韩刺史无子，遇一良家男子，代韩刺史买之携归送于韩府。韩询问其男身世，惊验其足下有一朱砂痣，才知为失散多年的儿子韩玉印，父子喜相逢。此剧实为教化人多做善事，善以善报，德以德报，使社会和谐安康。胡适硬将吴秀才卖妻之举推进"拜金主义"的坑里，"真可谓张冠李戴了"。

1930 年 12 月 15 日，陶行知被通缉、东渡日本之时，读了胡适的文章《我们走哪条路》，大有感慨，随即写《胡适捉鬼》一文，后载入 1931 年 9 月 4 日的《申报·自由谈》。

适之近撰时论，多不中肯要。去年他在《新月》上发表一文《我们走哪条路》，里面陈说中国五个鬼，即贫穷、疾病、愚昧、贪污、扰乱，而对于帝国主义侵略，竟武断地将它一笔勾销。梁漱溟曾写了一封信驳他；东京的几位朋友对于他这种见解也深致不满。我个人则以为除了帝国主义之外，认为国内还有一个大妖精被适之忽略了。这个大妖精便是多福、多寿、多男子的多生主义。因为多生所以田不够种……

国内若不铲除多生主义，国外若不推翻帝国主义，则这五个小鬼必定跟着我们寸步不离。其实，帝国主义之总司令也是多生主义。因为多生所以要殖民地，要原料，要市场。世界最大之乱源便是多生主义。这个妖怪不除，世界哪能太平，中国哪会有出路？下面是我送适之的一首诗：

> 明于考古，
> 昧于知今。
> 捉住五个小鬼，
> 放走了一个大妖精。

1931 年"九一八"事变后，胡适创办了《独立评论》，公然支持蒋介石"攘外必先安内"的反动政策，并发表文章提倡"全盘西化"。

1935 年 2 月 1 日，陶行知在《生活教育》载文《胡适的普及教育理论》，认为胡适所发表的真是奇谈怪论。

新近胡适之先生到香港大学去接受名誉博士学位，于一月六日顺利在华侨中学演讲。据报纸上说，他的演讲词里面有这么一段：

"我说东亚大陆有一个地方可以办强迫教育、普及教育的便是香港，因为香港这地方有钱，治安也好，接近外人，可借鉴的地方很多。中国办新教育已经有三十多年了，却没有一个地方能够做得到办普及、义务、强迫教育。我以为香港是有这资格的。故此，我说它是东亚大陆上一个办义务教育的地方。所以，我第一希望香港能实现为第一个义务教育的地方。"

照着胡先生所指示的路线，要想办普及教育，一要有钱，二是治安好，三要接近外人。具有这三种资格的，在东亚大陆上只有香港，故只有香港才配领导办普及教育。好！先把中国一起变成香港，再痛痛快快地干它一个普及教育运动吧。到那时，不消说得，文学革命巨子是一变而为英国远东殖民地普及教育的导师了。(适之先生忘记香港当时是英殖民属地)如果是香港的记者听不懂胡先生的徽州官话，因而把他的话语记错了，那么，我愿意跟着那位记者更正这段闲谈。

1935 年 11 月 1 日，陶行知在《生活教育》载文《新诗路线》，与古典文学研究者、上海复旦大学中文系教授陈子展先生共同商讨胡适之的《桂游小赞》。

陈子展先生新近在《立报》谈新诗，引了胡适之先生新写的《桂游小赞》做例子，并且说，不妨将它作为新诗人可以走的一条路。没有讨论之前，让我们先把这首小赞抄下来给大家看看：

看尽柳州山，
看尽桂林水。
天上不须半日，
地上五千里。
古人辛苦学神仙，
要受千百戒。
看我不修不练，
也凌云无碍。

这就是陈子展所说之"胡适之体"而介绍给新诗人的一条路线。其实，这种文学把戏，辛稼轩一流人早已玩过了。我想"胡适之体"这个封号连适之先生自己也不能承认吧。新诗之所以走进绝路，主要的原因是内容充实的作家，技术未免幼稚；而技术熟练的作家，内容又未免空虚。《桂游小赞》是属于后一类。它是一幅天空行乐图，也可以说是一幅现代仙人逍遥图。它只是一位有闲华人自摄的安享小照。我们诗人的想象力，没有跳出他所整理的国故和所乘坐的飞机。你看在那半日的时间和五千里的空间里，他只看见了自己一个人，再有，就是他所赛过的古神仙。这种害了贫血症的文艺，根本没有力量走路，还要教青年诗人跟在他后面走，这使我不能忍耐。不能忍耐又怎样？它既害了贫血症，那就应该打一些活的血轮[①]进去。试试看，这里是我们对《桂游小赞》的答复：

---

① 血轮：血球的旧称。

流尽工农汗，
还流泪不息。
天上不须半日，
地上千万滴！
辛辛苦苦造飞机，
无法上天嬉。
让你看山看水，
这事倒稀奇。

我把这首诗读给乡下人听的时候，张健小先生站起来说："这种事并不稀奇。我想把末尾这一句改为'让你看山看水，还要吹牛皮！'"他这一改，是把胡诗人描写得格外活跃了。但我这稀奇的境界是从觉悟中发现出来的。照平常的目光看来，是没有什么稀奇，但一经觉悟，哪能不感到奇怪？

我们不敢说已经找着新诗的正确路线，只是指出像《桂游小赞》一类的作品，绝不是我们可以走的路。

1936年1月16日，陶行知在生活教育载文《白话文与大众文》，借以批判《胡适论学近著》的唯心论方法。

昨天在商务印书馆里，把《胡适论学近著》翻了一翻，里边有一篇文章引起了我的注意。这篇文章的题目是《大众语在哪儿》。

这个我可以简单地说一句："大众语在大众的嘴巴上。"

胡先生或者要驳我说："白话不也是嘴巴讲的吗？"

这个我又可以简单地说一句："白话在小众的嘴巴上。说得正确些，白话已经从小众的嘴巴跳到小众的笔尖上去了。近年来的白话诗和白话文，嘴巴念起来，连小众也听不懂。"

胡先生又可以说："这不是一个语言文字的问题，只是一个技术的问题。"他并且会具体地指出一个方法，说："我们如果真有心做大众语的文章，最好的训练是时时想象自己，站在无线电发动机面前，向那绝大多数的农村老百姓说话，要字字句句让他们都听得懂，用一个字不要忘了大众，造一个句子不要忘了大众，打一个比喻不要忘了大众，这样训练的结果，自然是大众语了。"

胡先生所指示我们的方法是不够的，也可以说是错误的。他叫我们写文章的时候要想象大众在面前，不要忘了大众，这都是唯心论的方法。

我们如果真有心做大众语的文章，最好的训练是钻进大众的队伍里去，和大众的生活打成一片，感受大众的压迫，觉悟大众的问题，发现大众的生路，然后，说一句话便是大众要说要听的话，写一篇文章便是大众要写要看的文章了。

　　1936年，陶行知以外交使节身份出访欧、美、亚、非，发动海外侨胞抗日救国、共赴国难。9月12日晚，陶行知在巴黎华侨团体欢迎会上演讲《联合奋起，抗日救亡》（摘录）。

　　现在要救中国，没有其他办法，只有抵抗。而有的人以为我们准备得不够，还要等五十年再来抵抗，胡适之博士就是这一流人物……
　　要抗日才能救中国，要抗日才不会做亡国奴。怎样抗日呢？抗日的办法有三种：第一是经济抵抗；第二是文化抵抗；第三是武力抵抗。三者要并行，组织起来，联合奋起，抗日救亡……
　　演讲完了，最后背一首诗给大家听听：

　　四万万人的公意掌舵，
　　八万万只手儿摇桨。
　　有祸同当，
　　有福大家享。
　　看啊！
　　前面来了一只怪船，
　　这分明是海盗来劫抢！
　　朋友们，
　　不要胡思乱想！
　　只对着那怪船儿冲去，
　　肃清了海盗再讲。

　　1937年，"七七"卢沟桥事变，日本军队开始全面侵华。正当陶行知夜以继日地在美国全力以赴地宣传、演讲团结抗日之际，忽闻胡适在国民党政府新成立的最高咨询机关任职参议员，并提出承认"伪满洲国"换取和平的主张，陶行知急切地于10月16日致函胡适。

　　适之吾兄：
　　这次在华盛顿相见，很为高兴，只因时间不足，不能畅谈，最是遗憾。

第二天朋友来谈，说及吾兄在卢沟桥事变之后，曾提出和平方案，问到具体内容，彼也不知。我当时很想抽空亲来请教，可惜时间不许。昨天接到国内来信，说老兄在国防参议会里，曾提出承认"伪满洲国"的主张，是否谣传，尚希赐示。如果老兄真有这主张和方案，对美国当局交换意见时是否也拟提出？有人说您预备以三千万人之自由来换"和平"，我不大相信（但也不大放心），所以特来请教。

敬祝康健！

行知

一九三七年十月十六日

1938 年 6 月，陶行知在美国会晤中国驻美大使胡适。

1939 年 1 月 8 日，陶行知在香港《申报·星期评论》上载文《辨奸》（节选）。

三民主义、抗战建国纲领、横山会议五方针及最近蒋委员长驳斥精卫宣言，是救国之正道，不容有丝毫出入。如果有人阳奉阴违，我们用什么办法可以系统地发觉呢？这是值得考虑的一个重要的问题。我现在提出辨奸路线五条，借作国人商榷的底子。是否有当，还望大家指教。

一、应该真干的，他假干

挂羊头卖狗肉是属于这一类。从前有一个地方挂着开放民众运动的招牌，一面收买乞丐游行，一面大捕真正为民众服务的人。我那时写了四句小诗记录这事：

假的干，

小洋两毛。

真的干，

捉进监牢。

汪精卫拿着全面抗战的题目来做反对游击的文章，简直是在羊肉里夹着一些狗肉。

二、应该穷干的，他浪费地干

中国是个穷国，开战以来更穷，万事都要穷干，才干得出去。如果有人把一件事浪费地干，等到办别的事就无钱去办，是不是把别的重要的事挤了出去？唯独穷干，才能把一切重要的事兼筹并顾。若只管在一件事上挥霍金钱如粪土，使得别的事情都耽误掉，这是很可疑的。

三、应该合干的，他分开来干

譬如抗战最后胜利要靠全民族团结，就要靠国共合作，是要大家一起来干，才干得成功。日本就不欢喜这一套，所以提出共同防共的阴谋。日本防共的目的是要利用我们去代他打苏联。如果我们堕入它的诡计，简直是亡国。国共不可分家，不会分家，日本和汉奸是白费心机。我们老百姓不但是国共合作的媒人，而且是国共合作的天主教神甫，只要他们齐眉到老，不许他们离婚。但是日本总想以华制华，汉奸仰其鼻息，总想挑拨离间。一次十几个人的会议说："我们这个仗再打下去，胜利不属于日本，不属于国民党，只属于共产党。"这些人不单是日本的代言人。我所要说的是，如果我们团结到底，胜利是属于整个中华民族，国民党与共产党都有份。现在有人想分离中国的实力，削弱中国的团结，那就是应该被侦察的人了。

四、应该快干的，他慢慢地干

中国的两只大手，一是西南大铁道，二是西北大铁道。要把这两只手快快地伸出去，快快地拿着东西来，才能快快地把日本帝国主义打出去。这两只手都已经快快地伸出去了吗？谁在那儿掣肘呀？

五、应该大干的，他小小地干

新近美国要训练十万飞机驾驶员。照人口比例算起来，中国应该有驾驶员四十万，打个一折也要四万，再打个一折也要四千。可是从前意大利来的顾问是主张飞机师的训练宁缺毋滥，贵精不贵多。这是多么好的盾牌呀！连胡适之先生也代这种汉奸理论鼓吹。我这次在海防遇着一位体育家，他说他和一百六十二位体育专科学生去投考航空学校，结果只取两个人。飞机师虽精，人少则不够作战，因此只见敌机来华，不见华机去日。我们有许多许多的事是受了汉奸欺骗，以至大事小做了。

这五条辨奸的路线，是应该彼此连接追究的……

1942 年，胡适任国民政府行政院最高政治顾问。

1946 年，胡适任北京大学校长，后又任国民党国民大会主席，并领衔提出"戡乱条例"。

1948 年，胡适去了美国，后又赴台湾。

1954 年 12 月 2 日，中国科学院和作协主席团举行联席会议，决定对胡适的反动思想进行全面批判。

1955 年 1 月，党中央发出了《关于在干部和知识分子中组织宣传唯物主义和批判资产阶级唯心主义思想的指示》（简称《指示》），论述了宣传唯物主义思想、批判资产阶级唯心主义思想的重大意义。《指示》指出：

马克思列宁主义的理论基础是辩证唯物主义和历史唯物主义，而任何形式的资产阶级思想的核心就是唯心主义世界观。因此，党在思想工作中最根本的任务，就是宣传唯物主义思想、反对唯心主义思想，并在这个思想战线上取得胜利。

《指示》还规定了各级党委在领导、开展这场运动中的各项政策。

根据党中央的领导、指示，全国有组织、有计划地开展了对胡适反动思想的全面批判，各地还组织了宣传唯物主义思想、批判资产阶级唯心主义思想的演讲工作，组织党内外干部和知识分子进行了系统的辩证唯物主义基本原理的学习，从而大大地提高了全国文化界、学术界和知识分子的思想理论水平，增强了研究工作中的科学性。

1983 年，上海新华印刷厂印刷、新华书店上海发行所发行的《中共党史事件人物录》一书中，有对胡适思想的批判：

> 胡适曾在上海中国公学肄业，1910 年赴美留学，为美国实用主义哲学家杜威的学生。1917 年回国，任北京大学教授。1946 年任北京大学校长。1948 年去美国，后去台湾。1962 年病死。
>
> 他早年在新文化运动中起过积极作用，对文化学术进行过一些有益的研究。但是他散布了实用主义思想和错误的政治观点。新中国成立以后，他的错误观点在学术界还有很大的影响，阻碍了科学、文化的发展和知识分子思想的提高。

同年、同土生，先后远涉重洋赴美留学，不可多得的两位中国英才，又同年学成回到祖国，二人为了各自的理想，各自选择了不同的道路，最终各奔东西。

第三十六章 对巾帼英雄的由衷赞美

1911 年 12 月 18 日，陶行知作诗《麦女之神——悼沈骊英女士》。

沈骊英，女，浙江桐乡人，1924 年留学美国，研究植物学和农学。历任浙江省政府建设厅农业技师、中央农业试验所技正[①]，相继培育出"中农 28 号"等 10 个优良稻麦品种，被誉为小麦育种专家。"中农 28 号"小麦在四川各地试验，获每亩增产 41 斤的优异成绩，成为当时全世界 1 700 多个品种中的佼佼者。可惜，沈骊英 1941 年 11 月病逝，年仅 30 岁。她生前撰写了 20 多种学术著作。陶行知称沈骊英为"麦女之神"。

> 你在恒河沙漠的小麦里，
> 提拔出暴风雨打不倒的麦英雄，
> 让他们普遍地繁殖——
> 多多地生，
> 少少地病，
> 快快地熟起来！
>
> 给小孩吃，

[①] 技正：相当于"主任"职务。

给青年吃，
给农人吃，
给工人吃，
给战士吃，
给革命志士吃，
给科学发明家吃。
大家受着小麦的养育，
都成为暴风雨打不倒的壮士。

人说你已经去了，
我们招你回来。
不！
你并没有去，
你在每一粒暴风雨打不倒的麦子里活着！
你在每一位打不倒的壮士心里活着！

凡吃过"九品"面包大饼，
而要在暴风雨前低头，
是不可能的了。
吃了你的小麦，
只会死在战场上，
再不然死在农田里，
再不然死在工厂里，
再不然踏着你的脚步，
鞠躬尽瘁实验室。

吃了你的小麦，
就得为民族自由战，
为人类幸福战，
为追求真理而战、而死、死而复活。

麦女之神啊！
因为有了你，

我们是进一步走向了服务之神。
因为有了你，
我们是进一步走向了科学之神。

一年一度愿你乘长风踏麦浪来鼓励我们，
前进复前进！
直到民族得到了自由，
人类得到了幸福，
真理普照着大地！

　　1941 年 12 月 21 日，陶行知在《新华日报》的《追悼沈骊英女士》专刊上，以夫人吴树琴的名义发表了《挽骊英女士》。

妇女回到厨房去！
妇女藏入闺房住！
希特勒胡言乱语，
侮辱妇女诚难恕。

天公偏偏生骊英，
贤母良妻勇有余。
有人或借问：
余勇在何处？

治科学、教儿女、办公务，
发明"九品"小麦，
活人无数，
开拓光明路。

路上将无饿死鬼，
路旁长栽平等树。
与居里夫人并肩，
流芳万世宁无数。

　　1943 年 10 月 24 日，陶行知作诗《大娘歌》颂扬广西曾大娘和四川刘大娘。

曾大娘是广西修仁县连陵镇人，1938年冒暑行走300多里，送儿子参军抗日。刘大娘的儿子叫刘楷，是四川巴县歇马场农民，也参军报效志愿军。

> 曾大娘，
> 刘大娘，
> 不是一家一乡之大娘，
> 而是中华民族之大娘。
> 要知大娘变国娘，
> 静心听我说端详。
> 说端详，
> 先说广西曾大娘。
> 广西山水甲天下，
> 大娘有个好儿郎。
> 天性算他最孝顺，
> 壕沟里面念亲娘。
> 想娘想成想家病，
> 念头一转回故乡。
> 大娘见了儿子到，
> 又是欢喜又心伤！
> 欢喜的是儿子久别忽重逢，
> 伤心的是儿子变成逃兵样。
> 大娘不许儿子住：
> "赶快回去打东洋！
> 等到河山齐光复，
> 我们母子才团圆。"
> 吩咐儿子喝碗粥，
> 荷包装了三日粮。
> 老母亲送儿子去，
> 母子步行返战场。
> 将官细听大娘话，
> 儿子免罪回营房。
> 移孝作忠心须决，
> 誓取旗上红太阳！

母贤儿忠国之宝，
三军齐呼曾大娘。

刘大娘，
曾大娘，
不是一家一乡之大娘，
而是中华民族之大娘。
要知大娘变国娘，
静心听我说端详。
说端详，
再说四川刘大娘。
大娘儿子叫刘楷，
大娘住在歇马场。
刘楷投效志愿军，
事先没有禀告娘。
一日大娘到黄桷，
看见军队游行忙。
队中有人似相识，
细看居然是儿郎。
打听才知北碚事，
召集壮丁打扶桑。
儿子已把身许国，
为母心中喜洋洋。
东街买得大红布，
西街买得火炮放。
老娘为儿亲挂彩，
火炮响彻嘉陵江。
挂彩放炮为什么？
恭喜吾儿打胜仗。
三峡五百老太太，
好比人间活罗汉。
苦口婆心劝出征，
大娘立了好榜样。

华蓥壮士奋臂起，
土匪婆也跟着干。
好男如今爱当兵，
贤母争学刘大娘。

刘大娘，
曾大娘，
不是一家一乡之大娘。
等到全国老亲娘，
个个变成二大娘，
轴心强盗都心慌，
自由平等得保障。
中华民族万万岁，
民主世界寿无疆。

　　1943 年年底，陶行知作诗《丹娘与丽莎》。丹娘，苏联女英雄，生于 1923
年。纳粹德国进攻苏联时，她投笔从戎，在敌后进行游击斗争。1941 年 11 月，
丹娘在执行任务时被德军俘虏，经受严刑拷打，坚贞不屈，壮烈牺牲，年仅 18
岁。丹娘牺牲后被追认为"苏联女英雄"。

　　丽莎也是一位苏联女游击队员，在与德军进行斗争时壮烈牺牲，后被追认
为"苏联女英雄"。

口里丹娘，
心里丹娘，
行动更须学丹娘。

为自己民族而死是最幸运的。
同志们！
不要悲哀，
斯大林会到这儿来的。

看完苏联丹娘，
送给中国丹娘，
送给全世界的丹娘。

看完死去的丹娘，
送给现在的丹娘，
送给将来的丹娘。

阎志兰，
唐桂林，
李林，
赵毓政，
黄君珏，
是中国的丹娘，
为丹娘报仇！

苏联之花，
是民主政治所灌溉，
民主经济所滋养。
觉悟，
创造。

中国李陀夫安在？
斯大林在他自己的职位上。
斯大林在那里，
我不是孤单的一户。
我们有两万万人，
你们不能尽都绞死。
胜利总是我们的！
他们要代我为你们报仇。
分别了，同志们，
要奋斗，
不要害怕！
斯大林同着我们！
斯大林要来的。

桦树下，

吹来的雪掩盖了坟丘。

诗文中的阎志兰、唐桂林、李林、赵毓政同黄君珏都是在抗日战争中牺牲的中国女英雄。

1944年10月24日，陶行知作诗《献诗谢刘夫人赠地》。

刘夫人即饶国模，生于1895年，字范英，四川大足人，早年提倡女权运动，曾创办"大有农场"。

抗日战争爆发后，饶国模任重庆妇女慰劳会委员兼劳动部部长。

1939年她曾无偿提供土地及建筑材料，帮助修建红岩村八路军办事处。办事处撤走后，她又将此地让与育才学校。

解放战争时期，她积极掩护中共地下组织，积极营救被捕的进步人士，捐资支持地下刊物《挺进报》的出版，曾任中国妇女联谊会理事。

新中国成立后，她历任西南军政委员会监察委员会委员，西南妇联及重庆市妇联委员，第二、三届全国政协委员。饶国模于1960年病逝，年仅65岁。

陶行知非常钦佩饶国模，也很感谢她为育才捐地，于是作诗相赠。

诗文如下：

> 你所赐给我们的，
> 是一块干净土——
> 我们共同祖先的遗产。
> 我们不学女娲炼石去补天，
> 在这块神圣的土地上，
> 我们要建起胜利的保障，
> 造成民主的摇篮，
> 开辟自由的苗圃，
> 播种幸福的种子。
>
> 再，我们要建立大众的宫殿，
> 直到胜利取得，
> 民主长成，
> 自由开花，
> 幸福结果，
> 大众出头。
> 您的高贵的名字，

将与胜利、民主、自由、幸福、大众结成一体，

和中华民族共荣到万万年。

对巾帼英雄的由衷赞美，既反映了陶行知男女平等的思想，也反映了他大爱的胸怀。

第三十七章 "九一八"，心中的痛

1905 年日俄战争后，日本强占了中国原被俄罗斯"租借"的辽东半岛部分领土和南满铁路。1919 年，日本在旅顺口设关东军司令部。

1931 年 9 月 18 日晚上，关东军炮击沈阳，向驻守在北大营的中国张学良的东北军发起进攻。由于蒋介石命令东北军"绝对不得抵抗"并要他们撤至山海关内，因此，日本侵略军乘虚而入，于 19 日占领沈阳全城。接着，日军又分兵侵占吉林、黑龙江二省。至 1932 年 1 月，东北三省全部沦陷。"九一八"事变激起了全国人民的抗日怒潮，掀起了全国范围内的抗日反蒋运动。

陶行知于 1931 年 10 月 15 日在《儿童生活杂志》第 6 期以"梧影"为笔名发表诗作《小日本》《抵制日货》来表达对日本帝国主义侵略中国的愤慨！

小日本

小日本，
心肠狠。
趁我大水灾，
袭我东三省。

日本国，
良心黑。

大家拿起小拳头，
万众一心来赶贼。

抵制日货

抵制日货，
制造国货。
不要空嘴讲白话，
事体该做便须做！

衣服让它破，
不用洋布做。
衣服让它旧，
衣旧山河寿。

1934 年 9 月 18 日，陶行知在山海工学团联合孟家木桥、沈家楼萧场、红庙、赵泾巷 5 个工学团举行的"九一八"3 周年纪念大会上演讲。演讲词 10 月 16 日载于《生活教育》第 1 卷第 14 期。

我今天从上海赶来，心里难过得很！一路上想到了几首诗，现在背给大家听。大家跟着我读：

九一八三周年纪念

九一八，
九一八，
怎样收回东四省？
小小女儿教妈妈。

九一八，
九一八，
怎样打倒帝国主义？
小小儿子教爸爸。

九一八，
九一八，

谁能救中国，
小小先生顶呱呱。

九一八，
九一八，
哪个忘了"九一八"，
便是一个"小忘八"。

　　忘八，古时一个说法是指忘记了"孝、悌、忠、信、礼、义、廉、耻"八个字的人。后来被解释为王八、王八蛋。

　　1935年9月16日，为纪念"九一八"4周年，陶行知作诗，载于《生活教育》第2卷第14期。

"九一八"四周年纪念

九一八，
九一八，
四年前是东北占领，
现在是华北开发。

九一八，
九一八，
博士送礼送得阔，
不妨送到堪察加。

九一八，
九一八，
手执钢刀八十八，
刀儿只把自己杀。

九一八，
九一八，
哪几个是狮虎豹？
哪几个是鸡鹅鸭？

该诗中的"博士送礼送得阔"一句，是指胡适、丁文江两位博士唱和的"国策"。胡适、丁文江等人认为中国应尽量避免与日本爆发战争，主张对日忍让。"堪察加"是苏联最大的一个半岛，位于苏联东北部，面积达 37 万平方公里。如果由西向东撤退，它是苏联东部之极端。

1936 年 9 月 18 日，陶行知正值出访欧、美、亚、非之时，他在法国巴黎华侨团体欢迎会上演讲《联合奋起，抗日救亡》，又在巴黎《救国时报》载诗《今年的"九一八"——五周年纪念儿歌》。

今年的"九一八"——五周年纪念儿歌

一年三百六十五，
五个指儿数。
敌人今年在北方，
加队伍。

一年三百六十五，
五个指儿数。
今年失地又加多，
内蒙古。

一年三百六十五，
五个指儿数。
地球缺了一大块，
谁来补？

一年三百六十五，
五个指儿数。
联合战线快联合，
谁能阻？

一年三百六十五，
五个指儿数。
想要不做亡国奴，
三条路！

一年三百六十五，
五个指儿数。
第一条路是什么？
宁可不穿裤，
不买东洋布①。

一年三百六十五，
五个指儿数。
第二条路是什么？
不再死读书，
要教大多数②。

一年三百六十五，
五个指儿数。
第三条路是什么？
丢掉怨和妒，
保卫绥东去③。

一年三百六十五，
五个指儿数。
若想试做亡国奴，
请听博士胡，
再等十个五④。

一年三百六十五，
五个指儿数。
若想试做亡国奴，
难得真糊涂。
兄弟自相屠。

---

① 指经济抵抗。
② 指普及教育，文化抵抗。
③ 指武力抵抗。
④ 指胡适"再等五十年"的国策。

一年三百六十五，
五个指儿数。
金哥银哥好把戏，
你敲锣我打鼓，
一个文一个武。

一年三百六十五，
五个指儿数。
大众赶快联起来，
不管他许不许，
要救国自做主。

　　1938 年 9 月 18 日，"九一八"事件 7 周年，陶行知为香港《星岛日报》作诗《敬送赵老太》来纪念"九一八"。

敬送赵老太

东洋出妖怪，
中国出老太。
老太捉妖怪，
妖怪都吓坏。

说起赵老太，
谁个不崇拜?
生长在曲岩，
与朝鲜交界。

少小不识字，
明理无人盖。
眼看众同胞，
受尽妖怪害。

组织义勇军，

动员捉妖怪。
母子与孙儿，
同军见三代。

远近齐响应，
三军都推戴。
军队大家庭，
英勇而亲爱。

高粱为城堡，
锄头是军械。
兵器虽不足，
百战不能败。

军中没有粮，
民众送饭菜。
军中没有枪，
妖怪送上来。

截断妖怪路，
一块又一块。
钻进妖怪肚，
妖怪摇脑袋。

最后大目的，
赶妖出东海。
自由而平等，
中华万万载。

老太有名言，
救国莫能外。
别死在床上，
战死才痛快。

博学男子汉，
富贵少奶奶。
要想中国好，
就学赵老太。

赵老太即赵洪文国，东北义勇军抗日游击队领袖之一赵侗的母亲，吉林省人。她是一个农村妇女，不愿做亡国奴，舍弃了家庭，牺牲了一切，带领子孙三代转战东北平津各地去打游击。

1942 年，抗日战争处于争取胜利的最后阶段，这个阶段既接近胜利，又有极端的困难，正是"黎明前的黑暗"之际。陶行知为纪念"九一八"11 周年而作诗《"九一八"之夜》。

"九一八"之夜

快半夜了，
安分的人都睡了。
小孩们睡不着，
妈妈唱着催眠曲。

孩子们睡了，
妈妈也睡了。
为什么不睡呢？
明天还不是和今天一样。

富贵人家是把黑天当白天，
夜里是他们的世界。
有的哗啦啦，喷喷喳喳，嘻嘻哈哈，
别有一种战斗精神打破深夜的寂寞。

有的吸吸呼呼，吞云吐雾，
鸦片，有钱阶级先睡倒不论胜负。
有的抱着跳跳，跳着抱抱，
有缘千里来相会，无缘对面不同道。

有的正在看霸王别姬看得起劲，
哪知道自己交了霸王运。
弄假成真会败兴！
今夜是他们的世界。

他们说今夜过得不错，
明夜当更不坏。
这些人自命为夜之主宰，
实在是夜之奴才。

醒着的睡，
是醒得更难醒吧！
但是这夜的世界，
是有人和他们平分。

衣衫单薄者之喊冷声，
肚子不饱者之喊饿声，
身子有病者之呻吟声，
多愁者之叹息声。

白天无人理会，
他们是在向着夜神诉苦吧！
今夜未到，昨夜是这样诉苦。
今夜过了，明夜还不是这样诉苦吗？

昨夜没有理会，明夜就有人理会吗？
只有长白山上的寒风，
黑龙江中翻的白浪，
或者知道有什么不幸事而不肯睡。

人则睡固是睡，醒也是睡，
睡了几年还没有醒。

即使醒了，也是醒了一会儿又睡了，
睡不着，是受着催眠术而不得不睡下。

但是今夜不同，有人要独占这夜之世界。
叫大家一起醒过来。
起初是窸窸窣窣的一群人，
像小偷一样偷偷摸摸地蛇行而进。

越过铁路轰的一声，
睡的惊醒，
醒的张着耳朵听：
打雷吗？不像！

看哪！
北大营起了火，
火光冲向半天。
日本鬼子开炮了！进城了！杀人了！

星光让位给火光，
杀声代替了狂欢。
大炮轰醒了睡国，
六路动员是敌人有计划的安排。

小偷变强盗，
强盗变大盗。
要盗取一个四万万五千万人的政权，
这野心打破了"九一八"之夜之沉寂。

睡国变醒国，醒国变强国。
要拿出四万万五千万个拳头，
把大盗打出中国，
打出世界。

"九一八"之夜，
用了鲜红的血孕育着这坚决的意志。
大炮把我们轰醒了。
睡的醒了，
醒的不肯再睡了，
催眠术是失掉了效用。

分明是清醒了，
使尽了力气爬不起来。
自己的手压在胸前，
压下来的是不抵抗之神的巨手。
但是既然醒了，
就得起来，
要起来就得推开压在我们胸前的巨手。

大盗的大炮，
卫士之不抵抗主义，
全民族清醒而起来自卫的意志，
这斗争占领了"九一八"之夜，
发动了大时代之巨轮，
自由，平等，幸福！
黄帝的子孙，
向前创造啊！

陶行知回忆说：

由于"九一八"事变，我是一九三六年出席世界教育会，后来参加国际反侵略会，会见各国人士，对于中国的印象很坏，大都存着一种瞧不起的心理，有时也存着一种同情心，可怜的同情心，因为别人不知道中国的拳头到哪里去了。

2012 年 9 月 18 日是"九一八"事变 81 周年纪念日，全国各地都在举行纪念活动，仅山东省各地的纪念盛况就可见一斑。《山东新闻联报》报道："九一八"事变 81 周年纪念日来临之际，山东各地开展多种形式的纪念活动，铭记历史，勿忘国耻。在临沂南北岱崮保卫战革命遗址、滕州鲁南革命纪念馆、聊城鲁西北抗战纪念馆，中小学生和群众瞻仰烈士、追忆历史。

纪念"九一八"，中国人民勿忘国耻！

满江红
—— "九一八"八十一周年祭

啊！九一八，
关东军战炮响起。
失沈阳，
撤退关里，
华北危机。
"攘外必先安内"呀，
大片国土踏铁蹄。
怒发冲冠四亿人，
热血腾。
青纱帐，
雪原里，
大刀片，
打游击。
日本鬼东去，
蒋氏逃离。
五星红旗迎风展，
社会主义六亿喜。
看今朝天下风雷激，
巨龙飞。

第三十八章 "一·二八"，怒涛汹涌

"一·二八"事变亦称"淞沪战役"。

1932年1月28日晚上，日本侵略军向上海闸北一带突然发动进攻，驻守上海的国民党十九路军在全国人民抗日高潮的推动下，不顾蒋介石国民政府的不抵抗政策，在毫无准备的情况下奋起抗战。十九路军全体将士浴血奋战，坚持战斗34天，给日军以沉重的打击，使日军大将换中将，中将换少将，三易主帅。但是，蒋介石国民政府屈服于日本帝国主义，极力破坏淞沪战役，命令十九路军撤离上海，并于5月5日与日本帝国主义签订了屈辱求和的《淞沪停战协定》。

陶行知惊闻"一·二八"淞沪战役爆发，义愤填膺，写下了《国民的军队》和《敬告国民》两篇文章，颂扬十九路军英勇抗日的伟大精神，疾呼国民与军队共力奋斗。

《国民的军队》一文，1932年1月29日登载在《申报·时评》上。

什么叫作国民的军队？顺从国民的公意以保国为民、守土御侮的军队，这种军队，以国民公意为无上权威。外患临头，国民叫它战，它必以一当十、以一当百、以一当千、以一当万地战。若长官依据民意令它保国为民、守土御侮，它必服从；若长官违背民意令它放弃国土、对敌人不抵抗，它必不服从，不但不服从，并且要将发乱命者推翻掉，因为它所推翻的不是长官，而是国贼。新岳飞绝不是十二道金牌所能召得回的，因为他所服从的不是个人，而是国民的公意；不是破坏国格之乱命，而是保国为民之天经地义。这次第十九路军及上海义勇军向日本海军陆战队应战，便含有这种新服从之重大意义。十九路军已经在战绩上证明它们自己是国民的军队。

从二十八日夜十二时至二十九日黄昏，伤敌数百人，打下飞机三架，夺得装甲车四辆，占领日本海军司令部，驱逐陆战队向东败退，促使日军不得不向我方一度提出休战之请求。

这种战机，不但是给了日本帝国主义者一意料之外的严重的打击，而且是给了全民族一种绝大的新希望。全国的军队起来，踏着十九路军的血迹，造成国民的武力，收复已失国土，将一个可怜的弱国，变成一个敬爱的大国。倘若观望不前，自弃天职，那便是军阀害国的军队，人人得而攻之。

《敬告国民》一文，1932年1月30日登载在《申报·时评》上。

上海之战不是上海之战，而是全民族生死之战。我国民应当有此认识，放弃以往之旁观态度，而断然下一奋勇参战之决心。我郑重考虑之后，觉得中国国民有四件事可以做、应该做，而且是必须立刻做的。

一、认定十九路军是国民的军队，把它负起完全责任来，供给它军械、药品、粮食及一切物质上之需要，并督促当地军队负起保国为民的责任，以为十九路军后盾。

二、年富力强的国民加入十九路军或与十九路军有着同样精神的军队，在作战上学作战，以立全国皆兵、全民保国之初基。

三、国民该立刻发表一计划，对卫国阵亡将士家属负起责任来，使前线将士可以毫无后顾之忧地去应战。有钱的人，现在该是用钱的时候了；无钱的人，少吃一口饭也就把这件大事做成功了。一面还要督促政府，改善并例行阵亡将士家属抚恤条例。

四、我们对于战地避难来之人民，应以亲人看待，使他们觉得是到了自己家里一样。若坐视他们流落无依，便是我们未尽国民之责。

陶行知这两篇文章的登载，更加激起全国范围的抗日怒潮。

1936年，陶行知为纪念"一·二八"事变4周年，撰文《战斗》（节选）。

战斗即生命。在战斗中我们取得生命的力量，在战斗中我们取得生命的意义。没有力量、没有意义的生命，要它干什么？但是人类当中，有的高兴战斗、有的不高兴战斗，这是什么道理？这战斗性怎样可以失掉？

有人说战斗力是会被更大的战斗力消灭。这是浅见。一个意识前进的集团的战斗力，遇着一个意识落后的集团的更大的战斗力，是受着一时的镇压。这种镇压，叫它产生出新的战斗技术，繁殖出新的战斗分子，到后来，便能把更大的战斗力克服。意识前进的战斗力是愈被镇压愈受磨炼，而愈发光辉，而愈能冲锋陷阵！……

"一·二八"的战斗，就是这一部光荣的新历史的一页。它打破了"三日可亡中国"的错误的推测。它明白地告诉我们，只有战斗才是中华民族的出路；它也明白地告诉我们，只有参加中华民族解放战斗才能算是真正的中国人；它还明白地告诉我们，"民族英雄"靠不住，要大众组织起来担负救国的责任，才是真正地救国。

1936 年 1 月 28 日，陶行知及上海各界人士借商会礼堂举行"一·二八"4周年纪念大会，会上成立了"上海各界救国联合会"，陶行知被选为理事。会后，陶行知与沈钧儒等人率工人、农人及各界爱国人士近一万人参加游行示威，徒步 49 里，到宝山庙行镇公祭"一·二八"牺牲的无名英雄。

游行的人聚在英雄墓前高呼："国人团结起来抗日救国！"陶行知朗读了与严愕声、李公朴、张曼筠合写的《上海各界"一·二八"祭萧德义士》。萧德是一位美国飞行员，在为中国试验新购美国飞机性能的飞行途中，同 6 架日机在苏州上空相遇，因寡不敌众而牺牲。

> 萧德先生，
> 可敬可爱。
> 您的热情，
> 没有国界。
> 大地为鉴，
> 青天为盖。
> 飞机师多做侵略的走狗，
> 惯向弱小民族加害。
> 您为被压迫民族斗争，
> 要打倒帝国主义妖怪。
> 拼命打虽败犹胜，
> 不抵抗天然淘汰。
> 自从您流了最后一滴血，
> 中国去了一块一块又一块。
> 国土不许再卖，
> 还要收回失地，

冲出山海关外！
拿出我们的鲜血，
创造黄金的时代。
先生精神不死，
与中华民族同在！
与新的人类同在！

陶行知还作一诗《纪念"一·二八"》。

一·二八，
一·二八，
十九路军顶呱呱，
大炮小炮向外发。

一·二八，
一·二八，
历史教训认不清，
虽有眼睛也算瞎。

一·二八，
一·二八，
大众再做泥菩萨，
古庙一定会倒塌。

一·二八，
一·二八，
救国只有一条路，
武装起来向前杀。

在这期间，陶行知还作《上海各界纪念"一·二八"四周年大会宣言》《上海文化界救国会对"一·二八"四周年纪念宣传大纲》两篇文章。

《上海各界纪念"一·二八"四周年大会宣言》中写道（全文）：

四年前的今天，日本帝国主义驻沪总领事，向上海市政当局提出了一个灭绝人理的最后通牒，这个最后通牒，当局在一贯的屈辱忍让政策之下，终于是完全接受了！然而，日本的海军陆战队，依然要向闸北我军进攻，因而引起历史上有名的淞沪抗日战争。

这一个历史的教训，这一个血的教训，除了揭露日本帝国主义的凶残面目和惨无人道的屠杀手段以外，还明明白白地告诉我们：忍让屈辱只长敌人的气焰，只有奋起抗争才是我们的出路。

在这个战争中间，我们的第十九路军和第五军将士，事前没有充分准备，事后没有军力的补充，然而，在全国民众和海外侨胞的热烈援助之下，他们激动了火一般的热情，锻炼成钢一般的意志；他们用低劣的武器和数倍之众具有高度武装的敌人抗战。在敌人飞机大炮的重重袭击之下，在血肉横飞山崩地塌的威胁之中，支持了三十四天之久。敌人在初时预言四小时可以取胜，结果三易主帅，调动了一万二千名的军力，才占领了闸北吴淞一隅之地。

这种铁一般的事实，证明弱小民族只要一致奋起，以武装抗敌自卫，它虽然武器远不如人，然而必然可以争取解放。这种事实证明了替敌人的武力宣传唯武器论的破产，证明了民众力量的伟大。就在这种意义上，淞沪抗日战争变成标本的民族解放战争，它不但指点出中国民族的出路，而且指点出全世界被压迫民族的出路。这种历史的意义，这种国际的意义，使"一·二八"这一个光荣的日子，不但值得中国人纪念，而且值得全世界被压迫大众纪念。

倘中国在那时能出动全国的军力继续抗敌，我们这时候也许已经取得了民族解放的最后胜利。即使退一步，我们如能在淞沪停战之后，在过去的四年中间，停止一切的内战，集中全国的武力去对付敌人的侵略，用舆论的力量唤起全国人民的抗敌情绪，用组织的力量动员全国的民众，我们也许以后就不致再有华北之战，目下就更不致有华北问题和华南问题。我们虽然在淞沪之战支付了很大的代价，我们以后也许可以避免更大的牺牲。

不幸得很，我们的当局是刚刚走上一条相反的路，在汉奸的包围之中，淞沪战争一开始就变成孤军一隅之战，以至于败退，汉奸们便立刻重新进行他们的妥洽运动，而订立下辱国丧权的《上海协定》[①]。在停战以后，当局更建立下先安内而后攘外的国策。在这个国策之下，把国力在内战上牺牲得几乎净尽，同时新闻的检查和言论的统制，使文化的力量几乎变成敌人的工具，民众组织的摧残，使民众救国的热情，消耗在零零碎碎的对内的反抗，而不能发挥对外的伟大的作用。因此，过去四年间的成绩，是领

[①] 指 1932 年 5 月 5 日中日在上海签的《淞沪停战协定》。

土一天一天地缩小，主权一天一天地被剥夺，人民一天一天地被奴役、被屠杀！国内大部分的报纸，成为汉奸的舆论机关，而在华北，汉奸甚至一度公然冒称民众。总而言之，是敌人利用我们的弱点，利用汉奸的活动，一步一步地完成它以华灭华的毒计。

我们今天纪念"一·二八"，绝不是消极地感慨伤怀就算了事，而是要积极地根本地纠正过去的错误，用更大的规模，复活"一·二八"的抗敌精神。我们不能再容忍，我们反对再以准备掩饰懦怯，我们要求：一、停止一切内战；二、开放言论自由，撤销新闻检查；三、争取救国自由，反对压迫人民救国组织及干涉人民救国运动；四、全国总动员武装抗敌，收复失地；五、严惩误国官吏，铲除卖国汉奸。

1937 年，陶行知以中国文化使节、全国各界救国联合会代表双重身份、双重任务出访欧、美、亚、非，动员海外侨胞共赴困难、抗日救国。1 月 30 日，他出席纽约华侨学校"一·二八"5 周年纪念大会，在会上进行演讲，并作诗《"一·二八"五周年纪念》。

"一·二八"，日子好！
中国军人是好佬。
一个士兵打两个，
打得东洋四处逃。

"一·二八"，日子好！
十九路军是好佬。
打倒少将打中将，
战绩照耀曹家桥。

"一·二八"，日子好！
十九路军是好佬。
打倒中将打大将，
七次冲锋八字桥。

"一·二八"，日子好！
中国工人是好佬。
坚持闸北死不退，

傅维玉和孙小宝。

"一·二八"，日子好！
中国农人是好佬。
知道战士要吃饱，
为他煮饭蒸年糕。

"一·二八"，日子好！
中国商人是好佬。
存心不贩东洋货，
罢市急煞东洋佬。

"一·二八"，日子好！
中国学生是好佬。
生龙活虎义勇军，
丢掉书本把国保。

"一·二八"，日子好！
中国妇女是好佬。
看护宣传又慰劳，
娘子军儿守战壕。

"一·二八"，日子好！
中国裁缝是好佬。
名字叫作谢志成，
做成军衣不要钞。

"一·二八"，日子好！
中国车夫是好佬。
恭喜胡家出人才，
不是胡适是阿毛。

"一·二八"，日子好！

中国侨胞是好佬。
一万一万又一万，
捐尽万金捐珠宝。

"一·二八"，日子好！
朝鲜也有大好佬。
奉吉炸弹大如雷，
白川大将呜呼了！

"一·二八"，日子好！
美国也有大好佬。
萧德为我争自由，
万世流芳不朽了！

"一·二八"，日子好！
只有汉奸心不好。
几次压逼救国会，
一心讨好东洋佬。

"一·二八"，日子好！
谁在上海挖战壕？
谁扣捐款在腰包？
谁在洛阳两脚跑？

"一·二八"，日子好！
联合战线联得牢。
中国三天亡不了，
千年万年自由了。

黑暗即将过去，黎明就要到来。1945 年 1 月 28 日是"一·二八"13 周年纪念日，陶行知作诗《一·二八》：

一·二八，
举起第一次拳头。

昭雪三八载冤仇，
争取万万年自由。

第一次上海打仗，
表现了人民的力量。
展开了中国的希望，
证明要救中国，
只有抵抗。
对日本抵抗！
对法西斯抵抗！
对一切帝国主义抵抗！

上海之战，
证明了联合的力量。
军民联合有力量！
党派联合有力量！
政权联合更有力量！

我们要彻底地停止内战，
释放政治犯，
把枷镣锁铐一起解放，
创造新中国新家乡。
十九路军是民军，
保卫国家保人民！
如果人民要军队，
应该恢复十九路军。

诗中"昭雪三八载冤仇"意指 1894 年在中日甲午战争中清政府被迫签订了丧权辱国的《马关条约》，38 年后，上海广大军民于 1932 年 1 月 28 日，奋起进行了抗击日本帝国主义侵略者的淞沪抗战。

1945 年 8 月 15 日，日本侵略者宣告无条件投降；9 月 2 日，日本政府的代表在《投降书》上签字；9 月 3 日是抗日战争胜利纪念日，中国人民和全世界人民共同庆祝反法西斯战争的完全胜利。

1946 年 1 月 1 日，陶行知发表《新年的希望》一文，希望中国早日建成自由、平等、民主的新中国。

1946 年 1 月 28 日，陶行知在《新华日报》发表《"一·二八"十四周年纪念》诗。该诗共 18 节，其中的三、四、五、六、七、八、九、十、十一、十二、十五、十六计 12 节与《"一·二八"五周年纪念》相同，此处仅摘录不同部分。

一

"一·二八"，日子好！
中华民族是好佬。
万众一心雪国耻，
破天荒，拳头举起了。

二

"一·二八"，日子好！
十九路军是好佬。
大炮瞄准向外放，
一炮一炮又一炮。

十三

"一·二八"，日子好！
中国小孩是好佬。
唤起民众齐救国，
小先生应运出世了。

十四

"一·二八"，日子好！
中国人人是好佬。
如果没有金牌诏，
中国能胜东洋佬。

十七

"一·二八"，日子好！
中国三天亡不了。

细数已是十四年，
还是东洋被打倒。

十八

"一·二八"，日子好！
法西斯蒂未尽倒。
新中国和新世界，
要带大家来创造。

　　诗中的"金牌诏"，是指南宋名将岳飞北上抗击金国入侵，正当节节胜利之时，高宗皇帝在宰相秦桧的挑拨下向他下了 12 道金牌诏，命他退兵。此诗借古讽今。十九路军在淞沪战争中，由于得到了全国人民的支援，本已节节胜利，如果蒋介石不再三强下撤退命令，中国军队是能取得最后胜利的。

　　1936 年 5 月，陶行知应邀到广西。5 月 16 日陶行知到南宁市中学做《中国的出路》的演讲，莫邪做记录。记录被整理后，载入 1936 年 5 月 29 日、5 月 30 日两天的南宁《民国日报》。文前莫邪著有一段话："我听陶先生讲这个题目，虽然有好几次了，可是每次看到这一记录，仍然是大大地感动！真诚的人讲真实的事情，未有不感动人的。"

　　陶行知在《中国的出路》中讲第 3 个问题"各地民众抗日救国运动悲壮热烈的情形"时，讲了他亲历的"一二·九"运动。

　　去年十二月九日，当日本进一步发动华北事变，国民政府继续坚持不抵抗政策，亡国灭种大祸迫在眉睫，北平发生了一场空前的民族解放运动。有人说这场运动和五四运动相同，我认为不同。有六点不同，现在我只提出一点来说。五四运动时的学生，只知道打倒卖国贼，也没有什么生命危险，是一时的激动干出来的。"一二·九"（陶行知亦称十二月运动）运动则不同，危险是清楚的。天上有飞机，前面有刺刀、机关枪，人们脑子里已有了五四运动的经验教训，是凶多吉少。可是这六千多学生，他们竟然赤手空拳准备以自己的血肉之躯去争取中华民国的生命，这是多么悲壮的运动！而汉奸政府的责任是阻止这场救国运动，所以布置了四道防线：第一道是手拿木棍的警察；第二道是水龙；第三道是刺刀；第四道是机关枪。

　　学生们四人一排，女生在前边先冲，遇到警察就高呼："中国人不打中国人，请武装同志们加入！"警察们一听，木棍失去作用，第一道防线很容易地冲了过去。

第二道防线是水龙，离得太近，学生们的喊声听不清，自来水冲过来。在那天寒地冻的北平，冲过来的每滴水都结成了冰，地面又滑，大家仍然英勇前进。滑倒的、走不动的，爬着前进，艰难地冲过第二道防线。

第三道防线的士兵恐慌起来，手中的刺刀乱下，替帝国主义杀害自己的同胞。一个十三岁的女孩子被士兵踢倒地上，刺刀正要向她刺去，一个外国记者看到了，大为不忍，于是扑倒在这一女孩子身上，并对警察吼道："你们的刺刀应该向日本人刺！这女孩是中国最勇敢的抵抗者！"警察听了端着刺刀很惭愧地走开了。

学生们为了夺取中华民族的自由、平等、独立，以血肉之躯奋不顾身地向第四道防线冲去！……

"一二·九"运动得到全国人民的支持，形成了中国人民抗日救亡运动的新高潮。

十二月十八日，天津也响应了，全市学生总罢课。国人们知道，天津是日本帝国主义的租界地，抗日救亡运动是不易举行的。一个小小的日本士兵，可以在天津市市府卫兵的刺刀上擦火柴吃烟，其凶恶横暴之状可想而知，而救国运动究竟是不能遏制的！

有一学校几个学生商议（组织敢死队），号召同志们："凡是愿意牺牲血肉生命冲入日本租界去的请签字！"不期然立即有百人签字。大家抱定了只有出去没有回来的决心，向校门冲去。刚出校门，有一学生高声喊道："同学们！你们忍心只看着这一百个人为抗日救国而牺牲吗？"顷刻之间，便集齐数百人。每走到一个学校，就有不少学生加入，很快发展到四千人。大家准备冲入日本租界和日本人拼命！日本人得知这一消息，怕得不得了，立刻关上铁门，布满铁丝网，装上电流。大家冲不进去，便在门外高呼："打到日本帝国主义！""日本帝国主义滚出中国去！"声如雷动！日本鬼子躲在铁门里面，吓得犹如乌龟缩在壳里不敢动弹。

大义凛然威武不屈的四千个生命，没有牺牲一个。其结果，日本兵再也不敢在街上横行无忌了。可以见得，民众起来可以救国。

紧接着，上海的文化界、工人、农人及小先生都纷纷起来参加抗日救亡运动。复旦大学的几个学生领袖提议，要到南京去质问当局："还要准备多少日子才敢抵抗？"南京政府听到这一消息，便惊慌起来，立刻拍电叫复旦大学校长劝阻。校长说得嘴都干了，没有任何效果。学生们说："校长让我们爱国可以，叫我们不搞救国运动不行！"学生们出动了。聪明的南京政府想到了第二个办法：组织了保安队，预备了许多棍棒，命令他们"来一个打一个，来一双打一双，来一千打一千，来一万打一万"，等在火车站上。但是，那些保安队的兵士都是从东北流亡来的爱国同胞。他们说："我们要打回老家去。学生，我们不打！"棍棒没有人拿。第二个办法又行不通。学生仍然要去。去就去！把火车开到离南京几十里之外停下来，看你们怎么去？汉奸政府真是聪明，而前往南京的学生更不愚笨，派了两个学习机械工程的学生看司机开车。果然，汉奸司机停车溜跑了。不一会儿，火车继续开动起来。那还了得，学生也学会开车了。汉奸们立刻给前站打电话："把铁轨拆去！"这一情况，学生们事先也曾想到，于是把后面的铁轨拆下来接到前面，火车继续前进。南京得到这一消息不得了，当时南京政府怕学生甚过怕日本人，立刻派宪兵司令谷正伦率兵三千前去抵抗。抵抗谁？抵抗徒手空拳前来请愿抗日救国的学生们。学生领袖们决定："我们没有必要再去质问'南京政府抵抗不抵抗了'。南京政府的兵只是用来抵抗抗日救亡的学生的，我们的目的达到了，回去吧！"

1894年中日甲午战争爆发后，中国清政府被迫签订丧权辱国的《马关条约》。1919年日俄战争后，自日本军队强占了中国原被俄国老沙皇"租借"的关东州，在旅顺设立关东军司令部，至1945年日本无条件投降，在长达26年的侵略战争中，日本所犯的滔天罪行，罄竹难书！

第三十九章 "八一三"，威震全世界

"八一三"事变是指日本帝国主义发动"七七"卢沟桥事变全面对中国进行侵略后，于 1937 年 8 月 13 日发动了对上海的进攻。

1937 年 8 月 9 日，日本官兵两人驾一辆军车冲入虹桥军用机场寻事挑衅，机场的中国卫兵不得不开枪警戒，日本官兵两人中弹丧命。日本侵略者以此为借口，对上海发动了大规模的军事进攻，大批日军登陆，多架飞机出动侦察。8 月 13 日，日军以租界和黄浦江的日舰为基地，向闸北一带炮击，当地驻军在中国共产党领导的人民抗日救国民族运动的影响下，奋起抵抗。当时，围守在四行仓库的 800 名中国官兵，在孤立无援的形势下，以血肉生命为代价，打退了日军的多次进攻。由于国民党政府采取单纯防御的战略方针，不但不敢发动群众抗日，反而妄图借抗战机会，达到消灭异己的目的。11 月 12 日，国民政府宣布停战，军队奉命撤入英租界，上海被日军占领。这场战争持续了 3 个月，中国军队付出了极其惨重的代价。但是，中国军队英勇顽强地浴血奋战的事迹，传遍了全世界。

在这 3 个月里，中国抗日战场上先后又发生了平型关大捷和忻口会战两件大事。

1937 年 9 月，日本侵略军占领了大同后，不可一世地向长城一线推进，企图突破雁门关一带的防线，进逼太原。9 月中旬，八路军一一五师为了打击日本侵略军的猖狂气焰，配合国民党军的正面防御，决定利用平型关的险要地形，从侧面出其不意地给敌人以猛烈的袭击。9月23日，当日本精锐部队板垣师团一部占领灵丘并准备向平型关推进时，一一五师却已集中埋伏在平型关附近。9月25日拂晓，日军进入我埋伏圈，敌我双方立即进行激战。经过一天的浴血奋战，我军歼敌一千余人，缴获了大批枪支、弹药、车辆等军用物品，取得了歼灭战的辉煌胜利。一一五师在敌强我弱的情况下取得平型关大捷，打破了日本侵略军不可战胜的神话，振奋了抗日战场上的革命将士，鼓舞了全国人民抗日救国的热情，树立和巩固了中国人民抗战必胜的信心。

1937年10月中旬，为了阻击日本侵略军南下直取太原，在同蒲铁路线忻口这一地方，国民党第一战区司令长官卫立煌集结重兵设防，组织会战。八路军在平型关大捷后，为了配合忻口会战，曾以主力在敌侧后展开广泛的游击战袭击敌人。一一五师一部在晋东北部切断了由代县经平型关至张家口的交通运输线。一二〇师在晋西北部展开雁山的游击战，曾几次占领雁门关，完全切断了敌人的后方交通。一一五师另一部则深入察哈尔和平汉线两侧发动游击战争，进逼保定附近。一二九师一部奇袭阳明堡日军飞机场，焚毁敌机20架，使敌军空运一度停止。当日军由石家庄沿正太路西进，进犯娘子关时，一二九师和一一五师奉八路军总部命令，立即驰援娘子关，先后在娘子关的七亘村和昔阳以东的黄崖底等地打击敌人。忻口会战坚持了一个月之久，几次战斗都有力地配合了友军，打击了日本侵略军的进攻。事后，八路军总司令朱德称赞卫立煌是"在忻口战役中立下大功的民族英雄"。

"八一三"事变发生之时，陶行知还在加拿大、美国等地发动侨胞抗日救国，共赴国难。他回国后，1938年9月1日下午7时半在香港青年会大礼堂演讲《国际形势与中国抗战》（节选）：

> 自从"八一三"事变以来，我们有被几千日军包围而孤军奋斗的八百壮士，有台儿庄的大胜利，现在世界上没有一个人不敬佩这个光荣的中国了……

1938年12月10日，《战时教育》第3卷第8期，刊登了题为《陶行知先生说真话》的文章（节选）：

> 世界上的国家，大多数都是同情我们的，只有少数的两个国家，就是德、意，是不同情我们的……
>
> 在那本大名鼎鼎的《我的奋斗》（希特勒著）里面（德文本），他简直不把中国人当人看待。他说中国人是"半死不活的动物"，他认为中国人应该被淘汰，被消灭……

别的国家的报纸，对于中国胜利的消息，如平型关、八百壮士、台儿庄等，都是用顶大的字，登在第一版，德国却不然。我到了德国以后，跑到他们的图书馆里，把"八一三"以来的报纸从头看一遍，凡是中国打胜仗的地方，他们都是用很小很小的字，登在报纸上的一个角落里，几乎要用显微镜才看得出来。后来，我又发现了一个秘诀，凡是德国的报纸骂我们的时候，就是我们打胜仗的时候。你记好日子，等英、法的报纸来了，翻开一看，果然是中国打了胜仗……

意大利的情况和德国差不多……

可是，这绝不是说，所有的德国人都是这样地看不起我们。德国法西斯政府的态度和民众的态度是不一致的。有一天，我到柏林乡下去玩，我要去看看他们乡村民众的生活状况。在路上，遇到一个农人，我走上去招呼他，说了几句应酬话，就谈起话来，先从他们的生活谈起，慢慢谈到中国的抗战。谈了一会，他忽然问我："你是中国人还是日本人？"我说："我是中国人。"他立刻就举起大拇指来说："我赞成中国人，我敬佩中国人。"他又立刻对我说："但是请你不要把我这个话讲出去。如果把我这个话讲出去，给我们政府知道了，我就不得了。"

在二三百年以前，西洋人对于中国人，是很尊敬的。因为那时候，中国的文明，实在比他们高。比如，印刷术、指南针、纺织、火药等，中国几千年前就有了，但他们很久很久才知道。至于日常生活上，中国人很早就有了洗澡的习惯，但西洋人则不然。我这次出访曾经去看过路易十四的澡盆，比我们中国一个普通人家的洗脚盆好不了多少！皇帝尚且如此，一般民众可想而知。中国人很早就会用煤，马可·波罗的《游记》上说："中国人用黑石头烧水。"这《游记》传到西洋以后，西洋人才知道用煤。瓦特看见煤火上的壶水冲开壶盖，因而发明蒸汽机……

英国首相艾登说："西方的民主是受中国的保护。"可见中国的国际地位之一斑。这是什么缘故呢？因为"八一三"以后，中国的拳头伸出来了，各国都敬佩中国能够抵抗侵略！

中国的华侨，自"八一三"以后，有了新的进步，可说是新华侨。他们越离祖国远，爱国情绪越高。旧金山、芝加哥、纽约、伦敦，以及法国各地华侨都能一致团结，踊跃献金，并作国民外交。美国华侨组织情况特别有趣，如氏族的组织、洗衣工人的组织等。新加坡华侨的爱国热诚更为热烈，使得新加坡华侨更没有一个敢买卖日本货的。他们制裁奸商，是将奸商的耳朵剪去。后来我建议他们以教育代替剪刀，成绩很不错。

近一百多年来，中国人自己不争气，所以他们那种尊敬的态度就变成了轻蔑的态度。尤其是"九一八"以后，他们对于中国人，更是看不起。"八一三"以前，我到外国去演讲，来听的就没有几个。"八一三"以后，这种轻蔑的态度变成了敬爱的态度，一听到有中国人演讲，来听的人真是人山人海。演讲者一进会场，听众一致肃立拍掌，讲到"中国已经团结起来了！"听众就拍掌欢呼，声如雷震；讲到日本的暴行，听众就发出"斥斥斥"的声音，好像立刻要把日本帝国主义"斥"出去一样，表示愤怒。讲完了，走出会场，又是全体肃立的拍掌声，还有不少人跑来和你握手。这是为了什么呢？就因为我们已经能够争气，已经能够站立起来了。

只要我们加紧团结，抗战到底，一定能够取得最后胜利，一定能够得到他们加倍的敬爱与尊重……

"八一三"事变及以后的平型关大捷等，极大地提振了中国军队抗日的士气，也提高了中国的地位。

中国让世界看到了一个不屈服的中国！

第四十章　忙碌的一天

阅读、学习、深思《陶行知全集》，有两个字比较彰显：忙、累。"圣诞前夜之晨四十未卧""高兴地与黎明赛跑""乐于日出之前起身"，类似的语句比比皆是。

1940 年 3 月 16 日，陶行知不得已去医院查体，血压竟是 156/210，令人震惊！而陶行知处之泰然，仍然笔耕不辍、书信不断，照常工作。

1942 年 1 月 19 日夜，陶行知疲倦得难以提笔，只好让夫人吴树琴代笔给儿子陶晓光写信。

下面列举几个陶行知的"一天工作纪实"。

1936 年 5 月 17 日，陶行知在南宁市各地被邀请做演讲。上午，陶行知在广西妇女救国会、广西学生救国会演讲《今天中国需要有一个统一联合的抗日救国战线》；中午，陶行知在南宁市党部大礼堂，对该市小先生团体 600 多个小先生演讲《小先生制改进的五点》；晚上 7 时开始，陶行知在乐群社座谈发言。自早上 6 时半起，到晚上，他一天做了 7 个演讲！

1940 年 7 月 1 日陶行知致信陈烟桥等叮嘱"汪先生之住处及一切请多照料"；致信殷金陵等人盼望"告知二儿童交中大保育院情形"；致信孙崇甫希望他"来碚指教"；致信林云峡勉励他"艰苦工作，定有成就"；致信煦南叮嘱"本校不再外地招生"；致信沙千里表示"感谢寄来三文件"；致信尹来弟小朋友说明"零用钱待商量后筹集"；致信尊一认为"学当其才，必不能拘于一格"；致信国民政府政治部长张治中表示"感谢捐助晓庄研究所款一千二百元"；致信陈裕光解释"为校址与饮水限期之因暂停招生"；致信杨静桐表示"感谢侨胞爱护育才及新安旅行团";致信合川县谢县长提醒"谨防坏人中伤教育界互助之美德";致信马肖生希望"派人合力看好木料";致信吴树琴、小桃、蜜桃叮嘱"要提防飞机轰炸"。陶行知当日共写了 14 封信。

1940 年 7 月 7 日是一个值得中国人民纪念的日子。陶行知是在因病休养而书写 14 封信中度过"七七"事变 3 周年纪念日的。

胡同炳吾弟:

接读来信,知道你五年的宿疾竟痊愈了,真使我高兴万分。你能利用疾病给予你的空闲而"得到一些钓鱼、捉鱼、种菜的好方法,还学会了上茶馆喝茶的习惯",这一些均表示了你的耐心和适应的智慧,在积极的人生态度中改变了自己。我相信你会获得成功的。

此间有一个研究机关,对旧有的药方可做科学之研究。你食用的"健步虎潜丸",其配制之药料及配制之过程,我很希望你能做一详细的报告。

承告晓庄同学的消息。现在我也告诉你所关心的孩子:陈德祥、王金莲在育才社会组学习;尹来弟还在一个保育院;陈银山已经病逝了。

我家老太太的坟墓,丁大奎照应殷勤,希望你能代我写封信感谢他。

又,你所说关于唐凤岐的消息,我不能确切了解,请再告知。

特此。

并祝体健!

陶行知

"七七"三周年纪念日

瑟若先生:

您的来信到时,适有事已往重庆。您希望跟我谈谈,甚是欢迎。请即择定时间,预先给我一个通知。

此复。

并祝体健!

陶行知

七月七日

谭堃珩同学:

你离家弃业,求为祖国服务,感佩得很。也许直到现在,你还没有获得为祖国服务的机会,但祖国需要你,我想是不容怀疑的。你在香港既曾加入生活教育社为社员，希望你跟桂林总社能通一两次信，或者他们可以给予你工作机会，并解答你心中所感到的某些疑难。倘若你不愿意在华南工作，同时还没失去来重庆的"财力"的话，你到育才学习并工作一个时期也好。

寄存在香港"自强社"的那六千多本图书，我想应该公知于社会，供大众阅览。只要客观上没有什么大的困难，余不赘。

又，总社之通讯处为桂林邮箱一四六号。

即祝体健！

陶行知
七月七日

业勤先生：

来信复迟了，抱歉得很。

您任教五年，没染上那些老于教书者的习气，并且对《战时教育》感兴趣，在理论与实践上企有所探讨，这一点就使我非常高兴回答您的问题。您所提出的一些原则，大体上是正确的。只是您对于小孩子的看法和估量，我认为是值得商量的。您说"小孩子根本不会有错误"，倘若您的意思只是企图导出一结论，认为孩子们的错误，根本上是由于环境造成的，那倒没有什么不对。但是，倘若您要据此作为训导儿童的一个重要的指导原则，那就有问题了。儿童不但有错误，而且常常有着许多错误。由于儿童年龄上的限制，缺乏经验，因而本身就包含着错误的可能性，这是一；环境不良，养成了许多错误的习惯，从这些错误出发，必然再造错误，这是二。

因此说，教育的任务，除了积极发扬每个儿童固有的优点之外，正是要根据事实，肯定他们的错误，从而改正他们的错误。

您想到育才学校做艺友，我们应该是欢迎的，无奈名额有限，倘若以后情形变动时，我想您不是没有机会的。

此外，关于生活教育社，还有一事奉告的，就是它欢迎教育工作者参加，但不是要他们离开原有的工作。入社和参加社所举办的事业中去工作，完全是两回事，特此奉回复。

并祝康健！

陶行知
七月七日

林宝同志：

　　接到你的信，我很高兴。民众服务团①解散后，你继续留在六十六军服务两年多了，我想你一定有不少的进步，这回写的信便是个很好的例子。

　　工学团团员在各地服务的人数很多，大场②当地的也不知你和俞文华两个。沈一飞在浙江丽水某服务团，徐治平在重庆国际新闻社，徐禅仙在孩子剧团，沈增善于沪沦陷后回到上海，他们都参加与抗战建国很有关系的实际工作。另外，还有些人在做着比较不重要的事。你说抗战胜利后再大规模地恢复山海工学团，这是非常有意义的话。但要做到这一点，就得靠大家努力争取最后胜利早日来到，每一个人都要站在自己的岗位上努力工作才是。

　　祝你进步！

陶行知
七月七日三周年纪念日

其吉学弟：

　　闻张真如同学噩耗，不胜叹息。盼学弟代向其家属致慰问之意，并暂垫十元作为赙仪。

　　特此。

　　并祝体健！

陶行知
七月七日三周年纪念日

周蒋鉴先生大鉴：

　　读来信，知先生因事繁操劳，忽抱贵恙，并以警报频频，未克来渝施行手术。不识近况何若？但愿"吉人天相，早占勿药"。

　　先生专为介绍教导主任及二、四年级级任，事关保育工作，自应效劳。唯此如先生所希望之工作，此刻一时尚不易觅得。

　　特此先行奉复。

　　并祝康健！

陶行知
"七七"三周年纪念日

---

　　① 亦称战地服务团，团长张劲夫，成立于1937年9月底，任务是宣传共产党的抗日主张，救助伤病员和运送军用物资等。

　　② 山海工学团旧址。

西洛先生：

　　"复兴学校"及"平光小学"希望我等能代他们各作一校歌。对于这件事，我有点意见。我认为校歌须表现之立校方针及根本精神，别人代作是不太容易写出好东西来的。因此，我希望你能代达该二校之校长，并盼望他们自己或本校教师，甚至优秀的小朋友试试，当有佳作，比别人写的要亲切动人。

　　特此。

　　并祝撰安！

陶行知
七月七日

莲仁先生：

　　两信均已收到。《教育与职业》复刊，我很高兴写点稿子寄来，无奈病中休养，不克如愿，甚以为歉。至来碚住温泉小学，当不成问题。前数日我已请该校之教导主任曾先生径自答复您了。

　　此祝撰安！

陶行知
"七七"三周年纪念日

白君吾弟：

　　多年未见，看到你的信很是高兴。你所要的证明书，当不日寄来。

　　特此。

　　并祝进步！

陶行知
"七七"三周年纪念日

公照先生：

　　《国讯》谋改善，忝属编委，自应撰稿，以尽绵薄。唯迩来因病休养，写不出大文章。以后当将小品、新感陆续奉上。

　　特此。

　　并祝撰安！

陶行知
"七七"三周年纪念日

致嘉陵江三峡乡村建设实验区兵役会：

　　谢领抗属工厂出品之毛巾一条。除捐法币五元助该厂之发展外，并有一事可奉告者：该毛巾为抗属出品，行知决定留于舍下，专供有贡献于抗战建国之客人之公用。此致

嘉陵江三峡乡村建设实验区兵役会。

陶行知

抗建三周年纪念日

亚仙同学：

　　读来书，甚感欣慰。陈珍渠先生本其二十年之研究，发明三一纺纱机数种，之前曾从达三同志处闻悉一二。今陈先生拟作大规模之制造，发动广大纺纱事业，并采用工学团之方法，以服务乡村，贡献抗建之目的，实不胜欣佩之至。

　　工学团之形成，战时与平时容有不同，唯养生、明生、保生之宗旨则初无二致，此观点尚盼与陈先生正之，俾工学团不失其原来之精神，能于抗战中获一新发展也。戴自俺在桂工作，不易离开。铭勋在育才任教，亦难走脱。俟将来进入具体阶段时，达之同志等或可前来有所助益也。

　　特此奉复。

　　并祝体健！

陶行知

七月七日

唐现之吾弟：

　　信悉。你希望宗麟能到你那儿帮忙，在目前宗麟已不能完全于沪之情况下，这个意思倒也很好。不过，他在沪工作近五载，重庆方面似乎更需要他。再从他自己个人的期望来说，只怕也是希望到重庆来。

　　令郎病已痊愈否？

　　特此。

　　并祝体健！

陶行知

"七七"三周年纪念日

　　虽然"因病休养"，但是陶行知依然忙个不停。一封封信，字里行间显现的是他关心同志健康、商讨对孩子的教育培养、救助伤病员、鼓励同志们努力工作、

指导校歌创作、为刊物撰稿、捐助逝世学生家属、为同志们寻谋工作、支援兵役会乡村建设、为学生邮寄证明书……他惦记着所有的人，唯独忘了自己还在病中。这一天天的工作，是一次次地对陶行知"爱满天下"伟大胸襟的诠释。

　　1944 年，日本侵略者做垂死挣扎，步步紧逼；蒋介石独裁政府继续坚持"攘外必先安内""救国必先救党"的卖国求荣政策；中华民族四万万五千万同胞继续为反独裁、争民主、争自由、早日建立民主联合政府而浴血奋战。伟大的民主主义战士陶行知又是如何度过 10 月 10 日这一天的呢？

　　10 月 10 日为国民政府定的国庆节，陶行知作诗 4 首以表示庆贺。

歌唱现代

我们不歌唱远古，
我们不歌唱未来，
我们只歌唱现代！
歌唱从古以来之现代，
歌唱未来所从来之现代。
歌唱现代的战斗，
歌唱现代的创造，
创造到无穷的将来！

民主

有人说人民不会民主，
不可给他民主。
也有人说人民不会自由，
不可给他自由。
等于说张三不会游水，
不可让他下水。
也等于说李四不会骑马，
不可让他上马。

政治的盘尼西林

盘尼西林是华莱士送来的好礼物，
它是药学上最新的发明，
可以神速地治好无可救药的病。

我们感觉这礼物只是太少一点，
难以普遍地做人民救星。
但是中国更需要政治上的盘尼西林，
救治百孔千疮的政治病。
若想肃清一切政治的病菌，
怕只有民主的实行。
假药不可医病，
提防伪民主，
假造的政治的盘尼西林。

民主第一

民主第一！
民主至上！
民主万能！
民主应该是无所不在。
老百姓要做：
自己的主人，
国家的主人，
世界的主人。

　　从陶行知的生活片段可以感受他的忙碌。他不是某一天这么忙碌，而是天天这么忙碌。为了国家的进步、人民的幸福，陶行知脚步匆忙，生命不息、战斗不止！

第四十一章　大爱无疆

19世纪三四十年代，以陶行知为代表的爱国志士在国家危亡、生灵涂炭之际，靠募捐来普及伟大的教育事业。在这一过程中涌现了千百万个拥护、支持、鼎力赞助陶行知们的社会团体和个人，我们应该牢记。

1942年陶行知给在美国援华联合会任职的罗格夫人写信。

亲爱的罗格夫人：

顷接三月十六日惠书副本两份，皆由基督教女青年会自成都转来。尊函令我忆起数年前您与罗格教授访华期间，我们一同度过的愉快时光。衷心祝贺您在美国援华联合会任职，参加该会的光辉工作。美国援华联合会对中国的战争孤儿深为关怀，不仅在文化上，而且在物质上给他们以帮助。三年来，我本人也有幸为这些孤儿竭尽绵薄。得知上次我与耿丽淑女士所作简短之谈话，竟能传至远方朋友，殊觉快慰之至。"我们如今是在共同作战。"夫人此言极是。诚然，我们正在为一个共同的胜利——为自由击败法西斯主义、希特勒主义的胜利而战斗在一起。战争不会很快结束，而孩子们的成长很快。凡能给予他人的孩子以最大关怀者，即能赢得真正的胜利。以对本国孩子之爱施与他国之孩子，乃一极为崇高之举。

兹遵大函所嘱，依所提问题之先后次序答复如下：

……………

夫人，如果我把关于育才学校诞生的几个小故事告诉您，您一定会更加了解育才。托马斯·A.爱迪生的童年给了我创办育才学校的巨大推动力。如您所知，爱迪生小时候喜欢玩弄化学品，他的老师是老派先生，对此大为不满，所以爱迪生在学校三个月就被开除了。他的母亲对自己的孩子很了解，允许他在地下室继续进行实验，并亲自教他历史和地理。正是在一位慈母的关怀和自身天资的推动下，爱迪生才对科学和人类福利做出了这么多的贡献。有两件事给了我很深的印象：一是具有科学才能的人应该尽早开始学习科学；二是有天赋儿童的老师应该更好地学习爱迪生母亲的教育态度。这是促使我创办育才学校的五种力量之一。为使此信不致过长，我暂且讲这个故事给您听也就满意了，其余的留到将来再说。您的信给了我一种轻松感，因为我的大部分时间都用在进行一种崭新的"运动"——与粮价赛跑，并设法筹措足够的基金以使我和我的同事们能够致力于真正的难童教育。

承蒙为育才尽力，谨表谢意并伫候佳音。请代向罗格教授和耿丽淑女士问候。

您的朋友
陶行知

1944 年 3 月 10 日，陶行知给时任英国大使馆新闻专员史丹莱·史密斯先生写信。

亲爱的史密斯先生：

闻印有英国绘画之明信片，业已到达贵处。消息传来，令育才学校主办之儿童美术馆的小美术家们深表钦慕。未卜阁下能否惠赠此等明信片一套与儿童美术馆。我可以向阁下保证，我们的小艺术家们必能发挥其作用，并对阁下之慷慨馈赠深表感谢。

特此预致谢意。

您忠实的朋友
育才学校校长陶行知

1944 年 4 月 10 日，陶行知给英国援华会任职的克里普斯夫人写信。

亲爱的克里普斯夫人：

首先，请允许我向您及贵会表示衷心的感谢，感谢你们在中华民族的解放斗争中为它所做的一切。我相信，你定会乐于听到关于中国战时首都一所学校的情况。由于当前这场伟大斗争还在进行，这所学校便继续在为教育和培养父母双亡、家园被毁的儿童而进行战斗。这所学校的全名是：为招收具有特殊才能之难童而设立的育才学校。学校的名称就会让你一望而知我们所力图达到的目的。这些儿童都是通过智力测验和专门测验从战时儿童收容所、孤儿院以及战争第一阶段曾经一度勃兴的儿童自己的组织中选拔出来的。我们以他们各自的兴趣和才能分为音乐、绘画、戏剧、文学、舞蹈、自然科学、社会科学七个组。

…………

由于物价暴涨，我校教师及儿童均受营养不良和科学设备不足之苦。因此，我代表为招收具有特殊才能之难童而设立的育才学校向您申请财政援助，以改善我们贫苦难童之营养，改进我校教师的生活状况，添置为实施有效教育所需要的设备。我们所申请的补助款将用于以下各项：

…………

随函附奉《育才实况》《育才三方针》《育才十字诀》《育才学校之创办》及美国援华联合会计划主任甘霖林的《关于育才之报告》各一份。我希望这些材料和我的这封信，将使您看到育才学校的真实情景并对学校的抱负、努力、困难有所了解。如蒙鼎力相助，以创造性的救济使育才能够帮助难童和教师们得到更卫生的食品、过更健康的生活、实施更有效的教育，以使实验更富有成果、更富有成效，则不胜感激之至。

谨此伫候佳音！

育才学校校长陶行知
敬上

1944 年 5 月 30 日，陶行知给美国援华联合会驻华主任蒙·艾德敷先生写信。

亲爱的艾德敷主任：

五月二十四日手示已转来北碚我处作复。我校申请一九四四年十月一日至一九四五年九月三十日经费概算，是以最近九个月经费支出的月平均增长额为根据的。我校一九四三年八月之预算为国币十万元，而一九四四年五月之预算则已增至国币三十万元，月增长额为国币二万二千元。一九四四年十月，预算将很可能跃至国币四十一万元。到一九四五年九月，预算则可能达到国币六十七万四千元之数额。因此，一九四四年十月至一九四五年九月全年之总预算应为国币六百三十万零四千元，亦即每月为国币五十四万二千元。我们的愿望是预算的三分之二在国内筹集，三分之一即国币二百一十六万八千元，则由贵会补助。

以上乃代表育才学校对一九四四年至一九四五年度概算所做的解释。

您极忠诚的朋友

育才学校校长陶行知

1945年6月1日，陶行知又给艾德敷先生写信。

亲爱的艾德敷先生：

一九四四年十二月二十三日，我曾有幸向甘霖林主任呈送两项申请。"申请一"已蒙迅速加以考虑，对此我谨表示衷心的感谢。然而有关创办农业组和工艺美术组之"申请二"，于儿童福利委员会召开会议时，却未提交会议讨论。中国儿童福利委员会下次开会时，敬希将其提交会议讨论并望鼎力推荐，使其得以通过。兹将"申请二"主要内容稍加修改后，引述如下：

……………

所附预算，是根据半年前的物价作估算的，如有可用之款，我希望预算能加一倍。不过，倘若更多的款项难于获得，就是缩小规模也是可行的。中国有句名言："一生二，二生三，三生万物。"我认为开始少一些，也比没有好些。育才如果没有一个保育室来培养难童中年幼的工、农业人才，就像一个畸形人，不能指望做出新中国所需要的那种有益的、健康的贡献。正是由于这个原因，我请求您向中国儿童福利委员会推荐这一申请，并望鼎力相助，使之能通过仔细研究的各个阶段，以便我们能够鼎得另一个胜利——不仅是已经在育才和可能来育才的难童们的胜利，而且对新中国更大的进步来说，也是一个胜利。

您忠诚的朋友

育才学校校长陶行知

1944年11月15日，陶行知给魏璐诗写信。魏璐诗，女，奥地利人，抗日战争时期来华，当时在重庆"联合国影闻宣传室"任职，曾与史沫特莱、马海德等编辑出版《中国之声》《中国大众教育运动》。她热心支持中国人民抵抗日本帝国主义侵略的正义事业和陶行知的人民教育运动，积极为育才学校募捐。

亲爱的魏璐诗博士：

随函附奉陈贻鑫的自传。应该附加三点说明：

一、贻鑫在被录取之前，曾经被我校流动考试委员会中的音乐家拒绝录取，原因是他患有头疾。由于我回忆起他指挥合唱队的超常能力，并坚持不懈地寻找这位秃头的小音乐家，他才终于被育才学校录取。

二、他的头疾已治愈，这要归功于冯大帅的同情，是他从泸州请来一位基督教徒刘大夫医治；也要归功于基督教青年会总干事黄次咸先生的善意，是他送给贻鑫醋酸铊，使其病发全部脱落，长出新发。贻鑫现已不再秃头。

三、贻鑫才华出众，不仅精于作曲，而且善于向更为年幼的一代教授音乐。

永远是您忠实的朋友

育才学校校长陶行知

1944 年 11 月 15 日，陶行知给印度加尔各答中国联络处写信。信中提及的约翰·布洛菲尔德当时在重庆英国大使馆任职。

亲爱的各位先生们：

承蒙代为购到乐谱十七本，并通过约翰·布洛菲尔德先生送至育才学校。我校音乐组全体师生及我本人对阁下之鼎力相助，特表衷心的感谢，兹寄奉一百四十四卢比汇票一张，请向中国银行兑取，用以清还阁下代垫的书款。

小儿陶晓光亦曾为我校音乐组购到琴弦若干，并为我校绘画组购到水彩颜料，均系为难童所购之物，他日定当登门拜访。如蒙设法将小儿所购之物送来重庆，当不胜感激之至。此等物品均为我校所急需，在运输方面如蒙赐予方便，使之早日到渝，当感激不尽也。

您忠诚的朋友

育才学校校长陶行知

1944 年 11 月 15 日，陶行知给巴恩斯写信。巴恩斯，印度人，当时在中国护运队印度办事处工作。

亲爱的巴恩斯先生：

关于美国援华会 M. 毕莱思恩女士送与我们的纳维妥油和奥利菲斯两种营养一事，蒙八月三日大函告知，当即函请阁下将营养油交中国航空公司运送重庆，然迄今尚未收到。兹随函附奉二百卢比汇票一张，请向中国银行兑取此款，以支付任何有关之费用。尚有结余，请代保留以便为我校难童在印购物，购物单容稍后寄上。

致衷心的感谢！

您忠诚的朋友

育才学校校长陶行知

1944 年 11 月 15 日，陶行知给在美国援华联合会任职的甘霖林写信。

亲爱的甘霖林博士：

　　兹委托唐堃珩先生代表我向贵会领取八月份和九月份的补贴余额（十月份如有，也一并领取），以及十一月份十四万元的补贴。

　　据王夫人告知，儿童福利委员会已经通过您的提议，再资助一百名难童进育才。我可以肯定，此举将有助于早日实现我们的共同计划。由于若干物品不断涨价（以面盆为例，在我的预算中其价格为一百八十元一只，时隔甚短，现已涨至二百八十元），所以希望将固定经费一百四十四万八千元尽快预支给我们，以便预为新来难童购置必要设备，防止日后经济拮据。

　　我校新计划备蒙关怀，申请资助，亦蒙鼎力支持，谨在此表示衷心的感谢！

永远是您忠诚的朋友

育才学校校长陶行知

　　从致信的日期可见，在 1944 年 11 月 15 日这一天里，陶行知先后书写了为音乐家陈贻鑫致奥地利魏璐诗博士表示感谢的信，为在印度代购乐谱、琴弦致印度加尔各答中国联络处各位先生表示感谢的信，为获准资助 100 名难童一笔巨款致甘霖林表示感谢的信，为函催营养品运渝并委托在印购物致印度护运队巴恩斯先生表示感谢的信。4 封信，陶行知花去了多少时间、耗费了多少精力，只有他自己最清楚。

　　陶行知给甘霖林写了很多封信，除了 1944 年 11 月 15 日的信之外，还有 10 多封有必要介绍一下。

　　1944 年 10 月 21 日，陶行知给甘霖林写信。

亲爱的甘霖林博士：

　　十月十七日手示敬悉，十分高兴。上海晤谈时，您表示担心，我们可能会变成"中国的达特茅斯"①一事，使我内心固有的、由于物价不断上涨而暂受压抑的对难童的炽热感情之火烧得更旺了。三日来，我因感冒卧病在床，得以足够的闲暇做一番创造性的思考，由此做出了一个新的决定：育才学校将永远服务于贫苦儿童、不幸儿童、无人关心的儿童、无父无母

---

　　① 达特茅斯：美国教育学家依利扎维洛克在 1769 年创办的一所专收贫穷的印第安青年人的学校，受达特茅斯捐助。

的儿童，特别是当前的难童……

湘、桂前线的战事，迫使数十万难童不断涌来，拯救难童的工作刻不容缓。为拯救儿童而奋斗，就是拯救中国的未来。对获得拯救的儿童施以正当的教育，无异于给我们的后代注射一剂精神上、智力上的盘尼西林。他们将会有助于中国在一个更好的、由各民主国家组成的世界中做出有益的贡献……

您忠实的朋友
育才学校校长陶行知

1944 年 12 月 13 日，陶行知给甘霖林写信。

亲爱的甘霖林博士：

下面是我为招收一百位新生所做的准备工作……

我的愿望是从十二月份起，能够收到每月日常费用的拨款，因为手头无其他款项可资垫付新聘教师的薪金、考试委员及新难童的旅费等费用。这些难童可能在圣诞节前报到，他们的人数尚不能确知。

盼望早日回音，预为致谢。

永远是您忠实的朋友
育才学校校长陶行知

1944 年 12 月 23 日，陶行知为创办育才农业组和工艺美术组申请拨款而写信给甘霖林。

亲爱的甘霖林博士：

奉十二月十八日通知，自当遵办。兹谨代表育才学校提出两项申请……

根据以上原则和考虑，我们为开办农业组申请国币三十万元赠款，为开办工艺美术组申请国币七百万元赠款。当育才成为羽毛丰满的、献身于真理、博爱、和平的大学时，这两个组将是农学院和工艺学院的基础。总的原则如蒙批准，我特呈奉一项详细的规划。

永远是您忠实的朋友
育才学校校长陶行知

1944 年 12 月 25 日，陶行知给甘霖林写信。国民党当局对已建立 6 年的晓庄研究所不断地削减经费，直至完全停止物资供应，陶行知不得不请求美国援华联合会给予援助。

亲爱的甘霖林博士：

这是圣诞节前夜凌晨四点钟。顷刻之前，我尚卧床未起，沉浸在创造性救济、智慧尖端和基督伟大之爱的宏大磁场中的一个想法，驱使我起床给您写这封信。我很高兴与黎明赛跑，乐于在日出之前起身。

创造性的救济与创造性天才的解放相比，不能稍有逊色。创造性的救济必须给他们以充分的食物和阳光，使他们能够首先进入智慧的尖端，继续推进造物主的创造性工作。当这样的智慧转变为能将世界和人类改造的更好的那种力量时，我们才有创造性天才解放自己的机会，并非限于几个人，而是敞开了一个国家或全世界。那么这个国家和世界就获得了最高形式的民主。

在此长期抗战的过程中，成千上万有才能的学者，包括许多有发展前途而且很有能力的无名科学家，陷入了极度的贫困之中，被逼到几乎无法生存的地步，或不得不改行做不适当的工作。而且，甚至在抗战开始前，尤其是抗战以来，数以万计的有才能的男女青年，仅仅因为贫穷而无法接受高等教育，继而因为没有大学文凭而被摒弃于研究所门外。这些年轻人被迫过着比学者们还要艰难的生活，把他们的创造力空耗于不适合他们才能的职业，或者过着难民的生活，没有机会，更得不到鼓励来表现他们的才干。最后，在权威、偏见、贫穷、上司或把头的无知，以及时间紧迫的工作计划、错误的教育理论、古老传统的重压之下，埋葬了大批艺徒、工人、农人、手艺人、女佣以及贫苦儿童的才能。这些人的才能有待唤醒，只需要民主的一声轻唤，就能醒了过来。

六年前的十二月十五日，建立了晓庄研究所就来着手解决这个问题。我们用少得可怜的经费，正在进行两个项目。您是熟悉育才学校的：育才的母亲是晓庄研究所，研究所还有另一个儿子——内燃机实验室。负责实验室的研究员李华先生，牺牲了一切来指导这项实验。我很高兴地说，他大概快要完成一架新内燃机的模型了。

晓庄研究所，为了忠于原来创办这个研究所的理想，计划增聘十位各种学科的研究员，并从有发展前途的贫苦难民青年中挑选尽可能多的研究人员，也从育才吸收年轻的研究人员。我们虽然有价值二百万元的书籍做基础，但是我们还需要更多的钱来维持更多的工作人员，购买更多的参考书，创办更多的实验室。我想为研究所申请二百万元捐款，以扩大其服务范围，这将会给我们很大的鼓舞。如果您没有足够的资金可供分配，则现有的任何数额的整笔款或分期付款，我们均欢迎。或者，如果您认为通过育才提供这项补助更为合适，我们也无异议，研究所可以组织进育才成为它的最高峰。不过，在目前阶段，我们宁愿把研究所作为一个独立机构来办，并且直接从您那里接收补助。

我很相信，如果您的一半财源，或者全部剩余基金，能够用于中国的创造性救济，那么，在不出一代人的时间里，您将会在这个灾难深重的国家看到奇迹，看到它对世界和人类做出的百万倍的贡献。这岂不宏伟、壮观么？

您的永远忠实的朋友
晓庄研究所所长陶行知

1945 年 1 月 19 日，陶行知给甘霖林写信。

亲爱的甘霖林博士：

兹附奉胜利饭店一千零五十元支票收据一纸。

一月十八日尊函提出的问题，令我难以解决。我希望您能够坚持对新来难童按人头计算拨款。因为，我们从十一月份开始就已为准备新难童入校而超支，而这些超支费用并未包括在经常费用之内。在新难童到来之前，我们已不得不使用目前的补贴费来完成下列准备工作：（计六项，略）

因此，我请求您继续付给我们二十五万元，以便为招收新难童做好准备，而不要从首次拨款数额中扣除以前历次已付数额。不可将此款推迟到新难童到来之时才拨款，结果只能推迟难童的到来。如果拨付此款真的推迟了，则我不得不花太多的时间去弥补财政差额，如这些时间用在新难童身上，当是更为有利的。

您告诉我，我们为保证最低营养标准而要求每月五万元的申请已被否决，理由是新难童尚未到达。我重读了十二月二十三日的信，发现在"难童"前面并无"新"字。希望儿童福利会下次开会时，您请求他们重新考虑我这一申请。

永远是您最忠实的朋友
育才学校校长陶行知

1945 年 1 月 31 日，陶行知给甘霖林写信。

亲爱的甘霖林博士：

一月二十五日手示已转给我，十分高兴。兹遵嘱附上育才农业组、工艺美术组及晓庄研究所的概算。捐款及基金的月息，保守估计为 8%，此数足敷应付日常开支。拨款大部分必须用作工艺美术组之开办费，小部分用作农业组开办费……

我将于二月五日回城，恳切希望收到一月份一号、二号拨款。如有可能，并希望收到冬装材料、米价涨价及教师薪金提高所提供的拨款。

致最佳的祝愿！

永远是您忠实的朋友
育才学校校长陶行知

1945年2月26日陶行知给甘霖林写信。

亲爱的甘霖林博士：

非常高兴地向您报告：在十二月二十三日至二十五日之间，我们对二百九十名难童连续进行了六次测验，其中有二十二名成功地通过我们考试委员会所定的标准……

承蒙将您在我校及北温泉所拍的照片和幻灯片见示，不胜感激之至。该片经复制后当立即奉还。

永远是您忠实的朋友
陶行知

陶行知1945年3月20日给甘霖林的信，内容是关于建立国际难童学校的。学校计划第一批录取难童100名，开办费300万元（人均3万元），日常费用约361万元，合计661万元。

时隔4天，陶行知于1945年3月24日又给甘霖林先生写信。

亲爱的甘霖林博士：

关于贺夫人①同您的会晤谈话，金先生已向我报告。我只想就有关南岸难童的母爱和公共机构的收容救济发表自己的意见。

一、南岸的难民家庭已经到了几乎无法生存的境地，成人及儿童都在遭受苦难。如果儿童得到更好的照顾，则母亲和儿童均将得到宽慰。

二、母爱不可能是治疗一切反社会态度的灵丹妙药。当母子均因缺乏生存手段而挨饿受冻的时候，两者都可能采取与社会对抗的态度，但这种态度可因给予的实际援助和同情的程度而得到相应的缓解。

三、这种援助究应直接给予家庭或通过某种机构提供的问题，只能依

---

① 时任重庆市市长贺耀祖的夫人倪斐君。

靠仔细的比较和调查来回答，而不应当用一个一般原则来处理。如果那个家庭是受过教育的家庭，母亲又是受过良好教育的，那么，我建议将救济给予家庭援助儿童；否则，我建议将儿童送往管理良好的机构收容。

四、将儿童置于某种可使其身心均能成长的环境，肯定比将他们放在只有身体受到照顾的家庭中要好。

五、在贺夫人领导下的一个机构绝不会不够标准，并且可以有把握地推断，这样一个机构将比南岸难民所能建立起来的最好的保育院更好。

六、轮船不容许我写下去。我想希望您将发现，帮助建立国际难童学校的基础是可能的。

永远是您忠实的朋友
陶行知

最后，终因时局变化、经费困难，尽管陶行知为国际难童学校做出万般努力，学校还是没能建立。这件事成为陶行知的终生遗憾。

陶行知于 1945 年 3 月 28 日给甘霖林博士提交了一份《育才学校 1944 年度财务报告》。

1945 年 4 月 27 日，因物价飞涨，为育才新来的难童拨款问题，陶行知给甘霖林写了一封信（摘录）。

亲爱的甘霖林博士：

育才学校正面临一场最严重的财务危机……

我们从一月十日以来，亏空总额已高达国币一百五十万元……

招收新难童预算，我们希望您能够付给我们国币四十五万元……

增添科学仪器，需国币三十万元；提高教师薪金，需国币五百零四万元；改善营养，需国币三百七十九点二万元……

如果这一个计划失败，则育才学校的整个计划也归于失败。我希望您将尽一切努力来帮助我们的计划取得最后的胜利，并对人类做出最大的贡献！

永远是您忠实的朋友
育才学校校长陶行知

下边是几封陶行知给毕莱思女士的信。毕莱思，时任"美国援华会"执行主任。她积极支持陶行知的普及教育运动，多次想方设法给予陶行知很大的经济援助。

1943 年 9 月 9 日，陶行知给毕莱思写信。

亲爱的毕莱思女士：

我能在爱德华·卡特博士离华前夕与其晤面，并能趁此机会奉上更多可资朋友们对我们的实验作进一步了解的材料，真可视为一大奇迹。因准备材料仓促，所余时间短暂，致未克于函中详报有关各情。

首先，请让我代表育才难童及全校员工，向美国援华联合会和美国救济中国战争孤儿委员会给予我们慷慨的、及时的捐助，致以衷心的感谢。我们特别要感谢您、克鲁格女士和卡特夫人对我们的计划所给予的亲切关怀以及促其实现而给予的热情支持……

迄今为止，已从您处收到一万零五百美元，折合国币二十五万零二百二十五点八一元。此外，我们还直接从美国援华联合会重庆办事处收到火灾救济金国币五万元以及贵会补助金、临时存款的银行利息总计国币二千二百零六点三六元，银行结余及手头现款结余共计国币为六万二千三百一十三点五七元……

我们恳切期望，年终之前，最好不迟于十月，每月能给予我们二千美元。不需多久，我将寄上由儿童谱写旋律的歌曲、育才生活故事以及可能到手的照片。最后请代我们向卡特夫人、克鲁格女士及其他朋友问好。祝您的伟大工作成功。

您的极忠诚的朋友
陶行知

1944 年 2 月 9 日，陶行知给毕莱思写信。

亲爱的毕莱思女士：

十二月七日手示及一月份汇款一千美元，均已于一周前收到，谨表衷心的感谢。

承蒙垂询"是否愿意以他种方法提供此等款项"，此问题使我沉思良久，次日我即电告，请将二月份拨款的哈里弗鱼肝油胶囊航寄我们，这将大有助于恢复众多儿童的身体健康和改善育才学校的财政状况。我又曾请求您，在我们进一步提高要求前暂停待发之款，使我有时间考虑接受贵会补助的某种或某些最佳方式，以使我们照料下的难童，能获得最大的裨益。

二月七日，布朗内尔先生曾通过余友转交给我国币九万元，他希望将其中的四万元按关定外汇比率折合一千美元，由我校转与布朗内尔夫人，余额作为捐款赠予学校。因此事能令双方受益，我已同意此建议。见此信及我所出具之一千美元收据，请即将此数额交与玛丽·赫斯特·布朗内尔夫人，该款请在给予育才的三月份补助款额中扣除。唯望布朗内尔夫人或其代表出具一千美元收据，俾能以之出示我友……

自上周以来，我们已增加了十名新生。他们的智商都很高，其中两名进了音乐组。盼早日电复。

祝好！

您的极忠诚的朋友
陶行知

1945年9月21日，陶行知给毕莱思写信。当时正值世界反法西斯战争（中国抗日战争）取得彻底胜利，全国人民与全世界人民普天同庆，陶行知计划实施宏伟的"民生教育新计划"。

亲爱的毕莱思女士：

庆贺胜利！下半年育才预算无变化，而四亿五千万人民的民生教育新计划将在实施中。新计划是由生活教育社和育才学校联合赞助下实施的，新计划作为四年规划制定出来：第一年规划对象为六百万人；四年实验包括对卫生、劳动、科学和为民主作准备的研究；将设立一个研究院，研究问题和方法；十个训练所，训练职员、教师及工作人员；一百个示范中心，印刷书籍、期刊等材料；计划补助五千个地方实验中心。所需总额为两百万美元。

我们能够筹措到一百万美元，请求您给予我们一百万美元。

永远是您极忠诚的朋友
陶行知

6天之后，毕莱思复信陶行知。

亲爱的陶博士：

接九月二十一日来电，谢谢。根据我的理解，电报内容如下："庆贺胜利！……请求您给予我们一百万美元。"

上述是否您要说的内容，请尽快见告，因为我们需要进行工作来帮助您。

关于用女童子军的一万元拨款来支持您的工作，卡特夫人已跟她们谈过。

对于生活教育社，能否给我们提供更多一点的情况？关于如何与第一年规划对象六百万人取得联系，请您讲得更具体一点。谁来办研究院？十个训练所的工作人员从哪里得到？一百个示范中心的工作人员是些什么人？他们的工作计划怎样？您说您计划补助五千个地方实验中心，您怎样为他们弄到工作人员？您怎样监督他们？他们的工作计划又是怎样的？他们都设置在什么地方？给我们提供的情况越详细，对于设法为您的工作筹措资金越有利。您期望从英国、加拿大弄到一些钱吗？

道格拉斯先生给我带来了贵校的若干照片，我必须说，这些照片很漂亮。你们有人将"宝箱"中的书籍分发出去，我们非常高兴。贵校的这些照片很有助于装满更多的"宝箱"送往中国。如果您把你们需要什么样的书告诉我们，我们就能把装满这类书的"宝箱"给你们送去。我们还可以给你们送去其他东西，例如铅笔、纸张、绘画书、绘画颜料。实际上，什么东西都可以放进一个箱子，其大小与你们过去收到的"宝箱"的大小一样。

道格拉斯先生对您和您的工作，有很深的印象。我想您如果能够去看望一下"临时国际新闻处"，请他们为你们作一些宣传，大概不失为一个好建议。

美国红十字会的阿瑟·凯尔文先生昨天来到了我们的办公室，我告诉他说你们需要哈里弗鱼肝油，而我们送给你们的哈里弗鱼肝油一直没有收到。他说，你们应当去找一个救济团体，例如"国际救济委员会"，向他们寻要库存的哈里弗鱼肝油，那是美国红十字会给该委员会的。他起初还说，你们可以去找教育部的一个委员会。但是我告诉他，那个教育部的委员会，对于让贵校的孩子们得到哈里弗鱼肝油不会感兴趣的。然而，在这一点上我可能是错误的。如果你们从国际救济委员会得不到满意的结果，不妨去找凯尔文先生试试看，告诉他你们需要什么。

您打算将你们的指挥部迁出重庆吗？我们盼望你们将不断送来宣传资料。道格拉斯先生给我带来了一些，但都是过去我们已经有的。我们必须得到一些新的东西，或许你们能够给我们送来一些。

我们大家祝贺您，并希望很快得到您的信息。

您忠诚的朋友

美国援华会主任　毕莱思

一九四五年九月二十七日于美国纽约

陶行知接到 9 月 27 日毕莱思女士的信后，万分激动，马上着手准备回答毕莱思女士所问的 10 个问题。后又得知毕莱思女士准备来华实地考察，陶行知更是欣喜若狂，准备在 1946 年 6 月 2 日"欢迎美国民间援华会执行主任总干事毕莱思女士大会"上朗诵《欢迎毕莱思女士》。

> 我们顶高兴欢迎一位贵客，
> 来自华盛顿、林肯、罗斯福之国。
> 她是中国被遗忘的人民小孩的好朋友，
> 做的工作是伟大得了不得。
> 她号召美国千千万万的老百姓，
> 她号召美国千千万万的小朋友，
> 跳出自己和本国的小圈子，
> 要向人类和中国伸出一双"给的手"。
>
> 冬天的太阳给人温暖，
> 汪洋的大海给人好雨。
> 地球给人吃、给人穿、给人住，
> 最伟大的学习是学习"给出去"。
> 你千万不必害怕，
> 她不给你惨苦的战争，
> 她所号召的不是飞机大炮，
> 她要"给出去"的是帮助人们进步生存。
>
> 我们要向她学习，
> 学习她跳出自己的小心灵。
> 把自己所有的一切——金钱、知识、生命，
> 献给苦难的孩子，
> 献给苦难的老百姓，
> 献给苦难的人类，
> 献给民主与和平，
> 为整个世界创造一个新命运！

抗日战争胜利后，因为国民党发动全面内战，毕莱思女士的来华考察之行被搁置。1946 年 7 月 25 日陶行知逝世，这首《欢迎毕莱思女士》竟成为这一事件的绝唱。

第四十一章　大爱无疆

493

第四十二章 深情在流淌——
陶行知的家书

在《陶行知全集》10 卷本中，书信是一个重要的组成部分，其中家书就有 198 封。一封封家书的字里行间，流淌着陶行知对家人的深情……

陶行知的父亲陶位朝，号槐卿，字筱山，祖籍浙江会稽，原在休宁县万安镇经营祖产酱园，后在万安镇任册书，1915 年病逝。

陶行知的母亲曹翠仂，休宁县万安镇人，曾在教堂做过三年佣工，持家勤俭，大力支持陶行知普及教育的伟大事业，56 岁时由次孙陶晓光教读《平民千字课》，读书 16 天就能看懂儿子的家书，是陶行知连环教学法的实践者之祖。曹翠仂 1933 年 10 月病故，终年 67 岁，与丈夫合葬于南京晓庄。

陶行知的妻子汪纯宜，1915 年与陶行知结婚，生有 4 个孩子，是一位典型的贤妻良母型的东方女性，大力支持陶行知普及教育的伟大事业。汪纯宜 1936 年 4 月在陶行知赴广西讲学期间病逝，是陶行知的朋友们帮助安葬的。陶行知未能见上爱妻最后一面是他终生难以弥补的遗憾。

陶行知的胞妹陶文渼（1895—1929），大力支持陶行知普及教育的伟大事业，曾任晓庄学校农暇妇女工学处指导员。

陶行知的长子陶宏生于 1915 年；次子陶晓光生于 1918 年；三子陶刚生于 1919 年；四子陶城生于 1924 年。

陶行知的续妻吴树琴，生于 1912 年，安徽休宁人，1939 年 12 月 31 日与陶行知结婚，二人志同道合，相敬如宾。

下边选取部分家书，以窥陶行知的情感世界。

1915 年夏天，陶行知得知父亲逝世后不久给母亲写信。

母亲膝下：

　　……务望母亲每日下午偕纯妻、渼妹到山上游游。山上空气清洁，益肺，通血脉，常游必壮。务请垂听为要。

　　肃此，敬请

　　金安！

父母的健康就是儿女的幸福。从信中可见陶行知对母亲的惦念。

1923 年秋天，陶行知写信给胞妹文渼。

渼妹：

　　最近一星期来，我脚迹所到的地方就是平民教育所到的地方。店里、家里、旅馆里、学堂里、私塾里，甚至于和尚庙里，我都去劝过平民教育，并且很有效验，很有乐趣。我过几天还要到军队里、工厂里、清洁堂里、监狱里、济良所里去推广平民教育。这许多地方我都要亲自带学生去试验。照这样办法我就可以一面干，一面研究出方法来，空中造楼阁是没有用的。我也很希望你约集同志在北京这样去干。我现在这个连环教学法是很有效力的。详细的情况可以从我给胡适之太太那信里看出来。

　　从这封信的字面上，只看到陶行知劝妹妹约集同志们在北京像他那样去干，字字句句充满了乐观、自豪之情。丈夫张枝一病逝不久，文渼此时正处于极度悲痛之中。张枝一是陶行知的老乡，是陶行知亲自动员他与姚文采等人出来读书、工作的，又是陶行知促成他与陶文渼二人结成百年之好的。张枝一英年早逝，陶行知也极其悲痛。

　　陶行知在信里，没有像俗人那样哭哭啼啼，婆婆妈妈地劝说"人死不可复生"，而是以忙碌的工作、乐观的精神来启发、引导陶文渼赶快走出寂寞、孤独的困境，投身于火热的平民教育事业中去。

　　陶行知用心良苦，这就是同胞兄妹之真情。

1923 年 10 月 8 日，陶行知写信给桃红（8 岁的陶宏）、小桃（5 岁的陶晓光）。

桃红、小桃：

　　你两个人很有功劳。我看见你们两个人，哥哥教弟弟读《平民千字课》，就发现了一个好法子，叫作连环教学法。这个法子是用家里识字的人教不识字的人，我教你，你教他，他又教他。一家当中，先生教师母，师母教小姐，小姐教老妈子，每人花不了多少工夫，就可以使全家读书明理了。我在南京试验这个法子很有效验，特为写这封信来感谢你们两个人。我在南京平安快乐，请你们禀告老太太、你们的母亲和阿姑知道。

陶行知为了普及教育，调动了一切积极因素，甚至调动到家里来了。两个稚气顽皮的儿子，也列入普及教育的大军，并成为连环教学法的首创者，立了大功。为此，陶行知没有在给大人的家书中捎带几句夸赞两个小孩子的话，而是"特为写这封信来感谢你们两个人"。这样尊重儿子的父亲太少见了，陶行知真不愧是伟大的人民教育家！

1923年10月17日，陶行知写信给全家人。

母亲、纯宜、文渼、大小三桃：

昨日车上遇旧友祁暄兄，彼现任久大精盐公司及协和贸易公司经理。知行与彼谈平民教育，彼甚为重视，已决定限一年之内，厂中一千余人不许一人不识字。即时托知行为之代定课本一千部。祁君并表示，可以设法减少工人做工钟点，俾能求学，尤为难能可贵。

明日到皖，先与各界领袖开会；继开全体教职员、学生会议；继开私塾会议；继开店主会议；继开牧师会议；最后开平民教育教师会议。定二十三日回宁，然后再到芜湖及武昌去。

现尚未得熊太太的信。安庆一行，大约是由知行孤军直入了。昨日省长已来电表示欢迎。社会方面亦已接洽妥帖，进行当能顺利。知行近来精神十倍于前，虽千军万马不能与知行抗衡。

知行希望母亲抽空学这部《平民千字课》，可由文渼教。一来当作娱老之法；二来可以有提倡之效；三来知行写信，母亲自己也会看了，岂不好吗？

陶行知虽然马不停蹄，工作千头万绪，忙得不可开交，但是不忘劝母亲识字，他真是国事、家事——记在心里。

1923年11月12日深夜，陶行知写信给陶文渼。

渼妹：

知行一点钟内可以抵汉，拟于二十三日抵安庆，二十四日赴芜湖。回京日期当在十二月初。

　　知行近日买了一件棉袄、一条布棉套裤、一顶西瓜皮帽，穿在身上、戴在头顶，觉得完全是个中国人了，并且觉得很与一般人民相近得多。

　　我本来是一个中国的平民，无奈十几年的学校生活，渐渐地把我向外国的贵族的方向转移。学校生活对于我的修养固有不可磨灭的益处，但是这种外国的贵族的风尚，都是很大的缺点。好在我的中国性、平民性是很丰富的，我的同事都说我是一个"最中国的"留学生。经过一番觉悟，我就像黄河决了堤，向那中国的平民的路上奔流回来了。

　　平民教育的宗旨是要叫种种人受平民化[①]。一方面我们要打通层层叠叠的横阶级。如贫富、贵贱、老爷小姐、太太丫头等等，素来是不通生气的，我们要把他们沟通。又一方面我们要把深沟坚垒的纵阶级打通。纵阶级的最昭著的是三教九流七十二行、江南江北、浙东浙西、男男女女等等，都有恶魔把他们分得太严。这种此疆彼界也非打通不可。民国九年，南京高师办第一次暑期学校的时候，胡适之、王伯秋、任鸿隽、陈衡哲、梅光迪诸先生和我几个人在地方公会园里月亮地上，彼此谈论志愿。我说，我要用四通八达的教育来创造一个四通八达的社会。我这几年的事业，如开办暑期学校、提倡教职员学生之互助、提倡男女同学、服务中华教育改进社，都是实行这个目的的。但是大规模地实行，无过于平民教育。我深信平民教育一来，这个四通八达的社会不久要降临了。

　　我这一个多月来随便什么地方，都去传平民教育。四天前，我到南昌监狱里去对四百个犯人演讲。我说人间也有天堂、地狱。若存好的念头，心中愉快，那时就在天堂；若存坏的念头，心中难过，那时就在地狱。我说到这里，忽然得到一个意思，这个意思就是天堂、地狱也得把它们打通。后来我想了一句上联送自己："出入天堂地狱"，下联没有想出来，请你给我对起来罢！

　　这次在轮船上觉得很安逸。记得前年我们到牯岭去，轮船上一夜数惊。我们生在此时有一定的使命，这使命就是运用我们全副精神来挽回国家厄运，并创造一个安居乐业的社会交与后代。这是我们对于千万年来祖宗先烈的责任，也是我们对于亿万年后子子孙孙的责任。

　　这时我在汉口南洋宝酒楼，吃得饱得很，只费了一角五分钱。再过半点钟，我就要渡江到武昌去了。

---

　　① 指接受平民化教育。

第四十二章　深情在流淌——陶行知的家书

我现在康健快乐。敬祝你和全家康健快乐!

这封信，书写时间跨越深夜与清晨，篇幅很长且内容丰实，情意绵绵动人心扉。这封信既谈平民教育的宗旨，也谈生在此时年轻人的使命。哥哥是想让妹妹尽快走出寂寞、孤独的困境。

1924年1月9日，陶行知写信给母亲。此时陶行知正在张家口推广平民教育，正值母亲读《平民千字课》第16天的时候。陶行知依据第16课中的生字写了下边这封信，他母亲完全能读懂。

母亲：

我前天晚上三点钟到这里。这几天来，天气都很好，没有风，也没有雨；吃的东西也很好，饭、菜、点心，都吃得来。关外的人很客气，他们也很爱国。这里平民读书处已开了五处，我心里很快乐。米先生在这事上很用心。家里大大小小都好么？

这封家书不是一般的家常里短、嘘寒问暖，是陶行知对平民学习《平民千字课》效果的测试。

1924年10月29日，陶行知写信给家人。

母亲、纯妻、渼妹：

纯妻、渼妹、桃红、小桃的信都收到了。

我实在是不对，连自己最宝贵的生日都忘记了。多谢大家给我做生日，我欢喜得很。可惜这日子我不能在家里和大家一同快乐。寿糖两块收到了，谢谢。

小桃早已给了渼妹了，这回生下的小孩儿也给了渼妹。四个小孩儿，兄妹两人每人分两个，岂不好吗？

陶行知"连自己最宝贵的生日都忘记了"，可见他是多么忘我地工作！

1924年11月9日，陶行知写信给家人。

母亲、纯妻、渼妹：

知行深信我家定叨天祐为慰。今日，有一位半老妇人携子跪于途，哭声甚哀。其夫为军官，此次参与战争，不知下落。母子流落上海，无以归。知行闻其终日只得数枚铜圆，实不得了，我就给了她一张车票价的钱，母方可收泪，其儿以笑容送我，我心里大乐。

帮助了有困难的人之后"心里大乐",是陶行知"爱满天下"伟大情怀的具体体现。

1925 年 1 月 18 日,陶行知给桃红、小桃写信。

桃红、小桃:

你们两个人真正好!你们写给我的信都收到了,多谢得很。因为南京打仗,信在南京搁下了,到前天才收到。桃红问我为什么长胖了,我也不晓得清楚,大概是按良心做事,心里快乐,所以身体长胖。

孟禄夫人前天从美国到上海,送了两盒玩的东西给你们。大盒是送桃红的,小盒是送小桃的。大盒难玩些。小桃大些的时候,大桃可以借给他玩玩。你们都要写一封信谢谢孟禄夫人,收到了就写,要写你们心里的话,写好了寄来,我给你们翻成英语,一齐寄到菲律宾去给她。菲律宾是什么地方呢?请阿姑教你们。不晓得的就可以写信问问孟禄夫人,好不好?若是好,就问她。你们写给孟禄夫人的信,要自己写,写在好纸上,要写得干净。

新年我不在家里,请你们两个人代表我向奶奶拜年,向你们的母亲、阿姑恭贺。熊先生、熊太太、宴先生、宴太太处,都请你们两个人恭恭敬敬地代表我去拜年。不要忘记,拜年的时候,脸和手要洗得干干净净,衣服、帽、鞋、袜都要穿戴得整整齐齐。话不在多,却要说得得体、说得好听。请阿姑教你们。

脸和手要洗得"干干净净",衣着要"整整齐齐",说话要"说得得体",这字里行间充满着父爱,如涓涓细流,滋润着儿子们的心田。

1926 年 10 月 5 日,因为慈母大寿,陶行知给文渼写信。

文渼吾妹:

九月二十三日夜的信收到了,读着令人乐而忘忧。关于母亲寿辰一事,你所陈述意见,十分圆满,我完全赞成。你说寿辰是自家亲人的大志喜,这句话初看很平常,骨子里最有精彩。我反复涵咏,而后领会此中意味之深厚。志喜之法,你说是要做母亲喜欢的事情。这是喜上加喜。我们能照这样做去,才算是真的做寿。今人做寿又只限于一两日之热闹,你却要时时常常地为母亲做寿,所以说"总期望母亲今后时时刻刻多得新快乐"。这三层意思可当作做寿的金科玉律看,请大家就照这话进行,我当然是遵办的。我为事业所拘,不能常侍膝下,母亲一切起居、饮食、娱乐只得付托吾妹、纯宜及四个蟠桃好好侍奉。我虽在千里之外而无后顾之忧，已立志要乘母亲六秩荣庆之年，为国家教育创一不可磨灭之事业，以作吾母寿人寿世之纪念……

做父母的，一年中最盼望儿女回家团圆的日子有父母寿日、儿女生日、中秋节、春节。"高堂健壮，子孙绕膝"是千家万户盼望的天伦之乐！陶行知远赴千里之外为教育事业奔波，为的是将来能给母亲献上一份特别的礼物。

1927年1月20日，陶行知给母亲写信。

> 母亲：
>
> 　　家中从前寄来的信，如今都收到了，并未遗失，只是来得慢些。
>
> 　　儿从母亲寿辰立志，决定要在这一年当中，于中国教育上做一件不可磨灭的事业，为吾母庆祝，并慰父亲在天之灵。儿起初只想创办一个乡村幼稚园，现在越想越多，把中国全国乡村教育运动一齐都要立它一个基础。儿现在全副的心力都用在乡村教育上，要叫祖宗及母亲传给儿子的精神，都在这件事情上放出伟大的光荣。儿自立此志以后，一年之中，务求不虚度一日；一日之中，务求不虚度一时；要叫这一年的生活，完全地献给国家，作为我为父母送给国家的寿面，使国家与我父母都是一样的长生不老。
>
> 　　试验乡村师范开办费要一万五千元，经常费要一万二千元，朋友们都已答应捐助。只要款项领到，就可开办。阴历年原想回家过年，无奈一切筹备事宜必须儿子亲自支配，不能抽身。倘使款项早日领到，或可来京两星期。如果到了腊月二十七还没有领得完全，那年内就不能来了。好在家中大小平安，儿亦平安康健，彼此都可放心。
>
> 　　昨日会见冬弟[①]，知道金弟[②]在西安尚好，可以告慰。冬弟亦较前强壮。
>
> 　　桃红、小桃、三桃、蜜桃给我的拜年片子都很有意思，很有价值，儿已经好好地保存了。
>
> 　　敬祝康乐！

英雄的儿子与大义明理的母亲的教养是分不开的。

1927年2月11日，陶行知为了乡村试验师范的建立下乡去调研，特为全家人写了一封信。

---

① 冬弟：晓庄学生曹子云，陶行知母亲的娘家侄子。
② 金弟：冬弟的胞兄。

母亲、纯妻、渼妹、桃红、小桃、三桃、蜜桃：

最近相片四张都收到了，令人欢喜。大可可糖好吃，不错，让我明天再买些来。蜜桃要爸爸回家，好，爸爸就要来了。

正月初四，是试验乡村师范行立础礼的一天，同时请城里的人下乡拜年。我初三晚上就下乡了，住在一位姓陆的家里。晚上打地铺睡在稻草上，暖和得很，比钢丝床还有趣。我们六个睡在一铺：一位是我自己，一位是钱尚志先生，三位安徽公学的校工，还有一位你们猜是谁？猜得着的将来可以多吃一块糖。桃红、小桃、三桃、蜜桃都猜猜看。你们怕是猜不着的，待我说来：它是一条耕田的水牛，睡在我们旁边，脾气很好，也很干净。

第二天教育厅长到了，陪客的也是这位牛大哥。初四城里来了一百多人，乡下也到了二百多人，其中有一百多位小孩子。城里人带了五六百件玩物分给乡下小孩子。小孩子得了玩物都笑嘻嘻地像个活神仙样。

我是前天到上海来的，身体、精神都好得很，请大家放心。

桃红、小桃在家，自己的事情要自己干，衣服要学洗，破了要学缝、烧菜、弄饭都要学，还要扫地、抹桌，有益的事都要做。

敬祝安乐！

这封信表现了陶行知在极其艰苦的环境中锻造出的革命乐观主义精神。留美的博士陶行知为了中国的普及教育，下乡与牛大哥同睡一铺还那么开心，真是苦中作乐啊！

信的后边又嘱咐 12 岁的桃红和 9 岁的小桃，自己的事要自己干，有益的事都要做。

1927 年 3 月 13 日，陶行知给全家写了封报喜的信。

母亲、纯妻、渼妹、桃红、小桃、三桃、蜜桃：

昨天接到家信两封，快乐得很，比吃肉还快乐。

乡村师范前天如期招考，居然还有十三位应试，可算难得。这当风声鹤唳、草木皆兵的时候①，只望有三个人来，已是天字第一号。如今是三上加了个十，恰是基督十三门徒之数，大家都为我们庆贺。此外还有二十多人请假补考。来到的人，都非常有精神，真是可喜。

我与南京红十字会合作，已办收容所八处。现正组织救护队，并在城外设治疗所。除学生外，专为此事工作的有三十人，大家都很起劲。

___

① 当时盘踞在南京的北洋军阀张宗昌、褚王璞部与城外北阀军对峙，战争呈一触即发之状态。

医生、看护、救护员、担夫，都准备齐全。公学及中心小学、试验师范学校，都以红十字会规则加以严格的训练。我们不是假借名义，乃是要认真救人。

　　我是平安的，我们的同事都是平安的，请大家放心。一个月内，把乡村师范基础弄得撼不动了，我再回家与家人聚天伦之乐。

　　敬祝康乐！

只要对人民有益的事情，陶行知都要做，并且一桩桩、一件件都做得相当出色。

1927 年 3 月 15 日试验乡村师范学校开学了。17 日，陶行知专为 12 岁的桃红写了一封信。

桃红：

　　接读你三月十一日的信，和《世界进化论》一篇，晓得你进步得多，我非常欢喜。国文长进全靠多做多读，你照这样干下去，以后的进步必定格外迅速。

　　试验乡村师范已经开学，学生虽然只有十三名，但是精神真好。他们自己扫地、抹桌、弄饭、洗碗、打补丁。他们还脱了鞋袜，穿着草鞋种田地。昨天和今天，他们还为乡下小学生种牛痘、医秃头疮。

　　我很希望你和小桃多学做事。我的主张是：有书读的要做事，有事做的要读书；先生不应该专教书，他的责任是教人做人；学生不应当专读书，他的责任是学习人生之道。我要你们做有知识、有实力、有责任心的国民，不要你们做书呆子。

　　我平安康健。现在已经组织两个救护队，为的是要救南京附近的人民。

"望子成龙"历来一律，同一天，陶行知又专为 9 岁的小桃写了一封信。

小桃：

　　你三月九日的信已经收到了。知道你已经考取四年甲，我很欢喜。恭喜！恭喜！现在一般学校，只是把小学生一个个地化为书呆子。你可要学做事、学做人，不要做书呆子。做事的时候，要做什么就读什么书。书只是工具，和锄头一样，都是为做事用的。

这封信体现了父亲对儿子的谆谆教诲。

1927 年 7 月 2 日，陶行知给全家人写了一封信。

母亲、纯妻、渼妹、桃红、小桃、三桃、蜜桃：

乡村师范渐渐地走上轨道了。大家的精神十分地充足，对于这个学校都抱了无穷的希望。前四天，厦门大学参观团到我们这里参观，我们就拿学生做的饭请他们吃，他们觉得非常愉快。我们的办公厅已经落成，从外面看来非常壮丽，下次照个相来给大家看看。第三小学的房子早已造成，是一座最经济、最好看、最合用的茅草棚。我们现在还要造一座男生宿舍、一座女生宿舍、一座俱乐部为招待来宾之用。

九月一日要招女生。渼妹来做个女学生好吗？这是中国第一次到乡下去的女学生，很值得一试。我现在平安。

祝全家平安、康健、快乐！

劳动创造了快乐，劳动创造了幸福，劳动创造了一片大好形势。
1927年11月7日，陶行知为给母亲祝寿、报喜，写了一封信。

母亲：

我们现在晓庄师范的生活，已经上轨道了。大家做事、看书，快乐得很。新学生已经考取了八位，还有好几位要来考呢。明天幼稚园行开学礼，我们要热闹一番。儿身体虽较前稍瘦，但精神是十二分充足的。此刻天气、饮食都好，每天都要加胖一点，很是可喜。

明天开学的幼稚园，为中国的第一个乡村幼稚园，是去年发愿要办出来为母亲祝寿的纪念物，所以明天预备请小学生每人吃一碗寿面。

子云弟在晓庄每日进步甚快。

现在天气凉了，前次寄来之棉袄，颇合时宜，现已上身了，舒服之至。棉被也厚，晚上很暖和。

纯妻十月二十四日之信，桃红二十三日之信，小桃二十三日之信，都收到了。我将家里寄来之信都订在一本，现在已经有四本了。我希望，家里每逢收到我的信也订成本子，方不致遗失。

家中字帖，除桃红、小桃需用的之外，请一并寄到南京神策门外晓庄学校为祷。先寄几本来，随后可以慢慢寄。

敬祝全家安乐！

人生百事孝为先。陶行知一年前为母祝寿之愿如今如期实现。这是陶行知的母亲在有生之年收到的儿子的最后一封信。1933年10月26日，陶行知的母亲不幸病逝。

1927 年 12 月 3 日，陶行知给妻子汪纯宜写了一封信。

纯妻：

　　皮袍已收到，质地甚佳，袍面又特别可爱，新年穿此，在乡间可以大出风头了。

　　一月一日系晓庄学校落成纪念日，将有大热闹。深望你及全家均在此同乐。幼稚园已开学，收了徒弟三人，跟着幼稚园教师学做先生，此法非常有效。时局稍静，你是可以享优先权来此学习的。

　　敬祝康乐！

近水楼台先得月。单纯、稚气的妻子是否领情？这是汪纯宜在有生之年收到她所倾心爱慕的丈夫的最后一封信。1936 年 4 月，汪纯宜在陶行知赴广西讲学期间病逝。

同一天（12 月 3 日），陶行知给妹妹陶文渼也写了一封信。

渼妹：

　　你所寄之《双体千字文》《赤壁赋》及《云麾碑》，都是我最欢喜的，收到后，快乐之至。家中现存之帖，妹可不寄，最好是随时浏览，眼界自高了。

　　我们在晓庄并不苦。依我看来，生活比别的学校要快乐一百倍。时局稍静，深望吾妹来此一游。

　　母亲与蜜桃近做何游戏，能告诉我听听吗？

　　我近来将所作论文选编一集，叫作《中国教育改造》，拟付亚东图书馆出版。此书系献与母亲做寿礼的，所得版税亦悉数随时寄予母亲使用。请代禀母亲为盼。

陶行知与陶文渼是同胞兄妹，但他们不是平常的同胞兄妹可比的。他们二人志同道合，特别是妹夫张枝一病逝后，陶文渼很快就全身心地投入胞兄的普及教育的伟大事业之中。信中提及"深望吾妹到此一游"，文渼很快就到了晓庄，不是一游，而是长住，她担任了创设农暇妇女工学处的工作，并担任指导员。"天有不测风云，人有旦夕祸福"，陶文渼于 1926 年 6 月 6 日病逝，使得陶行知悲痛欲绝。

至此，陶行知的家书暂时隔断了。在前后不足 7 年的时间里，渼妹、母亲、纯妻先后离世，一个和谐、欢乐的家庭不存在了。但是陶行知忍受了难以忍受的痛苦，继续为普及教育的伟大事业而披荆斩棘。

1937年2月6日，陶行知在美国纽约，给4个桃子写了一封信。

桃红、晓光、三桃、蜜桃：

　　今天接到晓光的信，我很高兴。但是这封信和从前的信一样，好比是干橘子，没有多大浆水，恐怕是生活有些枯燥，意义不甚充足。书信写得短不要紧，但是要写得活泼、有力量。我愿意下次看到更好的信。我愿意当你们写信给我的时候，是你们的灵魂对我谈心。我现在寄上小照一张，给你们传观，但是不要失掉。陈先生处有我寄来的家用，你可以去取来，先捐十元予白桃办教育刊物。

　　祝你们康健！

　　灵魂谈心就是把内心深处的真情实感说出来、写出来，不拘篇幅的长短。陶行知希望孩子们写信时能抒发真情实感。

1937年3月23日，陶行知在纽约给晓光写了一封信。

晓光：

　　接到你二月二十一日的信，我很高兴。你的人生观太悲观，应当改正过来。世界上一切困难都要用冷静的计划去克服。忧愁伤心是双倍的牺牲，于事并无补。你们不是孤零零的孩子，在你们的周围几百、几千、无数的孩子，都是你们的朋友、你们的同伴、你们服务的对象。从家庭的小世界里把自己拔出来，投入大的社会里去，你们不久就会乐观、高兴，觉得生活有意义。大学不必赶，依着学历的长进自然升入，否则考不上你又要悲伤起来。寄来三百元华币，收到时专为家用，预算可敷用到何时，告诉我。请冬叔并告桃红、三桃、蜜桃，随时写信给我，我望你们来信也如你们望我来信一样。现在夜深了，我还要跑半小时才能送到总局，赶上顾利支的船。愿你听我的话，将胸襟扩大，生活将要自在得多。

　　祝你和大家平安！

　　青年人悲观的人生观，是青年人比较难以解决的思想问题，解决得好与不好，关系着青年人一生的成败。陶行知在家书中，批评、启发儿子并指明方向，提出了具体措施。

1937年5月28日，陶行知从美国纽约给4个桃子寄来一封信。

桃红、小桃、三桃、蜜桃：

　　四月二十四日的信和小桃、蜜桃的照片已经收到，我很高兴。桃红与三桃，我希望也寄最近的照片来。三桃没有写过信来，他现在怎样？把最近的生活写一点告诉我。最好寄几首诗来给我看看。桃红恐怕生活困难，多寄点钱去给他，我不久将有款子寄来。

　　最近到美国中部去演讲过，回来经过布法罗①，当地华侨请我们去看尼亚加拉瀑布。这是世界第二大瀑布。我们十几人从天风洞换了雨衣、雨帽、雨鞋、雨袜下去，看瀑布从天空冲下，真是别有天地非人间。在这里我才了解美猴王回到水帘洞的气概。华侨黄经华先生曾拍一照，寄给你们传观，望保存起来。我现在身体很好。

　　祝你们康健！

陶行知身在大洋彼岸，4个桃子个个想、个个念，真乃"可怜天下父母心"。1937年11月29日，陶行知在纽约给13岁的蜜桃写信。

蜜桃：

　　你的十一月四日的信收到了，我很高兴。从你的信中，我知道三桃已到屯溪。我今天也写了一封信给他，告诉他，我已学会唱《大路歌》了，并且还教会了许多人。现在做一个小孩子，要知道三件事。第一，做人的大道理要看得明白。第二，遇患难要帮助人。肚子饿了让人先吃；没饭吃时要想法子找饭来大家吃。第三，要勇敢。勇敢地活，才算是美地活。小桃均此。

　　祝你们努力前进！

1937年12月7日，陶行知在纽约给晓光写了一封信。

晓光：

　　好久没有接到你的信，忽然接到你的十一月十六日的信，我是非常高兴，但是信里的内容使我十分担忧。关于你自己的事，我的指导是：根据你自己信念和才干向前做，不要轻听别人的话。自己的信念未建立以前，则最重要的工作是虚心地、热忱地把自己的信念树立起来。我对你的观察是你对于科学有自然的兴趣，也有一些才干。在这方面继续努力，是会有所贡献的。你干别的事情是不自然。只要大目的不错，科学也是重要的工作。我不赞成你东跑西跑，乱跑的结果只是失望。在我未回来之前，你在上海暂时修养，把那悲观的倾向改正过来才是正路。

　　祝你努力！

---

① 美国纽约州西部的一个城市。

当儿子正确的信念未树立起来而产生悲观倾向时，"十分担忧"是父亲的正常表现。陶行知根据自己对儿子的观察，循循善诱地提出指导。儿子处于十字路口，犹豫不决，做父亲的理当给以最大的帮助。

1937 年 12 月 14 日，陶行知在纽约给晓光、蜜桃写了一封信。

晓光、蜜桃：

　　昨接张先生电，知道你们已在汉口。但电文简略，是否已在汉口，抑动身到汉口去，不得而知。望你们接到这封信后，即来一飞信，说明沿途经过、现在生活、最近计划，永久通信处也望寄来。民族解放的大道理，要彻底地明白。遇患难要帮助别人。勇敢地活才是美地活；勇敢地死才是美地死。晓光应当根据自己的才干，参加到民族解放的大斗争中去。你在无线电方面已有了相当基础，希望你在这方面上精益求精，到最需要的地方、最有组织的地方、最信仰民为贵的地方，去做最有效的贡献，把生命的火药装在大炮里，对准日本帝国主义轰炸。倘若把生命的火药放在炮仗里玩掉，或是放在盘子里浪费掉，那是太可惜了。你若知道宏的地址，把上面的意思写给他。日新①处我已写了。一月我又到加拿大十七个地方去演讲。我身体很好。

信里涉及 4 个桃子，陶行知对个个桃子都牵肠挂肚。信的字里行间渗透着战友般的信任和关心。

1937 年 12 月 21 日，陶行知在纽约给晓光、蜜桃写信。

晓光、蜜桃：

　　今天接到你们十二月四日从汉口发来的飞信，我才把十几天的挂念放下心头。我并不顾虑有代价的牺牲，只怕你们和同志们上船下船、东挤西挤，扑通一声，把条生命冤枉地送掉了。现在也好，得到了一些经验，知道了一点关于千千万万老百姓逃难的痛苦。蜜桃年纪太小，带在身边不太方便，他在上海是可以不动，现在既到汉口，最好把他送到南开②去，托张伯岑先生和他的主持人照应。他们都认得我，不会拒绝的。

4 个桃子流浪四方，陶行知最挂念的是 13 岁的小儿子蜜桃。

1938 年，父子间家书中断。

---

① 陶刚的另一名字。

② 南开大学时迁至四川。

1939 年，陶行知回国后，于 2 月 4 日，在越南由河内抵老街途中，给晓光写了一封信。

晓光：

现在有一件事要和你讨论。你的字写得太野了，使人认不得，而且写字的纸张不规则，这是必须改正的。同志中的字，洞若的字最令人头疼，其次是自俺，再其次就是你了。你们的信总有一部分令人看不懂，就是看得懂，也是叫看信的人十分难过，甚至头疼。这点小事如不痛改，将来总有一天，要给人把信摔到字纸篓里去的。快点改吧！也把这件事告诉洞若。

祝你们康健！

陶行知教育儿子，字写得不好不是小事，应该快点痛改。前边信中提及晓光的正确信念未树立起来让陶行知"十分担忧"，这次信里又和晓光讨论写字得太野的问题。陶行知当父亲，当得真的无微不至！

1939 年 9 月 9 日，陶行知给晓光和蜜桃写信。

晓光、蜜桃：

接读晓光九月一日及蜜桃八月十五日的信，我很高兴。蜜桃那封信是表现了一些进步。晓光的俄文有这样好的进步，是可以庆幸。每一个青年都得擅长一种外国语。无论是学习社会科学、自然科学或是艺术、文学，都得要至少学习外国语。晓光要精益求精地把俄语学到最高的境界。蜜桃也要风雨无阻地把一种外国语学好，不可间断。晓光的才干，以我看来专攻自然科学是会有成效的。你的性情不适合复杂的环境，因此研究自然科学是对的。苏联的科学进步、发明，介绍到中国来的很少，你可以把这个岗位站稳。为着达到你要达到的目的，只要对民族、人类有益，我总是支持的。

蜜桃是以进中学为是。我很为三桃担忧，六个月没有得到他的信。我给他的信是退回来了，子云也没有信来，你有他所闻否？

有病即须快医，病后要养，不要爱惜钱。

祝你们康健！

儿女的生活、儿女的前程、儿女的健康都是令父母担忧的，即使无益也担忧，这就是父母！

信中关于鼓励青年人至少要学好一种外国语一事，陶行知有一段精辟的论述：

学习外国文，好比是配了一副万里眼镜。这副眼镜，每一位追求真理的青年都应该戴，而且应该自己磨。怎么磨呢？要风雨无阻、行住不停。天天磨、月月磨，磨它个五年十载总会成功……

下边是人们意料不到的一封信，是陶行知于 1939 年 1 月下旬写给他的学生吴树琴女士母亲的信。

丈母娘赐鉴：

听说您老人家舍不得把琴姑许配予我，我这样冒昧地和她精诚团结，觉得对您十分抱歉。现在抗战未完，我不能亲自送还给您，托别人带来又不放心，思来想去，只有祷告上天，允许您再生一个小妹妹。这样大家都好，省得我讨来还去怪不方便，您老也省得许多烦恼，不知您赞成否？倘若赞成，我就祷告了。

自汪纯宜女士病逝，一个温馨和谐的家庭消失了。陶行知父子 5 人各奔东西，相见难，联络亦难。亲朋好友多劝说陶行知，不为自己，为 4 个桃子也该重建一个新家。陶行知忙，顾不上。可是当他认定吴树琴，而吴树琴也有意时，陶行知就毫不放松、穷追猛赶。陶行知为爱情成了勇敢的斗士，直接写信给吴树琴的母亲，直呼丈母娘，直奔主题——"把琴姑许配予我"。48 岁的陶行知真乃一位智勇双全的伟男子！

1939 年 12 月 31 日，陶行知与吴树琴在重庆北碚一个略加整理的旧碉堡里不请客、不设宴，极其简朴地举行了婚礼。

1940 年 2 月 2 日，陶行知写信给晓光（小桃）。

小桃：

你如果考虑之后，觉得现在要来，我想有两件事你可以做：一是跟倪尚达先生做助理，在无线电工程上精益求精，为国家效力；一是在育才学校教导小朋友干儿童科学。育才科学组就要成立，希望你做一位兼职教员。你可以同时学习无线电工程兼助发展儿童科学，培养小朋友从事干科学活动（你若以为不合适，当然可以熟商）。

祝康健！

小桃成才了，可以为国家效力了，一个"熟商"，流露出了做父亲的民主作风及内心的喜悦。

1940 年 3 月 26 日，陶行知给吴树琴写信。

树琴：

　　我昨天到汽车站，只有十一时，因此就到镇上去吃了面，再动身来渝。到渝后即托文华去打听制药片的机器。他们要五百六十元，只愿减少二十元，都是贵得很。不过，这也只是一个工人一年的工钱，算来也不吃亏。在北碚那一部，如果二三百元愿卖，零件要齐，你就同陶宏商量着开支票买了来。晓光已经来了，我一到，他是第一个人与我拉手，那是很欣慰了。我身体很好。

　　祝你康健！

新婚妻子已经参与陶行知的事业，可以帮忙打理些事务了。

1940 年 7 月 1 日，陶行知给树琴、小桃、蜜桃写信。此时，中国正处于日本帝国主义对重庆进行狂轰滥炸的危急时期。

树琴、小桃、蜜桃：

　　昨天敌机轰炸北碚，我托马先生打电话给区署，知道新桥未炸。但是西山路招待所被炸，十三号防空洞死伤一百人，不知多少朋友受害。请孙敦禾、陈良材等，住在蒋家院子，被窝暂借给他们。吃饭便在家中食，预备和工友在蒋家院子里自炊。北碚仍是要提防，每一次轰炸都应该进防空洞，不可松懈，我明日可来。

　　敬祝康健！

陶行知在敌机狂轰滥炸之际，不忘家人、学生、工友们的安危。

1940 年 7 月 11 日，陶行知给吴树琴写了一封信。

树琴：

　　药品已托俞文华同志代办，他明早到合川去买。价钱已开给他做参考。我在这里生活得很好。照现在的情况来看，指导委员会得花费三天才可以结束，校务会议顶少要两天，我预计十四日才能回家。如果有大水，我也不急来，也许还要延迟。如此，我可以把药带来。空袭时，你和蜜桃、王志平是去防空洞为好。鸽子和白兔①请交来人带下。

　　此致。

非常时期，陶行知尽管公务繁忙，家人、家事还是处处挂心！

1940 年 8 月 11 日，陶行知给吴树琴、陶晓光和陶城写信。

---

① 鸽子和白兔：陶行知的两个小孙子。

树琴、晓光、城：

我自到渝，即住在嘉庐一号三楼沈寓，一切都很安适。九日大轰炸，我在青年会的防空洞里。青年会除宿舍外，全部被毁。我们在洞里只觉得一些烟气。当时群众很喧哗，后来把洞口塞了一个，使火舌不得进来，大家这才安静下来。当轰炸的时候，头顶上听见轰轰之声，震动不太大，想是烧夷弹而非磅弹。四时解除警报才出洞，想透些新鲜空气，但是四面大火，热气逼人，等候两小时，才走出后门委婉而达到大街。新街口上海银行、中央日报社、中国银行都被炸，而新华银行尚无恙。昨日提款买物，他们还请我吃午饭。曾家岩一带炸得厉害，敌机投下几个千磅以上之弹，最可惜的是海棠溪之桐油库被炸毁了。投了一百多弹，死了二百余人，捉住两个汉奸。

五号木塞①买了一万，给我买空了。刀片这里没有，你还是买别的吧。这里每片一元八角，快去北碚买，可以便宜些。戥秤买了一把。晓光要的药，到处配不完全，只配了一半。可见药不完备，病是害不得了。

我有事要等两天才回来，各路防空洞都有朋友，请可放心。你们是必须到防空洞去。洞若、良材用介绍片介绍到石桂湾胡石青先生那儿去。

9 日大轰炸，重庆伤亡之大、破坏之惨，重庆的过来人至今记忆犹新！大轰炸的罪魁祸首是日本帝国主义，帮凶是主张"攘外必先安内，救国必先救党"的蒋介石国民政府，受害的是无辜的百姓！

1940 年年底，陶晓光到成都一家无线电厂工作，厂方催索学历证明书。陶晓光没有正式的学历，只好写信给曾经担任晓庄学校副校长、时任育才学校副校长的马肖生寻求帮助，很快收到了一张晓庄学校的毕业证书。陶行知在重庆闻讯后，当晚致电陶晓光，要求将证书寄回。之后，于 1941 年 1 月 25 日，陶行知又给陶晓光写了如下一封信。

晓光：

最近听说马肖生寄了一张证明书给你。他擅自做主，没有经我看过，我不放心，故即于当晚电你将该件寄回，以便审核有无错误，深信你已遵电照办。现恐你急需文件证明，特有我写了一张，附于信内寄你。你可根据这样的证明去找尚达弟力保。我们必须坚持"宁为真白丁，不做假秀才"之主张进行。尚使这样真实的证明不合用，宁可自己出钱，不拿薪水，帮

---

① 晓庄研究所制药做瓶塞用的。

助国家工作，同时从尚达弟及各位学术专家学习。万一竟因证明不合传统，而连这样的学习工作亦被取消，那么，你还是回到重庆，这里有金大①电机工程，也许可去。或与陈景唐兄商量，迳考成都全大。总之，"追求真理做真人"不可丝毫妥协。万一金大也不能进，我愿意筹集专款，帮助你建立实验室，也绝不向虚伪的社会学习、妥协。你要记住这七个字，终身受用无穷，望你必须努力朝这方面修养，方是真学问。

我近来为校经费困难所逼，驻渝筹款，而重庆天气易令人咳，这两天才愈，因此，不能早日写信给你，至为歉然。来信寄重庆村十七号。

陶行知很严格地让儿子"追求真理做真人"。毕业"证明书"一事陶行知不是小题大做，在他看来这是诚信问题。陶行知当晚致电令儿子退书，后又致信设想一套方案，对儿子既提出了明确的要求，又提供了可行的解决方案。严中有爱的父亲啊！

陶行知是以"千学万学学做真人，千教万教教人求真"为人生标准的，因此，让儿子晓光退毕业"证明书"一事自然顺理成章！

10天之后，2月5日陶行知给晓光又写了一封信。

晓光：

二月三日的信收到了，知道你在成都工作、学习都相当满意，甚慰。你到金大听课，万望不要超过体力之限度。依我来看，还是集中精神，先在研究室及厂中充分学习，等到告一段落，再到大学上课，这样便不至于把身体弄坏。康健第一！你的身体并不甚强壮，学校、工厂两处奔跑，颇感体力不济，务必慎重考虑。

学校经济自是非常困难，你知道我是欢迎困难的一个人。一切困难都以算学解决之，不但经济困难是如此解决，别的困难也如此解决，所以我没有忧愁，仍旧是吃得饱，睡得着。我的身体比你离碚时好了些，虽然没有从前胖，但瘦如梅花，骨子里有力量，有何不可？孔子说："仁者不忧，智者不惑，勇者不惧。"唯其不惑，所以不忧、不惧。我们追求真理，抱着真理为民族人类服务，有什么疑惑呢？所以我无论处境如何困难，心里是泰然自在，这是可以告慰的。

现托南京高师同学赵吉士带去无线电零件数样。这些放在家里无用，你可拿去给倪厂长看，如果有用处，就放在研究室里用好了。

---

① 指抗战时期迁往成都的金陵大学，陈景唐任校长。

并托赵先生带上百元钱为你买书之用，你斟酌去买。

祝你康健！

历经坎坷见坦途，风雨过后是晴天。尽管"瘦如梅花"，陶行知对自己的现状却"相当满意"。他以自己的乐观感染着儿子。

1941 年 7 月 23 日，陶行知给陶晓光写信。

晓光：

你的信不但给了我们大的鼓励，并且给了我一个重要的指示。现将留存的捐册，分给中层朋友进行浏览，结果一定要好些。育才学校在物价超过五十倍以上还居然存在，的确是一个奇迹。二周年之前月，我们造了四个露天讲座、一个舞台、两个游泳池，改造了图书馆使它成为现代的文化厨房，建立了自然科学馆、历史地理陈列馆，艺术馆举行了空前（就本校而言）的有意义的展览会。这些都是六月二十日至七月二十日，一个创造月的成果。我们要在集体创造上学习创造。创造需要劳动，也要谦虚。十九日夜，我看到《易经》上说"劳谦君子，有终，吉"，又说"劳谦君子，万民服也"。这给了我们一个重要的指示。现在寄上捐册一本备你应用。

款子直接汇给北碚中国银行，学校才能按名发给手据。你要给小黑和蜜桃的钱，由我照给，但不必寄还，就算我给你买东西用的。大家都好。

祝康健！

倘朋友（倪尚达厂长）患恶性疟疾，必须立刻医，连愈一个月才能保险。学生雏秉权患恶疾，治愈一日，次日突发，不救，成为一大憾事。

陶行知虽然工作很忙，但他还抽空学习，读《易经》汲取教义，从中接受重要启示。

1942 年 1 月 19 日夜，陶行知让吴树琴代笔，给陶晓光写信。

晓光：

一月十五日的来信收到，知你安好，甚慰。自太平洋战争①爆发，南洋接济断绝，学校的经济基础不得不动员一切朋友另谋办法。故目下难于离开渝市，前途渐见光明。

新年的时候，乘着雾市的陪都，育才学校的戏剧、绘画、音乐三个组

① 日本帝国主义为了排挤和争夺美、英、荷在太平洋的利益，1941 年 12 月 7 日偷袭珍珠港，第二天美对日正式宣战。

来渝见习，并举行画展、表演、演奏大会。画展是十一日开始的，十五日完。据各方面的评论，成绩还不差。画展时，另有一间专为育才之友字画展，一方面让小朋友见见名人的字画，一方面以小朋友的作品请各界热心儿童创作的画家们指教。这是此次画展的主要目的。画也卖了将近二千元，已够开销。

戏剧组是在最短时间内，排成五幕儿童剧《表》①已在中国电影制片厂抗建堂献演。这次演出得到各方面帮助很多，由抗建堂主办，宣传费由学校垫出，其他灯光、布景、舞台等等由他们抗建堂先垫费用，等到演完，扣除两边费用，盈余的全捐助于育才儿童戏剧运动。《表》已演了四场，明夜是最后一场。为了希望对于学校的经济有些帮助，所以这次动员各方的朋友，努力推销荣誉券，已超过两万元。虽然不能达到大家所希望的最高目标，可是没有失败。这是可以告慰的。

音乐组目前在音乐指导委员会指导之下，准备着本月三十一日夜及二月一日夜的演奏，地点是在广播大楼，亦准备卖票的。这次演奏，一半节目是小朋友的，另一半节目是请了几位先生参加的。结果如何，再告。

近来你的父亲，在敌人炸弹下的破屋中，找到了一所无人管理、无人利用的大屋，费了很多的查询，访到了这屋的主人，并承屋主人的允许，租予居住，以我方修理费作为五年的租金，真是值得。这是你父亲的力量，完成了这一件胜利的战争。古圣寺的校舍亦曾发生了一次纠纷。地方上的一个绅士劣豪，借办中心小学名义，要占我们校舍的一部分。这件事亦费了你父亲很多精力，结果才算和平解决。一点不错，他每日都是过着打战的生活，生活就是战争。他说，最近是在打经济战。数月来都是日夜地奔走，辛苦而精神尚健，身体虽较前清瘦。

我们已搬进这新修的房子，戏剧组亦住这里。方与严、程今吾、俞文华等各位先生都在这里，为了三个组的事，大家都是很忙碌的。

陶宏自己的意思，要在寒假离开学校，到成都大学跟周厚福先生多学习一些。但不知小孩子的力量可能挽留住。现在的自然组全是靠陶宏一人的力量维持，假使他走，对学校、对小孩子都是一个大损失。

蜜桃这半年没有进学校，在家自修，预备寒假后投考。蜜桃一心想要跳一级，我们不十分赞成。可是他的自信心很强，希望他这次成功。

---

① 鲁迅翻译的苏联著名作家班台莱耶夫的小说，由董林肯改编为儿童剧，育才学校戏剧组教师刘厚生做导演。

再告。祝康健！

树琴代笔

一九四二年一月十九日夜

1942 年 4 月 18 日，陶行知写信给陶晓光。

晓光：

  我今年三月十五日对大家说，我们有两位朋友，一是贫穷，二是患难。我们不但是贫穷与患难中生活，而且整个教育理论都是它们扶养起来的，所以我有六个字供大家勉励：友穷、迎难、创造。一切为创造，创造为除苦。今年儿童节，我们是在这种精神中创造了儿童美术馆。在这一个月内，我立定决心要为学校筹足二十万基金，以备高中立案之用。近日每天拜访两人，从容进行，还没有失望过。只要我们说清楚，社会是会了解而给我们帮助的。

  祝你特别保重身体并精神健康！

陶行知工作再忙再累，也忘不了给孩子写信，对孩子的关心爱护之情让人动容。

1942 年 8 月 1 日，陶行知写信给陶宏。

宏：

  你给育才三周年的礼物——《伽利略》话剧（我已改好，交叶宏材改。三周年纪念太忙未演，拟暑假演）、《太阳系之起源》《蛋白质的营养》，我都看过了。此外还有你给自然组的公开信十一封（自四月八日至七月十四日）和给自然组同学们的私人信十一封，我都仔细地读过了。只有魏雨田、谢士柜二人因为请假去投考未曾把信交来。听说你还给过别的组的同学信，我也想去要来一看。我之所以想看这些信，有下列几种动机。

  一、我很敬佩一个教师，连离开了学校，还是诲人不倦。

  二、我很想知道你给学生们忠告的内容。

  三、我很想知道你自己的进步如何。

  四、我很想知道学生对你的来信是否爱护保存。

  看了这些信及三篇文章，我的感想如下。

  一、你给我们的礼物——精神食粮——是最丰富了。

  二、你这样教导学生，态度和内容都很好，值得做教师们的参考。但是对于孔子那"不愤不启，不悱不发"的道理也宜注意酌量采用，这个你到后来是采取了。

三、你这样努力，怕是向"健康银行"透支了过分的法币。

四、你的信可以出一个小集，文章可以发表。

为了要攀上真理的最高峰，为了要做最多数、最有效、最永久的服务，我向你提出以下的劝告。

一、康健第一。

二、从容工作、学习为原则；紧张突击为例外。

三、预防疲劳之休息。拿休息来预防疲劳，重于拿休息来治疗疲劳。我们肺弱，你必特别小心，对于元气宜多储蓄，对于健康切勿透支。

学校已下决心要创造健康的堡垒，立了二十九条卫生守则，以代替十分之九的医生。我们发现霞①有这个特长，便聘她为健康科主任，率领卫生干事、医务助理员，并动员全体师生工友，加强组织训练，健全设备，以防疾病于未然。

晓光于七月中旬飞渝，业已见面，现被派到新疆伊宁（宁远）去做修理工作，半月可返。伊宁系汉代月氏被匈奴所逐而移居之地，元代察合台汗国之西界。他得到这个差使，度天山而西，觉得高兴得很。（地址是：伊宁爱林巴克街又新公司。）等他到后写信来，我们再和他通信。

杰儿②甚佳，黑③亦好，请放心。霞需款用已嘱向我要，不必催你寄。吴先生④已找到一事，在北温泉新亚药厂，月薪加月食可抵一参政员办公费，生活仍无忧。

诚正准备考学校。刚已汇旅费托瑞符带他来川。

顺颂夏安！

陶宏成熟了，成才了！陶行知高兴地向陶宏提出劝告：健康第一。这就是人的真正生活！

1943年2月21日，陶行知写信给陶宏。

陶宏：

你给谢士柜信里附来之《圣母歌》已交陈贻鑫。昨晤胡然先生，他说只有胡世珍的声音能唱，大概这次音乐会可以列入这一项节目。

---

① 指王醉霞，陶宏之妻。

② 指戴伯韬的儿子戴晓林。

③ 指陶宏的女儿陶鹤。

④ 指吴树琴。

我们在上月看了《安魂曲》，其实这可说是"莫扎特生平"，甚为感动，便动员全体教师、学生、工友自费来看。假使你能找到《莫扎特生平》，请为《育才文库》写一册《莫扎特传》。伽利略之剧本，可以参考此剧。

可惜你在峨眉，若在重庆，则多看进步之话剧，对于你写这剧本，必有帮助。

你的信集，我拟好了一书名叫《从峨眉山到凤凰山》，不知可中意否？

近来我们深刻地了解，人生最大目的还是博爱，一切学术也都是要更有效地达到这个目的。一天谈及你，冯先生说你曾为着帮助一位苦学生而节省吃鸡蛋的钱来完成这任务。这种行为是高贵的，所以冯先生至今还记得。以后我们仍当向这个方向努力。

旧历新年小黑来，我想出来一个法子教她写成一个难写的"黑"字，她居然能独立写成。我的法子是：先画一个脸孔（口），再加上两个眼睛（回），再画一个鼻子（甲），再画一张嘴（里），再画上两只手（黑），再画两只脚（黑）。这样她一会儿便学会了。现在把她自己写给你的信寄给你看，便知道，小孩子是要用各种各样的妙法来教她，她才高兴学，才学得成。

育才要跃进一个新的阶段——建立工程师的苗圃。大纲已拟成草案，现寄一份给你，请给我一些意见。

陶刚可以务农，来校不满一个月即开了五六块荒地，但他身体受了伤，这次病得厉害，送入武汉疗养院，业已脱险。

画展在三月二十、二十一日举行；音乐会在三月二十八、二十九日举行；话剧《小主人》是一四幕儿童剧，通过国民党统治区的五个孩子在天灾人祸下造成的悲惨遭遇，揭露了社会的黑暗，提出了孩子是国家的小主人，我们要拯救孩子的主题。此剧由董林肯编剧，苏丹任舞台监督，刘厚生任导演，自四月四日起，演一个星期。育才紧缩预算，现在收支相抵。明年呢，要靠这三个会来度过。

祝你进步！

陶行知将大小巨细、上下左右一切事宜，看得透彻，想得周全，办得利落。1943 年 3 月 19 日，陶行知写信给陶宏、陶晓光。

宏、光：

我们现在同时筹备三个会，而画展一项又分作三处举行，其生活之丰富、治事、学习机会之充足，可想而知。我要大家分工合作，学习同时举办数事（多方应战）而有条不紊，并不觉得麻烦。我们在这方面确已达到很高的境界。以我自己而论，身体不算怎么好，而同时指导数事，尚能措置裕如，今天还写诗贺鹿瑞伯，并饯别于去疾，丝毫不觉得紧张。你们也要如此治事，秘诀是要有目的、有计划、有组织、有决心，运用发挥每一个分子、每一位朋友之力量共同创造，使每人觉得是自己的事而甘心情愿向前进行，用不着督促。

　　重庆的三会筹备，即画展、音乐会、话剧公演，好像我并不努力，其实是应努力的早已努力，故似无为而治（老子之处世哲学）。国画展览已走上胜利之路，卖了三十七幅。音乐会改在四月七日举行，《安魂曲》《圣母颂》可能试唱。晓光前说学费补助，可以办到。

　　敬祝康健！

1943 年 3 月 27 日，陶行知又给陶宏、陶晓光写信。

宏、光：

　　今天接到《神鹰歌》及《战歌》，最为高兴。所高兴的是你们能在艺术上为育才服务而合作的结晶，及时而来到我的面前。我即刻托李康将、周寿年分抄一曲，现在就要派人到歇台子去与胡然先生和音乐组同学接洽。可惜的是胡先生正忙着个人演奏，不能分心教导，而音乐组同学随机应变地临时增减节目也不灵活。《圣母颂》听说胡世珍也唱不出，因此不能列入节目。《神鹰歌》与《战歌》最好能列入节目，将老节目除掉，年年唱的《手脑相长歌》，大可以除，连自己也听厌了，还要摆在节目里。假使他们保守，不能争取时间，我将令一两位会唱的小朋友在广播大厦特别广播，而不在同天举行。定了日期再告诉你们。

　　音乐会为了会场的问题，改在四月三日下午四时至六时及四月四日上午十时至十二时在银行公会举行。还有冯先生独唱。

　　敬颂康健！

可怜天下父母心！陶行知为儿子的成就而高兴！
1944 年 4 月 11 日，陶行知给吴树琴写信。

树琴：

　　这一个月来，只有今天晚上，才觉得是恢复了康健。我现在觉得我是一只狮子，在人们都睡着了的时候，巍然雄视一切，为夜之主，有整个的宇宙待我整顿。我是何等的高兴啊！

这次到渝最令人感动的是徐佩镕①先生自动将亲友们为他的老太太筹的慈幼纪念基金，全数给了我们。我来之日，即先交十万元，昨天又交一万零七百六十五元五角，而且是亲自送来。看见我们在准备国画展览，又预订了一张画。我们要将画送给他，他坚决要买，看来是只好让他买了……

　　本来星期日已愈，到南温泉开伊利诺大学同学会，遇雨受冻，延至昨日才就愈。你给我的鱼肝油，我一直不断地吃，似觉有效。星期日受冻后，咳嗽没有以前厉害，今日已完全不咳了。海带也是每天吃。这两样东西大概成了我的卫队，会护我重入康健之国。

　　祝你康健！

陶行知的确是一只"巍然雄视一切"的狮子，是一只四万万五千万国人喜欢的、极其需要的勇猛雄奇的狮子。

1944 年 8 月 9 日上午 7 时，陶晓光飞往印度。陶晓光此行是去印度加尔各答中国航空公司工作，同时受任育才学校驻印代表，为育才学校在印度举办展览会，开展宣传；并在华侨中发展"育才之友"为育才学校募捐。陶晓光此行可谓任重而道远。

1944 年 8 月 10 日，陶行知写信给吴树琴。

树琴：

　　……晓光昨早七时起飞，我和宏等人亲送至机场。他对您的礼物，感谢之至。

　　敬颂康健！

1944 年 11 月 13 日，陶行知给陶晓光写信。

晓光：

　　你的十月十日、十月十八日、十月二十二日、十月二十八日的信，一至六号画展图片，十三张朋友们赠之礼物，统统于前、昨两晚先后收到。第一件高兴，是你的康健恢复了，这比一万万两黄金还重要。第二件高兴，是你的辉煌的战果——物质。更重要的是你为育才取得许多位宝贵的朋友。今天朝会上，我向全体报告了你的奋斗。张震先生说："让我们今后努力向晓光先生看齐！"这是他们所能给你的最高勋章。

　　英国大使馆文化代表约翰·波罗费尔德先生现在印度，月底回华。我

---

① 重庆冠生园食品厂经理。

同时写信介绍了你，你须即日与他接洽，他可能帮助我们带东西来。地址同上。

8月9日7时至10月28日，不足两个月的时间，陶晓光在异国他乡取得了如此辉煌的成绩，作为父亲，陶行知怎能不高兴呢？

1945年2月14日，陶行知写信给小桃。

小桃：

我好久没有称呼这个名字了。你该记得这是最爱你的祖母为你取的名字。你看见这两个字，就像是奶奶喊你。

你的家属津贴十二月三十日已经取了两个月，共一万六千五百九十二元。二月十日已将一月份的取来，还有半月薪水的借支，共一万三千九百一十一元，总共三万零五百零三元，是存在新生实业社，为你将来留学之用。

我正为马思聪先生演奏会忙着。育才音乐组有五个人，有去法学习的希望。

祝你康健！

陶行知因"小桃"之称呼想起了母亲。

1945年11月，国民党政府撕毁《双十协定》，挑起内战，向解放区进攻，遭到了全国人民的强烈反对。11月25日，昆明大、中学校学生6000余人集合于西南联合大学，举行反内战时事晚会。国民党反动派派遣军队包围会场，发射枪炮恫吓。自26日起，各校学生联合罢课表示抗议。12月1日，国民党军警特务到各校殴打罢课学生，并投掷手榴弹，当场炸死4人，伤10余人，史称"一二·一"惨案。"一二·一"惨案的4位烈士是：于再、潘琰、李鲁连、张华昌。12月9日，陶行知在去长安寺祭昆明反内战被害烈士大会之前，给吴树琴写了一封"遗书"。

树琴：

我现在拿着昨晚编好的诗歌全集去交给冯亦代先生出版，然后再到长安寺去祭昆明反内战被害烈士。也许我们不能见面了。这样的去，是不会有痛苦，望你不要悲伤。你有决心、有虚心、有热心，望你参加普及教育运动，完成了四万万五千万人之启蒙大事，以奠定天下为公之基础，再给我一个报告。

再见！

时隔两天，12 月 11 日陶行知又给吴树琴写了一封信。

树琴：

九日追悼昆明死难师生，到一千余人，甚为悲壮。十日、十一日续行公祭，现已结束。此会对联数百副，中有极佳者，如：

凶手审凶手，自问自答。

同胞哭同胞，流血流泪。

我曾于九日写一遗嘱予你，另一遗嘱予生活教育社同志，放在桌上给你们。今已顺利过去，原稿我自带来。这次我预备死而不死，今后尚有为民族、为人类服务之机会，而又能与你再见，真是幸福。我当加倍努力，以无负于此幸福也。

敬颂康健！

陶行知"预备死而不死"，为"今后尚有为民族、为人类服务之机会"而庆幸，这是一种十分高尚的情怀。人要珍惜幸福！

1946 年 1 月 24 日，陶行知给吴树琴又写了一封信。

树琴：

一、江津泰和斋之米花糖，陆雪樵送，分一些给你。

二、我买了一点毛织布，请你妥为保存。

三、我的毛毯奉上。

四、我二十七日到壁山，二十八日或可到泉。倘不能，二十九日一定到。

敬祝康健！

这是陶行知生前给吴树琴的最后一封信。陶行知虽然走了，但是给吴树琴留下了毛毯的温暖、米花糖的甜蜜。

1946 年 4 月 22 日，陶行知给陶宏写了一封信。

陶宏：

你的信与小黑的照片收到了，从重庆转来。我十一日从重庆到白市驿，马路狭而斜，甚坏且险。交通部的卡车在我们前面翻倒，死一人，重伤七人，轻伤十三人。他们的飞机原来要坐四十余人，结果只有十七人飞来。八十架飞机候到晚上才到，只好在驿住一夜。十二日八时三刻起飞，天气晴朗，一路无风。十二时三刻到京，住莲子营六十号姚公馆，电话二三〇一三。十四日，到晓庄扫墓，农人、小孩分四批到中央门、迈皋桥一带来迎接我们，见了从前幼稚园的孩子，已经生了小孩，等候我们开办幼稚园了。晓庄在焦土抗战的命令下，一切房屋都烧光了，树木都砍光了，只留得你祖父母墓两棵树岿然并存、欣欣向荣。这不能不归功于亲家丁府及农友爱护之功。南京只有正统报纸，殊无民主之气象。十八日来沪，住许士骐先生老兄德臣先生家，吕班路五十三号，电话八〇五〇一，甚为便利舒适。此地民主力量甚旺。昨日有教师一千余人欢迎我于育才中学（市立），我讲《民主生活与民主教育》，许多熟人都见面了。生活教育社上海分社不久将成立。育才房屋在物色。社大让上海朋友发起，我任顾问。

陶诚已于昨日到沪。

科学发明稿未收到。

敬颂康健！

这是陶行知生前给陶宏写的最后一封信。陶行知借扫墓重返阔别 19 年的晓庄，热血沸腾，思绪万千！

1946 年 7 月 15 日，陶行知给陶晓光写了一封信。

晓光：

时为美国驻华大使馆劳工参赞傅理曼先生，刚才打电话来，说你的翻译要得。望你于今晚到明早，去汉弥顿大厦（于福州路江西路口）的 C 一〇〇四房里找他。我还没有说你是谁。你可以告诉他"我父亲要我自立"。

附名片介绍一张，你可持去。他那里有一本书借给我看，望你带来。

敬颂成功！

1946 年 7 月 11 日，民主战士、社会大学副校长李公朴在昆明被国民党特务暗杀。4 天后的 7 月 15 日，闻一多又在昆明被国民党特务暗杀。当陶行知闻讯李、闻被暗杀后，对翦伯赞说："我等着第三枪！"

陶行知要儿子自立，是因为他做好了随时牺牲的准备。

陶行知的家书，为我们留下了一笔巨大的精神财富。一代伟人亦有他深情的一面。

第四十三章 陶行知
科学的世界观

什么是世界观？世界观，亦称宇宙观，是人们对物质世界总的根本的观点。由于人们社会地位不同，从事的职业不同，观察问题的角度不同，特别是接受教育、道德观念的不同，从而会形成不同的世界观。不同的世界观支配着不同的人生观、价值观、苦乐观……

大千世界、芸芸众生，世界观有两种：一是正确、科学的世界观；二是错误、伪科学的世界观。科学的世界观表现在：唯物主义物质观；唯物主义辩证法；辩证唯物主义认识论。

唯物主义物质观认为物质世界是客观存在的，是不以人们的意志转移的；物质是第一性的，意识是第二性的；物质决定意识。

唯物主义要求我们一切从实际出发、实事求是，有一说一、有二说二，不说假话、大话、空话。纵观陶行知战斗的一生，足以证明他是一个唯物主义者。

中国是一个落后的农业国，全国四万万五千万人口，在农村的就有三万万四千万，而且在农村的绝大多数是文盲。农村师资极其缺乏。在中国普及教育，就不能像在美国、英国那样，建造校舍，招聘教师，购置设备……在中国只有用穷办法，少花钱或不花钱来普及教育。

陶行知由他的儿子教奶奶识字，创造了"小先生连环教学法"，并推广开来发扬光大。

外国人认为"中国没有教育""中国的教育是落后的"。1936 年 8 月，陶行知在美国召开的世界第 7 届新教育年会上登台演讲，实事求是地把 12 年来在中国这一极其落后的国度里如何推广"小先生制"进行普及教育，从而取得了从未有过的成绩进行了介绍，引起了轰动。这种做法足以证明陶行知实事求是，是一个彻底的唯物主义者。

唯物主义辩证法认为世界上的事物都是普遍联系的和永恒发展的，一切事物都存在着矛盾。矛盾是指客观事物及人类思维各个对立面之间相互依存而又相互排斥的关系。矛盾是一切客观存在的变化发展的根本原因。在工作生活中，唯物主义辩证法要求我们坚持联系的观点，以发展的眼光看问题，对人、对事一分为二，处理任何事情不可"一刀切"。任何事物的矛盾都是纷繁复杂的，我们首先要解决主要矛盾。具体问题具体分析是唯物主义辩证法的核心、灵魂。陶行知普及教育的全过程足以说明他是一个唯物主义辩证法的实践者。

陶行知去美国，开始时学习市政，后又从事教育学科的学习。学成之后，他婉言谢绝导师们提供的留美工作的机会，为践行"要使全国人民都有受教育的机会"的宏愿，毅然回国。回国后，陶行知潜心教育事业、立足实际，对人、对事一分为二辩证地对待。

1927 年 12 月 5 日，陶行知给晓庄学校唯一的校工高祥发写了一封信（节选）。

高大哥：

您为人很诚实，我们大家都爱上了您这一点。这是做人的根本。我希望您永远保持这个宝贝，终身做个诚实人。但是，在世上做人，单靠诚实是不够的。诚实之外，还要尽本分。我们学校里，各人有各人要尽的本分。你的本分是按着一定的时间挑水、烧锅、买菜、清理厨房和干别的粗活。做这些事您应当受主管人的调度。

您现在最大的一个毛病便是调皮，不受调度，您应当痛改。我们主张人类平等：校长和校工一律看待，吃一样的饭，一样地要尽本分……

再会！

祝您和大家安乐进步！

陶行知信中对高大哥一分为二地进行评价，既肯定优点，又指出错误，说明陶行知是一个伟大的唯物主义辩证法的实践者。

辩证唯物主义认识论，亦称唯物史观，它认为人是社会的人，社会是人组成的社会，人民群众是社会活动的主体，是创造历史的真正动力。唯物史观要求我们：要尊重人民群众，真正发扬民主作风；做任何事情，应首先考虑群众的利益，考虑社会效应。

陶行知的不少诗篇体现着他唯物史观的光辉思想。下面选两首以佐证。第一首是他 1944 年 10 月 10 日写的《民主第一》。

民主第一！
民主至上！
民主万能！
民主是应该无所不在。

老百姓要做：
自己的主人，
国家的主人，
世界的主人。

第二首是陶行知 1946 年作的《是非》。

什么叫作是？
什么叫作非？
合于"天下为公"者是，
不合于"天下为公"者非。

什么叫作是？
什么叫作非？
使中华民国名实相符者是，
使中华民国名不符实者非。

什么叫作是？
什么叫作非？
使中华民族富强者是，
使中华民族贫弱者非。

什么叫作是？
什么叫作非？
使中华民族聪明者是，

使中华民族愚昧者非。

什么叫作是？
什么叫作非？
使老百姓增加幸福者是，
使老百姓增加痛楚者非。

什么叫作是？
什么叫作非？
努力和平协商者是，
硬要武力解决者非。

什么叫作是？
什么叫作非？
真者是，
假者非。

1945年4月4日，陶行知在《民主的儿童节》一文中对民主有一段既深刻又通俗易懂的诠释：

民主没有深奥的意思，通俗说就是"大家有份"。在倒霉的时候是"有祸同当"；在幸运的时候是"有福大家享"；在平常的时候是"大家的事，大家谈、大家想、大家干。"

世界观支配着人们各种不同的观点，如人生观、价值观、苦乐观、教师教育观、儿童观等。具有科学世界观的人，他的人生观、价值观也是科学的。

什么是人生观？人生观是指人们对人生的根本看法和态度。换言之，是指人们对人生历程的认识，如人为什么活着、怎样活着才有意义、做一个什么样的人、怎样度过一生……

陶行知为什么活着？答案是："要为中国做贡献。"怎样活着才有意义？答案是："要使全国人民都有受教育的机会。"做一个什么样的人？答案是："为一大事来，做一大事去。"这一大事是指促进社会文明，即做一个促进社会文明的人。怎样度过一生？答案是："愿把灵魂共身体，献与中华民国，誓从今年今日起。"陶行知就是这样度过了他多彩的一生的。

什么是价值观？价值观是指人们对生活的目的、意义及对社会贡献的观点。科学的价值观，是以服务于劳苦大众为人生目的的，是把解放全人类、世界大同作为崇高理想的。价值观表现在两方面：一是个人对社会的贡献；二是社会对其一生的承认和肯定。陶行知一生的贡献是巨大的，他逝世后，毛泽东在悼词中称他为"伟大的人民教育家"。

　　什么是苦乐观？苦乐观是指人们在一生中所遇到的种种痛苦及欢乐时的根本态度。下边的几件小事反映了陶行知的苦乐观。

　　陶行知给晓庄学校校工高大哥的信中说："校长和校工一律看待，吃一样的饭，一样地要尽本分。"陶行知视平等为自然，可谓知足常乐。

　　1927年2月11日，陶行知给全家人的信中写道：

　　　　我初三晚上就下乡了，住在一处姓陆的农人家里。晚上打地铺，睡在稻草上，暖和得很，比钢丝床还有趣。我们六个睡在一铺：一位是我自己；一位是时任晓庄中心小学校长的钱尚志先生；三个安徽公学的校工；还有一个，你们猜是谁？猜得着的将来可以多吃一块糖。桃红、小桃、三桃、蜜桃都猜猜看。你们怕是猜不着的，待我说来：它是一条耕田的水牛，睡在我们的旁边，脾气很好，也很干净……

　　打地铺、"人、牛同棚居"，陶行知依然乐观、风趣。

　　1924年11月9日，陶行知给母亲、纯妻、漠妹写信：

　　　　今天途中有一半乞讨的人是老妇人，哭得甚哀。其中有一儿童，父是军官，参与战事不知下落，母子流落上海，难以回家。知行闻知母子终日只讨得数枚铜圆，实在忍不得，我就给了母子一张车票价的钱。母亲方收住泪，其子以笑容送我。我心里大乐。

　　陶行知因助人而"大乐"。其科学的苦乐观可见一斑。

　　什么是教师教育观？教师教育观是指教师和教育在所处社会中的地位和作用的根本观点。中国唐代思想家、教育家韩愈说："师者，传道授业解惑也。"17世纪捷克著名教育家夸美纽斯说："教师是太阳底下最光辉的职业。"

　　陶行知的教师教育观是大教育观。他1928年10月10日在晓庄学校双十节纪念会上演讲《今后中华民族的使命》：

　　　　我们应当把教育的力量用来建设新中国。我们的使命是要唤醒民众，使民众团结起来！……

　　教育的力量与别种力量不同之点，就是教育的力量是能够达到个个民众的内心里头去的，它能够使民众从"心里"发出一种力量来自己团结的。

陶行知还曾说："因教育是一种永久事业，非目光远大不足以立百年之基；教育又是一种社会事业，非同情普遍不足以收共济之效。"这些是陶行知"教育为公""教育为国"的理论基石。

教师在社会发展中所起的作用是巨大的。陶行知多次讲："教师是社会的改造者。""教育就是生活的改造，教师就是社会生活的改造的领导者，在教师手里操着幼年人的命运，便操着民族和人类的命运。""办学和改造社会是一件事，不是两件事。改造社会而不从办学入手，便不能改造人的内心；不能改造人的内心，便不能彻骨地改造社会。""教育能造文化，则能造人；能造人，则能造国。"他还说："全民族的命运都操在小学教师手里，小学教师之好坏，简直可以影响到国家之存亡和世运之治乱。""国家所托命之师范教育可以兴邦，也可以促国之亡。"

陶行知根据中国贫穷、落后的国情，提出了切实可行的神圣的宏伟计划：筹集 100 万元基金，征集 100 万位同志，提倡 100 万所学校，改造 100 万个乡村。

当然，陶行知对教师的要求也是很高的。他提出教师的基本素质是：农夫的身手，科学的头脑，改造社会的精神。具体要求有如下几个方面。

第一，要有"爱满天下"的博大情怀。

第二，要有开拓的勇气。

第三，要有民主精神和发扬民主的作风。

第四，要有坚定的意志和求真求实的科学思想。

第五，要有教学相长的意识和教研相长的能力。

第六，要有健康的体魄。

陶行知对教师、技工、学生们时时耳提面命："康健第一，康健第一，康健第一！"他认为："教师的工作既是复杂的脑力劳动，也是繁重的体力付出。""康健是生活的出发点，也是教育的出发点。""有学识道德而无健全之躯，有何能运用其学识道德以树不世之业，而为人类造莫大之福哉？"他要求教师们成为"康健之神"，才能培养"康健的儿童"，造成"康健的民族"。

民国时期，国民政府自 1931 年开始，定每年 6 月 6 日为教师节。1946 年教师节，陶行知作诗《教师们联合起来》以表示祝贺。

> 教师们联合起来，
> 跟小孩子学习，
> 跟老百姓学习，
> 跟大自然学习，

跟大社会学习。
我们要学而不厌，
追求真理，
要追求到底！

教师们联合起来！
教自己长进，
教小孩子长进，
教老百姓长进，
教大家终身长进。
我们要诲人不倦，
传播真理，
要不惜拼命。

教师们联合起来！
争取政治的民主，
争取经济的民主，
争取社会的民主，
争取文化的民主。
我们要天下为公，
拥护人民，
快出来做主！

教师们联合起来！
创造自己的命运，
创造后代的命运，
创造全民族的命运，
创造全人类的命运。
我们要根绝战争，
铲除不平，
才能教天下太平！

一般认为幼儿园及小学里的学生为儿童、少年儿童（年龄 3～12 岁）。儿童观是指人们对儿童的生存、成长、发展的状况与国家及社会的关系的根本观点。

陶行知指出："小学教育是建国之根本，幼稚教育尤为根本之根本。小学教育应当普及，幼稚教育更应当普及。"

陶行知早在 1926 年 10 月 29 日的《创设乡村幼稚园宣传书》中就已经明确指出：

> 幼稚教育系为人生之基础，不可不趁早给他建立得稳；凡人生所需要之重要习惯、倾向、态度，多半可以在六岁之前培养成功。换句话说，六岁以前是人格陶冶最重要的时期。这个时期培养得好，以后只需顺着他继长增高地培养上去，自然成为社会优良的分子；倘使培养得不好，那么习惯成了不易改，倾向定了不易移动，态度定了不易变。这些儿童升到学校里来，教师需费尽九牛二虎之力去纠正他们形成的坏习惯、坏倾向、坏态度，真可算为事倍功半。

陶行知曾举一实例进一步说明：

> 你教人爬树，如果从小教起，到了长大，便会爬到树顶。如果教成年人学爬树，势必爬得头破血流，爬不到顶，并且于他的手足伤害甚多。

陶行知曾说：

> 我希望中国的父亲，都学做富兰克林的父亲；中国的母亲都学做爱迪生的母亲。任凭自己的小孩子去玩把戏，或许在其中走出一个爱迪生来。我更希望中国的男教师学做富兰克林的父亲，女教师学做爱迪生的母亲。

1946 年，陶行知在《小学教师及民生运动》一文中论述：

> 在现状下尤须进行大解放，把学生的基本自由还给学生：一，解放他的头脑，使他能想；二，解放他的双手，使他能干；三，解放他的眼睛，使他能看；四，解放他的嘴，使他能谈；五、解放他的空间，使他能到大自然、大社会里去取得更丰富的学问；六、解放他的时间，不把他的功课表填满，不逼迫他赶考，不和家长联合起来在功课上夹攻，要给他一些空间和时间消化所学，并且学一点他自己渴望要学的学问，干一点他自己高兴干的事情。

1931 年，国民政府定 4 月 4 日为儿童节。1932 年由于战乱，儿童节名有实无。1933 年，陶行知于 4 月 2 日为儿童节作诗《儿童节歌》予以祝贺。之后他邀请留美博士、著名音乐家赵元任谱曲，上海百代公司灌制唱片，使《儿童节歌》流传甚广、影响颇大。

> 隆咚隆咚哝隆咚，
> 今天过节热烘烘。
> 从前世界属大人，
> 现在世界属儿童。
> 从前世界怎么样？
> 说来肚子会笑疼。
> 房里骗他有鬼怪，
> 水里骗他有蛟龙，
> 街上骗他有老虎，
> 累我一生做噩梦。
> 造谣撒谎意何在？
> 总而言之不许动。
> 甜来却比蜜糖甜，
> 凶来简直是雷公。
> 礼教和奶一齐喂，
> 六岁已变小老翁。
> 小时学会不抵抗，
> 大时自然不反攻！

> 隆咚隆咚哝隆咚，
> 今天过节热烘烘。
> 从前世界属大人，
> 现在世界属儿童。
> 儿童不再读死书，
> 儿童不再受人哄。
> 少爷小姐是废物，
> 贪图享福必送终。
> 我们都是小工人，
> 用脑用手来做工。
> 娃娃好玩自己造，
> 自扎风筝舞天风。

拿起锄头与斧头，
造个社会大不同。
世事须从小儿意，
不从儿意不成功。
谁再欺侮弱与小，
总动员向他进攻。

1934 年 4 月 4 日，陶行知在山海工学团庆祝儿童节的大会上演讲：

从前世界属大人，现在世界属儿童。现在世界既然属于我们儿童，我们就得把这个担儿挑起，创造一个美满的快乐的世界，大家共同享受。我们要从这儿童节的大会当中，立一个大的志愿来纪念它：

我们要做一个"开创新世界"的儿童！
我们要做一个"即知即传人"的儿童！
我们要做一个"平等互助"的儿童！

1935 年 4 月 4 日儿童节，陶行知作《儿童节献词》表示祝贺。

四月四，
四月四，
小孩一齐起来，
要教人人都识字。

四月四，
四月四，
小孩一齐起来，
要教人人都做事。

四月四，
四月四，
小孩一齐起来，
亡国不许有三次。

四月四，
四月四，

小孩一齐起来，

小孩必须有大志。

1935 年，国民政府规定：自 1935 年 9 月至 1936 年 8 月为儿童年。陶行知又为儿童年献歌祝贺。

儿童年献歌之一

大家来贺年！

大家来贺年！

贺的什么年？

贺的儿童年。

儿童年里小主人：

东升好比日初现，

日初现，人人得见光明天。

光明天下来贺年，

贺什么年？

贺儿童年。

大家来贺年！

大家来贺年！

贺的什么年？

贺的儿童年。

儿童年里小工人：

手脑双挥征自然，

征自然，看他辟地又开天。

开天辟地来贺年，

贺什么年？

贺儿童年。

大家来贺年！

大家来贺年！

贺的什么年？

贺的儿童年。

儿童年里小学生：
抓住书本种田园，
种田园，叫人有吃又有穿。
有吃有穿来贺年，
贺什么年？
贺儿童年。

大家来贺年！
大家来贺年！
贺的什么年？
贺的儿童年。
儿童年里小先生：
教人前进不要钱，
不要钱，守知奴化了云烟。
化了云烟来贺年，
贺什么年？
贺儿童年。

大家来贺年！
大家来贺年！
贺的什么年？
儿童年里小团丁①
反帝不与共青天，
共青天，千千万万小小拳。
打倒公敌再贺年，
贺什么年？
贺儿童年。

大家来贺年！
大家来贺年！
贺的什么年？

---

① 指地方民兵。

贺的儿童年。
儿童年里无老翁，
老翁个个变少年。
变少年，中华民国万万年。
万万年里都贺年，
贺什么年？
贺儿童年。

大家来贺年！
大家来贺年！
贺的什么年？
贺的儿童年。
年年愿为儿童年，
天天愿为儿童天。
儿童天，从此同开新纪元。
新开纪元来贺年，
贺什么年？
贺儿童年。

儿童年献歌之二

大家来过年！
大家来过年！
过的什么年？
过的儿童年。
你不要快乐，
想一想有谁不能过年？
流浪的孩子不能过年。
他没有饭吃，
没有衣穿，
没有工作，
没有书念。
噼啪一声，
是巡捕的皮鞭。

要这样的孩子能过年，
才算是快乐的儿童年。

大家来过年！
大家来过年！
过的什么年？
过的儿童年。
你不要快乐，
想一想有谁不能过年？
奶妈的孩子不能过年。
他没有奶吃，
不知糖甜。
你胖如冬瓜，
他瘦得可怜。
追本推源，
只因少几文钱。
要这样的孩子能过年，
才算是快乐的儿童年。

大家来过年！
大家来过年！
过的什么年？
过的儿童年。
你不要快乐，
想一想有谁不能过年？
拐去的孩子不能过年。
离开家里，
拐到天边，
不许啼哭，
不许谈天。
一生一世，
哪里寻得爹爹？
要这样的孩子能过年，

才算是快乐的儿童年。

大家来过年！
大家来过年！
过的什么年？
过的儿童年。
你不要快乐，
想一想有谁不能过年？
做工的孩子不能过年。
整天煤烟，
几文工钱，
一不小心，
轧掉指尖，
死去活来，
有谁替他申冤？
要这样的孩子来过年，
才算是快乐的儿童年。

儿童年献歌之三

小朋友！
长长长，
再长几年，
变成一群小森林：
枝头有鸟儿谈天，
树底有野兽安眠。
那大的高的，
拿去盖大众的宫殿，
创造新纪元。
新纪元的第一年是什么年？
儿童年！

小朋友！
攀攀攀，

攀上半天，
变成一群小雨点：
落在每一丘麦田，
撒在每一丘棉田。
那黄的白的，
给大众好吃又好穿，
创造新纪元。
新纪元的第一年是什么年？
儿童年！

小朋友！
飞飞飞，
飞到天边，
变成一群小太阳：
透进每一家的窗帘，
照到每个人的眼前。
东西南北，
叫大家认清路线，
创造新纪元。
新纪元的第一年是什么年？
儿童年！

儿童年献歌之四

弄冬一弄冬，
今年属儿童！
不要你哄，
不要你捧，
只要你懂：
懂得我们还是小儿童，
不要教成小老翁。

弄冬一弄冬！
今年属儿童！

不要你哄，
不要你捧，
只要你懂：
懂得我们不做小古董，
给人玩耍誓不容！

弄冬一弄冬！
今年属儿童！
不要你哄，
不要你捧，
只要你懂：
懂得我们不做小笼统，
千问万问要问懂。

弄冬一弄冬！
今年属儿童！
不要你哄，
不要你捧，
只要你懂：
懂得我们不做蛀书虫，
求学只是为大众。

弄冬一弄冬！
今年属儿童！
不要你哄，
不要你捧，
只要你懂：
懂得我们不享现成福，
手脑双挥要劳动。

弄冬一弄冬！
今年属儿童！
不要你哄，

不要你捧，
只要你懂：
懂得我们爱拆自鸣钟，
拆得散来凑不拢。

弄冬一弄冬！
今年属儿童！
不要你哄，
不要你捧，
只要你懂：
懂得穷孩肚子快饿通，
饿死穷孩太不公。

弄冬一弄冬！
今年属儿童！
不要你哄，
不要你捧，
只要你懂：
懂得教师应敬小朋友，
不再打人摆威风。

弄冬一弄冬！
今年属儿童！
不要你哄，
不要你捧，
只要你懂：
懂得我们普教小先锋，
即知即传向前冲！

弄冬一弄冬！
今年属儿童！
不要你哄，
不要你捧，

只要你懂：
懂得帝国主义该打倒，
联合小拳总进攻！

1936 年 3 月 25 日，陶行知提前为儿童作《儿童节献歌》表示祝贺。

四月四，
四月四，
小孩也能做大事。
做什么大事？
学新文字，
教新文字！
有了新文学，
大众个个会识字。

四月四，
四月四，
小孩也能做大事。
做什么大事？
研究国事，
报告国事！
知道了国事，
大众自然会管事。

四月四，
四月四，
小孩也能做大事。
做什么大事？
嘴上长刺，
手上长刺！
遇了敌人来，
千千万万向前刺。

1945 年 4 月 4 日，陶行知为儿童节撰文《民主的儿童节》：

儿童的生活，是一面社会的镜子。

一个国家的政治经济是不是民主的，用不着争论，只需拿这一面镜子照一照就明白了。因为儿童真是人微言轻，政治经济在儿童身上的反映是最彻底而难以隐藏的。如果"月到中秋分外明"这句话是正确的，那么，您在儿童节的不同儿童生活的反映上，更可以看得清清楚楚。

幸运的儿童，是一年三百六十五天，天天过儿童节，四月四日不过是加强的儿童节罢了。不幸的儿童，就连四月四日也与他们无关。他们在儿童节仍旧是擦皮鞋、拾狗屎、做苦工，挨饿、挨冻、挨打。饿、冻、打，便是他们的节日礼物。听戏、看电影、吃糖果、参加游艺会，没有他们的份。

儿童节是全国儿童的儿童节，绝不是少数儿童的儿童节。我们对于儿童幸福要做到全体儿童人人有份，才算是民主的儿童节。民主没有深奥的意思，通俗点说就是"大家有份"。在倒霉的时候是"有祸同当"，在幸运的时候是"有福大家享"，在平常的时候是"大家的事大家谈、大家想、大家干"。

所谓儿童幸福究竟是些什么？这可以拿老百姓所爱好的"福、禄、寿、喜"四个字来说明。

一、福，有母爱，有书读，有东西玩，有六大解放，有学当其才之培养，有小小创造的机会，有广大的爱护后代的同情。

二、禄，吃得饱，穿得暖。

三、寿，不受恐怖，不被剥削，不受伤，不害病，不夭折。

四、喜，过年过节，皆大欢喜。

要想实现这四大幸福，我觉得要使小孩们得到四种东西：

一是玩具，团体娱乐的玩具；

二是学具，进修学问之学具；

三是用具，日常生活之用具；

四是工具，手脑双挥之工具。

儿童节是觉悟的大人为全体儿童争取幸福的节日。我们不但是要为儿童争取一日之快乐，而且要为儿童争取长期之幸福。至少从今年儿童节起，要为不幸的儿童争取一年之学习材料。假使每一个学校或团体为其附近之不幸儿童，发动这样一个运动，使他们在儿童节能过一天快乐而有意义的生活，并得到一年之长进资料，总是有益处的。但是，要知道民主的儿童节之先决条件，是政治经济的民主。尚使政治经济不民主，小孩子的幸福是必然限于很少数的少爷小姐。但是，如果政治经济民主，那自由神必定是立刻飞到他所关心的最不幸的小孩子当中，而把他们抱在温暖的怀抱里。故真正爱护小孩的朋友，必须是民主的战士。让我们促进民主的政治经济，以实现民主的儿童节。

《民主的儿童节》一文，立论鲜明，"儿童的生活，是一面社会的镜子"；论证充实并切中社会弊端，"儿童节是全国儿童的儿童节，绝不是少数儿童的儿童节"。

陶行知文中提到的"为乡下儿童发动儿童节送礼的运动"没有停留在口头上、书面上，而是付诸实践之中。陶行知于 1945 年 4 月 3 日给时任育才学校自然组组长、教导部主任的陈元直和任社会组主任、生活指导的廖意林写信。

元直、意林二同志：

　　这次为乡下儿童发动儿童节送礼是出人意外地成功。今天中央大学学生看到报上所说，踊跃响应，特派同学送来将近万元，这是多么令人感动啊！我们的口号是：

　　一、给乡下小孩一天的快乐。

　　二、给乡下小孩一年的学习。

　　所谓乡下小孩是整个的，不能遗漏掉守牛、砍柴、挑煤、拾狗屎、小徒弟、佃农的孩子、无父无母的孩子、受人歧视的孩子，特别要紧的是抗属的孩子。

　　帽子六顶有五顶是买的，小鞋也买了六双，手巾也买了四条，洋娃娃买了六个，如已发动比赛而不好停止，则每人给一样奖品，使得皆大欢喜，不要令人向隅。因为在不平等的教育中，比赛是不公平的。

　　我希望抗属的孩子能得到好的礼物。

　　竹因同志昨带上五万元，彭松同志今带上十万元，这是为着要给乡下失学小孩一年的学习材料与文具，不主张零用，全数预先买纸，以便印刷课本与教材。课本照北泉小学式样，但宜用绿色，一边用红笔改批。

　　参加的小孩宜有详细之登记，包括姓名、年龄、男女、住址、有无父母、家庭情况、经济情况、工作性质、志愿等。动员农村工作人员，分头用卡片登记。倘为时已晚，先登记姓名村庄，次日即赶填。

　　用款与礼物分配均宜写明保存并编统计报告，以便将来很快地印发给捐物捐钱的朋友，而昭大信。

　　应跳出学校之小圈而为乡村儿童服务，特别是为不幸的儿童服务。如糖果不够，本校年长的小朋友可不发；再不够，本校年幼的小朋友缓发。尽量地优待校外的小朋友。

　　截至现在（四月三日晚九时），共收到二十三万零四百六十二元。买礼物交校本部用八千一百四十元，方竹因同志带校本部五万元、彭松同志带校本部十万元，共十五万元为乡下小孩印课本教材。又付（本校）高峰寺农场招待小朋友六千元，付国际难童学校二万五千元招待难童。结存四万九千零三百二十元，留付印工、装订费。

　　敬祝康健！

　　陶行知如此看重儿童的力量、前途、担当，如此关心爱护儿童的康健成长，又如此将那守牛、砍柴、挑煤、拾狗屎、小徒弟、佃农的孩子、无父无母的孩子、受人歧视的孩子，特别要紧的是抗属的孩子，时时挂念心上，这就是陶行知的儿童观。

　　陶行知就是在这一儿童观的支配下，使全国千万儿童形成了普及教育的生力军，创造了举世瞩目的"小先生制"，彪炳于世界教育史！

第四十四章　理想社会的蓝图

　　《古庙敲钟录》是一位敲钟的工人随手所写的笔记，并不是一部有系统的著作。在这里面，可以看出他把自己的生活与全村大大小小的生活打成一片，描写他们心灵深处的跳动。你可以说这是他的自传，也可以说它是一个小小的社会生活史。社会便是学校，生活便是教育。那么你要说它是一个学校的写真，或是一种教育的小影，也无不可。这篇文字，是用蚂蚁一般小的小楷字写在他所敲的钟上的，从里写到外，从底写到顶，把一个一万八千斤的大钟都写满了。敲钟人没有留下姓名，因为他的工作是敲钟，小时候人家喊他钟儿，长大时人家喊他钟先生，这个封号他是默认了。他所写的笔记也是有文章而无题目。在此我就题作《古庙敲钟录》，介绍与大家相见吧。

　　《古庙敲钟录》是以艺术形式书写的一种新的生活教育方式的小说，描绘了在古庙村里，没有压迫，没有剥削；男女平等，婚姻自由；没有苛捐杂税；没有家长制、长官式的发号施令；人人都有受教育的机会；人人都有田种、有工做；大小事情发扬民主，开会商讨，法制处理；为防外乱，成立自卫团，全民皆兵⋯⋯

　　《古庙敲钟录》原在 1932 年 5 月 21 日—8 月 15 日的《申报》上连载，1933 年 3 月由上海儿童书局出版单行本，10 月又再版。

　　编者读之数遍，大悟其意——这是陶行知先生以小说载体，为中华民国人民设计的理想社会的蓝图——古庙工学团。

　　固有序号未用，在保证内容不动的前提下，自设 15 个标题书之。错误难免，希望读者宽恕、指正。

一、敲钟人欲离古庙远行去，海阔天空赚饭吃

人人都说我所住的这个庙是世界第一古庙，可是追问到它究竟是哪一个朝代建造的，村中是一个人也不能回答。庙前的两棵松树的年轮，告诉人说，它们是站在那儿一千五百年了。然而就因此推定这古庙的年纪是和松树一般大小，也未免近于武断。但是我们村庄里的人，是没有工夫考究这些的。他们仍旧挂在嘴上的是，世界第一古庙！如果有客人来，他们总是自负地指着古庙说："这是世界第一古庙！"一次来了一位游客，听了这种大话便告诉领路的说："世界上自有人类以来是有一百万年了；没有人以前，地球从太阳里爆炸出来是有二十万万年了；没有地球以前，全宇宙的星宿布置在那儿已经是几万万万年了。你们这几个几千年的小庙算得了什么？"他这几句话虽然说得有理，我们也一时无从驳他，但是事后想起来，我们也有理由为古庙辩护。这庙是比村中的什么房子也要老些；村中最老的老翁都说他的祖母、曾祖母，曾在这里许愿烧过香。的确，这古庙眼看见汉人两次亡国、两次又从别族人的手里把中国夺回来。

文化的使者在中国是坐着特别慢车游历。惠更斯远在一六五六年已经发明了摆钟，而我们这个古庙里是从来没有买过自鸣钟，村子里也没有一家见过这个东西。从前大家在早晨听公鸡的号令起床，黄昏是看太阳落山才动手烧晚饭。自从我担任了敲钟工作之后，大家似乎是靠着我报告时刻了。我每天敲三回钟：一回在早上敲，称为晓钟；一回在中午敲，称为午钟；一回在晚上敲，称为晚钟。村民听我敲晚钟就上床，听我敲晓钟便下床，听我敲午钟就吃午饭，这些几乎成了村民的不成文的宪法。

有一天，我发现了一件奇事：村里的张胡子是依着古庙的钟声抽大烟。晚钟惊醒了他的美梦，他便拿起他的枪杆去吞云吐雾。晓钟一响他什么也不管，便四肢摊成大字样躺在床上，一动也不动，脱衣、盖被都是等候他的小老婆为他办善后。

这是张家老妈、深大嫂子到庙里来烧香的时候告诉我的，我也是开始怀疑自己的工作。我自己追问自己："敲钟有什么意义？把一个人敲醒去抽大烟，做抽大烟的人的公鸡，这配算是我的终身大事吗？"我怀疑了好多天，有一次我几乎是要罢工了。但是时间漂白了我这个疑虑。我打听得清清楚楚，早上被我敲钟起来种田做工的是多数，晚上被我敲钟起来抽大烟的只是少数中的少数。后来，我是下了一种新的决心：假使我敲这口大钟

只有力量敲醒一个人起来种田做工，我还是愿意继续敲，敲到无力再敲的时候才肯罢休。

在我的手里是掌握着全村人民工作、休息的枢纽。这口大钟我能随便地敲吗？今天迟一点、明天早一点，不就算是失信了吗？怎样可以把这个钟儿敲得准？我是一面敲钟，一面绞着我的脑汁，要找出一个解决来。

午钟的时刻是比较容易规定。我看见太阳照在人身上，地上便落了一个黑影。太阳在东，影落在西；太阳在西，影落在东；太阳在南，影落在北。太阳在起山的时候，影子是长得无以复加。此后太阳逐渐高升，影子逐渐变短，直到太阳当顶，那影子是变得最短。过此，太阳逐渐降低，影子也逐渐伸长，直到太阳落山的时候，影子又变得无限地长了。太阳当顶，影子从长缩成最短，复想从最短伸长之时，便是本地之正午。这时太阳在正南，影子在正北，依影子画一条线便是子午线，也就是南北线。我运用这个道理，拿一根笔直的竹竿笔直地插在地上。如何使一根竿子插得笔直？这点小手艺我是从砖匠王司务砌墙的时候看到的。谁愿细心观察砖匠砌墙，谁都懂得这个道理。天晴的时候我是等着竿影短之又短，短到不能再短而有意伸长的当儿，便动手敲我的午钟。一声钟响，皆大欢喜，全村的人是在预备享受他们的午餐……

我又错了。不久我发现有好些劳苦大众没有午饭吃。听得到午钟，吃不着午饭，这是一种什么人生啊！我愿意不敲这悲哀的午钟。

我如何不悲哀呢？一同被我敲醒起来种田做工的人，于今白天当天，有的是在兴高采烈地"吃午饭"，有的是在愁眉皱额的"无饭吃"。我想到这里，连手儿都抖了起来，何能再有力量去敲这凄惨之钟？然而，我现在也没有勇气痛痛快快地向和尚辞职，因为我是靠敲钟吃饭的人，若不敲钟，便没有饭吃。敲吧！忍心地敲吧！从此我所敲起来的钟声，不再代表有饭吃的人的欢呼，而且也有没饭吃的人的叹息。

我不该把话语拉得太长。钟儿既是要敲，自不得不考究敲的方法。天晴的午钟似乎是能敲得准确了。阴天怎么办？夜里怎么办？这一些的确是使我烦心的问题。

我小时候就听说过古人用漏壶报时。一天下雨，看见屋檐水一滴一滴地滴下来，便想用这个道理试着做一个漏壶。不久，我是有了相当的成功。我做了一个圆筒式的壶，装满了水，壶底开了一个小孔，让水一滴一滴地滴下来。壶高二十四寸，代表二十四个时辰；每寸又平分为二，代表四十八个小时，可以用两天两夜。第一次要对准太阳射影在午线时，才让水儿开始滴，滴到大约十二寸的地方即是次日的中午；滴到最后一滴，便是后日之中午。阴天、夜里都用得着它。可是用这东西报时还不十分准确。水高压力大，滴得快；水低压力小，滴得慢。天气的干燥、潮湿都影响着它的快慢。我起初完全信用它，往往为之所误。如果制造得巧、运用得妙，才能得到它的一些帮助。这是要屡试屡验之后，才能有此结果。但在夜里最准确的计时，不是壶里的水，乃是天上的星。平时我是依着天上的星宿之运行来敲我的晚钟和晓钟的。

天上的星是不断地运动。它们每天从东边出来，经过我所立的子午线，向着西边走去。我用漏壶与天星比较，看出一件很奇怪的事。我拿一个两尺长的大竹筒，两头打通，向外的一头用一根丝线做直径紧粘在筒上，使筒口平分为两个半圆，再将这竹筒使筒口丝线对准子午线安在一个架子上，使筒上下转动。等到一颗星走进子午线的时候，我便将竹筒上下转动去瞄准这颗星，当这颗星走到丝线上的时候，我便检查漏壶的水滴到了哪一格。真奇怪，过十五天，这颗星是提早一个小时到中天；过一个月，它是提早两小时到中天；过十二个月，它是提早二十四小时到中天。

我起初怀疑漏壶出了毛病。后来有一位游客，在我们庙里住了七天。他带来了一个圆而扁的怪物，他说是个表。短针每半天转一周为十二小时，长针每一小时转一周为六十分钟，一点也不差。我拿着表来看北斗之天枢星每天经过竹筒口中线的时间。我观察出每过一天，天枢星则提早四分钟经过。这与漏壶比较恰合：每天提早四分钟，半个月恰是提早一小时。

后来又有一位游客，带来一个更精细的表，一分一秒都能报告出来。拿这个东西试了几天，我察觉每个星宿第二夜比第一夜提早三分五十六秒到中天。拿这个数目乘一年的三百六十五天五时四十八分四十六秒，差不多总共提早二十四小时。

我为什么要这么啰唆呢？因为我那晚钟、晓钟之所以能够准时地敲，全靠这一点。我先用脸儿朝北去找北斗七星，次找七星中的天枢、天旋二星。如斗柄朝右，天枢、天旋就在极左，天旋在南，天枢在北。再从天旋出一线到天枢，再伸长五倍便遇着靠近北极之北极星。再以北极星作中心，观察天枢、天旋连线之旋转，便推定了一年二十四节令和一日之二十四小时。为便利起见，我取一个小孩子玩的大铁圈，用十二根线做铁圈的十二道直径，各以相等弧度交于铁圈之中心。这十二根交线便把铁圈分成二十四等份，每等份成为十五度，每隔十五度画一个方向，共二十四向。那四个正向是正东、正南、正西、正北。再把圈心之交点对准北极星，将正南、正北两点切合子午线，那么正东靠右手，正西靠左手。再看天枢、天旋连线落在圈中的那个方向，只要知道是何节气，便知道是何时间；只要知道是何时间，便知道是何节气。比如晚上八点天枢、天旋连线，春分在东南，立夏便在正南，夏至便在西南，立秋便在正西，秋分便在西北，立冬便在东北，立春便在正东。我每晚八点敲晚钟便是这样敲的。

晓钟是早晨四点敲，也是照这样推定了，每小时星行十五度，相隔八小时即移动一百二十度，如晚八时是在正南，早四时则必在西偏北三十度了。每过一天，星儿早三分五十六秒到中天。若在一定的时间观察，这星是自东由南向西每天移动不到一度的光景（五十九分多），每一节气移动十五度。北斗在极北，不易看见，我便用王良一等星代替。因此每一夜敲钟的钟点，都因星行方位而规定。

诸位怕是有些不耐烦了。我说了这一大套，只是表明我收了古庙村的众人的付托担任这个敲钟的职务，是不敢丝毫苟且。我知道我的办法照天文学严格地说起来，还不能算是最正确的。可是在可能的范围之内，我这个乡下孩子是努尽了力了。当然，我还在追求那最正确的敲法咧。

乡下人一谈到我，就联想到敲钟，所以喊我钟儿。久而久之，钟儿变成了我唯一的名字。但是，我在古庙里做的事不止敲钟，大概是因为敲钟这一件事与古庙村人发生密切的关系，他们便牢牢地记着。其余不和他们发生关系的事，他们就不知道了。我的日常生活，除了敲钟之外，是挑水、种菜，还给和尚倒夜壶。挑水、种菜两件事，我是做得和敲钟一样的认真，暂时毋庸多谈。只有为和尚倒夜壶一事，我是不好意思说，却又不忍不说。

我从六岁起就做这个工作，算到现在差不多是倒了十年夜壶了。起初我只知道夜壶的气味有些难闻，还以为这是孩子们应该做的事。和尚用得着《论语》的时候，也是孔子的信徒。他时常把"有事，弟子服其劳"这句话解释给我听。据他说，这些事里面是包含倒夜壶的。

最近，我开始怀疑了："和尚也有手，夜壶为什么不自己倒？病人、老人是应该有人看护，年纪轻轻的和尚，又不害病，为什么要我服侍？"我想到这里，立刻提起笔来写了四句话：

　　　　我有一双手，
　　　　敲钟种菜蔬。
　　　　为人倒夜壶，
　　　　不是大丈夫！

当晚我是下了一个绝大的决心：从今以后，只做大众的公仆，不做个人的听差。

次日晚饭后，和尚拿起夜壶，觉得很重，知道是没有倒，喊我进房，用旱烟管指着夜壶说："你饭也忘记吃了吗？倒去！"

我说："我不能倒！"

他说："你的手烂掉了不成？"

我说："你的手呢？自己的夜壶自己倒！"

他气得拿起旱烟管瞄准我的头脑壳敲来，我顺手接了过来，"啪！"的一声折为两段！他立马向我胸前送来一拳。我后退一步，右手接住他的拳，左手托起他的肘，笑嘻嘻地推他一推说："用你打人的力气，去倒自己的夜壶吧！"

当我接住和尚的拳，托起他的肘，只要顺手一压，便可以叫他跌在地上啃泥巴。我为什么不这么干呢？和尚实在是打不过我，我的拳头不打比我力气小的人。何况我的宗旨只是不再为他倒夜壶。他动手打我，我不得已出手自卫，只需让他知道我是威武不能屈就罢了，何须卖弄我的拳术呢？

和尚终不觉悟，气愤地喊叫："滚蛋！这庙里的饭不是给你吃的。背着你的破布烂棉花，滚！"说了，和尚悻悻地走出庙门，不知道他到哪儿过夜去了。我是等着敲过最后一次晓钟，告别古庙村的老少朋友们，再向那海阔天空去赚饭吃。

二、和尚突发风流案，古庙竟办新学校

半夜里，猛而急的敲门声惊醒了我。接着送到我耳朵里面的是村里人的吵闹声、冷笑声、呐喊声。我赶紧披上衣服起床开门，一看不是别人，是和尚的干儿子阿羊。他跑得连气都透不转，很惶恐地告诉我："干爸爸被人绑起来了，请你去讨个情。"

我急急忙忙把庙门锁好，跟着阿羊跑向村里去救和尚。阿羊的家门口点着几根火把，我差不多走到大门口的时候，就听见有人喊："把他们抬到城里去……那才好看咧……钟儿来了。好，钟儿！你进去看看你们大和尚干的好事。"钟儿进门一看赤裸裸的两个肉人绑在一团！一个是阿羊的妈妈，另一个便是和尚。一幅《乡下捉奸图》活跃在我的面前。

和尚见是我来，便说："好钟儿，求求他们把我们放了吧。"我脱下身上穿的短衫盖在他们身上，并说："我愿意代你求情。"我能拒绝和尚的请求吗？断断乎不能。

我向村友们说："让他们在这里停一刻，我们到茶馆里去谈一谈，看看有什么好办法没有。"

铁匠老李建议派两个人在这里看守，大家都同意，接着都去茶馆谈判去了。

我问大家："你们准备怎么办？"

众人说："送县！"

我又问："和尚是不是强奸？"

众人又回答："好几年的老夫妻了，你还不晓得？他们是多么的恩爱！"

我又问："阿羊的妈妈有没有丈夫？今年几岁了？"

铁匠老李说："阿羊的妈妈是一个可怜人，二十二岁那年死了丈夫，现在二十五岁了。"

我对众人说："律师赵公平先生有一次到古庙来玩，我请教了他很多法律上的问题。他说过，无妇之夫与年满二十岁的无夫之妇两相情愿要好，不算违法。照这样看来，你们把和尚送县，县里也绝不能办他犯法。到后来，你们怕白费力气白费钱财呢。"

木匠老吴说："谁愿意管这些闲事？这是有人吃醋闹出来的事。"

我劝大家："我们做事，总要思前顾后，不可乱来。"

众人对我说："照你说，这件事应该怎么办好呢？"

我说："照佛门规矩，既做和尚就不许娶妻；既要娶妻就不当和尚。他既情愿要老婆，就不该再做和尚。我们可以在古庙村办一个学堂，让全村的小孩子都可以上学。如果他情愿，我们可以划十亩地给他们夫妇，只许自耕自吃，不许典卖与人。这样，他们将来也可成为古庙村里自食其力的农人。如果大家赞成，我去说。"

众人斟酌了一些时候，到最后除了那个爱吃醋的砖匠老许，都认为我这个计划是一举数得。和尚是千肯万肯。老李便解了他们的绳子，了结了这一段风流公案。后来，他与阿羊的妈妈正式结婚时，我去吃他们的喜酒，他还特别感谢我，请我坐首席。

敌人变成朋友，古庙变成学校。这一切的一切，在几个小时里发生、解决，真是不可思议的事啊。

天上的明月笑嘻嘻地一路伴我回到古庙来。我走到庙门口的时候，抬头望了一望，只觉得一缕银光射入我的心窝，告诉我说："钟儿，你的古庙为公的理想会实现的。努力吧！我在这里观看你们最后的成功。"

"知心的明月，谢谢您，再会！"我把庙门关好，一想，又把它随便开在那里。为什么关门？我有什么东西给人偷？为了一些破布烂棉花就把天上来的朋友关在门外，于心何忍！我愿意从此不再关门。

我吹了火，上了床。奇怪！平常的日子，我一上了床，便呼呼地像个猪样睡到敲晓钟的时候。今夜我翻来覆去，连眼皮也不能睐。我如何睡得着？"学堂办起来，我也要上学。我愿意拿我的劳力和先生换学问。我可以挑水给先生喝，种菜给先生吃，等他空闲的时候，向他讨教，大概不至于拒绝我吧。我还有义务可尽，除了晓钟、午钟、晚钟，我可以代敲上学钟、散学钟，先生要我敲几回，我都可以代劳。我总不要先生吃亏，我愿意出我最高的血汗，换先生的学问。月亮照进我的窗，月亮照上我的床。天上的朋友，我求学问不是为着升官发财，你信我吧，我从先生那儿得到的学问，一点一滴、一丝一毫都要献给小朋友、献给大众。月亮！您若不相信，我可以把我的心剖开给您看。是，全村的孩子们无论贫富都得上学。这些小朋友来到庙里，便算是庙里的新菩萨、小菩萨、活菩萨。我有这许多许多的活的、小的、新的菩萨供奉，比着从前的、泥塑的、木雕的东西烧香叩头，不是格外有意思吗？……这位先生究竟要到哪里去请？一定要请有本领的先生。一位客人告诉过我，从前年羹尧写过一副对联：'不敬师长天诛地灭，误人子弟男盗女娼。'我对于上联有些怀疑，下联是无可辩驳。师长可敬自当敬他，若误人子弟则不成师长，敬他何来？那误人子弟的人不知不觉中是先误了自己的子女，所以男盗女娼只是自然律之处分，难以逃避。总之，我们必须礼请一位可敬的师长，不致误人子弟。这样的师长在哪里？我们南瞻部洲中访得着？……"

奇怪！脚步响！一个黑影进来了。

"谁？"

"钟儿！你怎么开门睡觉？我听说你们要在庙里办学堂，这个我可以尽义务。我虽然没有中过举、进过翰林，但是教几个小小蒙童，总可以胜任。钟儿，恕我毛遂自荐了，请你代我运动运动，我总不辜负你……"

呜呼哀哉！张胡子烟瘾过足了，要做古庙的先生！

三、开天辟地第一会，顶顶好的先生何处来

"张先生！请你在我房里宽坐一下，等我敲了钟再来陪你谈。"

说了，我便去敲我的晓钟。我一面走一面想，这个胡子倒是给了我一个难题目。我必得拒绝他。但是他在村里是有一部分的势力。他成事不足、败事有余，我必得留神。我虽要必须拒绝他，却绝不可以得罪他。不是冤

家不碰头，敲钟把他敲醒抽大烟，已经是使我够受的了。现在我提倡办学堂，他又来做先生，天下怎有这样巧事？真是使人可笑可恼。可是又怎么办呢？……

我敲了钟，走进房，只见张胡子躺在我的床上打呼噜。这大概是晓钟的效力吧？他听见我的晓钟是必须睡倒的吗？谁知道！好，率性让他睡吧，睡到我有办法的时候再叫醒他。

有了！这个学堂应该归全古庙村的人来主持。谁能独断独行？谁能私下里授受？好，就这么办。每家派一个代表到庙里来商议。我想而又想，觉得这是最公平的办法，除此之外再也想不出更好的办法了。我于是走遍全村，挨家招呼说："每家请派代表一人，共议开学请先生，听我钟声一响就来。"

小孩子们是欢天喜地地说："要开学堂了！……我们有学堂进了！"

我一一招呼完毕，即回到庙里来布置一切。这些人来开会，会是如何开法呀？这古庙村里从盘古开天辟地以来，是没有开过一次正式的会，我也没有这种经验。这个创校会议是多么的重要，我们能够随便地开吗？不错，我抽屉里有一本什么《会议通则》，何不拿出来看看？这本书是一位青年游客送我的，现在这本书便成了唯一指导。我以为翻几翻晓得一个大概，便可以动手敲钟。其实没有那么容易。我这次做事，未免过于匆忙，好像临渴掘井一般。但是，我以为临渴掘井也是凭着自己的努力去谋解，总比站在那儿等天下雨好些。我一连看了两个多钟头，才把开会的重要秘诀弄清楚。我于是大胆地去敲那召集创校会议的钟。

我不能瞒着张胡子开会。我必得把他唤醒使他可以参加开会才算公道。但是他如果向大家毛遂自荐，我自必起来反对。这样一来，一定要弄得两不讨好，结成怨恨。我为大众谋福利，哪怕任劳任怨？但是能少一份怨恨，便少一份阻力，于自己、于社会都好。那么如何可以渡过这个难关？……我想了又想，决定用友谊的态度，开诚布公地劝他不要运动做先生。

主意打定，我把胡子推醒说："请你快些起来，全村代表就要到庙里来开会，商议聘请先生。府上的玉儿、金儿要上学，你也得到会。我们这次必定要请一位顶好、顶有本事的人来做先生，使玉儿、金儿这样的好孩子，个个都学成栋梁之材。不瞒你说，你的学问旧了一些，不太合用。我的学问远不及你，更不能做先生。倒不如请一位品学兼优的先生来，我们一起跟他学，则我们将来也或者有做先生的一日。我想我们要请的是一位总指导，你我可以尽义务做他的帮手，同时做他的学生。不论做帮手或学生，你也必得把大烟戒掉！你看我的意见错不错？"

"你的话虽也说得有理，但是吃大烟的先生多着咧！我的表兄在城里高级中学当训育主任，还不是老瘾？不过他是偷偷地吃，我是公开地吃罢了。但是，玉儿、金儿我倒想得一位名师教教他们，我这点八股文章是有些背时了。那么，拜托你去访一位好先生来。如果请的先生不好，还是我做先生。你记着！"

张胡子这样轻易放弃他的钻营，使我喜出望外。我们谈到这里，各家代表已经拥挤地来到大殿上。代表是色色俱全，约有一百人光景：农人最多，砖匠、木匠、石匠、裁缝、杂货店老板都有，老太婆到的也不少，还有几家家长不能来，却派了小孩子来。我们古庙破天荒的村民大会，便是如此这般开幕了。

大殿的北面是如来佛的宝殿。我们在殿之西头摆了一张八仙桌、两把交椅，预备给主席和书记坐的。庙里有二十来条长板凳，都搬了出来，横排成七路。小孩子坐在最前列，其次是年轻妇女坐，最后是老太婆和年长一些的男子混杂地坐着。唯独我们青年男子是享有站在后面的权利。

我先报告："今天开会宗旨在创办一个全村人民共同管理的学校。学校为公，是天下为公的一个基础。中华民国的主人翁要在做上学、在做上教。学校的主人翁也要在做上学、在做上教。我们今天开会就是请大家来学做学校的老板、学做学校的主人翁。"报告完毕，我就说明开会的方法。

例如：推举主席和书记；对准提议案说话不能随嘴乱说；同时只可一个人说话，说话必须先得主席许可；对于每一提议案赞成就举手，不赞成不举手，多数举手就算通过，少数举手就算失败，简单些，凡提议案无反对者也算通过。这些法子我都扼要地报告给大家听，并且用浅近的比方表明出来，使得大家能懂。

现在要推主席。我说："这是一个农村的学校，主席这把交椅只有真农人能坐。什么是真农人？靠自己动手种田吃饭的人是真农人。我们古庙村种田种得顶好的无过于黄春生老哥。他为人公平、热心，又会说话，我提议请他做主席，赞成不赞成？还有别人要举吗？"

众人说："春生哥做主席，赞成！"

我说："凡赞成春生哥做主席的请举手！"一百零八只手，大多数赞成春生哥做主席。我被举为书记。

春生哥穿着草鞋，腿上黄泥未干，走到桌边就职。他说："我做这主席真好像是乡下人进城第一次吃海参，又想吃又有些害怕。可是我愿意试试看。如果做错了，我就自己睡倒在地上，省得你们打倒我。好，学堂是要办的，但是怎么办呢？请大家发表意见。"

砖匠老许吃了镇江醋，一晚上酸性未消，气愤愤地站起来说："我看学堂是办不得。办了学堂，毁了菩萨，我们靠谁保佑呢？老太太、少奶奶，你们不要瞎听钟儿的鬼话。办了学堂，看你们上哪里去烧香？我主张不办学堂，另外去接一位好和尚来。"

主席："老许的话有人赞成吗？"

"赞成！不办学堂！"一位杂货店的老板站起来说。他是顾虑到他的金银香纸的买卖。

好大的声势，出我意料之外，我们今日竟遇着这厉害的劲敌。

开了学堂没有处烧香，这是老许愚惑女人的催眠术。我是多么的心急啊。如果老太太、少奶奶们信了他的话，加入反对我们的集团，我们便要一败涂地。我是闭着眼儿在想抵制的对策。

忽然听得一声："主席！"只见那位胖胖的宋老太正要开始说话，坐在她面前的吴大妈也喊起主席。王二嫂子拉拉吴大妈的衣服轻轻地说她说："钟儿说过，两个人不能同时说话，等宋老太说了你再说吧。"吴大妈就坐了下来。好一位循循善诱的王二嫂子，吴大妈的从善如流也不可及。比一比那些摔墨盒打得头破血出的大人先生怎么样？谁说我们乡下人拿了民权要闹乱子？

宋老太平日爱助贫苦人，肩负一乡的重望，大有举足轻重之势，我是急于要听她的议论。她说："老许劝我们不要瞎听钟儿的鬼话。我于今要以一个老太太的身份回复。我们都有眼睛，耳朵也没有聋，怎么叫作瞎听？钟儿年纪虽小，也是一个人，为什么他说的话是鬼话？办学堂不限定毁菩萨，怎么没处烧香？老身要拜佛，孙儿要上学。在佛殿里办学，烧香的时候可以看看孙儿念书，可谓一举两便，再好没有。我反对许大哥的提议。"

主席喊吴大妈说话。吴大妈说："我要说的话，都给宋老太说完了。我赞成办学堂，不毁菩萨。"

讨论完毕，主席付表决，反对办学的只伸了老许一只手。一只手！那是多么的寂寞啊！最有趣的是那位杂货店老板，因为不毁菩萨，无害于他的金银香纸的买卖，他也顾不得老许的寂寞了。

次议先生的资格。大家都赞成要请一位顶好、顶有本事的人来做先生。至于怎样才算是顶好、怎样才算是顶有本事，你只要看一看当日记录，就明白我们乡下人理想中的先生是个什么样子。

张胡子说："先生要贯通《四书五经》。八股现在没用，要会做策论才行。"

新近打败官司的余老五说："顶好要懂得法律。"

为儿子到处找媳妇的吴老太说："要会配八字、写喜帖，那才便当咧。"

预备买田的丁老五说："一定要找一位会写契据的先生。"

富有经验而怕张胡子染指又怕城里时髦先生的宋老太说："我们要请一位五不先生：一不缺课，二不抽烟，三不赌博，四不《毛毛雨》，五不《妹妹我爱你》。"她说得痛快淋漓，引得人哄堂大笑。

我说找一个好的师范毕业生，以上的条件都可以达到。最后大家通过的是要找一位合乎以上资格的师范毕业生来做先生。

酬劳也曾谈到。大家轮流供饭。每学生三节（春节、端午节、中秋节）送礼，每节自一元至二元不等，赤贫免送。庙款充设备费。

春生哥、宋老太、我，三个人被推为筹备员，负责去找一位顶顶好、有本事的先生来。

春生哥、宋老太和我约好第二天早晨一同进城去请先生。我怕当天晚上或者不能回来，便把敲钟的事托付给小和尚，并细细地教了他一番。我们吃过早饭就动身。宋老太是时常到城里去过的。春生哥虽然也挑过柴火进城卖，但是柴火一卖了就回来，对于城里的风景他实在赏得很少。我呢，一个十足的乡巴佬。我进城好比是上学，宋老太便是我的老师。我的脚步一踏进城，就觉得样样东西与乡下不同。我一路走、一路问，宋老太也津津有味地回答，我是多么幸福啊！

我们进了城门，走不得多少路，便见一个漆黑的大东西比马还快地冲来，把我们面前的一只老牛骇得乱跳。宋老太说，汽车来了，留心些。老实说，我也像那老牛一般，吃了一大惊，忙着向路边退。只见它一阵风过去，灰尘扑得我满脸，不是我眼睛眨得快，若把灰尘弄到眼睛里去如何得了。奇怪！牙床怎么齐擦起来？灰尘到我嘴里去白相了。原来这路叫作马路，不是人走的。我就是这样一路吃灰吃过去，嘴里哼出了几句话：

大老倌儿坐汽车。

小老倌儿坐洋车。

没得车坐得吃灰。

春生哥、宋老太听了都大笑而特笑。当我们走进一条小街的时候，看到一位大姑娘在前面走着。这姑娘奇怪！她没有梳头也没有拖辫子，有点像尼姑。但是尼姑是剃得光光的，这姑娘的头发却比尼姑养得长。宋老太说:"这是城里最时髦的女学生。你们看她脚上的皮鞋,和从前假小脚一样,这叫作高跟鞋。"不多时,我们赶上了这位女郎。迎面来了一个顽皮小孩,对着她嬉皮笑脸地唱道:

> 二道毛,
>
> 笑嘻嘻,
>
> 三言两语成夫妻。

宋老太说:"唱得一点也不错。"

我问:"二道毛怎么讲?"

她说:"从前女孩子总要剪一回头发,使它容易长得好些。这些女学生是剪第二回了,所以叫作二道毛。我想是这样讲,不晓得错不错。"

我们走到师范学堂门口,宋老太告诉门房说:"我们是来请教员,要看校长。"

门房说:"校长还没有来,你们在这里等一会儿吧!"

听!一、二、三、四、五、六、七、八、九,这些东西会自己当当当地敲。宋老太说:"这就是自鸣钟。"好一个自鸣钟,我是久仰大名,今天才得会面,那是一件多么快乐的事啊!

我们一等,再等,三等,等到不耐烦了,就走到里面去看看。一间房里坐着三十几个学生,黑板上写了几个字,由一位穿黑西装的先生在那儿教学生念。黑板上写的字不像中国字,声音却辨得清楚。大家跟着先生同声在念:"爱、闭、细、弟……"

宋老太说:"他们是在学洋文。"

我们又走到另一间一模一样的房子边,只听得大家都在喊:"汪、土、司利……"有趣,闻所未闻。宋老太说我们这些乡下用不着这东西。我可不敢这样武断。宋老太似乎不大欢喜洋文,她轻言轻语地向我耳朵边说:

> 爱、闭、细、弟,
>
> 汪、土、司利,
>
> 中国人的嘴里放洋屁!

哈!哈!春生问我们为什么笑,我告诉了他,他也不住地笑了起来。

钟敲了十下,校长来了,大有县老爷的架子。我们把来意说明,请他介绍一位顶好、顶有本事的先生下乡。他说:"我们还有三个毕业生,我写信去喊一位来和你们面谈。你们明天这时候来吧。"

宋老太听说有三位,心里很欢喜。她想三位都要看看,然后在三位当中选择一位。她选择女婿是惯用这个法子。可是竟被校长拒绝了。

校长说："我选一位顶好的朱先生和你们先谈，如果你们觉得很好，他就可以下乡。万一你们觉得不行，再介绍别人不迟。"

宋老太知道她的选择女婿的方法在此地不能适用，也不坚持。我们便与校长点头而别。

今天是没有下乡的希望了。宋老太拉我们一起到她的妹妹家去玩。她外甥吴大少硬要请我们到饭馆里去吃大菜。我猜想是大头菜烧肉，后来我才知道是外国菜。这餐饭实在是吃得比挑水还费力。我猜吴大少是个吃大菜的内行，便小心地跟他学。他用匙喝汤，我也用匙喝汤。他用刀切肉用叉吃，我也用刀切肉用叉吃。他不动手，我也不敢动手。奇怪！他喝汤和和尚吃稀饭一样，一声也不响。我于是喝汤也不敢响。春生哥却不然，他没有留心跟吴大少学，他喝汤几乎如老牛喝水一样地响。他还闹了一个大笑话，把大家的肚子都笑疼了。他用刀送肉进嘴吃，一不小心，把舌头划了一刀。只听得他"哎呦"一声，满嘴的菜一起吐出，血儿还在一滴一滴地滴个不止。正是：

> 乡下佬，
>
> 吃大菜，
>
> 刀儿当作筷。
>
> 我的妈呀！
>
> 舌头去了一块！

吃过大菜，我们回到吴公馆，闲谈了一些时候，吴大少便请我们到"大世界"（当时上海最大的娱乐场所）去游玩。宋老太主张游公园，并说"大世界"这种地方乡下人是去不得的。我想为什么去不得？这里面必定有些奇怪，我好不容易进城一次，何能不去见识见识？宋老太说的目的无非是想阻止我们到"大世界"去，她不知道这番话反而引起我的兴趣，使我非去不可。春生哥心里也有点痒。宋老太终于被我们的软求所屈服，和我们一起去游"大世界"。这里的一切一切，我都是见所未见。宋老太心里总有些不满，特别是不满意那些花花公子和摩登小姐。她是叽里咕噜地见一个讲一个，把他们批评得体无完肤。我虽不以她的态度为然，但从她的谈话里，我实在是学了一些不可多得的知识。

离我前面一丈路光景，有一位小姐在散步，我见她失落了一块手巾在地上，便喊："哪个的手巾掉了？"

那位小姐正在回头望我一望的时候，只听得后面一声："钟儿！"宋老太继续说，"那是野鸡，拆白党！你惹她做什么？她是特为摔掉手巾引你和她招呼。我讲这个坏地方，乡下人来不得。若不是我在这里，保你们今天要上一个大当，跟到她家里去，白银子花光，衣服给人剥掉，驮一顿毒打，抱着头回到乡下，有人问起，倒说是跌了一跤跌伤了，对不对？"

宋老太的话，我有几分懂。我实在觉得难为情。我两颊发红。我不得不为自己辩护。我说："我们乡下人见了人家失落东西，总是要告诉人的。为什么城里失落手巾的是野鸡，告诉人要驮打？"

吴大少抢着说："他倒是好意。"

宋老太说："钟儿是我们古庙顶好的孩子，我知道他是好意。我说这些话只是警醒他，要提防坏人。总之，这种地方乡下人是不来为妙，我的老腐败的意思是：大世界，小世界，七里八怪，不教人好、教人坏。"

我不能完全赞同宋老太的意见。"大世界"却有好东西。特别引我注意的是那些镜子，把我变得像一个七十二变的孙悟空。奇怪！这是什么道理？我得问问先生。我非把这个道理找出来不可。

晚上我们就在吴公馆里过夜，春生哥和我住在一房。春生哥说："我们吹了灯再睡。呼……呼……呼…… 奇怪！这灯怎么吹不乌呀？钟儿！你起床看看。"我也吹了几吹，火光一动也不动。仔细看看，正是：

城里灯，

一点油也无。

洋火点不着，

大嘴吹不乌。

这灯儿是妙极了，我的确不懂从哪儿来的火光。那根线大概是很有关系。你看，那是一根双股线。这双股线里必定有奇妙的把戏。"吴大少！你府上这个灯儿怎么吹不乌？"

吴大少在客厅上哈哈大笑，说："乡下佬，这是电灯，怎么吹得乌呢？你要它乌也不难。你看，吧嗒，不是乌了吗？吧嗒，不是又亮了吗？"

我说："让我试一试，吧嗒而乌，吧嗒而亮，有趣！"春生哥也来试了几试。我们愈试得有趣便愈觉得莫名其妙。吴大少的一知半解的说明，不能满足我的求知欲。我睡在床上足足想了一个钟头都想不出什么道理来。最后我是下了一个决心，明天邀请的先生，别的资格我可以将就，若是他说不出电灯是如何发光，我是不愿意请的。对，我千万不要忘记问他那些镜子里的人影，为什么现出这么多的奇形怪状。这个道理他若是说不出来，也不配做我们古庙的先生。因为他若回答不出这些问题，于我有什么益处、于我们古庙村的孩子们有什么益处？哈哈！先生没有考我们，我们倒是先考起先生来，岂有此理！哎，除此之外，我还有什么办法呢？

第二天早上，我们和朱先生在师范学堂的会客室里相见。那些客套话恕我不叙述了。我们把进城请先生的来意详详细细地说了一番。朱先生听了，脸上现出很高兴的样子。他说："你们请先生和我找学校，都不是容易的事。诸位一定感觉到，有时是合得人意、合不得我意，合得我意、合不得人意。我在去年六月六日写了几首小诗。大家知道六月六日是叫作教师节。我们做先生的人在这一天都要开会，讨论先生们如何可以负起培养小孩子以创造新中国与新世界的重大使命、先生是应该如何做法。我那几首小诗便代表了我的主张，请诸位看一看。若是大家赞成，我愿意下乡帮忙；若是不赞成，那也不必勉强。总之，我是在找一个能行主张的学校，也如同诸位在找一位合意的先生。"

我说："朱先生！那是再好没有了。我来读，不懂的请先生讲。"宋老太和春生哥倾耳静听着：

去年六月六，小孩骇得哭。
今年六月六，宝宝多幸福。

去年六月六，板凳粘屁股。
今年六月六，满身汗如雨。

年年六月六，死书不再读。
只做活学问，越做越不足。

年年六月六，先生自种谷。
肚子饿起来，喝碗绿豆粥。

年年六月六，先生进地狱。
地狱变天堂，众生自成佛。

宋老太说："好极！我顶喜欢头四句。从前的先生简直是个阎罗王，小孩子见了先生面，骇得比小鬼都不如。我那小孙儿放在这种先生面前，老身何能放下心来？先生以小孩子为小宝宝，我就无忧无虑了。"

春生哥说："这'先生自种谷'，足见先生看得起种田务农，我们农人一定欢迎。"

我说："这五首诗中，我有一句不大明白。'板凳粘屁股'是怎么讲？请先生指教。"

朱先生说："从前读书人倒了霉才愿教蒙童馆，因此他的事业叫作'坐馆'。在他们看来，坐馆是个穷差使，因为竞争的人不多，所以又叫作'坐冷板凳'。初坐上去的时候，难免觉得有点冰人，等到坐之既久，则热而粘起来了。这句诗是形容一个'坐而不做'的先生。现在呢？这板凳依旧地冷。一天劳苦之后，我们可以坐在上面休息休息；若是贪图舒服依旧坐到粘起来，那就辜负了这条可贵的冷板凳了。在我给一位朋友的信里，我曾进一步主张这种生活之改革，现在也不妨说出来请诸位指教。我在这封信里写的是：从前的先生，爱坐冷板凳。现在的先生，赤着脚挑粪。"

我们听了末一句，都忍不住地笑了，可是在笑声中却流露了一种说不出的敬意。最后我问："听说有人谈到教师节是有'重士'的意思，朱先生以为如何？"

朱先生说："师是不是士？士该不该看重？重士是不是重师？我们要想把这些问题回答清楚，必先知道从前所谓之士究竟是什么？这是古代农人对于'士'的认识，而由我描写出来的一幅'士'的小影：四体既不勤，五谷也不分。达则做官去，穷则教学生。这样的一类人，在现代是不配受任何人的敬重。从前那些好吃懒做的士，是居四民（士、农、工、商）之首。现在只有靠自己动手种田、做工、赚饭吃的人，才算是一品大百姓。士的地位是没落了。我们虽不可重士，却不可不重师。教人种田种得好的是农之师；教人做工做得好的是工之师；教四万万国民起来拿民权、保民族、厚民生，以创造出一个名实相符的中华民国，并与平等待我联合起来，以创造出一个平等的、自由的新世界的是国民之师、人类之师。农不重师，则农必破产；工不重师，则工必粗陋；国民不重师，则国必不能富强；人类不重师，则世界不得太平。但是要人敬的必先自敬。重师首在师之自重。把顶戴去掉！把博士帽、硕士帽、学士帽去掉！把想比百工高一个头的野心去掉！把一双可以自由活动的手伸出来！'士'化为'工'，乃可以为师。六六节的本意在重师，重这样的师。若是拿它来维持士大夫的地位，那便是开倒车了。所以我认为教师节的重大意义：在化'士'为工；在化教书之师而为做工之师；教人做实验之工，做生产之工，做建设之工，做创造新乡村、新中国、新世界之工。诸位看我这意思对不对？"

我们听了朱先生这番话，是五体投地地钦佩。宋老太、春生哥和我异口同声地说："朱先生这种主张一点也不错。"

我又补充了一句说:"就请朱先生到我们古庙村里,把这些主张行出来吧。"宋老太和春生哥也毫不迟疑地表示赞同。

朱先生听到我们三个人一致欢迎他下乡,便站起来说:"我对于乡下的事是一窍不通的,但是愿意跟大家学。如果诸位愿意随时教我,我马上就下乡去做诸位的学生。我还有个弟弟,也要带去让诸位做先生。"

宋老太说:"先生是说反话吧?我们请得先生下乡,大家都可以向您请教,那是多么的幸福啊!先生总是先生,我们能做您的学生,已经是天大的福气。于今先生说还要拜我们做先生,那是折我们的福了。"

春生哥也说:"朱先生的话我们是不敢当。总之,我们今天陪先生一起下乡,那是荣幸极了。"

朱先生接着又说:"不是客气。将来你们看吧!我能教你们的很少,你们能教我的很多。"

我想起敲钟的事,急于要下乡,便说:"大家都不要客气了,我们一起下乡吃午饭。朱先生,请你去把小弟弟带来,我们在这儿候驾,好不好?"

朱先生说了一声"好!"就去了。

宋老太和春生哥在那儿谈话,口口声声称赞朱先生。我是一个人在呆想。宋老太大概忘了吧?她最反对的是《毛毛雨》《妹妹我爱你》。她已经提议不请提倡这种歌曲的先生。她能担保朱先生不到乡下去干这个把戏吗?她何以把这个重要条件忽略掉?朱先生对于这一点抱了什么态度,她是一句话也没有问!我呢,那是格外无以自解了。我曾经下了决心,凡是不能说明电灯如何发光和"大世界"的镜子里如何有这么多变化的人,我都不愿请他做先生,何以见了朱先生一句也不提?忘了吗?乡巴佬见了城里人就不敢问吗?奇怪!这一切的一切是不消问了。朱先生所提出的主张是出乎我们意料之外地伟大,把我们这些小问题都一网打尽地包罗在内。我之所以不急于追问那电灯和镜子的奥妙,是因为朱先生明明地告诉我,他"只做活学问,越做越不足"。他若是知道这里面的奥秘,那么等他下乡后再请教也不迟;他若是不知道吧,他日后会把它们当作活学问去研究,总有一天把这些奥妙的道理找出来。我如何可以凭着这一两点零碎知识而定一位先生之去留呢?宋老太的顾虑怕是和我一样,同被朱先生的主张打得粉粉碎碎、飞到九霄云外去了吧!

朱先生也和我们一样地奇怪。他没有问我们每月给他多少束脩,也没有问我们一天教几点钟课。这是什么道理?难道他是个阔佬,不愿意在这薪水和钟点上打算吗?这薪水和钟点问题为什么在他心中不成问题?莫不是因为得了一个地方能行自己的主张就快乐地把这些问题忘了吗？谁知道呢？……

两个人挑了两个担子渐渐地走来了。谁？那个大个子不是朱先生吗？小的一定是他弟弟了。先生自己挑铺盖！我是今生第一次遇见……

"朱先生！您怎么自己挑行李！这正是我们效劳的机会了。春生哥！你代小弟弟挑，我代先生挑，好吗？"我自告奋勇地说。

春生哥跑上去一面抢先生的较大的行李，一面对我说："你年纪小些，该挑小的。"

哪里知道朱先生下了决心要自己挑铺盖下乡，无论怎样说，总不肯让我们挑。他的理由却很简单。他说："这是我跟你们学的第一课。乡下人自挑柴火进城卖，我们应该效法。"可是，我们如何可以依他？他是我们新请来的先生，让他自己挑铺盖，我们却两手空空、舒舒服服地看着先生流汗，问心如何说得过去？

最后宋老太提出一个折中的办法：两个铺盖担四人轮流挑，不过走进古庙村的时候，一定要让春生和钟儿代挑。宋老太的建议是被双方接受了。究竟先生的肩膀嫩得很，小弟弟的更嫩，到了村子，打开衣服一看，肩上如同擘疬一样红，并且肿起了两个肉瘤。小弟弟后来说，睡了一夜格外觉得酸痛。他以为这次挑担下乡是很有意思的。他说从此不再看轻挑担子的人了，因为他曾经挑过担子，知道出一份力才能走一步路。这位小弟弟是多么的可爱啊！

乡下人进城闹笑话，那是不必说了。谁知道城里人下乡也会闹笑话。我们那位可爱的小弟弟，闹的笑话不比我少。别的不说，只说一件。当我们走进古庙门口的时候，小弟弟指着庙前绿油油的田园说："你们种这许多韭菜，怎么吃得了？"这句话引得大家哈哈大笑，简直把一个天真烂漫的小弟弟都笑呆了。他不知道大家为什么笑。

还是宋老太嘴快："这是麦苗，不是韭菜。你喜欢吃韭菜吗？"小弟弟自己也笑得满脸通红。

朱先生说："我讲过吧，你们能教我们的东西多着咧！小弟弟，你是多么幸福呀！宋老太教你知道麦子是什么了。你还得把麦苗和韭菜详细比较一下，找出究竟有什么区别。你以后要虚心问人就能天天长进。至于自己不知道的东西，是要勇于请教、怯于瞎讲才对。"

村里的人听说新先生请来了，男女老幼都跑来看，如同看新郎一样地热闹。我们一个一个地介绍与朱先生相见。朱先生立刻把孩子们召在一块，说："小朋友！我讲一个故事给你们听吧。从前有一个农人，只管代人种田，把自己的田荒在那儿，后来没有米吃，就饿死了。在他死的时候忽然来了一只鸟，停在屋角上'布谷，布谷'地叫。从此乡下人以为这只布谷鸟就是那个饿死的老农变的，天天叫人'布谷'以免挨饿。这个故事你们是早已知道了。但是你们可知道这布谷鸟所叫的究竟有什么意思呢？它所讲的话是：布谷布谷，快快布谷。如不布谷，没米煮粥。如要煮粥，快快布谷。布谷煮粥，煮粥布谷。你们大家念念看，要念得快，念得不错。谁念得顶好，我就把这个小皮球交给他管。"

大家念得高兴极了。王二嫂子的小儿子樱儿念得顶快，一个字也没有念错。他快乐得像个活神仙一般，就担起了这个小皮球管理之职。朱先生就开始教小孩子们拍这个奇怪而好玩的东西。这小球儿就是年长的农人也没有见过，有几位便插进小孩队伍里去拍一两拍，笑嘻嘻地说："好玩，小东西真好玩！"

朱先生进去喝了几口茶便说："钟儿，请你带我去看学堂应该设在哪儿。"我就领朱先生看大殿，这儿供奉的是如来佛，次看看后殿。

朱先生突然问道："和尚庙里怎么来了一位太上老君？奇怪！佛教怎么向道教妥协？"

我告诉他说："这是和尚因为进款不敷支出，在五年前加进来的。原是离这几十几里路的地方有个紫霞洞，凡是村里信奉道教的人都去那儿烧香。"

当我们这里太上老君开光的那一天，和尚得意扬扬地说：'这个权利从此不致外溢了。'的确，自从太上老君进庙之后，每年庙里是多了五六十元的收入。这和尚是会做生意。"……

我们走着谈着，一忽儿就到了别殿。朱先生问："这是些什么菩萨？财神我认得，那些是什么？"

我一一回答说："这是麻神，这是痘神，这是蚕神，这是牛神。"

朱先生说："我猜这一切的一切，怕都是和尚老板的伙计吧？哪个顶会做买卖？"

我说："这要看流年。前年小孩子出天花的顶多，痘神是走了红运。去年春蚕发瘟，蚕神门市竟赛过财神。"

朱先生说："这是多么有趣的一个店铺呀！"

我说："现在既要改作学堂，总得把这些菩萨移动移动，使得小学生有个地方坐才是。小学生便是我们的活菩萨，等他们都坐到这里来，那时庙中必定是另有一番新的气象。"

朱先生开始说我所不懂的话了。他叹了一口气，说："如果叫小学生一个一个地都坐到这里来，他们也就变成泥塑木雕的菩萨了。那时这些小朋友便成了先生糊口的小伙计，如同菩萨做和尚的伙计是一样地可笑。"我不大懂这些话。难道菩萨不搬动就能容纳这许多小学生吗？这葫芦里是装的什么药？

朱先生继续问："还有地方可看吗？"

我简短地回答："没有了！"

朱先生又说："学堂好比是一头老牛，这几间房子不过是牛身上的一根毛，只是一根毛！"我心中可着急了。朱先生显然是瞧不起我们这个古庙。我万分地焦虑，怕他不愿意做我们这里的先生。这，这，应该怎么办？

四、走出古庙，处处是学堂

"我们到外面看看吧，庙里不大行。"朱先生一面说，一面向大门外走去。

我说："庙外再也找不出一个更适合的地方了。村里只是一些茅草棚，怎么做学堂？张胡子家里虽是石库门，也比古庙小得多，绝不合用。"

朱先生说："我们出去看看，总不碍事。钟儿，你不要拘执成见，也许还有更好的地方在那儿等着我们去找咧。"

我只好领着朱先生穿村里经过。好热闹呀！连姑娘、小姐、少奶奶都跑到家门口来看，一个个的爆蚕豆样地说："那就是先生！"小孩子们是三五成群地像尾巴样在后面跟着。

我们走到铁匠铺，李铁匠放下那通红的铁，出来与我们招呼。朱先生笑嘻嘻地对我说："这个铺子就是一个顶好的课堂，李司务便是我们的先生。我们以后要向他请教咧。"

李司务很客气地说："朱先生不要见笑，我这粗人懂得什么，一定要朱先生指教我才对。"

我们别了李司务，远远地看见老许在那里砌墙。朱先生说："那个砌墙的地方也是我们的一个课堂，砖匠司务也是我们的老师。那个司务叫什么名字？""那个是砖匠老许，反对学堂的就是他。"我便把他的历史一五一十地讲给朱先生听。

朱先生说："尽管他反对，我们要学砌墙的道理，总得请教他。"

再走过去，是一个很大的菜园，赵小二哥正在那里浇粪水。小二哥种菜是顶有名的，菜长得又大又嫩，古庙村里是没有人比得上他。朱先生说：

"赵家菜园也是我们的一个课堂，赵小二哥便是我们种菜的先生。"

离菜园半里路是一座山，遍地是松树，叫作万松岭。万松岭上有一棵老松树，老松树上有一只老鹰在那里做巢。朱先生问："这棵老松树是什么？那老鹰又是谁？"

我毫不迟疑地而且十分自信地回答说："这棵老松树是我们的一个课堂，那老鹰便是我们的先生。"

朱先生说："聪明的钟儿！飞鸟是很好的建筑工程师，传说古人造房子便是跟鸟儿学的。我还想问你一句，这里是我们的课堂、那里是我们的课堂，我们的学堂究竟在什么地方？"

我说："我的学堂完全被你打破了。我现在知道你心中的学堂是什么。你的学堂是以青天为顶、大地为底、二十八宿为围墙，万物都是你的先生、都是你的同学、都是你的学生。我完全懂了，你打破了我的鸟笼式的小学校而给了我一个森林似的大学校。我们在这海阔天空中过生活，那是多么的快乐呀！"

朱先生说："聪明的钟儿，你只知道了一半！"

我想，在海阔天空中过生活，便是在海阔天空中受教育，必定是皆大欢喜、各得其所，还有什么缺憾呢？我自以为得到了朱先生的法宝，哪里料到他说我只知道了一半。这个我必得追问下去："请教那一半是什么？"

朱先生说："人生有三种境界，教育也有三种境界。你所说的是第一种境界。"

"那么第二种境界是怎样的？"

朱先生继续说："海里的鲸鱼、空中的仙鹤、森林里的狮子是多么的自由，又是多么的幸福啊！人生得到自由也是一种幸福。教育办到这种境界，学堂办成了天堂，小孩子们便成了活神仙了。但明明是空中的一只鸟，有人偏偏要把它捉进笼里去；明明是海里的一条鱼，有人偏偏要把它捉进盆里去；明明是森林里的一只野兽，有人偏偏要把它捉进棚栏里去。假使你是这只不幸的鸟，假使你是这条不幸的鱼，假使你是这只不幸的野兽，你该怎么办？"

我回答："我不愿意到笼里去，我不愿意到盆里去，我不愿意到棚栏里去！"

朱先生继续说："他们不管你愿不愿意，简直一味横蛮地捉了进去，你又该怎么办？"

我坚定地说："我要用我的小小生命的力量，我要联合一切小小生命的力量和他们奋斗。我要啄破鸟笼，冲破鱼盆，咬破棚栏，向那海阔天空投奔而去！"

朱先生继续说："又比如你是森林里的一只睡狮，突然来了一只老虎向你侵略，你又该怎么办？"

我更坚定地说："我当与老虎决一死斗！"

朱先生高兴地说："好！生命遇到对敌，必起而奋斗，这是第二种境界。"

"对！我要自由！我要奋斗！"

朱先生说："你再看一粒种子，它在那天寒地冻的时候，是被压在泥土里。你说它被泥土压着不自由便把泥土拨开，你说它被壳儿包着还不自由便把壳剥掉。好，一粒赤裸裸的种子暴露在自由之土地上，一只肚子饿了半天的雀儿从枯树上飞来，一啄就把它整个地吞了下去！钟儿，这粒种子要想发芽、抽条、开花、结果，你必得让它用一些时间深藏在壳里、潜伏在地中，慢慢去吸收水分、肥料、空气、阳光，以发挥它的生命。这是第三种境界。"

我欢喜极了，便笑对朱先生说："先生是算错了账。我所知道的是三分之一，而不是一半。"

从万松岭回来，我一路把朱先生所说的话放在脑海里漂了几漂。朱先生是胸有成竹，我要从许多破碎的观念中建设出一个活跃的学校的小影。古庙学校必是一个有生命的学校。在这个学校里有生命的潜伏，有生命的自由，而且是有生命的奋斗。我三番五次地考虑之后，把我们所要办的古庙学校，画了下面的一幅简笔画：

　　　静默如地下的种子，

　　　自由如空中的鸽子，

　　　猛勇如斗虎的狮子。

我写好了，拿给朱先生看，并请他指教。他喜欢极了，立刻拿起笔来，说我也写上几句：

　　　行动是老子，

　　　知识是儿子，

　　　创造是孙子。

朱先生写的这几句话，可就把我弄糊涂了。依我从前的意思来看，是先有知识而后有行动。现在朱先生以行动为老子，知识为儿子，创造为孙子，恰恰与我的意思相反。如果我是对的，他必是错了；假使他是对的，我必定是错了。我思来想去，不能说我一定对，也不能说他一定错。我是在一个圈圈里打转，找不着出路。我自己不能自圆其说，终于问朱先生要证据来说明他的主张。

朱先生问我："你知道骑牛吗？"

我说："知道。"

"你这骑牛的知识是如何得来的？"

"在牛背上骑了几回就会了。"

朱先生断言说："好！骑牛是行动，会骑是知识，那么知识是行动里产生出来的，不是吗？"

我立即回答："对！"

朱先生又问："你知道游水吗？"

我说："知道。"

"你再想想，那游水的知识是如何得来的？"

"在水里游了几回就会了。"

"好！游水是行动，会游是知识，又可见知识是行动里产生出来的，不是吗？"

我立即回答："对！"

我想了一会儿，反问朱先生："我们知道火是烫人的，遇了火便缩手。知火烫人是知识，遇火缩手是行动。这不是先知而后行吗？"

朱先生说："火是什么？烫人又是什么？你是生来就知道的吗？"

"我想不是生来就知道的，说不定是人家告诉我的。"

"人家告诉你火是烫人的，也可以告诉你火是冰人的。谁真谁假，你如何判断、如何分别、如何知道？你怎么知道火一定是烫人的、火一定是冰人的？你又怎么知道那告诉你火是烫人的是说真话？又怎么知道那告诉你火是冰人的是说假话？"

"我想拿手在火上试一试就知道了。"

朱先生高兴地说："对！你在你妈妈怀抱里的时候，有一次伸手玩火被火烫了，便知道火是个厉害的东西，所以从此见着火就把手缩回。伸手玩火是行动，知道火烫人手是知识。这不是证明先行而后知吗？"

朱先生说到这里，我是有几分明白了。但是行动产生知识的理论究竟对于我们的学校要产生什么影响，我还不能定，便打破砂锅纹（问）到底地向朱先生请教。

朱先生说："我们这个学校是根本与传统的学校不同了。传统的学校是一个鲍鱼罐头公司，学生好比是一个一个的罐头，先生好比是装罐头的工人。伪知识便是装在罐头里的臭鱼，没有煮熟，没有消毒，令人看了好看，吃了呕心泻肚送老命。何能怪人连罐头摔掉呀！可是这个罐头公司是个老店，挂的是历代圣贤亲笔所写的招牌。我不要说别人，只拿那主张'知行合一'的王阳明的理论来谈一谈，你便知道传统的学校的根是安得很深了。他说：'知是行之始，行是知之成。'这两句是代表了传统学校的教育方法。我们在学校里用十年、五年光阴把'知'的功夫做好了，再到学校外去'行'。依传统的方法，你要学游水是在课堂里听游水的演讲，在图书馆里看游水的书，到大考的时候写一篇《游水论》，得七十分就算及格，得一百分就算是个游水大王。谁能否认你呢？你的学校是有'先知后行'的哲学根据，你的考卷是有博士们的双圈，你的文凭是有教育部盖的印子。谁能否认你呀？可是你得留神，海龙王只认本领不认文凭。大达轮船失了火，如果你也是船上的一个搭客，那时可真是过游水的大考咧。好，传统学校必得拆掉。王阳明的'知是行之始'得翻半个筋斗。怎么叫作翻半个筋斗呢？孙悟空一个筋斗十万八千里。他是站在如来佛祖的手掌上翻筋斗，翻好了一个他还是站着。翻一个筋斗是画三百六十度，半个筋斗画了一百八十度，恰是颠倒了过来。我们的理论应该是这样：行是知之始，知是行之成。我们是要在行动中追求真知识。行动遇着困难便不能不思想，思想贯通便取得了真知识。运用真知识以行动，便走上了创造之路。今日之学校是行以求知的地方。有行动的勇气，才有真知之收获，才有创作之可能。"

五、连环教学法——会的教人，不会的跟人学

我们前次会议，由各家轮流供饭。第一回就轮到春生哥的头上。他今天是辛苦了，一到乡下就忙着去准备饭菜。我的嘴福倒不浅，春生哥硬要拉我去做陪客。

当我们动身之前，朱先生把小弟弟叫到一边，招呼说："你平常吃肉不吃皮。今天到农人家做客，可要守些规矩，连皮一起吃。农人拿他们血汗换来的钱请我们吃饭是很不容易的，若要嫌精拣肥，把可吃的东西白白糟掉，那就是辜负了他们的好意了。"小弟弟点点头。

我们到了春生哥的家里，只见宋老太、李司务、赵小二哥、丁老五都在那儿了，连主人恰恰坐满了一张八仙桌。春生嫂嫂是在厨房里亲手弄饭、做菜。他们的两个可爱的孩子——梅香和莺儿，是忙着冲茶、上菜、添饭、

打手巾把子。今晚所上的菜是四碗、四盘。盘菜是干丝、腌菜、鸭蛋、香肠，碗菜是青菜豆腐汤、腌鲤鱼、清炖鸡、红烧肉。这些菜在我们乡下是逢年、过节、来贵客才吃得着，而今晚的菜是特别弄得结实而丰富，用村里顶大的盘子和顶大的碗子端上来。朱先生是有先见之明，那红烧肉的皮是有牛皮那样厚，而且是一根一根的黑毛，怒发冲冠地竖着。我留心小弟弟怎样对付。我猜想他是喜欢吃红烧肉的。如果在自己家里，他必是老实不客气地用筷子看准一块取来，把肉与皮交界处放在门牙间一咬，随手将带毛之皮放在桌上，再从容地去细嚼那美味的精肉。他今晚上一定不能痛快地干。他要就不吃，要吃就连皮带毛一口吞。他在考虑。毕竟他是下了决心：取得一块，眼睛眨一眨，送进嘴里去。

我们先开始商量什么日子开学。

乡下破蒙学生总要过了二月二（龙抬头）才能进馆，已经破过蒙的可以早些，但无论如何总得拣个好日子。自然，那官历（公历，俗称阳历、洋历）是我们的唯一的指导书。春生哥拿了一本官历来请朱先生拣。朱先生拣定了三月十五日，即阴历（农历，中国唯一使用）二月初九日。

赵小二哥说："给我看看。"

李司务说："你认不得字，字也认不得你，你怎么看得出日子好不好？"

小二哥说："香瓜看官历，一行到底是好日。朱先生拣的这个日子好极了。"

我们在酒席上所谈的第二个问题便是招学生。宋老太问朱先生预备多少人。朱先生说："一人也可，一千也可。"

宋老太说："要上学的学生多着咧，我只怕收不下。朱先生连一千也能收，那就不必我们烦心了。"

春生哥问："几岁的孩子可以上学呢？"

朱先生说："一岁也可，百岁也可。"

大家都笑了起来，说："照这样讲，我们都可以做学生了。那好！"

李司务问："有许多孩子想来而不得来，又有什么办法？比如住我隔壁的牛儿，靠守牛吃饭。他想进学堂，简直是如同害了相思病一样。但是进学堂就没得饭吃，要吃饭就不能进学堂。先生看，像牛儿这样的孩子是有很多，怎么办呢？比如我老李，虽然是虚度了四十岁，也想认识几个字，但总不能关了铺子求学吧。因为关了铺子就要饿了肚子、当了裤子，这绝不是好玩的（大家哄堂而笑）。先生看，如何是好？"

先生说："有办法。与其招学生进学校，不如送教育上门。我们把教育送上牛背不是不可能。如果您不见弃，我们也可以拿点教育的礼物来送送您。"李司务听得高兴极了，大家都说这法子好。

在满屋子的笑声中，我是免不了怀疑。朱先生这些话都有点出乎我意料之外。我不得不思索，我不能随声附和。朱先生是单身匹马来到这里，一千个学生谈何容易，一个人怎么忙得过来？那一千个人并不是最高限度，细味他的口气，再多些，他似乎也吃得下。至于一岁的孩子，那是多么难养呀！朱先生又不是女人，倘若来了几十个吃乳的婴儿，这座古庙岂不成了一个活的进来死的出去的育婴堂吗？他还不满足！还要送教育上牛背？还要送教育进铁匠铺？他是有一百只手、一百条腿也干不了。他是说笑话吗？他是说大话吗？他是随便敷衍乡下人吗？这一些我都能担保，他绝不是那样的一个人。我的脑壳成了这些矛盾的意见的战场。我听呆了，想呆了。我真想当场质问朱先生，又怕说错话。一直到散席，我是成了一个哑巴子。

回到庙里，我把我所怀疑的一五一十地说了出来，请朱先生解释。

朱先生说："现在政府一面提倡普及教育，一面小孩进小学要考，甚至进幼稚园也要考，这种自相矛盾的政策是应该存在的吗？我那小弟弟也不见得笨，四年前报考小学居然考不及，我不得已只好在家教他。小学也要考，真是二十世纪的一个大笑话。我们在这里办学，绝不可以利用入学考试来淘汰小朋友。我们只好来一个收一个，才算是民国的教育。假如有人要来学做国民，你说要先考他一下。好，他可以说让他学好了再请你考。他或者可以问：'倘使考不取就不必学做国民吗？'请问，你有什么话回答？你说经费不足，先生不够，课堂容不下。他可以说考得取的固然不会做国民，考不取的格外不会做国民，那么考不取的小孩子是应该尽先入学，你又有什么话回答？我们抱着一个'来者不拒'的态度便没有这个矛盾了。而且我办学堂如同韩信点兵，多多益善。你怕我一个人干不了，这固然说得有理。但是古庙村里有的是人，何止我一个？我现在问你：我教十个人行不行？"

我回答："那怎么不行！"

朱先生又接着问："如果十个人在前一点钟学会做一件事，后一点钟就拿这件事再去每人教十个人，行不行？"

"这行！"

"好，这样一人教十人，十人教百人，百人教千人，并不是不可能。你只需看那最好的军队里，军长、师长、旅长、团长、营长、连长、排长、士兵一贯地训练下去，就知道我这个意思可以实现的。我把我心里的办法告诉你吧：我要先招先生，后招学生。其实我是要先招大徒弟，后招小徒弟。细致的办法是：师傅教大徒弟，大徒弟教小徒弟，小徒弟自己教自己。至此，我的意思充分地发挥出来了。现在离开学还有好几天，你可以带我去会会村里的小朋友、大朋友。同时也可以请他们随时到我们古庙来玩玩、谈谈，这样在开学之前我便可以认识谁能做师傅、谁能做大徒弟。找着几位师傅、几十位大徒弟，我们便从整个古庙村的生活里办出整个村的教育来。钟儿！你在大徒弟当中算是顶大的了。但是你要明白：我不一定是师傅，师傅不一定是我。"

六、全村人都要上学堂，小孩子教育最重要

我说："朱先生要我做一个徒弟，我倒是很情愿的，但只是会的教人，不会的跟人学，似乎不必分什么大小。至于师傅这把交椅，那就请先生老实不客气地坐了起来，用不着推让。"

朱先生说："广义地说起来，不但是徒弟没有大小，就是师傅与徒弟的区别也不能分得清楚。就拿我来说吧，我有些事情能做你的师傅，有些事情倒是要做你的徒弟。不说别的，只说敲钟一件事，我就该拜你做师傅。莫说我应该拜你做师傅，世界上不必拜你做师傅的人就不多见了咧。"

朱先生这番话倒说中了我的心眼。年轻人谁不喜欢听人恭维呢？我知道朱先生绝不是要在我心里撒下几粒骄傲的种子，他只是拿一件浅近的事证明师生间是没有严格的界限。不过我必得留神，不要因为敲钟一件小事受人恭维，就真的摆起师傅的架子。我将来就是做了师傅，还要肯得虚心做人徒弟，才有长进的希望咧。朱先生办学如韩信点兵多多益善，我是赞成的。但是招收一岁的婴儿，总不以为然，因为我实在想不通。最后，我只能老老实实地提出质问："先生，要招收婴儿，最好是重新考虑一下。您看，这些婴儿来了之后，一天到晚哭啰、抱啰、喂啰、尿啰、屎啰，先生一手包办吧，如何忙得了？叫大徒弟帮忙吧，谁愿意？"

朱先生说："这个你不必顾虑，我有现成的徒弟。这徒弟便是每个婴儿自己的母亲。我们教了每个母亲便是教了每个婴儿。"

我说："不行！这也有困难。我们古庙村风气不开通。先生是个男子，怎么好去教导女人？一旦瓜田李下，有了闲话，可不是小事呀！"

朱先生说："女人教女人总行得通吧？我看宋老太就不错。如果她老人家肯出来领导，还有问题吗？我们帮她老人家忙，总该没有闲话吧！"

我说："那是保险了。可是，先生你为什么要急急忙忙地从婴儿教育

下手？"

朱先生说："小孩子的情感、习惯、倾向，在六岁之前如果培养得不得当，将来要改可费事了。比如怕鬼是一种最不合理的情感，几乎完全是妇女们的造谣造成功的。结果呢？小时怕鬼，终身怕鬼。六岁之前的教育，是多么的重要啊！所以要培养小学生，先是培养幼稚生，更须培养婴儿，即须培养婴儿的母亲，那才是根本的办法咧。我注重母教。要想把小学办好，好比水中捞月，如何可能！"

我说："小时怕鬼，终身怕鬼，这是千真万确的。我是天不怕、地不怕，甚至于老虎都不怕。只是那鬼呀，只要一说'鬼'字，我的毫毛就站起来了。朱先生！可有法子消除这个黑夜的恐怖吗？"

朱先生说："我像你这么大的年纪，是和你一样地怕鬼。我的祖母、我的外婆，以及左右邻居的亲戚朋友，描写给我听的鬼不下十几个。一个一个地在他们的嘴唇上活跃，在我的心窝里作怪，使我站在旁边听鬼，全身都打寒战而发抖。我听过之后，再也不敢独自进入我的房里去，梦里是经常被那披头散发的东西骇得哭醒。小孩子们的恐怖，老人们是不会体谅的，风雨之夜无事可做，依旧地谈，谈得我们的胆子都要骇破了。"

我插了一嘴："你现在还怕不怕？"

朱先生说："现在不怕了。我在十七岁的一个夏天，当太阳落山的时候，下了一个决心要去看鬼。我家离学堂有六十里路程，这时暑期刚刚过了一半。我是白日到学校里访朋友，本来可以在朋友家过夜，可是我想做两种试验：一看我能不能一日走一百二十里路；二看路上究竟有没有鬼。所以我决心当晚回家。一路要经过好多个亭子，内有三个亭子据说出过鬼的。朋友们的劝阻都不听，我买了一个小灯笼、几支蜡烛、一盒火柴就动身了。走了一点多钟，远远地望见第一个亭子，就打了一个寒战。离亭子差不多十丈路光景，我毫毛全都站起来了。将近亭子门口时，我看准了出口，闭了眼睛，两步当一步地跑出亭子。好家伙，越跑越恐怖，好像有鬼在后面追来。跑了几步，脱离了鬼的势力范围，我开始质问自己：'你干什么？你不是来看鬼的吗？如果有鬼，你能跑得掉吗？如果无鬼，何必闭起眼睛跑呢？我来为的是看鬼。到了第二个亭子，我一定要看！'新的决心增加了我百倍的勇气。走到第二个亭子，毫毛还是有些竖起，而新的决心叫我大胆地前进。我是一步一步地从从容容地走进亭子。到了亭心，四边一望，没有什么，便大步阔步地走出了亭子。第三个亭子，是同样走进、走出，连毫毛也不竖了。我征服了鬼！我征服了我心里的鬼！我征服了我的长辈无意中骇了我十几年的虚造之鬼！我这个胜仗是用了九牛二虎之力冲锋冲出来的。你要想征服你心里的鬼，也得要奋斗。只有有决心的奋斗才能征服一切，连鬼在内。我们若能教导乡下妇人不再和小孩子们讲鬼，小宝宝们要少几多恐怖？等到他们长大起来，也就用不着像我们这样费力地去打鬼了。"

我们三个人——朱先生、小弟弟、我——去野外散步，看见陈大嫂子在塘边洗衣服。朱先生指着背后草地上问："那是什么意思？"我顺着朱先生所指的地方看去，只见一个活活泼泼的小孩子在一个大筐子里坐着！原来这是陈大嫂子的小宝宝，家里面没有人帮忙照应，又怕他在塘边玩水，所以他妈妈弄了一个筐子要他坐在那儿。陈大嫂子是洗了几下便回头望望。

朱先生问："像这一类的事，多不多？"

我说："有一天早上，孙大妈左手拿了一条小板凳，右手牵着她四岁的女儿到庙里来，对我说：'钟儿！我要挑柴进城卖，巧姑托你代我看管半天，只需叫她坐在凳子上，不要让她东跑西跑就行了。'这一类的事是常有的，托邻居、亲戚照应的多一些。"

朱先生和筐里的小宝宝玩了一会儿，便一面走一面想，忽然兴高采烈地说："钟儿！我们今天是探获了一个新大陆！我看出筐子里的小宝宝是陈大嫂子的一个累。巧姑是同样地累了孙大妈。还有那些在家里像尾巴样地跟前、越后，使妈妈、奶奶累得发急的还多着哪！"

我说："先生的话很对。这些孩子不过三五岁，又不能守牛，又不能割草，又不能送饭，在家里挡手碍脚，出门去尾大不掉，乡下妇女的确是累得没有办法。先生怎么看了这事如此欢天喜地？你所发现的新大陆是什么？"

朱先生说："这些孩子没有你所说的那一大堆困难了。哭啰、抱啰、喂啰、尿啰、屎啰，是都不大成问题了。如果我们有一个地方给这些小孩子们玩，做妈妈的把他们寄托在那里，可以放心地去做事，而且早上送来，晚上抱去，一天不见，如隔三秋，母子间之亲爱幸福，可想而知。在城里收这样小孩子的地方，叫托儿所、幼稚园。托儿所、幼稚园下了乡，真是得其所哉。乡下是托儿所、幼稚园的新大陆！"

我说："这么大的孩子收进来，只需有人陪他们玩，想去是办得通的。先生的主张我想用两句话来代表，不知道对不对？这两句话是：'来者不拒；不来者送上门去。'乡村的孩子们，稍微长大一点，便要守牛割柴，虽有学堂而不能去。那些抱在手中的小宝宝，即来也不能收。这些，我们只好把教育送上门去。唯独像巧姑那般大的三五岁的孩子，我们倒不妨把大门开得大大的，给他一个'来者不拒'。因为他们不在家里，家里倒少些麻烦；进了学校，学校也不至受很大的累。我承认今天先生是发现了一个新大陆。但是细味先生的口气，好像城里的幼稚园是有些不得其所。不知道我猜错了没有？"

朱先生说："对！我告诉你一个有趣的故事吧。这故事我是间接听到的，但是千真万确，不是笑话。一位少奶奶死好打牌。她爱打牌过于爱她的孩子。她那孩子却是一个小天使，十分可爱。但是教养惯了难免有时撒娇。当这少奶奶打牌打得兴高采烈的时候，她的孩子往往要来打搅。他是一刻要吃糖，一刻要吃馄饨，一刻喊抓痒，一刻喊撒尿，闹得这少奶奶不得安身。她便对孩子说：'你再这样闹，我就把你送到幼稚园里去。'小孩子懂得什么，一天一天地依旧做了他妈妈的眼中钉。最后她竟硬着心肠把孩子送进幼稚园里去。他妈妈回到麻将椅上，笑嘻嘻地说：'小东西不在这里，咱今天可以痛痛快快打它几圈。'钟儿，城里幼稚园的先生是做了少奶奶们的老妈子，帮她们带孩子，使她们无牵无累地赌博。你看教育的事业竟变成这样的无聊。幼稚园下乡便立刻帮助了农妇生产，岂不是得其所哉！我要补说一句，城里在纱厂、丝厂旁边办的幼稚园是一样地有意思。可惜那些小姐式的幼稚教师，好像是甘心情愿要做少奶奶们的老妈子而不能自拔。这真是令人难解呀！我们这些新大陆上的披荆斩棘的工作，要待谁去做呢？"

我说："当然是我们自己干！"

七、私塾要改造，《论语》辩证论

我们到邻近的一个大村庄去散步，听见小孩子们"诗云、子曰"地在一个人家里面喊得热闹极了，知道这一定是私塾，便走进去看看。这里引我最注意的是一个牌位，上面写的是"大成至圣先师孔夫子之位"。

我为什么注意呢？因为我想古庙学校里也得有这样一个牌位。我怕朱先生没有注意到，特为指给他看，并且告诉他说："像这样的牌位，我们古庙学校里恐怕也得要有一个才对。"

朱先生问我："你读过《论语》没有？"

我说："读过的。"

朱先生说："我们回去温习一遍再决定吧。"

我心里想："这倒奇怪了。难道孔夫子的牌位也成了问题吗？为什么先要温习《论语》才能决定呢？"

朱先生一回到庙中，便从提箱里拿出一部《论语》说："钟儿，小弟弟，你们两个人一同温习《论语》。拿笔、墨、纸来。你们温习的时候，凡是看见种田、种菜，或是孔子对农人，或是农人对孔子发表的意见，都摘录下来给我看。"

下面是我所摘录下来的。

樊迟请学稼。子曰："吾不如老农。"请学为圃。曰："吾不如老圃。"樊迟出，子曰："小人哉，樊迟也！上好礼，则民莫敢不敬；上好义，则民莫敢不服；上好信，则民莫敢不用情。夫如是，则四方之民，襁负其子而至矣，焉用稼？"

南宫适问于孔子曰："羿善射，奡荡舟，俱不得其死。禹稷躬稼而有天下。"夫子不答。

南宫适出。子曰："君子哉若人！尚德哉若人！"

小弟弟抄了两条。

子曰："君子谋道不谋食。耕也，馁在其中矣。学也，禄在其中矣。"

子路从而后，遇丈人，以杖荷蓧。子路问曰："子见夫子乎？"丈人曰："四体不勤，五谷不分，孰为夫子？"植其杖而芸。子路拱而立。止子路宿，杀鸡为黍而食之。见其二子焉。

我和小弟弟摘抄好了，便把一个个的意思查清楚，问明白，然后开始讨论。我说："樊迟问种田、问种菜，可算是一个关心农事的学生，不过他是问错了人。向一个读书人问这些有什么用处呢？"

小弟弟说："孔子说他种田不如老农，种菜不如老圃，倒是老实话。知之为知之，不知为不知，也不失为先生之态度。可惜孔子没有勉励樊迟去向老农、老圃请教，反而背面骂他是小人，这未免失了先生的体统。"

"我看他是杀鸡骇猴子。骂一个樊迟，不啻是警告他的三千学生。他只希望他的弟子在礼、义、信上做功夫，好去做官，不要他们在种田、种菜上去考究。凡在种田、种菜上考究的都要像樊迟一样碰钉子，都是没得出息的小人。"

"但是南宫适拿禹稷亲自种田而得天下的一段故事问孔子的时候，孔子为什么不回答？为什么又在背后称赞南宫适为君子？"

"禹稷躬稼是古代传下来的故事，孔子不能否认。禹稷不是平常老农人而是做了皇帝的老农人，自当另眼看待。同是问话人，樊迟是一个小学生，南宫适是一个大官，不能没有分别。假使樊迟是个大官，南宫适是个小学生，我猜想那君子和小人的毁誉要换一个位次的。否则，这种矛盾是不可解释的。"

"孔子说君子谋道不谋食。那么谋食不谋道的是小人，一面谋食一面谋道的岂不成为半君子、半小人吗？请问君子不谋食，食从哪里来？孔子的意思是，学道吃不了，耕田要挨饿。学道吃不了的是君子，耕田要挨饿的是小人。不种谷而吃饱饭的自称为君子，种谷而没饭吃的反被骂为小人，这是何等的不公平！"

"照孔子的理想来看，一国之内不能尽是君子。如果尽是君子，便没人谋食、没人耕田，君子都要饿死了。在他的社会中必须有一部分人专门耕田。耕田的人要把自己饿得瘦瘦的，使君子可以养得胖胖的坐在那儿管理他们。这种瘦己令人肥的人被骂为小人。"

"孔子骂农人为小人，农人的嘴也没有放他过去。你看'四体不勤，五谷不分，孰为夫子？'十二个字是骂得多凶呀！可见得当时的农人对于孔子是没有好感。"

"但是为什么一直到现在，中国的农人总是崇拜孔子，并且每一个私塾里都供奉着他的牌位？我们想不通。"

············

朱先生说："孔子是地主的代表。'谋道不谋食'是有地租收入可以吃现成饭。私塾是地主的麻醉机关。帝王和地主拿孔子做偶像，孔子那些好吃懒做、一心想升官发财的门徒又竭力宣传，农人经过两千多年这样的麻醉，所以弄得糊里糊涂。"

好！古庙学校里"大成至圣先师孔夫子之位"之牌位问题不成问题了——不立！

细想起来真好笑。同是一部《论语》，从前那样读法觉得圣人的书没有一句错，现在换个法子读，便觉得句句有重新估价之必要。我是懊悔极了。为什么应该怀疑的地方我乃丝毫无疑？然而不幸之大幸，我于今才得着朱先生之指点，从此对于古人的书连一句也不使它轻易放过。我记得有一名人说过，"学贵知疑。大疑则大进，小疑则小进，不疑则不进"。这个"疑"字，当重用之。

我今次读《论语》，读到"公山不狃以费畔"一段，是忍不住笑了。当孔子想去勾结叛逆的时候，子路不欢喜，孔子说："我又不是一个葫芦，岂能挂在这儿不吃饭？"

你既然知道要吃饭，又为什么说"君子谋道不谋食"呢？

八、损人谣言突起，朱先生泰然处之有精论

阿羊跑来叫我到门口去，轻轻地告诉我："他们讲你们请来的朱先生没有本事，在城里考背榜的。"我追问他哪里听来的，他说是王二嫂子听人说的。我去追问王二嫂子，她说是裁缝司务老钱说的。我又赶紧去追问老钱，老钱说是吴木匠传来的。等我追到吴木匠那儿，详细盘问了一下，才知道这风声是砖匠老许掀起来的。他还在捣乱！

我追到了谣言的根源，回到了庙中，想告诉朱先生。但我不能唐突，思来想去，正不知道如何向朱先生进言之时，小弟弟忽然跑来，毫不隐藏地对朱先生说："哥哥，村里的人讲你在城里考背榜，又说什么倒数第一。"天真烂漫的小弟弟，说话竟这样不知轻重！我为什么没有他的爽直与勇敢？他是有什么话说什么话，应该说的他都说了。

"这是砖匠老许造的谣言，我已经明白了。"小弟弟刚说完，我就说明白了谣言的来源，为的是给朱先生知道老许故意造谣，使他心里可以安慰一些。

朱先生泰然处之而轻松地说："老许不是造谣。我在城里过考，的确是背榜。倒数第一是一点也没有错。他是实地调查来的。"

朱先生为什么考人不过？这是出乎我意料的一个消息。我起初只认为是老许造谣，绝不相信，哪里料得朱先生竟自认不讳，反而把我弄糊涂了。依我看来，朱先生是绝不会背榜的。我想来想去，想不通，终于老老实实地请问朱先生。

朱先生说："我年幼时听一句俗语，叫作'老鼠钻进牛角筒'。你知道牛角这个东西是口儿大大的，越进去越小，一直小到不能再小，才到角尖。牛角是越钻越不能出来，到了最后只有死路一条。'老鼠钻进牛角筒'便是中国传统教育之小影。成千成万的学生是向着这牛角筒钻进去。学生后面有教师，教师后面有督学，督学后面有局长、厅长、部长，拿着鞭一群一群地往牛角筒里赶。教官拼命地赶，学生不得不拼命地钻。赶得顶起劲的升官；钻得顶起劲的得一百分，领最优等文凭。我只是在角口徘徊不进，虽有人在后面赶了，也不情愿钻，钻不得几步，又回过头来。我不是应该背榜吗？老许何曾造谣？我只恨当时既不愿钻牛角筒，何不痛痛快快地向那海阔天空投奔而去。那牛角筒边有什么可以眷恋？于今竟因此一念之差留下这个痕迹，也是我当时没有斩钉截铁的决心，才闹出这个乱子。"

原来如此，我这闷葫芦是完全打破了！

次日早晨，在朱先生的书桌上，我看见一张纸条子，上面写的是：

城里不要我，跑到乡下来。

他们这样说，便算我无才。

一位初到乡下来的人，受了这个打击，随便怎样达观的人，总难免有些灰心吧。朱先生却毫不介意，最少他表面上没有一点牢骚的样子。他写的这四句诗，初看淡如米汤，但是字里行间仔细观察，只见一位肯吃小亏的朱先生是在纸条上活跃。我对朱先生说："从前有人说过，'我自为龙为虎，任人呼马呼牛'。朱先生所写的那首小诗，是有这种抱负。"

朱先生说："随手写来，聊作努力修养的参考罢了，算不得什么抱负。但是你既然提及这两句成语，我倒想把它们颠倒过来，做我们大家互相勉励的方针。龙为古代怪物，老虎有时吃人，那牛马才是人民大众的公仆咧。"他说了便拿起笔写了："我自为牛为马，任人呼虎呼龙。"

"你看如何？"朱先生放下笔问我。

"你这样一改，使我在劳苦的生活中看到一种新使命。你在我面前的平凡境界里，开拓出一种不可描写的奇境。我是决定要跟你在这奇境中漫游了。"

朱先生虽是达观，但他的工作受到了很大的阻力。"古庙里的先生没本事"传遍了整个古庙村，也传到了张胡子的烟铺里。砖匠老许与张胡子联盟反对朱先生，并唆使家长、学生不与朱先生合作。

九、土匪来打劫，自卫团大显神通

全村的人都轰动了，朱先生叫我出去看看是什么事。"土匪要来打劫了，你去看看！"小二哥在路上对我说。我在人群中挤过去，只见土地庙子的墙上贴了一张奇怪的纸条，上面写的是：

国民军十三师师长赵飞，令张胡子即日送五千元到木屐湖犒军。我们是五个月没有发饷了。你若是忍心坐看我们饿死，那就是一个没有仁道的守财奴。限你三天内送钱来，以手电灯为记。过限没有钱，莫怪我翻脸无情，切切此谕。

这条子你猜是用什么贴的？谁也不易猜着，是用泥贴的，有趣吧？张胡子从烟霞洞里惊醒了。我看他第一次在太阳光下慌慌忙忙地跑来问讯。他有什么法子呢？家私差不多吃光了，奔走了三天连五百元也凑不足，只好把全家搬到城里去躲避，从此不再下乡。第四天早上土地庙前又贴了一张字条，比上次还要厉害：

国民军十三师师长赵飞，再令张胡子。你不服从本师长命令，可恶已极。再限你三天报效一万元。若再失信，把你全家亲友杀得鸡犬不留，切切此令。

这几天以来，村友个个惊心吊胆。有枪的是二十多家，但是各人自保，毫无组织，等候土匪来缴械罢了。保安队是请了十几次也没有一个肯来。我们古庙里的几个人却高枕而卧。土匪来，请他们喝两杯清水。要吃糙米饭，也可敬他一大锅。破布、烂棉花如果爱上了，也可以奉送。我和小弟弟还以被绑为虑。

朱先生说："绑去正好试办土匪教育。"这一些都是茶余饭后的打算。

第五天，离古庙五里路地方的一个五岁的孩子，被土匪撕了票（杀害）的消息传来。这孩子的父亲是一个自耕农，土匪绑去之后索价八百元。老农典田卖屋四处借贷凑上四百元去赎。土匪把白银子收下，指着一个小土堆说："你要你的孩子吗？在那土堆里。"

朱先生听之，一怒而进城去。他去做什么，我们来不及问。老许又放谣言说："朱先生怕土匪绑他，跑了。"

朱先生这样匆忙地进城去，究竟是为什么，这是颇费猜想的。我却深信朱先生是一定要回来。他没有带小弟弟一同进城，他能不回来吗？

果然，在夕阳的红光中，朱先生回来了，我们喜出望外。朱先生还有一位朋友与他同来。经他介绍，我们知道这位朋友是一位退职的军官。

朱先生说："钟儿！你到村庄里去挨家打个招呼，说我有个好法子防备土匪，凡是家里有枪的，一听见钟声就请背枪来开会。"

这是多么好的一个消息啊！村友们等不及我敲钟，也没有吃完饭，都蜂拥而来了。有枪的固然是雄赳赳地来了，没有枪的也来凑热闹。不，我说错了，他们不是来凑热闹，乃是急急地要知道如何防备土匪。我其实不必敲钟，因为钟未敲大家已经到齐了。但是我必得如约敲钟。奇怪！今晚的钟声特别地洪亮，令人听了，不禁增加勇气百倍。

大殿里容不下，只得在古庙前空场上集合。朱先生说："我对于逼上梁山的好汉，是有相当的同情，但是做强盗也要有个道理。杀小孩子的强盗便是无道之盗。小孩子是我们的上帝，我们必须与那杀小孩子的强盗奋斗！强盗也许今天晚上就来！他们要绑的孩子也许就是你抱在怀里的孩子、你的小宝宝。只有一个法子能叫强盗不敢来：有枪的联合起来，服从一个总指挥学作紧急战！我请来了我的朋友江营长来教你们。我们不学立正、稍息、开步走、向后转一类的武八股。江营长要教你们是在打仗上学打仗。假使今天晚上十点钟就有强盗来绑我们的孩子，或是有个帝国主义者来占领我们大好的山河，我们在这三四个钟头内应该如何学法才能以一挡百地抵抗？好！我们就在打倒强盗上去学打倒帝国主义。现在请江营长指教。"

江营长说："我不愿教武八股，也不愿说客套话，还有四个钟头强盗就要来了，怎么办？一、打起火把来学打靶子。每人先学瞄准，轮流打三粒子弹。如果子弹少，打一粒也可。二、学装枪、拆枪。三、学紧急集合。四、有枪的分两队，一队装强盗，一队装自卫团，学攻守野战。"

江营长说完，即刻打起火把来干。当夜四项学毕，即分配轮流守夜，口令是"岳飞"二字，不知道口令者不能通过。于是全体进入戒严状态，壮丁个个变成大无畏的战士，从前那种惊心吊胆的恐怖心理已烟消云散了。

江营长说："你们乡下人真能干，学了四个钟头就敢与土匪周旋。平常的军事八股，就是学它四个月也比不上今天的实在。"

依我看，今天是两个人合做一个先生。江营长的武艺高明极了，处处令我钦佩。当这帝国主义高压的时代，这样年轻的好军官为什么退职？我是有些不解。朱先生对于军事素来没有学过，但江营长似乎少不了他。江营长的武艺多半是真本领，但是也掺进了不少的武八股。当他们讨论怎样着手训练的时候，江营长说了很多事体要学，朱先生则专点他的真本领而撇开他的武八股。江营长好一比是开了一个菜馆，朱先生是为我们点菜、写菜单。鱼翅、燕窝、熊掌、猴头、龙虎斗一概不要，所要的只是青菜、豆腐、红烧肉、蝴蝶面，都是一些省钱、好吃、吃得饱的东西。江营长每提一样，朱先生老是问："四小时后土匪就来了，这可是今晚必须学的？"这样除去糟糠、提取精华，才定出那四种紧急训练。

还有一件事我不可忘记叙述。铁匠老李说："我们发现土匪来的时候，先向天空放一空枪，使土匪知难而退。我们若不先放空枪警告就把他们打死，他们的党羽记了仇恨，必定报复。若先放空枪，他们还要来，那再实枪击他而死也无怨了。"这一点大家认为很合人道，一致赞成，因为我们组织自卫团，只图自卫，绝不愿伤人性命，自做好佬。

朱先生也加了一个提议："就是有敌人来，也当瞄准他的腿上射击。只要让他失去战斗力就算达到了我们自卫的目的，不可定要致人死命。我们要有不杀无辜的精神才能掌握民众的武力。"

这一提议也一致通过了。但这个办法是比较难行的。因为在夜里战斗，不易瞄准。但是朱先生主张，正因为夜里战斗不易瞄准，就不要轻易开枪，以免误伤自己的人。好，我们这个古庙自卫团不啻是一个古庙菩萨团。有趣！老实说，醉翁之意不在酒，打强盗不算一回什么事，保护小孩子，扑灭帝国主义才是我们真正的目的。

一夜平安无事。朱先生告诉我："昨天是开了学，所稀奇的是没有拣日子大家也肯来上课。你看这军事生活是多么重要的一种教育。它能培养大无畏的精神以打破无理的胆怯，它能培养团体生活的习惯以打破农人一盘散沙无政府的脾气。民众在自己的保护之下才能过合理的生活、办合理的教育。你们觉得如何？"

我说："先生的主张我完全赞同。可是单单训练这二十几个有枪的人，效力未免太小。我们要想个法子使这种训练普遍于全村才行。"

朱先生说："对！全村皆兵、全乡皆兵、全县皆兵、全省皆兵、全国皆兵，而实无一个靠当兵吃饭的兵，乃是普及军事教育的最大目的。我们在村说村，今天得召集一个村民的大会，公议全村皆兵的计划。"

江营长说："现在是人多枪少，可以规定钟点，分排轮流训练。一天每排训练一小时，二十多支枪可以训练六排人，六人共用一支枪。一旦有事，伤一个，上一个，伤五个，枪还在第六人手里。我们抱着人不死、枪不可失的精神应战，必定是铁城一样地难破。"

我说："全体壮丁必须一律受射击训练，这是无可怀疑的。但是一旦临阵要六个人保一支枪，在运用人力一面看来，似乎有点不经济。我的意见是想加组大刀队助阵。"

江营长说："大刀砍了人，血迹被风一吹，凝结起来，便不好使用，不如刺剑。我赞成加组剑队。矛子也有大用，何妨再组一矛队。那就人人具备战斗力，声势浩大，可以不战而退人师。"

我说："我会打几手拳，一次我和王老二开玩笑，三拳两脚竟把他手上的枪夺了过来。会打拳的可以借人的枪打人，不会打拳的只是拿枪送上门给人打。依我看来，我们必得人人学会打拳才行。"

江营长很以为然。朱先生问本村可有好的拳师。我说："要学夺枪的本领，必得请一位会打散手拳的拳师。我那师傅张飞虎一生心血都花在拳上，他会一百多套散手。我们花费一二年光阴学他三四十套，也就得了一些基本的功夫，从此继续学下去必定可以发生很大的力量。他也会剑术，矛子是不必说了。张师傅住在万松岭那边，如果他肯来，必定可以帮助江营长建成一支无敌的民团。"

商议既毕，我就到村里召集村民大会。钟一敲就来了一百五六十人，春生哥被推为主席。今天开会有两件事是我们没有想到的。

一是王二嫂子提议女子也得学习武艺。她的力气本来很大，也会两手拳，王二哥不是她的对手。听到我们谈到组织剑队、矛队，她也提议组织镰刀队、锄头队。宋老太也说："女子历来受男人保护，这是女子最大的耻辱。平日女子无力保护自己，受尽男人的气，一旦有事，不被俘虏便被强奸，丝毫不能抵抗，直到清白玷污，最后上吊、跳塘，这都是女子们手里没有武力闹出的乱子。当然，女子学会了武艺，绝不是对付自己的男人，不能专在房里打男人，闹得隔壁邻居不能睡觉。我们一定要枪口对外。我们古庙有的是木兰女，若是娘子军不能成立，未免可惜。"我们先后听了王二嫂子和宋老太的话当然是赞成女子加入军事训练了。

二是宋老太又提议组织红十字会，训练止血、消毒、包扎、抬人、人工呼吸等等急救法。这次大会抱着少说话、多做事的目的讨论问题，议决下列六大要案：

一、本村男子在二十岁以上四十岁以下应一律受军事训练，有病者应分别延缓或免受。

二、本村女子愿受军事训练者，听其自由投效不加强迫。

三、本村军事训练包含：散手拳、剑术、矛术、石锁、铁杠、枪法、排教练、连教练、营教练以及种种新战术。

四、本村组织救护队，挑选合适者训练充任。

五、江营长、张师傅为总指导，钟儿为助教，李锥、赵小二哥、孙老五、钱老三、王二嫂子为排长，宋老太为救护队队长。

六、平时每天训练一小时，农忙暂停，闲月增为两小时。

宋老太被推去请她亲戚吕医士来指导救护工作。我被推去请张飞虎师傅来教国术。散会后，朱先生和江营长便开始组织。我乃翻过万松岭去请张师傅。他愿来吗？这么重要的使命可不能失败呀！

张师傅见了我十分欢喜。我们是有半年没有会面了，难免有些寒暄要叙。他非常关心我的武艺，我一五一十地告诉了他，他很满意，并且要拿几套新拳传授于我。我于是把来意说明，他认为很值得一干。

他说："打拳这种东西是不可轻易教授。你若教了一个武松，他能在景阳冈上打死白额虎，为民除害。你若是教了一个西门庆，他利用他的武艺做靠背山，向良家妇女吊膀子。我的徒弟好的固然很多，坏的也是不少。有些人学了武艺，专好闯祸，所以我近来收徒弟非常谨慎。如果大家要请我去教拳术，每个人都得向青天立一誓：防身保国申人道，助弱攻强平不平。我若鱼肉老百姓，天诛地灭有眼睛。你去问问大家，有几个人愿意立誓？有一个教一个，有两个教一双，一个没有就不必我徒劳往返。"

我这次见到张师傅格外觉得他的人格可敬。他这几句誓言，是他自己体感心受凑成功的。我五年前就听他嘴里时常地哼，但是从前哼的和现在哼的有所不同。他是一面哼一面改，改到自己中意了才罢休。他是有时改得比原来好，但是有时也弄巧成拙，改得没有原来的自然。比如"助弱攻强平不平"，从前哼作"移山填海平不平"。我认为"移山填海"的气魄之伟大是代表了壮年的张师傅。但是张师傅自己以为"助弱攻强"好些，因为人人听得懂。又比如"防身保国申人道"，从前哼作"防身保国申公道"。他要申人道，是要把奴道、畜道上的人一起提到人道上来过日子。在人道上只有人中人，没有人上人，也没有人下人，便也包含了公道在内。他并且说在国内申公道不够的。公道必得以人类为范围。那么改为人道是格外醒目了。他的意思是要在人类当中申人道，即所以在人类当中申公道。体会到这一点，就哼作人道可，哼作公道也可。

张师傅的誓词一致通过之后，他是兴高采烈地来到古庙。朱先生、江营长与张师傅大有相见恨晚之慨。他们口口声声称赞张师傅是一位最谦虚的人。我也不妨把张师傅的生平大略叙一叙。

张师傅年轻时代，曾在米剑华师傅的门下做徒弟。我们的祖师爷，平日总以排纷解难做训练的目的，所以从他门下出来的徒弟总不敢行强闯祸。他老人家时常对徒弟们说："初学三年，天下能行；再学三年，寸步难行。"

张师傅后来也哼了四句，大意与此仿佛。他说："学拳三天，天下无敌；学拳三年，提鸡无力。"所以我们这一门出来的人，是越学越不敢打人，即使不得已而动手，也是打强不打弱。

张师傅有一件趣事：一次他在茶馆里和一个朋友闹翻了，那个朋友使劲给了他一拳。我听到乓的一声，以为张师傅一定不会吃眼前亏。谁知道他一手也不回，只说："老朋友！喝杯茶吧。多年的朋友，何必这样？"

事后我们问他怎么不回手？他说："他打我不过，我何必使他难堪呢？"

我上次不肯打和尚，便是从张师傅那儿学来的……

好，闲话少说。朱先生派我做张师傅的助手，我认定这是一个最好的差事。我固然能给张师傅一些帮助，但是我所以欣欣然接受这一差使，还不免有点私心。何以呢？近水楼台先得月，我很想凑这机会跟张师傅多学一些真本领。可是就职之后，我立刻发现一个困难。张师傅只能几个几个地教。若来他几十个，同时要他教，他就没有办法。我忽然想起前夜朱先生和江营长合做一个先生的一段趣事，正不妨试他一试。我请朱先生指点了一下，便大胆地开始和张师傅合做一个拳术先生。朱先生指点起来还是那一套："你和张师傅合起来先教几个大徒弟，再去教小徒弟。"

我老实不客气，请张师傅开菜馆，让我点菜。我对张师傅说："假使今晚强盗要来夺我的枪，我要学哪几手拳才能保护我的枪不给他夺去？又假如我手上没有枪，强盗拿了盒子炮跳到我身边，我如何可以借他的枪干他？"

张师傅说："有办法！夺人的枪要学'顺风扫叶''獴到撺狭''金关落锁'，保自己的枪要学'铁锁链孤舟'。"

我们于是连夜拼命学习这几手拳。这就是我们的国术第一课。

紧急菜好比是打各种预防针，使我们可以抵抗天花、伤寒、白喉、虎列拉，它不是培养元气的家常饭菜。我们以后所要点的该是青菜、豆腐一类的东西了。

张师傅说："我们把这几套紧急拳学得像个样子，就开始学些基本拳。基本拳可用五个字来代表，便是'龙、虎、豹、蛇、鹤'。"我问这五个字怎样讲，张师傅说："龙字门的拳，用力在周身；虎字门的拳，用力在背；豹字门的拳，用力在胸；蛇字门的拳，用力在腰；鹤字门的拳，用力在臂。拳有打手、国手之分。我们必得按部就班地把这些功夫学好，才算是国手的入门。否则学得几手拳，运用不知变化，即使能够打倒三五个人，也不过是个打手罢了。大事小做，未免可惜。"

我说："功夫固然要不断地做，但是不知变化，便是蛮做、瞎做、乱做。师傅说要变化，正是一针见血。但不知学这变化可有什么秘诀？"

张师傅说："秘诀是有的，我先教你十四个字，猫窜，狗让，寒鸡步；鹰眼，猴手，狐狸心。"

我说："这十四个字我懂得十二个，只有那'狗让'二字不大懂。狗何尝肯让呢？"

张师傅说："空口说白话，没有用。你去和狗比一比武，就知道它让的本领和怎样地让法。你想打它可不容易打中咧。你说你懂得十二个字，我想你没有懂得这么多。留意看，虚心学，努力干，总有一天成功！"

从此，国术的指导便依照张师傅所画的路线进行。我是不断地一一追问："这是不是真本领？可有武八股杂在里面？"因为张师傅虽是一位出类拔萃的国手，但是他的荷包里也装了不少的传统观念，我是必得帮助他像剥芭蕉样一层一层把它剥掉。他是从善如流，只要我说得有理，他无不采纳。因此，我们便发生了一种新希望：要创造一种新国术，打破那些装饰品的武八股。

朱先生、江营长都加入了我们的队伍。"张师傅的方法和我们的方法，简直像得是一个祖宗传下来的！"朱先生一面学鹰眼一面赞叹说，"你们张师傅取万物之长以成己之长。我们人什么事都不如畜生，只有一个长处，这个长处便是会学。人之所以为万物之灵，就是因为他会拜万物做老师。若生而为人，不肯跟万物去学，那便成了世间之蠢物，必受天然淘汰。"

空手打空拳，有些人是觉得单调。我探得农友们的心理，商得张师傅的同意，几天内便把刀队、抢队、棍队、剑队一起成立。我们是太精明了，因为一开始便向张师傅要秘诀。张师傅是有求必应。他说初学也记不得许多，每门先指点几个字，练熟了再求上进。下边是张师傅对于各队的指点：

棍诀：劈、挠、点、撩。

枪诀：刺、扎、抖、进。

刀诀：摅背、搨弓；盘头、裹脑。

剑诀：描眉、护膝；到手、按门。

张师傅分队指点后，又给了大家一个总诀。他说："家伙响，往里闯！"又说："刺剑要刺急，刺急人不知。若知刺急法，敢把敌人欺。"他的意思是：制胜之法，贵在神速，总要学得"迅雷不及掩耳"的本领，才能以巧胜力，以少敌众。

我自从听了江营长说起剑比刀好，便一心要学剑术。张师傅说："你学剑也好，但不可性急。古语说：'一年棒，二年刀，学剑十年见分毫。'你要学剑，必得有恒心才行。"恒心我是有的。十年才能学得一分一毫，那么，活到老，学到老，总会有成吧？

我这些时候对于我的敲钟职务，是觉得更有意义。古庙的生活似乎是与我所敲的钟声结下不解之缘。就以这军事与国术的训练讲吧，便离不了钟。我们没有喇叭，也没有号筒，这口大钟便代替了他们做发号施令之工作。因为大家干得起劲，我也就敲得起劲。可是农人说因为我敲得起劲，所以他们就干得起劲。大概这两方面的话都对。干得起劲便敲得起劲；敲得愈起劲便干得格外起劲了。

今天晚上黄团长、朱先生、江营长、张师傅秘密会议，议决于夜深十二时，下紧急集合令演习夜战。全村没有第五个知道这个秘密，连我都不知道今晚会有这么一套把戏。紧急集合令规定：敲三声，三声急敲。凡是这种钟声一响，大家都得立刻从被窝里跳出来，拿了各自保管的武器，跑到各人预定的地点听候命令。无故不到或迟到的，或忘带保管之武器，或跑错了地点，都要受严厉之处分。

他们在深夜十一时五十分的时候，把我从被窝里拉出来，要我敲着从未敲过之紧急集合钟。这虽是出我不意，然而我是想之已久的。我是多么的高兴啊！只听钟声一响，妻子推丈夫，嫂嫂喊叔叔，姊姊喊弟弟，妈妈喊儿子，都说是土匪到了，快起来！各人以距离的远近，三分、五分、七分、十分钟都到了预定的位置，听候命令。这时，大家才知道今晚是演习，并不是真的土匪来了。但是演习也是一样地认真干。

朱先生是早先有了打算。他连日打听哪家有老人、哪家有病人。我起初并不知道他用意何在。他在弄醒我之前，特别派了几个人预先告诉老人家和病人，使他们不受惊骇。

黄团长从前对大家讲过，土匪有时是西边放火东边打劫。一忽儿我们看见对面火起，半天通红。他们虽派了一些人去救火，但大队人马都胸有成竹，丝毫不为所动。

说来真奇怪，朱先生的问题是没有问题了，这些日子再也没有一个人提他那背榜的一回事了，连老许也夹在棍队里上操。张胡子不知怎的也从城里回来，在农人武力保护之下大抽他的鸦片烟。他是超过了强迫军事训练的年龄，所以他也不需上操，不需守夜。他居然成了古庙村里最舒服的一个人。

十、古庙学堂开学了，全村皆兵是保障

古庙学堂开学的好日子——三月十五——到了。小孩子们换得一身新鲜，很早就一个一个地来了。他们好像是过新年一样地高兴。的确，这在他们的生命史上是开了一个新纪元。他们自己是不是已经预料到呢？我除非重生为一个小孩子，那一定能体会出来的。

黄春生团长下一命令：今天古庙村有史以来第一次学堂开学是古庙的一件大事，要自卫团全体武装参加开学典礼。一时步枪队、猎枪队、刀队、剑队、枪队、棍队，加上临时组织起来的妇女锄头队和镰刀队足足有二百人，摆起队伍，敲着鼓，吹着喇叭，放着爆竹，绕着全村胡同街巷来到了古庙大门前空地场子。

朱先生和江营长说："这样庄严威武的开学典礼是从来没有见过的。城里民众学校开学有时找几个童子军帮帮忙，或是雇一个军乐队助助威，那

不过是装装门面罢了。而今天我们亲眼所见的是全古庙村的小孩子，在全村农人自卫团保护之下开学、上学，这里面所包含的意义丰富无比了。"

朱先生以为在这尚武的环境中，小孩子开学最好是先上一课尚武的功课，学做一个小小兵。他建议教小孩子们几手拳，这是容易办到的。张师傅虽然教了不久，但是能够找出十几位很有希望的大徒弟。他们也要拉我充数做一个拳术教师。我们这十几个人是足敷分配了，用不着张师傅自己烦神。你们想一想，当那些小小拳头在草地上挥来挥去，亲戚朋友看见是多么够味的一件事啊！

"小孩们是来读书的，哪能老是打拳！"一般不懂事的人或者要这样说。朱先生和我不约而同地预料到了这一点。当他叫我去叫小学生来看书认字的时候，正是我要向他上条陈（的时候）。我知道自己的见解不错，心中很欢喜。下边是朱先生写的几篇课文：

> 小小兵，
> 劝你莫看轻。
> 你若欺中国，
> 小命和你拼。
>
> 小小兵，
> 爱打抱不平。
> 我们起来了，
> 不用再招兵。
>
> 小小兵，
> 问你要学谁？
> 别人都不学，
> 但愿学岳飞！

朱先生教了一课，即派大徒弟分头教小学生写课文，每人要写一张拿回家给家长看。农夫在旁边看得高兴极了，有人竟然开口对朱先生说："请你也教我们一课，好吗？"这句话正问到朱先生心里去了。朱先生常说从前学堂门口挂着两块虎头牌，上面写的是学堂重地，闲人莫入。我们现在不但不挂这样的虎头牌，而且要把学堂的门墙完全拆掉，欢迎大家到学堂里指教。农人见我们教错了，可以给我们一些善意的批评；如果看见我们教得不错，也可以引起他们一些求学的兴趣。因此，朱先生是要把大门开得大大地欢迎大家来。

朱先生听得农友们这一请求，自然兴高采烈地满口答应了。他拿起笔来立刻写了几课，教这些穿草鞋的武装同志：

> 琅珰一琅珰，
> 青菜萝卜汤。
> 草鞋穿好了，
> 背枪上战场。

> 琅珰一琅珰，
> 辣油豆腐酱。
> 少将打倒了，
> 瞄准打大将。

> 琅珰一琅珰，
> 三月还飞霜。
> 麦子长不成，
> 十人九吃糠。

> 琅珰一琅珰，
> 五洲一老娘。
> 兄弟如相打，
> 缴了他的枪。

古庙是成了一个兵的世界，大人是大兵，小孩是小兵，男的是男兵，女的是女兵，一村都是兵，其实，没有一个是靠当兵吃饭的兵。

我们这军事教育成功了，这真是我们梦想不到的。不但我这孤陋寡闻的人没有想到古庙村会有这么一天，就是朱先生也没有想到他能在古庙村办到全村皆兵。

我想到得意时，又怀疑起来了。古庙的办法是否可以通行全国？我怕这种干法是含有地域性、时代性，不是处处行得通也不是随时干得了的。如果它的成功只限于现时的古庙，那么这种教育也就难以普遍而不能发生伟大的力量。

从另一个方面看，一个孤僻的古庙竟能在这短而少的时间里，成立了这一破天荒的民众的自卫武装，那么它的价值自然是不可磨灭。我真想不透，终于拿我的怀疑之点向朱先生请教。

朱先生说："你这个疑点，虽是过虑，但是值得讨论一番。古庙的军事训练之普及，初看是偶然，其实是适应现时生活之要求而必然而至。你只需把事实中的线索寻出，就明白我们的办法是必然的结果，而不是偶然的机遇。你想想小孩被土匪撕票，东三省被日本占领，弱小民族被列强欺压，凡是以社会为学校、奉小孩为上帝的人，绝不可袖手旁观。如果要办教育，必定是最先培养保护小孩、国土与打倒强权的武力。古庙所受的这种压迫，在中国是普遍存在的现象。那么古庙的解决便可以通行而无弊。但是，某个地方应该在什么时候推行，却是需考虑的。古庙之军事教育，我未来之前就有了必办的决心。而土匪惨杀小孩子又给予我立刻举办的机会。因为没有这一残酷的刺激，乡下农人不觉之切肤之痛，就是拼命之提倡，难得一致响应，便等于无效。总之，教育是应生活之要求而来。你依人民生之要求，运用教育的力量去助他解决，总不会错。知道这一点，那么从自卫入手也可，从做工入手也可，从种田入手也可，从吃饭入手也可，从生孩子入手也可，甚而至于从扫地抹桌都无不可。若是一双眼睛望着弱小民族被列强侵略，东三省被日本夺去，小孩子被人撕票，而不教人民学些真本领、真武艺，偏偏还要学生们坐在讲台下读死书，像这样的教育便叫作奴隶的教育、亡国的教育、灭种的教育。"

我说："古庙之所以能够办到全村皆兵，多半因为江营长肯得下乡尽义务。如果全国普遍地推行起来，哪有这许多退伍军官肯任指导？"

朱先生说："现在全国有二百多万军队，用现成的军队训练当地人民自卫是简单无比。军队的责任不但是保国为民，而且也要训练人民起来保护自己的村庄和自己的国家。如果各地的军队都负起这个责任，那么，教育是现成的，学兵是现成的，枪械是现成的，不要多少时候，便能把中华民国造成一个钢铸的江山，谁也不能破坏它。现在最大的困难是大家不明白自己的责任。只要人民认清保护村庄和国家是自己的责任，而各地军队也认清训练人民自卫是自己应尽的义务，其余的一切都好办了。"

十一、中国民族渡难关，少生优生最关键

我又问朱先生："现在我们中华民族已到了生死存亡之关头，除了军事之外，还应该进行什么训练才能使其起死回生、转危为安？"

朱先生说："教育是在与国难赛跑。依我看来，中华民族应该同时接受六大训练才能渡过难关。这六大训练是：一、普遍的军事训练，使人人成为保国的健儿。二、普遍的生产训练，使人人成为造富的工人。三、普遍的科学训练，使人人能在劳力上劳心。四、普遍的识字训练，使人人获得传达思想的符号。五、普遍的军事训练，使人人成为中华民族的主人。六、普遍的生育训练，使人人到了生育年龄可以生得少，生得好，以再造未来更优良的民族。"

朱先生的讨论，好比是金鸡纳丸，初尝是甜蜜的，只要你失误咬了下去，便立刻尝到苦味。他老是在糖果里夹上一两块黄连使你吞不下去。比如听他所说的六大训练，头五种是毫无疑问，为什么要加上这生育的训练？"生得好"当然是人人赞成的，谁愿意生坏孩子呢？"生龙生蛇，全凭天老爷"虽然是句迷信话，但是把这天老爷当成天然老爷看，也就言之成理。谁敢说，他一定会生好孩子、不会生坏孩子？照平常的眼光看来，帝尧生的孩子总该是好的吧，何以偏偏又生出一个不孝的丹朱？从另一方面看，瞽叟生了一个傲慢的象是不足为奇，但他何以偏偏又生出一个大孝大智的舜？朱先生能教尧不生丹朱吗？他能教瞽叟不生象而单生舜这样的好人吗？至于"生得少"三个字，我就格外地不了解了。现在中国受了帝国主义的压迫，正应奖励生聚，运用伟大的力量去抵抗，何能教人少生小孩子以自减国力？况且朱先生时常说，他收学生如韩信点兵，多多益善，于今却要提倡减少人口，真是出乎意料。老实说，这块黄连我吞下去，我不敢盲从，却又不愿意信口批评。同时，我承认朱先生总不是随嘴乱说，他必定是有一些事实做他的主张的根据。我要先审查他所根据的事实，再去批评他的主张，最后才能决定我对于这种主张是否赞同。我主意打好之后，就对朱先生说："我对朱先生减少人口的主张有怀疑，现在想请教你一些事实上的证据看看好不好？"

朱先生说："你这个态度是一个学者做学问的根本态度：'拿证据来！'学理必须建立在证据上才能颠扑不灭。不过我对于你还有进一步希望。你既然怀疑我的主张，难免不怀疑我搜集的事实。我希望你两步当作一步走，自己在人口上搜集事实，让这些事实自然而然地唤出主张来，你心里不要有一丝一毫的成见。等到你从事实里虑出主张，再拿来和我事实与主张比一比看是谁的对。那时如果是我的对，你便放弃你的主张；如果是你的对，我一定把我的主张放弃掉依从你。你得进城，可以到大学图书馆、市立图书馆以及别的图书馆里，把人口问题的著作都浏览一下，然后再跑到社会上——事实的源头——去亲自访问。这个工作是很有趣味的，你可以从从容容地干。好在我的'一个铜板'的节育法还没有发明，等你研究好了，再决定我们的方针也不迟。"

好，就这么干吧！

十二、小朋友们志气高，计划会议开得好

今天是一个特别有意思的日子，开了一个特别有意思的会，叫作计划会议，由小朋友共同订出一年的工作计划。

小朋友们对于这个会议起初是不了解的。

玉儿说："今天学堂里开菊花会。"

春香说："不是的，是开鸡花会。"

朱先生终于不得不说明鸡花是什么："小朋友！你想一天吃几餐饭？"

樱儿说："吃三餐饭。"

玉儿说："我要吃四餐饭。"

朱先生说："好，樱儿的吃饭计划是一天三餐；玉儿的吃饭计划是一天四餐。"

小三立刻插空说："我知道了，计划会是吃饭会吧？"

朱先生说："吃饭是一件要紧的事，我们必定要把吃饭这件事放在计划里。但是你一天除了吃饭还有什么事要做？"

秋儿说："读书，写字。"

兰花说："还有扫地，烧饭。"

宝珠说："打拳！"

养儿说："玩，睡觉。"

阿二说："撒尿、出恭也可以算是要紧的事吧？"

朱先生说："是要紧的事。你必得天天通大便。大便一天不通，晚上就得做噩梦，人也觉得不舒服。出恭是很要紧的一件事。"

哈！哈！哈！……大家都笑了！

朱先生继续说："我们把一天之内，吃饭、读书、写字、扫地、烧饭、打拳、睡觉、玩、撒尿、出恭这些事都写出来，并且什么时候做什么事、什么事做什么钟点或做多少分量，便成了一天的计划。秋儿，你订出你的一天计划给我听听。"

秋儿说："吃饭三餐，每餐两大碗；种园半点钟；做木工一点钟；国语一点钟；算学一点钟；写字半点钟；玩科学把戏一点钟；家里扫地半点钟；

打拳一点钟；睡觉十点钟；玩两点钟；出恭一次，撒尿不一定。"

朱先生说："这就是秋儿一天的计划。他虽然遗漏了好些事，但的确是一个计划。计划就是把我们所要做的事开一个单子，使我们时常看见，不至于做了这样忘了那样。我们主张过什么生活就受什么教育；过有计划的生活，就受有计划的教育；过没有计划的生活，就受没有计划的教育。说到计划，有一天的计划、一个月的计划、一年的计划、三年的计划、五年的计划、十年的计划、终身的计划。我们小朋友在今年应当做些什么事，每件事应当做多少，都要计划出来，才不至于手忙脚乱。好，我们来定一个古庙儿童一年计划吧！"

秋儿问："一年计划可是我们从大年初一早上一直到年三十晚上所要做的事吧？"

朱先生说："是的，在这计划里应该包括各人所要做的事和大家合起来所要做的事。你们看一看我们四周的山，都秃着头，好看吗？有什么法子叫它不秃头？"

樱儿说："秃头的山不好看，应该栽树。"

朱先生说："对！古庙的一年计划中该列入栽树。你们算一算每个小朋友能栽几棵树？若把四周的山栽满要育多少树苗？一共要多少人才能把它们栽满？我们小朋友能栽几个山头？这些问题都要算出来，才能订出一个精确的计划。山上无树不但不好看，而且还有许多别的坏处，你们也要慢慢地去研究，今天没有工夫讨论了。你们看，除了栽树之外还有什么要紧的事要做呢？比如说，下雨天你们上学堂来有什么不方便？"

春香说："下雨天路不好走，我前次滑了一跤爬起来，简直成了一个泥菩萨。我想要把路造得好些。"

朱先生："造路是我们该做的一件迫切的工作。从前罗马帝国的军队每到一处，必造一条大路通到罗马。我们古庙的学生无论住在哪个村庄里，必造一个小路通到古庙。好，还有别的事吗？夏天给蚊子叮，觉得舒服吗？"

羊儿说："这该死的蚊子咬得我一晚不能睡。还有那壁虱呦！先生，你若有法子把这两种坏蛋除掉，那我就快乐了。"

玉儿说："我妈妈说，壁虱是个木客。木客怕盐商。只要弄些盐放在床缝里，就把壁虱腌死了。"

朱先生说："玉儿的法子，大家可以试试看。我没有经验，不敢保险。总之，这壁虱和蚊子好一比是帝国主义，我们必须打倒它。还有一个东西比壁虱和蚊子更厉害，你们猜是谁？它喜欢在茅厕里玩，玩厌了又飞到你的菜碗里吃点心。这样它时常从粪坑里带些粪来送人吃，叫人吃了又吐又泄，甚而至于送命。它是什么？"

香姑说："这是苍蝇！也要除掉。"

朱先生说："好，从前周处除三害的故事，你们是听过了。我们现在也要除三害：一除蚊子；二除壁虱；三除苍蝇。你们再想想，现在东三省已经被日本军阀夺去了，小朋友你们应该怎样尽你们的小小力量把东三省拿回来？"

武儿说："我们赶快学打拳！"

李儿说："玩科学把戏，发明小炸弹轰他走！"

玉儿说："向爸爸要些钱，寄给义勇军。"

朱先生说："你们讲述的这些法子都好。但是玉儿的法子我有些不赞成。用爸爸的钱捐给义勇军，只是你爸爸尽的力，不是你尽的力。"

玉儿立刻抢着说："那么，我提议我们每人用自己的力量赚一些钱来为收复东三省之用。"……

这样讨论了好几次，最后制订了《古庙儿童一年计划》，现列举如下：

一、会认会写会用一千字；

二、会玩科学把戏三百套，并会说明每一套把戏里所包含的道理；

三、认识恒星四十颗、行星五颗，并懂得天体运行及昼夜季候的道理；

四、认识植物四十种，并懂得一种植物生长之过程；

五、认识动物四十种，并懂得一种动物生长之过程；

六、认识矿物十种，并懂得每一种对于人生之功用；

七、自己的衣服自己洗，四季共洗一百套；

八、洗澡一百次；

九、种牛痘一次；

十、每天喝豆腐浆两碗，共同种豆，轮流做浆，各人喝；

十一、会唱十二首歌；

十二、会打十二套拳、要一套家伙，大孩子手枪会拆、会装、会射击；

十三、写信四封，给国内外小朋友交换学识；

十四、开会时，会参加讨论，会做主席；

十五、四季种菜四种，一百儿童共同产菜五千斤；

十六、养鸡或养鸭一只生蛋，一百儿童共同生得蛋五千个；

十七、种树五十棵，一百儿童共种树五千棵；

十八、造路五丈，一百儿童共同造路五百丈；

十九、演戏两出；

二十、做简单仪器、玩具、用品二十样，一百儿童共制造两千具；

二十一、加入灭蝇队，肃清本村及附近的苍蝇；

二十二、加入灭蚊队，肃清本村及附近的蚊子；

二十三、加入灭壁虱队，肃清本村及附近的壁虱；

二十四、加入灭蝗螟队，肃清本村及附近的蝗螟；

二十五、观察社会生活两种，如木匠、砖匠、石匠、铁匠、老农、老圃等等的生活，每人每年选两种，每学期观察一种；

二十六、拿自己认的字和学问去教另一个人，一百儿童共教一千个人；

二十七、用自己的劳力至少赚一元钱作为收复东三省之用，一百儿童至少赚一百元为抵抗外患救国费用。

《古庙儿童一年计划》是古庙每个儿童的一年计划，也可以说是古庙全体儿童的一年计划。计划上所列的事是每个儿童所做的事。如果每个儿童都依照计划去实行，那么个人成绩的总和便成了全体的成绩。

计划所列的事是最低限度。本事大一点的孩子，尽可能做几件事或是每件事多做一些。万一能力够不上，就是这最低限度也做不了，经过审查之后也该有通融的办法。

这个计划是一个试行的草案。因为第一次订计划，大家都没有充分的经验，不可能订得正确。有的分量怕是定得太高，有的分量怕是定得太低。我们可以一面试行，一面将不足之处记录下来，以为修订计划或再重订来年计划之参考。

计划是为人订的；人不是为计划生的。如果计划行不通，或是勉强实行而于人生有害，我们尽可以提出修正。我们宁可为小孩子们牺牲计划，而绝不能为计划牺牲小孩子们。不过计划是大家共同订的，修正也得由大家共同修订通过。个人觉得计划上有缺点、错误时，尽可向大家提议讨论，绝不可任意行动。

日常生活中如吃饭、睡觉，不须天天提醒的就没有列入计划。日常生活中之需改善的如洗澡、喝豆浆之类，在计划中是大书而特书。大家对于喝豆浆是免不了怀疑吧？我告诉你："乳白豆腐浆，胜过人参汤；喝到肚子里，爽快而健康。"你若不信，试它一试吧！这些新事等到由习惯而成自然的时候，我们就不必再列入计划了。

这次制订的计划，有一个特别重要之点就是团体活动。你看种菜、栽树、造路、灭害虫、教别人做学问、赚钱援助东北，都是运用众人的力量造成公共的成绩。一个人的成绩虽少，积少成多，自然大有可观。

我们自从订了《古庙儿童一年计划》之后，越发觉得学校与社会必须打成一片，才能发生伟大的力量。我们讨论的时候，发现村庄里有许许多多的事要做，而小学生只能做到一部分。那一部分的事可以搁置起来吗？如果搁置起来，连小孩子的生活也不能健全。我不说别的，只说一样，古庙人吃的是脏水，而且连这脏水也不够吃。我们若想每个小孩子长得丰润、洗得清洁，百草千花与孩子们一样欣欣向荣，那就非开几口大井不可。开井是办学第一件事。可是这开井的工作，绝非小孩子们能胜任。像这一类的事情还有许多。我们已经下了决心不使一个人逃出生活教育之网。小孩子的力量既然够不上做这种工作，朱先生便想到青年农人头上去。

青年农人们！将农村变成乐园、将地狱变成天堂，你们是负有这一使命在小孩们前面领导着。

十三、古庙的青年起来了，新的呼声震天动地

古庙的青年起来了。大家看了《古庙儿童一年计划》，又看见了儿童们实实在在地按计划活动，不但是心里有点痒，连一双手也痒起来了。我自己呢，是在儿童与青年之交界处。但是与其说我是个儿童，不如说我是个青年。我是拿着一个火把两头烧："儿童们已经订了《古庙儿童一年计划》，我们青年人怎能落后！"很快，全村青年们兴高采烈地开了一个会，讨论、制订、通过了《古庙青年一计划》。具体条例如下：

一、开一口井；

二、造一条大路通到城门口；

三、组织青年造林会，创设苗圃，每人种树至少二百棵；

四、科学种田，用新稻种，每人种一丘田试试看；

五、科学种田，用新麦种，每人种一丘田试试看；

六、农暇工艺，如织布、织毛巾、织袜等，每人学会一种，从事增进生产；

七、组织青年国术会，学拳十二套，刀、枪、剑、棒任学一样；

八、加入自卫团，完成连教练，演习野战四次，打活动靶子，三枪连中的；

九、加入灭蝇队、灭蚊队、灭壁虱队、灭蝗螟队，与全村儿童合作，肃清全村与附近之害虫；

十、组织合作社；

十一、组织青年戏剧团，表演四次；

十二、组织青年音乐会，每人须学会乐器一种、歌曲五首；

十三、认识、会用一千字；

十四、玩科学把戏五十套，并能说明每套所包含的道理；

十五、从实地观察上懂得天体运行、日夜、寒暑的道理，观察、了解一种植物和一种动物之生长的全过程；

十六、组织青年书报会，每人天天看报，每月看新书一册，不会看的赶快学；

十七、每人用自己的劳动赚五元钱，为收复东三省之用；

十八、自告奋勇或推举二人以上加入收复东三省义勇军，全村青年合任家庭自卫，以免卫国战士后顾之忧。

"到东北去！"

"把东北拿回来！"

这是古庙从来没有听到过的新的呼声！这呼声是从古庙青年们的心灵发出来的，振动了全村人民的耳鼓，透进了全村人民的心窝，致使全村人民都觉得"到东北去！""把东北拿回来！"成了一种天经地义，以为不如此行动，便不能算是中国人，不能算是古庙人。

在长江的乡村里所流传的一句格言是："好铁不打钉，好男不当兵。"古庙的人何尝没有受过这种人生观的麻醉，何以现在不但是赞成人人当兵，而且还要与外来暴力在战场上周旋？这种心理变化之线索不难寻觅。古庙人民自从组织了自卫团，已经懂得民众武力之伟大。那些惨撕小孩子的土匪，不但不敢再来打劫，而且连恐吓信也不敢再来粘贴了。因为生活教育的效力，民众不久就从一村想到一国，从古庙的自卫一跳而计划到全国的自卫。

"两个人太少了，我们一起去！"热血沸腾的古庙青年们在会场上几乎是异口同声地这样喊！朱先生费了九牛二虎之力引导我们用冷脑指挥热血。

朱先生说："古庙出了两个壮丁，你们不要嫌太少。依我看来，这两个人不啻是两百万人。古庙的使命是先尽自己的责任，再唤起全国一百万个村庄去同样地尽责。假使每个村庄出壮丁二名，便得精兵二百万，可以负起收复东北之使命。我们多出一个人，固可算是多尽一份责任，但同时是减轻了别的村庄的责任。况且我们必须通盘计划才能制胜。投军的村友所留下的田地，必须由我们代为耕种；托付的老幼，必须由我们服侍教养。我们一言既出，驷马难追，绝不能出空头支票，以增加卫国战士之忧虑。所以我主张投效名额暂定二人，将来如果有急需再行增加。"

这两个人如何分配呀？用不着推举，自告奋勇者有十三人之多。我们给了他们一个封号，称他们为——古庙十三太保。这个"保"字有着广大的意义。他们所保的是整个中华民族和全世界的弱小民族，不是少数人的特殊利益。古庙十三太保只能去两位，这倒有些不好办。有人主张拈阄，有人主张以家累最少之两青年先去，但结果是十三太保一个也不肯留在家乡。这事出乎朱先生意料之外！朱先生能叫青年们起来，而不能叫已经起来的青年们再坐下去。最后，朱先生只得牺牲自己的主张，日夜加紧十三太保的训练，以便向东北进发！

十四、古庙学堂办得好，合理人生为正宗

古庙学堂是已经轰轰烈烈地办了一个多月，门前连一块牌子也没有。它不但是没有校牌，而且校名也没有定好。有的人喊它为古庙学校，有的人喊它为古庙学堂，有的人喊它为古庙小学，有的人简直就光头光脑地把它喊为古庙。它好比一个可爱的小孩子没有取名字，"和尚""尼姑"随人喜欢喊。我心里想，古庙既是一个学校，总得要挂一块牌子，有了牌子，校名自然就会统一了。我终于向朱先生提出要求，把校牌写出来，让我拿去油漆。

朱先生说："这是一个难题。我也曾经想写一块校牌，但至今没有想出一个好的名字，如何写得出来？老实说，古庙不是一个平常所谓之学校。如果是一个学校，那么拿起笔来一挥就成，又有什么困难？无奈我们在这里所办的虽是一个小学堂，但同时是一个小工场，又是一个小社会。学堂的主要意义是长进；工场的主要意义是生产；社会的主要意义是平等互助、自卫卫人。工场与工厂大不相同，凡露天的生产工作如种植、开矿、造路、筑桥都包括在内，所以我们这个集团是含有这三种意义。你可以简称它为三一主义。你还要知道这三种意义是贯彻我们整个集团的生活，它与平常所谓工读学校根本不同。工读学校是半天做工、半天读书，工自工、读自读，不相连串。我们这小小实验是将工场、学堂、社会打成一片。我要把它看成一个学堂吧，便难免失掉生产与社会的意义。我想不称它为学堂。"古庙工学社"和"古庙工学团"这两个名字行不行？"

我说："'古庙工学团'更合我意。'团'字含有团结成集体的意义。

'社'字比较宽泛。中国社会之大病就是一盘散沙，唯独集团的生活可以纠正这个毛病，并且可以发挥出众人的力量来。"

朱先生虽然赞成我的选择，但是他还不肯立刻把牌子写出来。我看他心里还有未决定的问题。他说："我们再仔细想想，过几天再写不迟。"

这"古庙工学团"是占据了我全部的思想。我吃过晚饭一个人在院子里散步的时候，"古庙工学团"又从我的脑海中浮出来了。一忽儿，接二连三地来了许多疑问要求我解答："把一个工场呆板地当作工场办，有什么意思？把一个学校呆板地当作学校办，有什么意思？把一个社会呆板地当作社会办，有什么意思？"

大家怕我武断吧？我的答案是："呆板地办工场，呆板地办学校，呆板地干社会工作，都没有意思！因为这样地干是割裂人生，使活的细胞解体，所以使办的人个个弄得焦头烂额、找不着出路。刽子手的生活有什么意义呀！你若是办一个工场，如果你同时注意到工人之长进的机会和平等互助的关系，便立刻变成一个有意义的学校了。你若是在改造一个社会，如果你同时注意到各分子之生产与长进的机会，便立刻变成一个有意义的社会了。"

我最后似乎是更加觉悟了。名字之改变究属形式。如果办一种事业是含有这三种意义，那么就称它为学校也可，称它为工场也可，称它为社会也可。倘使没有把这三种意义打成一片，虽是挂着工学团的牌子，便不啻是挂了羊头卖狗肉。我想到兴高采烈的时候，便一五一十地告诉了朱先生。

他说："你的推论果然不错。工学团的意义而不是工学团的名字，会叫一切较久的人生集团变成富有意义的集团。古时的家庭差不多就是一个小小工学团。中国有几支著名的军队是大规模的工学团。凡是较有永久性之集团，若没有工学团的意义包含在内，便变成了枯燥的生活而流于衰老。任何一种集团都不能呆板地办。比如监狱，如果呆板地办，必比监狱还不如。你想，如果全国的监狱都变成工学团，那是多么富有意义的一件事呀！你再想一想，如果全国的家庭、商店、工厂、学堂、军队、乡村，一个个都变成工学团，人人生产，人人长进，人人平等互助，人人自卫卫人，那么中华民国是变成何等庄严的一个国家呀！中华民族的新生命，是在工学团的种子里潜伏着。园丁们，普遍地撒下去吧！"

中华民族之新生命，是在工学团的种子里潜伏着。我有这种认识，我有这种信仰，我愿意做一个园丁，将这种子撒遍人间。但是一粒种子必定要撒在适宜的土壤里才能发芽、抽条、开花、结果；若是撒在流沙上，岂不是浪费了种子、虚耗了生命？现在一般的教师可能做工头？青年学生们

第四十四章 理想社会的蓝图

可能做工人？师生若不能做工，则工学团根本不能成立。工学团的名字也许是多数觉悟的知识分子所赞同，可是真正要他们流汗的时候，那长褂党、旗袍党、西装党、高跟皮鞋党、双料太太、老爷少爷小姐党，难免不群起而反对它。传统学校是否能够变成工学团，在我心里却是一个大大的疑问。

一般的工厂是异途同归的，令我悲观。平日工作时间占据了十二小时以上，身体疲乏得像害病一样，还能有余暇去求长进吗？况且现在的工人是做了机器的奴隶，卖尽劳动力而不得一饱，在极不平等的待遇下，如何谈得到互助。工学团能在这种园地里发芽滋长吗？中国的兵大多数是农人，但是听了"当兵三年，不肯种田"的民谣，不由得人们也要悲观起来。今日之军队究竟能有几处能把工学团的力量发挥出来？商店里一般的老板、管事是不许伙计、徒弟做学问的，听说以前都市里推行平民教育最大的阻碍，便是这般不懂事的人。他们既然反对平民教育，难道能偏偏欢迎工学团吗？

我想到这里，从乐观降至悲观，从喜马拉雅山之最高峰沉到马里亚纳海沟之最深处。

工学团的种子有了，工学团的园地安在？

工学团的园地安在？我每逢想不通的时候，只有一个办法，便是去请教朱先生。朱先生近来在乡下得了一个新封号，叫作"路路通"。当你走到山穷水尽的时候，只要和他谈一谈，自然会看见新的天地。我于是把实现工学团的困难和我考虑这个问题的过程，一五一十地告诉他，并问他有什么出路。

朱先生说："你想古庙工学团会不会成功？"

我答："古庙一个乡村里的工学团断然可以成功。不但可以成功，而且可以发达。而我们的问题是如何将工学团推广到全国？古庙一处的成功于大局没有多大影响。"

朱先生说："在古庙一类的村庄里推行工学团，会不会成功？"

我答："教育没有普及，推广的人才没有，能否成功，怕无把握。"

朱先生说："教育没有普及倒是一件好事，如果普及了，工学团将更难推行。何以呢？因为中国传统的教育是培养四体不勤、五谷不分的士大夫，万一这种教育普及到每一个村庄里去，我们工学团的种子便要弄得无处安身。中国的乡村是新教育之大陆，它是工学团最好的育苗场，园丁就在育苗场里连带培养。我们开辟一个育苗场，便培养一批园丁。这些园丁便可带着幼苗到处栽培，使它繁殖到天尽头。传统教育没有普及，正是我们工学团的绝好机会。

等到中国一百万个村庄，个个都变成工学团，那么，依整个中华民族算来，百人之中是该有八十五人个个生产、个个长进、个个平等互助、自卫卫人了。你还有什么悲观？"

我说："照先生这样说来，在乡村里新创工学团，前途倒是不可限量，我的悲观也就减少了好多。但是那些已经开办的学校，就让它们在那儿制造游民吗？监狱里的犯人就让他们在那儿过着地狱的生活、浪费掉他们宝贵的生命吗？军队里的官兵就让他们天天在那儿立正、举枪、开步走、向右转、向左转地拿着武八股混饭吃吗？工学团的种子，是必得撒进这些地方去才赶得上救国救种。乡村工作似乎是嫌太慢，先生有何高见？"

朱先生说："愚公移山的故事你是听我说过的，还有铁杵磨针也不要忘掉。沙漠造成良田，在埃及可以看得见这人工的奇迹。二十二年前，我们中国这块土地叫作大清帝国，现在叫作中华民国。从大清帝国变成中华民国，这个奇迹是中国人民的力量干出来的。你不要小看自己的力量。世界是人的决心和智慧所创造的。只要你有决心和智慧，你必定开辟出一个新的天地来。况且这工学团是一个有意义的东西，凡是有意义的东西可以不翼而飞。它会自己飞进学校里去；它会自己飞进监狱里去；它会自己飞进军队里去；它会自己飞进任何集团里去！……"

我说："工学团可以不翼而飞，我有相当的信心。但是，飞进传统的学校里去，难免有人要把它捉起来，关进笼子里去，或者存心不良投它一弹，送它小命，也未可知。"

朱先生说："这个我们当然是要顾虑到。你所说的这些不幸的事，有时是会发生的。但是我们绝不可因为或者要发生的不幸的事而心灰意懒。这工学团的传布大概不出两个方式：一是自然地传布，二是强制地传布。自然地传布是靠人们的态度的转变。如果现在有人请你去办一个学校，或是开一个工厂，或者管一个监狱，或是带一支军队，你想预备怎样去干？"

我说："我无疑地要把它办成一个工学团。"

朱先生接着说："你在一个月前，可有这个信念？"

我立即回答："没有！"

朱先生说："那么，你个人态度的改变只是一个月来的功效。你既能在一个月内改变了你的态度，别的人也会和你一样变得快的。我的年纪比你大些，变化也就来得慢些，可是我在教育上的主张的改变也不过是三五年的事情。人是会变的。传统的教师会变成革命的教师。你不要以为你是一个维新分子，就以为别人都是守旧分子。你更不可以为，一个人现在守旧便永远守旧。谁愿走死路？走死路的人不外乎两种：一是如同老鼠钻进牛角筒，不知道自己走的路是死路；二是如同海船上失火急得跳下水去，以为烧死比溺死更可怕。如果你真能指示出牛角筒是死路，你真能摔下一个救生圈，有谁愿固执己见、自寻死路？假使我们在行动上、事实上证明了工学团是中华民族之救生圈，传统学校是中华民族的死路，谁还愿去办传统学校？谁不愿把传统学校改作有意义的工学团？一个学校的师生有此觉悟，便是一个工学团成功；一个工厂的职员、工人有此觉悟，又是一个工学团成功；一个监狱的典狱官、犯人有此觉悟，又是一个工学团成功；一个军队的带兵官、兵丁有此觉悟，又是一个工学团成功……这事是简之简、易之易，只要每一集团的人肯做工、肯长进，不肯把别人的脚踏在别人的头上，也不肯让别人的脚踏在自己的头上，就得了。这工学团就自然而然地成功了。"

我说："个人态度的转变固属可能，但是专靠个人的努力来推行工学团是靠不住的，并且是缓不济急。现在中国已经到了生死关头，时势绝不许我们个人从从容容地去蜕这传统的蛇壳。我不耐等候这工学团自然地传布，我急愿听你说那强制地传布。"

朱先生说："强制地传布便是必然地传布。工学团的必然传布是从两条路来。一、现在全国一般的现象是应进小学而不能进的学龄儿童，超过小学新生容纳量的数倍；应进中学而不能进的小学毕业生，超过中学新生容纳量的数倍；应进大学而不能进的中学毕业生，超过大学新生容纳量的数倍。新的大学、新的中学、新的小学是无力加开。那么，不能考进大学、中学、小学的大多数学生会往哪里去？他们的求知欲已被启发，事实上又绝不允许他们进纯粹求知的学校，这工学团是恰合他们的需要。二、传统的大学、中学、小学是会消费而不会生产。他们所造就出来的人，也自然会消费而不会生产。会消费而不会生产的人是没有人要的。从前南开大学曾有'轮回教育'之讨论。所谓'轮回教育'即是先生教学生，学生变先生，轮回不已，都在学校围墙里兜圈子。现在连这轮回的圈子也靠不住了。大学毕业生要想做小学先生也是难事，那中学毕业生就更不必说了。一个小学教师出缺，候补的有时是多至数十人。这明明指示我们'传统学校已经到了山穷水尽'。有用之物如果生产过剩尚且卖不出去，何况废物！传统学校造出来的原是'废人'，不易出卖，幸有低级学校教师的位置让他们倾销，现在连这倾销之路已塞，还能再造'废人'吗？这些事实是必然地来到，必然地逼迫全民族觉悟，必然地强制全民族另找生路而不许它再在这三岔路口有片刻的徘徊。在这生死关头上，全民族也许下个总动员的命令，要大家一起过些工学团生活，那么，转危为安便易如反掌了。"

我问："工学团要想办成功，应有几个条件？"

朱先生说："一要有创办的决心；二要有工作的技术；三要有可用的原料；四要有劳动力；五要有资本。"

我问："在传统的学校里创办工学团的决心在于态度的转变；工作的技术可以虚心学来；可用的原料当然就地取材；劳动力是现成的，肯得出来也只是念头一转；唯独那第五项之资本，当今民穷财尽之秋，是如何地得来？"

朱先生说："也是现成的！只要念头一转，这伟大的资本便近在眼前不必求人。你到教育部去把最近出版的《教育统计概况》找来，我们便可以算出究竟有多少资本可以供我们运用。"

我们能在教育部和其他方面的统计里，得到了一些惊人的事实。从民国一七年八月至一八年八月：全国公私立大学、专门学校，以已经立案的为限，有学校八十六所，教职员六千九百八十五人，学生五万三千四百一十人，支出经费是三千六百七十九万元；全国公私立中等学校（含未立案学校），有一千三百三十九所，教职员有三万零三百四十八人，学生有二十三万四千八百一十一人，支出经费二千四百六十万元。

大学生每人每年用费约三百元，总计便是一千六百零二万元；中学生每人每年用费一百五十元，总计便是三千五百二十二万元；将个人费用加上办学费用，大学和专门学校八十六所，一年消费国力五千二百八十二万元；中等院校一千三百三十九所，一年消费国力五千九百八十二万元。计中学以上学校一年的总消费是一万一千二百六十四万元。这种消费是年年开支，继续消费他十年，便是十一万二千六百四十万元化为乌有。我们办这些不事生产的学校，简直是叫人坐吃山空。

假使大家转过念头，学校变成工学团，这一年一万一千二百六十四万元的消耗，一跃而成生产的资本；三万七千教师和二十八万七千学生都成为高等游民，一跃而成为生产工人。八十六所大学，每所有六十万资本，便是一个中等工厂；一千三百三十九所中学，每所有四万六千资本，便是一个小工厂。资本既是用作生产，一年年地滚上去，十年之后，每个中等工厂便拥有六百万资本而变成大工厂了；每个小工厂便拥有四十六万资本而变成中等工厂了。这样自然会把一个穷困的中国变成一个富强的中国！

若是念头不转，必至人财两空，一起呜呼哀哉！中华民族，这一念头要快快地转呀!

朱先生说:"惊人的事实还多着咧!全国公私立小学的学生有七百万光景;旧式私塾里至少也有七百万学生。这一千四百万小学生的费用,每年总计至少是十万万元。这每年十万万元在传统教育下,是完全消费掉了。小学生年龄太小固然不能充分生产,但是养几只鸡、种几棵菜、栽几株树,总不算过分吧。再不然,扫扫地、抹抹桌、洗洗自己的衣服,便省掉成人许多力量,移到生产上去。每个小学生每年用自己的劳动力赚一元钱,便是一千四百万元;赚十元钱,便是一万四千万元。据我的观察,小孩子的力量如果引导适宜,是能创造出意料之外之奇迹!小孩子能做一点小生产、小建设,中华民国之创造,少不了这些小工人。你再看看民国十八年七月一日至十九年六月三十日之财政报告。这一年内国库支出是四万九千五百零七万元,其中百分之四十九点六(一半)为军费,便是二万四千五百四十四万元。这笔款不单是纯粹消费,而且毁灭生产。全国正式军队有二百五十九万九千二百人,非正式的军队还不在内,而他们多半是农人,原来可以生产,但是一入军队立刻变为消费者。兵多不能御外侮,自必有内乱。内乱一起,则工人不能做工、农人不能种田,生产力又被毁灭了。国家养兵好比是请人保镖。请人保镖只是富人之勾当。穷人只能联合自保,哪里请得起保镖的。中国是个穷国,靠当兵吃饭的兵,绝对养不起。我们如果能把这二万四千五百万的养兵费充作生产资本,把这二百六十万兵化为生产的工人,那又是多么伟大的一支建设的力量呀!"

我这几天的主张是越来越激烈了。朱先生突然问我:"假使你拿了一省或全国的教育权,你预备怎样干?"

我毫不迟疑地回答:"停办学校,改设工厂!"

朱先生又问:"为什么不办工学团?那工厂二字可怕!"

我说:"我要办的当然是工学团,不过我想要偏重生产之工,以纠正传统的消费之学。我在城里听说几十年来农业学校、工业学校、实业学校、职业学校几乎完全失败。我考察他们失败的原因虽多,而主要原因就害在这块学校的招牌上。挂着学校的牌子,那些只会动嘴不会动手的先生、学生们,都可以滥竽(充数)了。他们用学校的招牌作盾牌,可以暂时躲避时代的攻击。他们哄骗社会说:'我们是在提倡生产教育了,可是你们不要性急。你不能捉只老母鸡来立刻叫它生蛋。过几年,或者过几十年我自然会生大鸡蛋让你看。'现在我们已经知道这只老母鸡是只会拉屎不会生蛋的。我不愿书呆子再躲在工学团的盾牌后面做蛀书虫,所以直截了当地把学堂改成工厂。"

朱先生说:"你的办法极痛快!可是你要留心,书呆子虽然不会做工、种田,他们却会演说、登报、写文章、上条陈、发宣言。你的命运怕是会背着摧残教育之罪名下台,结果是你的工厂办不成,他们仍旧办他们的学校,一直到亡国。亡国他们也不怕,因为殖民地也用得着不事生产的先生、学生做麻醉的工具咧。还有一层你要留心。你只知道学校里有蛀虫,不知道工厂里有拜金虫。只要你把工厂的招牌挂起来,那些拜金虫就会蜂拥而至。这里的人们只顾赚钱,这里的黄金贵于一切,比人命还贵重!所以,即使你能把工厂办成,也不是你心目中的工厂了。一般办学校的是抱着书本而忘了人生;一般办工厂的是抱着黄金而忘了人生;一般社会运动者是抱着标语而忘了人生。从这样改到那样,从那样改到那样,若忽略了人生的大前提,都会使你失望。我们的工学团只是以人生为大前提,在我们心目中,人生是超越一切。因为要培养合理的人生,所以要反对学校、工厂及一切忽略人生之组织,而要创造出一种富有人生意义的工学团。你把学校改为工厂,是以一种缺乏人生意义的组织,来替代另一种缺乏人生意义的组织,结果是赶走了一群狼,又来了一群虎。我不愿意在你那热烈的火花上浇冷水。也许你的意见里含有一部分真理:要想打破根深蒂固的积习,难免要用些矫枉过正的手段。但是千万不可忘记培养合理的人生,乃是我们真正的宗旨。"

我说:"学校改工厂或改工学团是一个大问题,可以从长讨论,让我再仔细想想。好在现在绝没有人要把一省或一国的教育行政的责任放在我的肩膀上,似乎无须急急解决。可是我们古庙的工学团是势在必办了,生产方面究竟要注重哪样工作才对,是不可以不早些考虑的。"

朱先生说:"我在古庙看见了奇怪的现象。你们这里出产棉花是不是?你们把棉花便宜地卖掉,倒过来,每个人身上穿的却是贵布!你看奇怪不奇怪?"

我答:"这的确是奇怪!我从来没有想到这一点。读书读呆了叫书呆子;我们这些人真是种田种呆了,变成一群'田呆子'。棉花便宜卖,老布费钱买,田呆子的确是吃了不少的亏。那么,如何是好?"

朱先生有诗如下:

棉花、粗纱、老布,

被、褥、鞋、袜、褂、裤。

自种、自织、自用,

经济后防巩固。

十五、朱、唐二人大辩论，"新机器主义"胜利了

古庙毕竟是个怪物，渐渐地引起了城里人的注意。有些人起初是来看风景的，忽然发现这个怪物，就像哥伦布发现了新大陆一般，便一传十、十传百地告诉别的人，以致来宾络绎不绝，弄得我整天地烧水忙、泡茶忙、送客忙，忙得满头大汗。流汗我是不怕的，所怕的是汗儿白白地流了。他们那个走马看花的模样，是把我们当作"大世界"玩。我倒想顺便和他们谈谈各种活动的意义，让他们带些种子到别处去撒，哪知道他们总是让我失望。

他们老问我："你们这里有多少学生？有几位先生？一年经费多少？"我的舌头跟着我是不大舒服，整天要回答这些千篇一律、干燥无味之话语。

今天破天荒，来了一位经济学博士唐先生，听说我们办了一个乡村工学团，特为跑来参观。他是仔仔细细地问，我是兴高采烈地答，真是痛快极了。我那舌头今天算是幸福抵偿了许多天的徒劳而有余。最后，唐博士给了我一个惊人的问题："现在是一个机器的世界。机器做出来的东西价廉物美，绝不是手工艺所能和它竞争的。你们要自己种棉花、自己纺棉纱、自己织棉布、自己做棉衣服穿，这虽然是一个美丽的理想，但是靠你们古庙自己的力量来干，只能干到木头机的手工艺，怎好与机器的产品竞争？人家是价廉物美，你们是价贵物粗，如何卖得出去？手工艺遇到机器时被压得粉碎，怎么能提倡？古庙应该领导农人迎头学外国！迎头学外国就是学外国的最新的机器，如何开倒车？"

我是被唐博士问呆了，简直是被问倒了。不要紧，这倒是我求学的一个好机会。我从来没有像今天这样受窘的。我以为受窘越厉害，进步越实在。朱先生和唐先生的见解是针锋相对了，他们俩必定有一个对、一个错。赶快去请朱先生来，让他俩开一个辩论会。不管他俩哪个对，我总能长些见识。我说："唐博士请坐一会儿，我去请朱先生来和你谈。"

朱先生和唐博士相见的时候，难免有些客套话，我只得从略，单记他们质疑问难之议论。唐博士首先用我的话来问朱先生："贵村既然提倡生产，似宜运用新机器，迎头去学外国，才能发生伟大的效力，先生为何还要用手工艺来干？"

朱先生说："迎头学外国是要把整个过程彻底地学来才是正规。比如用西法印书，须从造林、制纸、冶钢一直学到做印刷机和用大机器印刷。如果单学机器印刷，那么要造机器没有钢，要造纸没有木料，结果办了一个

印书馆或是一个报馆，就得非买外国机器和外国纸不可。于是印书馆与报馆便成了外国纸的大规模的推销机关，甚至于本身生命就操在外国纸商的手里。迎头学外国是要先学他造林、制纸、冶钢、做机器，后学他的大机器印刷。制纸、冶钢、做机器没有学好之前，一跃就学他大机器印刷，那是危险极了。所以依我看来，迎头学外国是有顺序的，这顺序一经颠倒便要发生实业界的不安。敝村所提倡之生产事业中有一样是从种棉花一直到裁缝。种棉花是采取最新的科学方法，至于纺纱、织布、裁缝还是用手工艺，不过手工艺上也是要力谋技术之进步。"

唐博士说："手工艺织的布如何可以与机器出品竞争？"

朱先生说："汽车与轿子竞争，胜败如何？"

唐博士说："当然是汽车胜，轿子败。上海从民国十八年起是一顶轿子也没有了。"

朱先生说："上海没有一顶轿，却有许多手车。汽车能把轿子赶得精光，却赶不动那独轮的手车，这是什么缘故？坐轿子的人改坐了汽车，所以汽车是适者生存，而轿子则被天然淘汰了。坐手车的人依旧只坐得起手车而坐不起汽车，所以手车还是适者生存。汽车虽凶，打不倒手车。机器只能打倒一部分手工艺，还有一部分是不容打倒的，对不对？"

唐博士说："汽车打倒轿子，打不倒独轮手车，我承认这是事实。但是这个例子能不能应用到纺织业上去，是一个很大的疑问。以纺织而论，用手工艺纺纱，每人每天多则纺八两纱，少则纺四两纱，平均亦不过六两纱。机器纺纱，每人每天八小时能纺二十磅，效力要大四十倍。有的时候拿纺好的粗纱出卖，还卖不上棉花的价钱。因此，与其用自己纺的纱，倒不如拿棉花去换机器所纺的纱。手工纺纱之不能抵抗机器纺纱，似乎是一个很明显的事实。手工纺纱好比是轿子而不是手车，机器纺纱便好比是汽车，赶走手工纺纱如同赶轿子一样，势必要赶得精光、一个不留，如何还能提倡？"

朱先生说："手工纺纱与机器纺纱之单独作战，好一比是比利时独自一国与德意志开火，难免一败涂地。但是比利时到今天依然存在，因为它是与许多国家联合起来干。而我们不是单独提倡手工纺纱以与机器纺纱奋斗。如果我们是那样的干法，自然要失败无疑。我们所主张的乃是棉业整个生产过程联合战线，从棉花、纺纱、织布一直到做衣服，统统是抓在棉花区域的人民手里，丝毫不让外力突破阵线。若是零碎地干，不但是手工纺纱会失败，即手工织布也非失败不可。你用买来的纱在乡下织布，每天起早落夜织它丈把，赚得十几铜板，如何可活命？但产棉区域整个生产过程之联合战线是有胜利之可能。种棉花不卖，省去买棉花运费，免除棉商剥削；纺纱又不卖，省去棉纱运费，免除布厂剥削；并通盘计算产棉区域外的消费量，酌定产布余额以应需要而免过剩。这样不是可以立于不败之地的吗？你讲手工纺纱没有机器纺纱好却比机器纺纱贵，是有一半对。专靠手工纺纱过活是活不了。但是我们农人每年是有五个月的空闲。全国有三万六千万人住在乡下，除去老少，至少有两万万人是能做充分的生产工作。一匹马力约等于八匹人力。我们是有二千五百万匹马力，每年五个月放在那里不用。机器不用则上锈；人无事做则赌博、抽大烟，无所不为。机器不开，不必烧煤；人无事做，还要吃饭。中国乡村里是有二万万匹人力，每年五个月天天烧煤而不工作，这是多么大的一个浪费呀！现在最新的机器每匹马力要烧多少煤炭？"

唐博士说："两磅光景。"

朱先生接着说："我们这二万万匹空闲的人力，是一磅煤炭也不必加，如果用他纺纱织布，是绝不至于比机器的产品贵，你看呢？"

我不耐老是做哑巴子，现在是我开口的时候了。我说："白烧煤而不工作的马力还多着咧。二百六十万兵便是三十二万五千匹不事生产的马力；一千四百三十多万的先生、学生便是一百八十万匹不事生产的马力；城里一千六百万的太太、小姐、少奶奶又是二百万匹不事生产的马力。这四百多万匹马力真奇怪，他们不做工作倒烧外国上等煤炭！我主张要太太、小姐、少奶奶、先生、学生、兵士们，自己织布自己穿。这里面是含有两层关系。一，自己织布自己穿，是一个富有意义的运动。买来的粗布不肯穿，自己织的无论多么粗，穿在身上会觉得比锦绣还漂亮，因为它是自己劳动的结晶。二，穿了自己织的布，便自然而然地把洋货抵制了。"

唐博士说："这倒很有意思。"

朱先生说："这可说是一种不得而已主义，如果不如此便要亡国灭种。"

我说："仔细考察起来，自己织布自己穿并算不了一件什么难事。每人平均一年穿十丈布，每丈布约需纱一斤光景。算三天纺一斤纱，一天织一丈布，四十天便完全告成。农人每年有五个月的空闲，取它四十天，还有一百一十天干别的事。兵士每天少上一小时的武八股就行。太太、小姐、少奶奶，每天少打两圈麻将也得了。先生、学生呢？费他半个暑假或是寒假，总不能算是耽误他们的蛙书生活吧。"

唐博士说："有人发明了一种手工纺织机，每天每人可以织两磅多纱，不过纺出的纱粗细不均，所以失败了。我看你们是不在乎美观，何不用这种纺织机试一试。如果行得通，纺一天、织一天便可出一丈布，岂不便利得多？"

朱先生说："这事很好，要费心请你介绍一架。我们可以把这种纺纱机加以研究改造，若能使它出纱粗细均匀那就更好了。总之，我们愿意试它一试。"

唐博士说："虽是这样讲，你们的生产比较近代的机器生产是太慢了，终究必归淘汰。你们要想不被淘汰，必得采取弗德主义：'一个人一个动作'。"

朱先生说："为什么要快？因为出产比人快，价钱比人廉，可以把别人的市场夺了来，这纯粹是个人竞争主义在机器制造上的表现。要想生产快而又快，便把工作分得细而又细，直到'一个人一个动作'为止，我想把弗德这句话颠倒过来说，更能描写他的精神。弗德主义的结果是'一个动作一个人'。一个人，一天到晚、一年到头、一生到老，专干这一个单调的工作，若不弄得半死半活，便免不了要发神经病。所以弗德主义是始于一个人干一个动作，终于以一个动作毁一个人。他是把好人变成疯子，把人间变成地狱。你叫弗德自己在汽车工厂里照'一个人一个动作'的办法去干一年半载，看他自己愿不愿意再干，看他愿不愿意叫他的儿女去干，看他还愿不愿意再执行这'一个人一个动作'的主张？"

唐博士说："你似乎是反对机器，是不是？"

朱先生说："我不是反对机器，不过我觉得我们对于机器的观念，需要一个根本的改变。前人制造机器，全副的目光都放在生产上，生产得愈快、愈多、愈好，便可算是一架尽善尽美的机器。他把使用机器的工人完全忽略了。今后科学家发明机器的目光，要转移到工人的身上来。我们要造人用的机器，不造奴人的机器；要造益人的机器，不造害人的机器；要造养人的机器，不造灭人的机器。我们的宗旨是：要造种种机器，使得用它们做工的人们，可以乐在其中。未来的世界里只有这以人为中心的新机器可以存在。一切奴人、害人、灭人的机器都要敲得粉碎，放在火炉里重新造出那以人为中心的新机器来。这种以人生为中心的新机器没有什么奢望，它不想把人间造成天堂；它不会把人间造成地狱；它的使命是把一个不合理的人间造成一个合理的人间罢了。这便是我们要实现的新机器主义。"

　　《古庙敲钟录》原在 1932 年 5 月 21 日至 8 月 15 日的《申报》上连载。后于 1933 年 3 月，由《上海儿童书局》出版单行本，10 月再版。此书，当时在社会上引起强烈反响。后，陶行知先生借《申报》一纪念活动，以"不除庭草斋夫"之笔名作诗答谢《申报》之厚爱。

做人只做自由人，
敲钟只敲自由钟。
众生共走自由路，
海阔天空路路通！

哭——陶行知逝世 70 周年祭

1891 年 10 月 18 日，
陶位朝家吉星高照。
文濬出世了，乳名小和尚，
多么亲切甜美。

一晃 55 个春秋，
你披荆斩棘艰苦跋涉，
带着太多的遗憾驾鹤西去，
哭声震动山川、挽联悼文蔽日遮天。

今年 7 月 25 日整整 70 年，
忆当年更为感动热泪依然。
何以哭声震动山川、挽联悼文蔽日遮天？
这是对你卓异一生的褒扬祭奠。

周恩来同志罕见地放声大哭！
你紧紧跟随共产党。
49 岁查体血压警示 156/210；
仍然生命不息战斗不止。

四个桃子哭得肝苦心酸，
姑姑奶奶妈妈走了，爸爸又走了。
你的爱妻哭得死去活来，
她才 34 岁呀，让人可怜！

崇一学堂同学老师们哭，
14 岁学子吐箴言：
我是中国人，要为中国做贡献。
真可谓——自古英雄出少年！

美国杜威导师们哭，
你婉拒留美毅然回国。
以"全国人民都有受教育的机会"做志愿，
回国后不遗余力拼命干！

东南大学的教授们哭，
辞去人人艳羡的工作，
不畏无权、无钱、募捐办学的重重困难，
脱西装穿草鞋下乡村志向高远。

晓庄学校的师生和农人们哭，
你为中国大众的教育过着野人的生活，
牛棚里与牛共眠你却乐呵呵，
而为中国创造了世界教育的辉煌！

国民政府有良知的官员们哭，
通缉陶行知"勾结叛逆，图谋不轨"，
封闭学校没收校产，
你东渡日本为今后再起东山。

育才学校的师生们哭，
你工作千头万绪还要和米价赛跑，
"日夜奔忙"写信都要"树琴代笔"，

为新中国培育了无数个天才幼苗。

山海工学团的小先生们哭，
新安旅行团的孩子们哭，
社会大学的青年们哭，
你为中国教育贡献"灵魂共身体"。

孤儿、乞丐、疯孩子们哭，
没有你"爱满天下"之情怀，早无葬身之处。
十字街头迷路的人儿哭，
你为他们重新扬帆前进。

三亿四千万农人哭，
是你疾呼"少生孩子"为中国指出幸福路。
千百万穷困家庭青年们哭，
是你极力改革婚丧恶俗拯救了他们。

四亿国人千万华侨同胞们哭，
是你万里走天下为祖国赢得无上荣光。
世界上贫穷而教育落后国家的人民哭，
是你在世界教坛上震响了"一声惊雷"！

宏愿未酬身先死，
长使后人泪满襟。
中华民族离不开你呀！
世界人民需要你呀！

"万世师表"呀"伟大的人民教育家"，
"两千年前孔仲尼，两千年后陶行知"。
"孙中山之后又一个孙中山！"
"真、善、美三者具备的完人！"

你是一个勇敢的民主战士！
你是一个出色的反法西斯斗士！
你是一个伟大的国际共产主义战士！
你是一个真正的党外布尔什维克！

中国"一代巨人"当之无愧！
你生在中国而属于全世界！
你功高泰岱！
可与日月争辉！

陶行知先生安息！你那"捧着一颗心来，不带半根草去"的赤子之忱，炎黄子孙一定传承下去！

参考文献

[1] 刘大伟. 陶行知全集. 成都：四川教育出版社，1991.

[2] 虞伟庚. 陶行知教育思想概论. 武汉：武汉大学出版社，2012.

[3] 弗拉纳根. 最伟大的教育家：从苏格拉底到杜威. 卢立涛，安传达，译. 上海：华东师范大学出版社，2009.

[4] 特里尔. 毛泽东传. 何宇光，刘加英，译. 北京：中国人民大学出版社，2012.

[5] 毛泽东. 毛泽东选集. 北京：人民出版社，2012.

[6] 陈晨. 孙中山轶事. 北京：人民出版社，2013.

[7] 翦伯赞. 中国史纲要. 北京：人民出版社，1964.

[8] 冯玉祥. 我的抗战生活. 北京：解放军文艺出版社，2002.

[9] 王赞亭. 跟随冯玉祥二十余年. 济南：山东人民出版社，1983.

[10] 高小余. 纪念冯玉祥诗书画集. 北京：中国戏剧出版社，2013.

[11] 中共党史事件人物录编写组. 中共党史事件人物录. 上海：上海人民出版社，1983.

行是知之始

知是行之成